인간행동과 사회환경

하정미 · 이윤수

KNOWLEDGE COMMUNITY 공동체

머리말

이 책의 저자 하정미와 이윤수는 2009년에 4명의 저자가 함께 출간한 "인간행동과 사회환경"을 보완하기 위하여 새로운 연구들을 반영해야 하고, 이 주제에 대해 보다 깊이 있게 다루어야 할 필요성을 느껴 다시 집필하기로 결심하게 되었다.

사회복지사들이 현장에서 보다 전문적인 개입을 하기 위해서는 기본적인 이론에 대한 이해가 필수적이다. 이러한 이유로 학부과정뿐 아니라 대학원생들에게도 도움이 될 수 있도록 각 내용을 이해하기 쉽게 그리고 중요한 이론은 심도 있게 집필하려고 노력했다. 따라서 이번 책에서는 되도록 외국의 최신 연구들도 많이 참고하려고 노력하였다.

이미 다른 기존의 교재들에 번역되어 소개된 내용도 다시 한 번 원서를 대조하면서 학생들이 잘 이해할 수 있도록 노력하였다. 특히 정신역동이론을 프로이트 이론과 에릭슨의 이론으로 설명하는 1장 정신역동이론 I 그리고 융의 이론과 아들러의 이론으로 설명하는 2장 정신역동이론 II로 두 장으로 구성하였으며, 위기와 레질리언스, 강점 관점, 집단 무의식, 애착 그리고 애도에 대한 내용을 강화하였다. 그리고 문화 부분은 기존의 기본적인 개념 서술에서 현재 사회복지현장과 지역사회복지의 여러 활동에 직접 영향을 주고 있는 사회복지와 연관된 내용으로 새로 집필하였다.

이 책이 예비 사회복지사들의 지식과 실력의 향상을 위해서 많은 도움이 되길 기대하며 독자들의 지속적인 조언과 비판을 바란다.

먼저 항상 우리의 모든 걸음을 인도하시는 하나님께 감사드리며 이 책이 나올 수 있도록 기도해 주고 여러모로 도와준 지인들과 공동체 사장님 이하 관계자분들께 고마운 마음을 전한다.

2017년 2월

하정미 · 이윤수

차례

PART 02 사회환경에 관한 이해

PART 03 생애주기에 따른 인간발달에 관한 이해

총론

사회복지는 '인간의 삶의 질 증진'을 목표로 하므로 사회복지학을 전공하는 학생들은 인간의 행동과 인간을 둘러싼 사회환경에 대해 먼저 학습하고, 그 둘 사이의 상호작용을 이해하는 일이 가장 중요한 일이다. 학업 수행에 있어서 학생들은 이 과목을 충실히 공부하여야만 더 나아가 다른 과목들도 더 잘 이해할 수 있게 된다. 사회복지사는 '인간행동과 사회환경'이라는 과목을 통해 사회복지학의 가장 기초적이고 중요한 지식을 갖출 수 있게 되며, 이러한 지식을 응용하여 기술을 개발하여 전문적인 개입을 할 수 있게 된다. 사회복지실천에서 클라이언트에게 개입할 때 클라이언트를 잘 이해하기 위해서는 이 과목에서의 지식이 반드시 적용되고 응용될 필요가 있으며, 성숙한 사회복지사가 되기 위해서는 인간행동과 사회환경에 대한 이해를 바탕으로 자신을 돌아보고 분석하여 스스로에 대해 먼저 잘 알아야 하기 때문이다. 또한 클라이언트에게 좋은 서비스를 제공하기 위해서는 클라이언트의 욕구를 파악하고 그들의 상황을 전체적으로 깊이 있게 사정하는 것이 선행되어야 한다. 본 교재에서는 이러한 사회복지사가 역량을 갖추는 데에 바탕이 되는 필수적인 기초지식들을 제공한다.

따라서 인간행동과 사회환경을 통해서 사회복지학에서 가장 중요한 개념들과 관점 그리고 관련 이론들을 배우고 자신에게 먼저 적용해 본 후 자신을 바로 보는 통찰력을 강화시키고 타인을 보다 잘 이해할 수 있어야 하며 그런 다음 사회복지실천론과 사회복지실천기술론을 차례로 공부하여야 할 것이다.

인간행동과 사회환경은 어떤 하나의 이론으로 설명될 수 없는 광범위한 영역이므로 이 책에서는 다양한 이론과 관점들을 포괄하면서 1부에서 먼저 인간행동과 사회환경을 이해하기 위한 가장 기본적인 이론과 지식들을 소개하고, 2부에서는 인간 발달을 단계별로 구분하여 각 장에서 자세히 살펴보고, 3부에서는 가족과 집단, 지역과 조직사회, 그리고 문화로 각 장을 구분하여 인간행동에 영향을 주고받는 사회환경에 대해서 살펴볼 것이다.

1. 사회복지실천의 가치와 목표

가치(values)를 사물이 지니고 있는 쓸모 또는 대상이 인간과의 관계에 의하여 지니게 되는 중요성[1]이라고 한다면, 사회복지실천에서 가치는 세계가 어떠해야 하고, 사람들이 어떻게 행동해야 하며, 최적의 생활환경은 어떠해야 하는지에 대한 신념을 의미한다(Boyle et al., 2009). 사회복지실천현장에서 사회복지사는 자신이 중요하게 여기는 가치에 따라 선택을 해야 하는 상황에 자주 직면하게 된다. 예를 들면, 비밀보장이라는 사회복지실천의 원칙을 지키고자 하는데 클라이언트에게 해가 되는 상황이 있을 때 어떠한 것을 더 중요하게 생각하느냐에 따라서 비밀을 보장할 것인지 아니면 비밀보장의 원칙을 깨뜨리고 클라이언트에게 해가 적은 행동을 취할 것인지 결정하게 된다.

사회복지실천에서 중요하게 여기는 가치로는 클라이언트의 존엄성과 개별성, 그리고 사회정의를 들 수 있다. 이 중에서도 클라이언트의 존엄성은 인간의 존엄성이라는 가치와 직결되는 것이다. 인간이 왜 존엄한가에 대한 대답, 다시 말하자면 만약 내 앞에 있는 클라이언트가 성격에 문제가 많고 외모가 청결하지 않은 사람이더라도 왜 그/ 그녀가 내가 키우고 사랑하는 애완견보다 존엄하고 존중받아야 하는가에 대한 답은 각자 자신의 가치에 따라서 달라질 수 있을 것이다. 이러한 사회복지실천의 가치에서 파생된 사회복지실천의 궁극적 목표는 개인의 문제해결능력 강화, 자원과 서비스를 제공하는 체계에 개인을 연결, 서비스와 자원을 제공하는 체계의 효과적 운용, 사회정책의 개발과 향상에 있다(Zastrow, 1995, 최옥채 외, 2007 재인용).

2. 인간행동과 사회환경

인간행동(human behavior)이란 인간에 의해서 드러난 행동의 집합이며, 이것은 문화, 태도, 감정, 가치, 윤리, 권위, 라포, 최면, 설득, 강제, 유전 등에 영향받으며, 인간의 행동은 일상적, 비일상적, 수용될만한, 수용될 수 있는 선을 넘는 것 등의 범주로 규정된다. 또한 행동(behavior)은 일반적으로

1) 네이버 국어사전. "가치". http://krdic.naver.com/detail.nhn?docid=450400 2016년 10월 24일 인용.

환경과 관련된 대상이나 조직의 움직임과 움직임에 대한 반응을 말하는 것으로 이것은 또한 의식적인 것이거나 무의식적인 것이며 드러난 것일 수도 있고 드러나지 않은 것일 수도 있으며 자발적일 수도 있고 비자발적인 것일 수도 있다. 따라서 이 책에서는 인간의 행동을 인간의 신체적인 움직임뿐만 아니라 사고나 인지과정과 같은 정신적 행동 그리고 의식과 무의식까지를 포함하는 것으로 볼 것이다(위키피디아 백과사전).

인간의 행동은 진화론(the theory of evolution)의 영향을 받아 생의 발달단계별로 구별되는 특징을 나타낸다. 진화론은 자연법칙이 식물계와 동물계뿐 아니라 인간에게도 적용된다고 가정하며 자연선택의 법칙(the law of natural selection)을 통해 어떻게 종(species)이 오랜 세대에 걸쳐 주어진 환경조건의 변화에 반응하여 점차 변화하게 되는지를 설명해 준다. 이러한 자연선택의 법칙을 적용하면 인간의 행동도 역시 주어진 환경에 적응하며 변화하는 것으로 볼 수 있다. 따라서 뇌의 발달, 협응, 운동능력, 유아의 본능적 특징, 감각과 인식 체계와 같은 인간행동을 뒷받침하는 기본적 생물학적 기제들은 '환경에 대한 인간의 적응'의 결과라고 결론지을 수 있다(Newman & Newman, 1999). 찰스워스(Charlesworth, 1992)에 의하면, 이러한 진화론에서는 종의 성공적 번식이 관심의 초점이 되며 세 가지 발달단계를 강조하는데, 그 첫 단계는 건강한 성장과 번식의 단계에 이르기까지의 발달, 둘째 단계로 성공적인 짝짓기와 자손의 잉태, 세 번째 단계는 자손을 양육할 수 있는 능력이다(Newman & Newman, 1999).

인간행동의 주된 영역들은 대개 기능적으로 성공적인 생존, 개인과 그룹의 환경에 대한 적합성과 관련된다. 구체적으로 이러한 영역들을 살펴보면, 번식전략, 오랜 기간의 돌봄을 필요로 하는 유아의 성숙, 유아와 양육자 간의 애착, 부모-자녀 간의 갈등과 형제자매 사이의 경쟁, 또래그룹의 형성과 기능, 짝짓기 대상의 선택과 유대감, 원조행동과 이타심, 적응행동의 학습, 개인의 창조성과 환경의 조정, 사회적 진화와 의례, 종교의 정교화 등을 들 수 있다(Newman & Newman, 1999).

프로이트(Freud)는 인간발달을 5단계로 구분하였지만 그의 뒤를 이어 인간발달 단계를 연구하는 학자들은 차차로 발달단계를 더 세분화하여 분석하는 경향을 보인다. 대표적으로 프로이트의 제자 에릭슨(Erikson)은 8단계로 더 자세히 구분하였고, 최근에는 11단계 이상으로 구분하기도 한다. 특히 최근에는 노년기가 길어짐으로써 그 특성에 따라 노년기를 더 자세히 구분하는 경향을 보이기도 한다.

19세기 후반에서 20세기 초까지의 초기 접근에서는 주로 정신분석학과 행동주의 심리학의 관점이 인간행동을 이해하는 주요 관점이었으나, 20세기 중반 이후 인본주의 심리학과 사회체계이론에 의해서 큰 변화가 일어났으며, 정신역동이론이 강조되고 인지이론이 등장하였으며(최옥채 외, 2007), 실존주의, 구성주의, 강점 관점, 여성주의 등의 여러 가지 관점들이 이용되고 있다.

사회환경(social environment)은 그룹에 속하는 개개인에게 영향을 미치는 모든 것을 말하는 것으로 같거나 유사한 사회적 지위 그리고 사회적 역할과 밀접한 관련이 있으며, 또한 개인에게 있어서 사회환경은 그 사람이 교육받고 살아가는 문화와 상호작용하는 사람들과 제도를 의미하는 것이다. 사회환경을 이해하는 관점으로는 대표적으로 생태체계적 관점을 들 수 있다(위키피디아 백과사전).

인간과 환경을 서로 상호작용하는 체계들로 이해하는 체계이론의 관점을 수용하는 사회복지 영역에서는 인간행동과 사회환경을 이해하기 위한 여러 이론들이 통합적이며 절충적으로 사용되어 다양한 접근이 이루어지고 있다. 또한 다양한 체계의 수준을 고려하고 각 체계 간의 상호작용을 고려하여 인간행동을 이해하려고 노력하고 있다. 특히 우리나라의 사회복지현장에서 클라이언트들의 행동을 이해하고 돕기 위해서 사회복지사들은 다양한 클라이언트의 문제와 욕구에 대응하고 우리 상황에 맞는 효과적 상담기법을 모색하기 위한 자구책으로 절충주의를 적극적으로 시도하고 있다(이인숙 · 하정미, 2008).

PART 01 인간행동에 관한 이해

인간행동을 이해하기 위한 이론들로 구성된 1부에서는 정신역동이론, 행동주의 이론, 인지이론, 인본주의 이론, 위기와 레질리언스 이론에 대해서 살펴볼 것이다. 이러한 이론들의 배열순서는 역사적인 발전과정을 반영한 것이며 동시에 이론들의 발전과정을 나타내는 것이다. 이러한 미시적인 관점의 이론들을 학습하는 이유는 개인을 보다 깊이 이해하여 변화하는 환경 속에서 어려움을 겪고 있는 클라이언트뿐 아니라 사회복지사 자신의 왜곡된 것을 바로잡고 잃어버린 균형을 회복하여 보다 질 높은 삶을 위한 인격적 성숙을 바탕으로 하기 위함이다.

정신역동이론에서는 기존의 프로이트 이론에서 빠져있었던 물리적 에너지에 관한 이론들과 프로이트 학파의 방어기제에 대한 발전된 내용을 보완하여 프로이트에 대해 기초적 지식만을 가지고 편견을 가질 수 있는 대학 첫 입문자에게 사회복지실천에서의 인간을 위한 서비스를 위해 꼭 필요한 정신역동의 기본 틀을 제공하고자 노력하였다. 그리고 융의 이론과 그 제자들이 발전시킨 내용들에서는 특히 여성의 성격 발달에 대한 이론을 보강하여 개인을 보다 더 깊이 분석할 수 있는 기틀을 제공하고자 하였다. 또한 최근 국내에서 많은 관심을 모으고 있는 아들러(Adler)의 이론을 추가하여 인간에 대한 통합적이고 목적적 관점을 제시하여 인간의 정신역동과 함께 인간발달 주기에서 필요로 하는 행동과의 연계에 대한 이해를 증진시키고자 하였다.

행동주의 이론과 인지이론에서는 최근 학계의 발전을 반영하여 보다 구체적인 설명을 더하였으며, 이러한 구체적인 설명을 통해 사회복지실천 개입에 직접적인 전략을 구상할 수 있도록 노력하였다. 인본주의 이론은 현재 사회복지실천 이론과 원칙에 가장 많은 영향을 준 인간존엄성과 개별화, 수용 등 우리가 알고 있는 사회복지실천의 기본 지식의 뿌리가 되는 이론인 만큼 기초적인 내용과 함께 쉽게 간과할 수 있는 인본주의 이론의 발달과정과 기본 개념에 대해 소개하고자 하였다. 마지막으로 많은 이론들 중 최근 이론이며, 많은 재난과 위기 상황에 도전받고 있는 현대사회에서 관심이 더해지고 있는 위기와 레질리언스 이론은 어려움 속에서도 극복을 향해 나아가는 인간의 긍정적인 측면을 강조하여 사회복지사들이 앞으로 계속 중요하게 다뤄야 할 이론으로 판단하여 특별한 강조점을 두고 집필하였다.

1. 프로이트의 정신분석이론

1) 프로이트의 생애와 정신분석의 기원[1)]

Sigmund Freud
1856~1939

'인류의 잠을 동요시킨'[2)] 프로이트(Sigmund Freud)는 현대 심리학의 창시자 그리고 정신분석학의 아버지로 알려진 오스트리아의 신경학자이며 정신과의사로서 정신분석이론과 기술을 개발하였다. 그는 1856년 5월 6일 지금은 체코에 속한 도시인 프라이베르크의 작은 마을 모라비아의 가난한 유대인 상인의 아들로 태어났다. 프로이트는 환자들의 자유연상과 꿈, 그리고 환상을 기초로 무의식적 갈등을 분석하는 방법을 사용하여 정신분석이론을 발전시켰다. 특히 아동의 성욕, 리비도, 그리고 자아에 대한 그의 이론은 20세기의 학문에 가장 많은 영향력을 미친 이론으로 평가받고 있다. 4세가 되던 해 가족과 함께 빈으로 이주하여 생의 대부분을 오스트리아에서 보낸 프로이트는 1938년 오스트리아를 침공한 히틀러를 피해 런던으로 이주하여 1년 뒤 그곳에서 사망하였다. 그는 슬하에 6명의 자녀를 두었고 그중 막내인 안나(Anna) 프로이트가 대를 이어 정신분석학자가 되었다.

---

1) 시그문트 프로이트 전기(Sigmund Freud Biography). http://www.biography.com/people/sigmund-freud-9302400 2016년 9월 12일 접속 및 참고.

2) 피터 게이(Peter Gay., 김숙진 역, 2006)의 서문 "지크문트 프로이트의 삶과 업적"에서 인용.

프로이트의 어머니는 20살이나 연상이며 두 번이나 이혼한 경력이 있는 프로이트의 아버지와 결혼하였으며, 프로이트는 나이 많은 아버지에 대해 깊은 애정을 느끼지 못하고 오히려 자신이 사랑하는 젊은 어머니에 대한 경쟁상대로 생각하였다. 이는 훗날 프로이트가 정신분석학에서 오이디푸스 콤플렉스 이론을 정립하는 데 영향을 미친다(하정미 · 이윤수 · 설연욱 · 김미경, 2009).

그의 초기 연구는 히스테리 환자를 연구했던 그의 친구이며 동료였던 빈의 의사 브로이어(Joseph Breuer)에게 많은 영향을 받았으며 함께 정신분석 최초의 책인 『히스테리 연구(Studies in Hysteria, 1895)』를 출판하였다. 그의 치료는 환자들이 자신의 경험을 회상하여 의식으로 가져올 수 있도록 하는 것을 목표로 하였는데, 신경증을 치료하는 데에 최면술을 사용하며 성 문제에 관심을 가졌던 샤르코(Jean Martin Charcot) 교수의 의견에 영향을 받아 신경증의 원인이 성적 욕구 불만이라고 생각하게 되었다. 또한 그는 모든 환자가 최면에 걸리지는 않으며, 성공적 치료는 오히려 치료자와 환자의 관계에 더 많이 좌우된다는 사실을 인식하였다. 프로이트가 설명한 "정신에너지(psychic energy)"와 오이디푸스 콤플렉스,[3] 꿈의 해석과 같은 많은 이론들은 당시 학문의 발전에 지대한 영향을 미쳤으며, 찰스 다윈(Charles Darwin)의 진화론과 헬름홀츠(Helmholtz)의 에너지 보존의 법칙은 프로이트의 인간행동에 대한 탐구에 영향을 미쳤다.

그러나 신경증의 병인이 성에 있다는 성적 병인론과 유아기 성욕에 대한 이론은 발표 후 의학계의 맹렬한 반감에 부딪히고 '빈의학협회'로부터도 따돌림을 당하기도 했으며, 사람들은 프로이트가 지나치게 성욕만을 중요시한다고 공격하였다. 그럼에도 불구하고 프로이트의 인간 정신에 대한 과학적 탐구는 계속되었으며, 끊임없이 자신의 이론을 수정 · 발전시킴으로써 학문적 완성도를 높였고 이는 점차 사람들의 생각에 변화를 가져오게 만들었다. 프로이트의 이론은 오늘날에도 많은 논쟁거리를 제공하고 있지만 인간의 정신세계를 파헤쳐 인간의 본질에 대한 이해의 폭을 비약적으로 확장시켰다. 정신분석학을 모태로 많은 이론

---

3) 본 교재 1장 1절의 3) 프로이트의 발달단계 중 '남근기' 설명에서 오이디푸스 신화 참고.

들이 탄생할 수 있는 기반을 마련한 프로이트는 20세기 가장 위대한 과학자 가운데 한 명으로 손꼽힐 수 있다.

2) 정신분석이론의 주요 개념

프로이트는 20여 년의 숙고의 기간을 거쳐 신경학적이며 정신물리학적인 관점을 그 일차적인 특징으로 하여 순수 심리학적 모델로 발전된 정신분석학을 탄생시켰다(Iurato, 2015 : 62-63). 프로이트의 이론은 몇 단계에 걸쳐서 발전되었는데 그 첫 번째는 신경증을 역동적으로 설명하려는 시도를 통한 메타심리학의 단계이다. 이 단계에서는 무의식(the unconscious), 억압(repression), 충동(drives), 자유연상기법(the free-association method) 등을 핵심개념으로 들 수 있다. 두 번째 단계는 전이(transference)와 역전이(counter-transference)라는 새로운 개념들과, 그리고 프로이트의 정신역동적 기본 구조의 핵심이 되었으며, 이후에 오이디푸스 콤플렉스(Oedipus complex)의 중심이 된, 유년기의 성적 특징에 대한 리비도 이론을 그 특징으로 한다. 1914~1915년에 프로이트의 이론은 그 구조가 새롭게 조직되어 가장 먼저 지형학적 관점에서 의식, 전의식, 무의식의 정적 구조가 설정되고, 다음으로 역동적 관점에서 다양한 심리적 갈등이, 그리고 마지막으로 경제적 관점에서 쾌락과 현실의 원칙이 설정되었다. 1920년에 이 이론은 충동과 그 분류가 개정되어 자아(the ego), 초자아(the super-ego), 원초아(the id or es)를 포함하는 모델로 발전되었고, 1938년에 그의 인간 심리 역동에 대한 설명이 확정되었다.

(1) 마음의 지형학적 모델(Topographic Model)

프로이트는 인간의 마음은 무의식, 전의식, 의식의 세 차원의 정신체계로 구성되어 있다고 보고 있으며, 지형학적 모델은 이러한 인간의 정신세계를 지리적 개념으로 설명한 것에서 비롯되었다. 비합리적으로 보이는 인간행동의 상당 부분은 무의식 속의 성적이며 공격적인 욕구와 두려움, 그리고 소망으로 인한 갈등을 분석함으로써 설명될 수 있다(Newman & Newman, 1999).

① 무의식

무의식(Ucs : the unconscious)은 인간의 정신세계에서 가장 심층에 자리 잡고 있는 것으로 인식하지 못하는 영역이다. 프로이트는 무의식이야말로 진정한 심리적 현실이라고 주장하며, 인간의 생각, 감정 및 행동에 더 큰 영향력을 행사할 뿐 아니라 깨어있는 의식은 무의식의 지배하에 있는 것으로 본다. 무의식은 우리의 마음에 존재하지만 자각하지 못하고 있는 부분이며, 의식에서는 용납하기 힘든 부도덕한 욕망이나 고통스러운 기억들이 억압(repression)되어 있는 영역이다.

무의식에 가두어진 내용물들은 차곡차곡 저장된 채 억눌려져 있다가 자아의 방어가 약해지는 틈을 타 의식의 세계로 나오기도 한다. 자신과 환경을 잘 구분하지 못하는 유아는 시각과 청각 그리고 운동감각에 대한 인식에 있어서뿐 아니라 시간개념과 인과관계 또한 명확히 인식하지 못한다. 따라서 이 시기에 인식된 초점은 흐리고 불명확하여 그것이 무엇인지 잘 정의되지 않은 무한한 사진들의 꾸러미와 같은 무의식 속의 내용들은 그 사람의 마음속에 영원히 남게 된다(Bellak, 1959).

어린 시절의 초점이 명확하지 않은 다양한 경험들은 마치 거대한 만화경과 같이 혼란스러운 대상들로 각인되어 이후에 무의식과 의식의 연장선을 오가게 된다(Bellak, 1959). 꿈이나 실수, 재담 등은 바로 무의식이 존재하는 것을 보여주는 예이다. 특히 꿈은 의식의 상태에서는 용납하기 힘든 무의식의 내용들이 잠자는 동안 느슨해진 자아와 초자아의 감시를 뚫고 올라온 것으로 금지된 소망을 위장된 형태로 충족시킨다.

무의식적 과정의 특징은 프로이트에 의하면, 응축(condensation), 상징화(symbolization), 시간성의 결여(lack of time references) 등이며, 피아제(Piaget, 1948)는 구체적(concrete), 혼합적(syncretic), 의인화된(anthropomorphic), 물활론적(animistic)이라고 설명하였고, 그 외는 정신분열적 사고(Kraepelin, 1919), 유치하고 정신증적이며 원시적

사고(Werner, 1948) 등으로 설명되고 있다(Bellak, 1959). 이러한 특징은 자아기능이 저하되는 마약중독이나 인식의 고립의 경우에도 마찬가지로 나타난다.

② 전의식

전의식(Pcs : the preconscious)은 의식에서 즉각적으로 인식되지 않지만 억압되지 않은 것으로, 노력을 기울이면 회상할 수 있게 되는 내용들을 '담고 있는 마음'의 일부분으로 기억의 창고라고 할 수 있다. 예를 들어, 누군가로부터 최근에 본 영화제목이나 배우의 이름에 대한 질문을 받았을 때 질문을 받기 전까지는 현재 의식의 영역에 있지 않은 내용이어서 순간 대답할 수 없었으나 기억하기 위해 애쓰다 보면 떠오르게 되는 것들이 '담고 있는 마음'의 공간이다(하정미 외, 2009).

전의식을 구성하고 있는 내용은 무의식에 억압되어 있던 본능이나 기억들이 1차 검열을 통과하고 전의식으로 나온 것과 외부세계에서 들어온 지각경험들이 있다. 대부분의 습관이나 기술들은 전의식이 조절하고 있다. 예를 들어, 처음 자전거를 배울 때에는 자전거에 앉아 균형을 잡는 것도 힘들어서 앞을 보고 장애물을 피해가거나 페달을 밟는 동작 하나하나에 신경을 곤두세우게 되지만, 자전거 타기가 익숙해지면 여유롭게 콧노래를 부르거나, 길을 가다 아는 사람을 만나면 인사말까지 나누면서도 균형을 잃지 않고 장애물도 잘 피하면서 갈 수 있게 된다. 이는 바로 전의식의 기능이다.

프로이트는 전의식의 특징으로 현실검증과 회상할 수 있는 기억, 단어가 연상하는 의미 등을 들었으며, 이것은 무의식의 내용들과 구분되는 핵심적 특징이라고 하였다.[4] 전의식은 마음속에서 의식과 무의식을 연결하는 통로이며 그 역할은 꿈을 감지하여 받아들일 수 있고 논리적인 형태로 해석하는 것(Austrian, 2008)이므로 대부분의 치료적 개입은 바로 이 수준의 영역에서 이루어지게 되며, 이러

4) Wikipedia The Free Encyclopedia. "Preconscious". https://en.wikipedia.org/wiki/Preconscious 2016년 10월 10일 인용.

한 치료는 대화를 통하여 클라이언트의 마음속 내용들 사이에서 무의식적인 것들과 '전의식적 전이 판타지(fantasy)'를 구분할 수 있도록 하는 것이다.

③ 의식

의식(Cs : the conscious)은 우리가 인식할 수 있는 것으로 이전에는 전의식에 있었던 감각, 지각, 경험, 기억 등이다. 무의식이 있다는 것을 발견하기 이전에는 인간의 사고나 행동은 절대적으로 의식의 영향하에 있는 것으로 생각하였다. 그러나 프로이트에 의하면, 의식이 인간에 미치는 영향은 무의식에 비해 미미하다.

(2) 마음의 구조 모델(Structural Model)

프로이트는 지형학적 모델이 인간 성격의 구조를 설명하는 데 한계가 있음을 발견하고 구조 모델을 제시하였다. 그의 심리성적 이론은 성격의 기본적 구조를 원초아, 자아, 초자아의 세 부분으로 설명하고 있다. 개인의 성격은 이러한 세 부분으로 구성되며 이 세 부분이 환경뿐 아니라 서로서로 관련되어 있는 심리역동적 체계이다(Austrian, 2008).

① 원초아

마음의 가장 많은 부분을 차지하는(Berk, 2007) 원초아(id)는 성적이며 공격적인 충동을 일으키는 요소로 완전히 무의식적이다. 보다 구체적으로 이것은 태어날 때부터 존재하는 인간의 가장 기본적인 생물적 충동－예컨대 음식, 물, 배설, 보온 등의 욕구, 성적인 욕구 및 공격적인 욕구 등－을 말하며, 자아와 초자아는 원래 원초아의 일부이나 성숙의 과정에서 분화된다. 이들 욕구들은 여건이 어떻든 결과가 어떻든 지금 당장 욕구들을 충족시킴으로써 긴장을 해소하고 만족을 얻으려는 쾌락원리(pleasure principle)를 따른다. 원초아의 이와 같은 맹목적이고 즉각적인 쾌락추구는 현실적 벽에 부딪힐 때가 많으며, 현실의 강력한 반대로 인해 원초아의 욕구들은 억압되기도 한다. 이러한 억압된 욕구들은 무의식 속으로 숨어들어가 인간의 행동에 영향을 미친다. 원초아는 1차적 과정(primary process)에 해당하며, 비합리적이고 충동적이며 다른 사람에게 미치는 영향은 전혀 고려하지 않는다. 성인기에 나타나는 1차적 사고는 현실을 고려하지 않고 긴장 감소와 본능 충족에 필요한 실제 대상을 대신하는 가상적 정신표상을 만들어 내는 소원충족(wish fulfillment)적 사고이다. 성인기에도 1차적 사고가 지배적인 경우에는 정신병리가 나타난다고 프로이트는 보고 있다(권중돈 · 김동배, 2005 : 224).

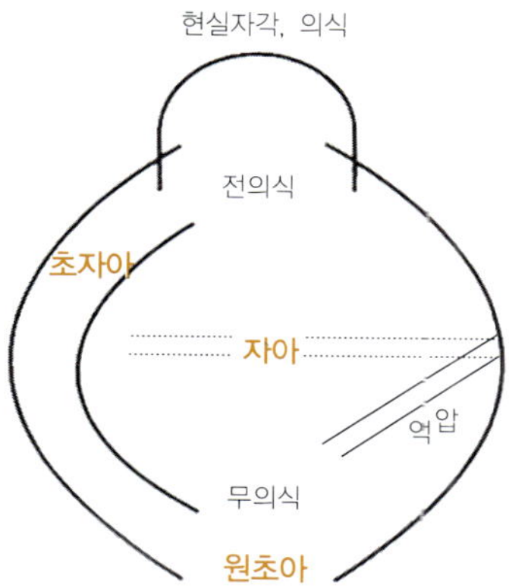

|그림 1-1| Freud의 정신 지도

출처 : Crain(1983 : 230).

② 자아

성격의 의식적이며 합리적 부분인 자아는 생후 6~8개월 사이에 의식적이며 외적 요구에 대한 반응으로 원초아로부터 발생되며 환경을 보다 잘 인식하게 된다. 자아(ego)는 원초아의 충동을 적절한 시간과 장소, 그리고 대상을 통하여 해결할 수 있도록 조절하며(Berk, 2007), 남근기 이후 초자아가 발달하게 되면 원초아의 충동과 외부적 현실, 그리고 초자아의 요구(양심)를 중재하며 무의식적 불안에 대처하기 위하여 방어기제를 사용한다.

자아는 의식과 무의식에 걸쳐 존재하며 이러한 자아의 대표적 기능은 현실지향으로 자아는 현실세계에 적응하기 위하여 욕구충족을 지연하거나 다른 것으로 대치시키기도 한다. 예를 들어, 자아의 도움으로 배가 고픈 아이는 어머니가 우유를 타는 것을 보면 울음을 그치며, 이보다 더 성장한 유년기의 어린이는 스스로 부엌에서 간식을 찾아 먹는다(Berk, 2007). 이러한 현실원리(reality principle)는 궁극적인 만족을 위해서 현재의 욕구를 연기하거나 모양을 바꾸는 것을 의미한다. 어떤 때는 적절한 행동을 통해서, 또 어떤 때는 욕구충족을 지연시킴으로써 현실여건에 알맞은 방식으로 안전하게 욕구를 충족시키며 카텍시스[5]를 안정시키려 한다.

본래 자아는 성격의 집행부로서 원초아의 여러 욕구들 가운데 어떤 것을 충족시키고 어떤 것을 억제하며, 욕구를 어떤 방식으로 충족시킬 것인가를 결정하고 집행한다. 이처럼 욕구의 충족 또는 억제에 있어서 자아는 2차적 과정(secondary process)[6]을 사용한다. 즉, 고등정신 과정을 동원하여 현실적이고 논리적인 방식으로 사고하고 계획하여 집행한다. 아동이 만 3세경이 되면 자아는 비교적 잘 발달되고 지속적인 성숙이 이루어진다(Austrian, 2008). 자아가 발달함으로써 아동은 점차로 사회적으로 받아들여지며 초자아의 도덕적이며 윤리적 원칙을 위반하지 않는 방식으로 원초아의 욕구를 만족시킬 수 있게 적응할 수 있게 된다(Newman & Newman, 1999).

Tip 원초아, 자아, 초자아의 기본 원리

- 원초아 : 쾌락원리, 일차적 사고 과정
- 자아 : 현실원리, 이차적 사고 과정
- 초자아 : 도덕성의 원리

5) 카텍시스 : 정신에너지의 한 대상에 대한 집중현상 p. 35 참조.

6) 2차적 과정 : 현실적인 계획을 세울 때까지 만족을 지연하는 사고과정.

③ 초자아

다른 두 구성요소에 비해 가장 늦은 시기인 남근기의 오이디푸스 콤플렉스를 거치며 자아로부터 분화되어 나온 초자아(super-ego)는 도덕성의 원리(morality principle)를 따른다. 이것은 자녀가 사회적 가치를 따르도록 하려는 부모와의 상호작용을 통하여 발달하는데, 만 5세경부터 발달하기 시작하여 만 9~11세 사이에 완전히 형성된다(Austrian, 2008). 이것은 내면화된 도덕적 기준을 따르는 양심과 사회적 규칙을 대표하며 인간의 마음 안에서 행등의 선악을 평가하는 재판관 같은 역할을 하는 부분으로 자아와 함께 작용하여 인간의 행동을 통제하는 기능을 담당한다.

즉, 어린이는 칭찬이나 상을 받을 행동은 하고 꾸중이나 벌을 받을 행동은 억제하게 된다. 이러는 과정에서 부모나 주위 사람들의 판단기준이 곧 자신의 판단기준으로 되었을 때 초자아가 형성되었다고 할 수 있다. 즉, 일단 초자아가 형성되면, 이 초자아는 주위에 부모나 다른 사람이 없더라도 자신의 모든 행동이 그러한 규범이나 가치에 완전히 부합되면 이전에 부모나 다른 주위 사람이 그랬듯이 자신을 칭찬하고, 만일 부합하지 않으면 자신의 행동을 비난하고 책벌하는 불안 혹은 죄의식을 느끼게 된다(하정미 외, 2009). 초자아는 일부가 의식에 존재하나 많은 부분은 무의식 속에 묻혀 있다. 자아의 대부분과 원초아의 전부는 의식의 밖에서 일한다. 이렇게 유년기에 형성된 원초아와 자아, 초자아의 관계가 개인의 기본적 성격을 결정하게 된다(Berk, 2007).

이러한 마음의 구조적인 모델을 통합한 예를 살펴보면, 어떤 사람이 다른 사람에게 분노했을 때 가장 먼저 무의식으로부터 "너무 화가 나서 그를 죽여버리고 싶어!"라고 하는 원초아의 공격적 충동이 발생하게 되면 초자아는 "나는 사람을 죽이면 안 돼!"라고 주장한다. 이 두 가지 요구 사이에서 자아는 "이 문제에 대해서 한번 알아보자!"라고 하면서 의식적인 선택을 내리려고 하거나 그렇지 않으면 무의식적으로 "뭐! 내가 화가 났다고? 결코 그럴 리가 없어!"라고 하는 부정과 같은 방어기제를 사용하여 문제를 안정시킬 것이다.

(3) 자아 방어기제

프로이트와 딸 안나 프로이트

강한 원초아의 충동은 종종 자아에게 위협이 되기도 한다. 이러한 예로는 어머니가 동생을 예뻐하는 모습에 강한 질투심을 느끼는 아동의 경우를 들 수 있는데, 그가 이러한 자신의 어머니나 동생에 대한 강한 적대심과 같은 감정은 수용할 수 없는 것이라고 믿을 때 그는 자신이 느끼는 죄책감과 불안으로부터 자아를 보호하기 위하여 방어기제(defense mechanism)를 사용하게 될 수 있을 것이다(Newman & Newman, 1999).

방어기제란 자아가 불안을 처리하여 마음의 평정을 회복하려는 노력을 말한다. 방어기제에는 보다 수용될 수 있는 형태로 바꾸거나 변형시키는 다양한 심리적 "수단(tricks)"이나 의식으로부터 분리하여 마음속에 묻어버리는 방법 등이 포함된다(Newman & Newman, 1999). 원초아를 강조했던 아버지인 프로이트와는 달리 자아에 더 많은 관심을 가졌던 안나 프로이트(Anna Freud)는 『자아와 방어기제(the Ego and the Mechanism of Defense)』에서 자아 방어기제를 체계화하였다.

자아는 방어기제를 이용해 한편으로는 불안을 피하고, 다른 한편으로는 본능욕구를 부분적으로나마 충족시킨다. 이런 과정을 통해서 마음의 갈등과 충돌이 해소되고 평정이 회복된다. 이 과정에서 본능적 욕구와 초자아의 요구 사이에서 타협이 일어나 서로 조금씩 양보하여 나름대로의 욕구충족을 얻고 마음의 평화를 회복하는 것이다. 그러나 불안을 조절하기 위해 오랫동안 방어기제를 사용하는 것은 현실을 검증하고 새롭게 변화하는 현실에 적응하는 능력을 무너뜨릴 수 있다(Newman & Newman, 1999). 그리고 원시적인 방어기제는 단기적으로는 보다 효과적일 수 있어 많은 사람, 특히 아동이나 더 나은 대처방법을 학습하지 못한 사람들에 있어서 잘 사용되지만 장기적인 측면에서 보면 이것을 오래 쓸수록 그 효과는 점점 떨어지게 된다(Grohol, 2016).

현실 생활에 잘 적응하는 사람은 방어기제를 고정시키지 않고 유연하게 선택적으로 사용하는 경향이 있으며, 어떤 사람이 특정 방어기제에 지나치게 의존하거나 방어기제를 과다 사용한다면 심리적으로 건강하지 못한 것으로 볼 수 있다. 방어기제의 정상성과 비정상성을 판단하기 위해서는 ① 방어기제의 균형(한 가지 방어기제만을 사용하는지 혹은 여러 가지 방어기제를 사용하는지 여부), ② 방어의 강도, ③ 사용된 방어의 연령 적합성, ④ 철회가능성(자아가 위험에 빠지는 것을 막기 위해 사용된 방어가 위험이 사라진 후에도 사용되는지 여부)과 같은 요소들을 살펴보아야 한다(하정미 외, 2009).

자아는 방어기제를 정신병리적인 상태뿐만 아니라 정상상태에서도 사용한다. 인간이 가지고 있는 성격의 특성이란, 알고 보면 그가 어떤 방어기제들을 주로 쓰고 있느냐 하는 것으로 볼 수 있다. 정신분석 치료는 병적 방어기제들을 건강한 것으로 재배치하는 작업이기도 하다.

① 원시적 방어기제

가. 부정

부정(denial)은 발달단계 중 최초이면서 가장 원시적인 방어기제 중의 하나인데 의식에서 받아들일 수 없는 감정이나 경험에 대하 그것을 현실 또는 사실로 받아들이기를 거부하고, 고통스러운 사건이나 생각 또는 감정을 존재하지 않았던 것으로 생각하는 것을 말한다. 예를 들면, 암으로 시한부를 선고받은 사람이 자신은 암에 걸리지 않았다고 부정하는 것이다.

나. 퇴행

퇴행(regression)은 심한 좌절을 경험하거나 불안한 상황에서 받아들일 수 없는 생각이나 충동에 직면했을 때 이에 대한 대처방안으로 이전 발달단계나 행동양식으로 후퇴하는 것이다. 예를 들면, 두려움과 분노, 증가하는 성적 충동 등을 감당하지 못하는 어린이가 더 어린 시절의 행동으로 돌아가 어머니에게 칭얼거리거나 오줌을 싸는 것과 같은 행동을 보이는 것이다. 또한 과도한 스트레스의 억압을 받는 성인이 집 밖으로 나가지 않으려 하거나 일상적인 활동을 하지 않으려고 하는 것이다.

다. 행동화

행동화(acting out)는 자신의 생각이나 감정을 다른 방식으로 표현할 수 없다고 느낄 때 이것을 극단적인 행동으로 표출하는 것을 말한다. 예를 들어, "난 너에게 화가 났어!"라고 이야기하지 못하고 상대방에게 책을 집어던진다거나 벽을 손으로 치는 것과 같은 행동을 말한다. 이러한 행동은 감정을 분출하여 마음을 편안하게 할 수 있을 것이다. 또한 자신의 감정을 경험하는 것을 참을 수 없어 신체적 고통으로 표현하는 자해도 행동화의 한 형태로 볼 수 있다(Grohol, 2016).

라. 해리

해리(dissociation)는 시간이나 사람에 대한 정상적인 지각을 상실했을 때 그 순간을 모면하기 위하여 또 다른 자신을 만들어 내는 것을 말한다. 어린 시절에 학대를 경험한 사람에게 나타나는 경우가 많으며 극단적 해리의 경우 자신이 여러 개의 자기를 갖고 있다고 믿기도 한다(Grohol, 2016). 소설 지킬 박사와 하이드를 예로 들 수 있다.

마. 투사

투사(projection)란 자신의 감정에 대한 비난을 다른 사람에게 돌리는 것이다. 이것은 부정과 함께 보다 일반적이며 원시적인 형태의 방어기제이다. 예를 들면, 자신이 다른 사람을 유혹하고 싶은 마음을 인정하지 못하고 상대가 자신을 유혹

한다고 생각하며 문제를 타인의 탓으로 돌리는 것이다. 실패할 때마다 항상 타인의 탓이라고 여기는 것도 투사에 해당한다.

바. 투입

투입(introjection)은 투사와 반대로 외부환경 속에 있던 대상이 자기 내면세계로 들어와 내면의 자아 속에서 받아들이는 것을 뜻한다. 외부대상에게 주었던 사랑이나 증오와 같은 강렬한 감정들이 자신에게 옮아오게 된다. 예를 들면, 부모로부터 지속적으로 학대를 당한 사람이 스스로 자신을 대할 때에도 마치 부모가 자신에게 하듯이 부모의 언행을 그대로 따라 자신을 하찮게 여기고 소중하게 생각하지 않고 함부로 자신을 대하는 것이다(하정미 외, 2009).

사. 반동형성

반동형성(reaction formation)이란 겉으로 나타나는 태도나 언행이 마음속의 욕구와 반대인 경우로 원하지 않거나 위험한 생각이나 감정 또는 충동을 감당할 수 없을 때 정반대의 것을 선택하는 것이다. 우리나라 속담 중 '미운 놈에게 떡 하나 더 준다'가 이에 해당한다. 예를 들면, 직장에 대한 분노와 불행한 감정을 표현할 수 없고 직장을 그만두지도 못하는 사람이 자신의 직장상사에게 마음과는 반대로 과도하게 친절하게 행동하며 그 직장에서 영원히 근무하고 싶다고 표현하는 것이다.

② 중간 정도 성숙한 형태의 방어기제

가. 억압

억압(repression)은 가장 보편적인 것으로 사람들이 불안할 때 흔히 쓰는 방어기제이다. 이것은 의식에서 용납하기 힘든 생각, 욕망, 충동 등을 무의식적으로 눌러버리는 것이다. 그러므로 이를 통해 우리는 위협적인 충동, 감정, 소원, 상상,

기억 등이 의식되지 못하게 할 수 있으며 동시에 이에 대한 통제력을 거의 상실하게 된다. 특히 죄의식, 창피 또는 자존심의 손상을 일으키는 경험들은 고통스러운 불안을 일으키므로 억압의 대상이 된다.

억압이 많을수록 편견이나 선입견이 많아지며, 억압이 성공적일 때는 본능적인 욕구나 금지된 욕망이 노골적으로 표현되는 것이 방어되므로, 사회적·도덕적으로 잘 적응하는 생활이 가능해진다. 억압으로 인해 무의식이 생기며, 정신분석 작업은 억압을 극복하는 과정이다(하정미 외, 2009).

나. 격리

격리(isolation)는 고통스러운 생각이나 기억을 의식에서 분리하여 사건은 기억하지만 감정은 억압되어 느끼지 못하는 경우이다. 사고로 사랑하는 사람을 잃은 큰일을 겪은 사람이 사고상황을 아무렇지도 않게 설명하는 경우를 예로 들 수 있다(하정미 외, 2009)

다. 전치

전치(displacement)는 어떤 대상에 대한 생각과 감정, 충동을 전혀 다른 대상에게 발산하는 것이다. 자신의 감정을 원래의 대상에게 안전한 방법으로 표현할 수 없을 때 주로 이 방어기제가 사용된다. 우리나라 속담에 '종로에서 뺨 맞고 한강에서 눈 흘긴다'가 전치현상을 잘 설명해 주고 있다. 대표적인 예로는 직장상사에게 화가 난 사람이 불이익을 받거나 회사에서 잘릴 것이 두려워 자신의 감정을 표현하지 못하고 집에 돌아와 강아지나 가족에게 화를 내는 것이다(Grohol, 2016). 따라서 이 방법은 대부분의 경우에 또 다른 문제를 발생시키므로 매우 비효과적인 방어기제라고 할 수 있다.

라. 대치

대치(substitution)는 목적하던 것을 갖지 못하게 되면서 생기는 좌절감을 줄이기 위해 원래의 것과 비슷한 것을 취해 만족을 얻는 것을 말한다. 이러한 예로는 오이디푸스 콤플렉스를 극복하지 못한 남성이 어머니와 닮은 여성과 결혼하는 것을 들 수 있다. 우리나라 속담의 '꿩 대신 닭'이라는 말이 이 경우에 해당한다.

마. 자기에로의 전향

자기에로의 영향(turning against self)은 공격적인 충동이 다른 사람이 아닌 자기에게로 향하는 것이다. 남에게 향했던 분노가 자기를 향하게 되므로 자해나 자살을 하거나 우울증이 발생하기도 한다. 예를 들어, 엄마에게 야단맞은 아이가 화가 나서 자기 머리를 벽에 부딪치는 것에서 볼 수 있다(하정미 외, 2009).

바. 지식화

지식화(intellectualization)는 격리보다는 발달된 형태로, 받아들일 수 없는 충동이나 상황 또는 행동에 직면했을 때 지나치게 생각을 강조하여 감정과 충동을 지적으로 억누르는 것이다. 즉, 힘든 경험에 대하여 감정을 직접 경험하는 대신에 그와 관련된 지성적 사고로 불안을 막는 기제이다. 예를 들면, 의사에게 질병으로 생명이 얼마 남지 않았다는 말을 들은 사람이 슬픔, 애도와 같은 감정을 표현하지 않고 의미 없는 앞으로의 치료과정의 세부사항에 초점을 맞추는 것이다.

사. 합리화

합리화(rationalization)는 자신이 인식하지 못한 동기에서 나온 행동을 이치에 맞는 그럴듯한 이유를 내세워 설명하는 방어기제를 합리화라고 한다. 그 행동 속에 숨어 있는 실제 원인은 의식에서 용납할 수 없는 내용이므로 본인은 의식하지 못하고 있으며, 그로서는 가장 도덕적이고 합리적인 설명을 한다. 이솝우화의 '여우와 신포도'는 합리화의 좋은 예이다(하정미 외, 2009).

아. 취소

취소(undoing)는 받아들일 수 없거나 해로운 무의식적 행동이나 생각을 되돌리려고 하는 것이다. 즉, 무의식에서 자신의 성적 욕구 혹은 적대적인 욕구로 인해서 상대에게 피해를 주었다고 느낄 때, 그에게 준 피해를 취소하고 원상복귀하려는 행동을 할 때 취소라고 한다. 속죄행위가 이에 속한다. 예를 들면, 한 남성이 의도하지 않게 사귀는 여자친구에게 크게 상처되는 행동을 하고 난 후 미안함에 그녀를 침이 마르도록 칭찬하는 것이다.

③ 가장 성숙한 형태의 방어기제

가. 승화

승화(sublimation)는 의식의 세계에서는 도저히 용납할 수 없는 거칠고 부도덕한 본능적 욕구를 사회적으로 용납할 수 있는 형태로 바꾸고, 성적인 특성을 제거한 욕구(non-sexual form)로 변화시켜서 충족시키는 것이다. 즉, 받아들일 수 없는 충동이나 생각 그리고 감정을 보다 받아들일 수 있는 방식으로 발산하는 것이다. 예를 들어, 불안을 초래할 수 있는 공격성이나 성적 욕구를 사회적으로 인정받을 수 있는 스포츠로 승화시켜 보다 생산적인 방식으로 에너지를 발산하는 것이다.

나. 동일시

동일시(identification)는 부모나 윗사람 등 중요한 인물들의 태도와 행동을 자기 것으로 만들면서 닮는 것을 말한다. 동일화는 자아와 초자아의 형성에 가장 큰 역할을 하며 성격발달에 가장 중요한 방어기제이다. 동일화를 통해 부모가 자식의 성격 내부에 들어오게 된다. 그러나 모든 부모는 인격적인 결함이 있기 때문에 '어떤 부모를 닮느냐'에 따라서 성격의 구조가 달라진다. 모든 부모가 결함이 있고 아이의 경험이 다양하기 때문에 완벽한 동일화는 없다(하정미 외, 2009).

다. 보상

보상(compensation)은 스스로 인식한 약점을 다른 부분에서의 강점을 강조하거나 강점에 초점을 맞추어 덮으려는 것이다. 예를 들면, 요리를 잘 못하는 사람이 "나는 요리는 잘 못하지만 설거지는 잘해!"라고 말하는 것이다. 이러한 보상행동이 과하지 않고 적절한 경우에는 자존감과 자기 이미지의 향상에 도움이 될 수 있다(Grohol, 2016).

라. 자기주장

자기주장(assertiveness)은 상대방을 존중하면서도 직접적이고 단호한 태도로 자신의 욕구나 생각을 강조하는 것이다(Grohol, 2016). 의사소통 방식을 소극적인 것에서 공격적인 것 사이의 연속선상에 존재한다고 볼 때 자기주장적 의사소통은 이러한 연속선상에서 중간 정도에 위치한다고 볼 수 있다.

소극적으로 의사소통하는 사람들은 경청을 잘하는 경향이 있으나 인간관계에서 자신의 욕구나 스스로의 생각을 잘 표현하지 못한다. 반면 공격적 혹은 적극적으로 의사소통하는 사람들은 훌륭한 리더인 경우가 많으나 타인에 대한 공감이 부족하며 타인의 생각과 욕구를 잘 이해하지 못하는 경향이 있다. 따라서 적절한 자기주장은 이 두 가지 특성 사이에서 균형 있는 방식으로 이야기하는 것이며 자신과 타인을 적절히 배려하며 좋은 인간관계를 맺을 수 있는 가장 바람직한 의사소통 기술이라고 할 수 있다.

(4) 무의식의 역동과 정신에너지

벨락(Bellak, 1959)은 프로이트의 정신분석이론에 대해 설명하면서 무의식에 관한 정신분석적 개념들은 역동과 에너지 경제적 가설들과 불가분의 관계에 있다고 하며 이에 대해 다음과 같이 설명하였다.

① **카텍시스**(cathexis : 심리요인에 정신에너지가 집중적으로 공급되는 현상)**와 역카텍시스**(countercathexis)

어떤 충동과 감정 그리고 인식된 것들은 의식에 도달한 이후에 무의식화되기도 한다. 즉, 어떤 심리적 요소들은 그 일부나 전체 또는 파생물의 형태로 무의식으로 남겨지거나 반대로 무의식적 요소들이 의식화될 수도 있으며, 이 과정에서 에너지 교환이 이루어진다. 무의식적 심리요인에 정신에너지가 집중적으로 공급되는 카텍시스가 일어날 수 있으며 역카텍시스는 무의식적 심리요인이 의식화되지 못하도록 하는 것이다. 예를 들면, 철수는 10살경 동생을 사고로 잃고 동생에 대한 모든 기억과 감정을 무의식 속에 억압하고 살아간다. 이런 철수의 경우 무의식 속에 존재하는 동생이라는 대상이 의식으로 떠오르기 위해서는 집중적인 에너지가 공급되는 카텍시스가 필요하다. 그러나 이러한 대상이 의식으로 떠오르지 못하게 하는 역카텍시스가 작용한다.

만일 무의식 속에 존재하던 심리요인들이 의식으로 올라와, 즉 의식화되면 에너지가 재분배된다. 또한 2차적 과정[7]에서 심리요인들의 카텍시스는 특정 요인에 한해 집중되는 반면, 1차적 과정[8]에서는 생각과 인식에 대한 에너지의 공급이 적고, 카텍시스와 생각이 쉽게 서로 분리되어 이상한 나라의 엘리스에서 볼 수 있는 것 같이 생각과 가치의 혼돈이 일어난다고 가정할 수 있다. 이러한 현상은 중화(neutralization)[9]와 승화(sublimation)[10]와 같은 현상을 이해하는 데에 기본적인 가설이 된다.

② **에너지 보존의 법칙**(the law of conservation of energy)

프로이트의 에너지 모델은 준개방 체계(quasi-open system)의 특징을 갖는다고 볼

7) 자아가 원초아의 욕구충족을 위하여 현실을 고려하여 다루는 방식.

8) 원초아가 욕구를 충족하고자 할 때 현실적으로 불가능한 경우 억압하는 과정.

9) 감당할 수 없는 요소를 반대적인 생각으로 희석하는 것.

10) 앞의 방어기제 참고.

수 있다. 리비도는 그 자체가 에너지 체계의 형태이며 다양한 리비도의 영역과 목적, 그리고 대상에 있어서 그것에 대한 카텍시스와 방어체계에서의 역카텍시스가 기본적 요소이다. 사람들은 각자 특정한 양의 에너지를 보유하고 있으며 이에 대한 에너지 보존의 법칙이 적용되는 것으로 보인다.

예를 들면, 자아가 무의식에서 특정한 대상에 대해 많은 에너지를 집중시키면 다른 대상에 대해 사용할 수 있는 에너지는 상대적으로 적어질 수밖에 없는 것이다. 만약 리비도가 한 영역에서 철수된다면 정신분석학자들은 지형학적이며 구조적인 관점에서 그것이 딴 곳으로 옮겨갔는지, 혹은 어떻게 재분배되었는지에 대한 궁금증을 가질 것이다.

③ **억압과 그 강도**(repression and intensity)

억압의 개념에 대한 물리적 설명을 위해 지형학적으로 물속에 잠긴 영역을 무의식 그리고 표면을 의식으로 보고, 1차적 과정과 2차적 과정의 특징을 순차적으로 단순화하여 비유해 보면 어떤 표면에 있던 대상을 물에 잠기도록 하려면 그것이 물속에 잠기도록 담그고 그 잠긴 상태를 유지하도록 하는 데에 에너지가 필요하다는 것이다.

한편 역카텍시스가 철수되면 그 억압되었던 요소는 코르크 마개처럼 표면으로 올라오게 되고 동시에 주변에는 파장이 일게 된다. 요즘은 물리학적 경향에 따라 억압과 같은 방어기제를 유체역학적 용어보다는 컴퓨터와 스캐닝이라는 전자공학적 표현을 사용하여 설명하는 것이 더 선호되며, 특히 자아의 인식기능이 이러한 용어로 설명되는데, 린(Linn, 1954)에 의하면 자아는 두 가지 방식으로 자극을 인식한다.

첫째, 자아는 심리적 장치 내에서 정당한 한 꾸러미의 경험에 관심의 초점을 맞춘 후 "예-아니오"로 적절히 판별하기 하기 위하여 스캔한다. 이런 과정을 통하여 자아는 제공된 자극을 그 자극에 가장 적절히 상응하는 일련의 기억들과 연관 짓게 되며 이러한 스캐닝과정에서 장애가 발생할 수 있을 것이다. 그런데 이러한 스캐닝의 과정에서 주어진 자극은 쾌락을 유발하는 정도가 높은 요소일수록 우선적으로 연관 지어지게 되며 불안을 일으키는 요소는 가장 마지막으로 연관 지어진다(Linn, 1954). 즉, 사람은 어떤 상황에 접했을 때 과거의 경험들 중 가장 지금의 상황과 관련하여 즐거움을 유발하는 기억과 연관시켜 생각하려 하며 불안을 일으키는 기억과는 연상하여 생각하려고 하지 않는다는 것이다.

실제로 우리가 감당할 수 없는 정도의 불안을 일으킬 수 있는 요소는 스캐닝 과정에서 완전히 배제될 것이다. 이런 경우에 그 요소는 억압되었다고 설명된다. 예를 들면, 강아지를 좋아하는 철수가 우연히 하늘에 떠 있는 구름을 보았다. 그런데 철수는 그 구름이 강아지 모양이라고 생각하며 행복해하였다. 그런데 실제로 그 구름의 모양은 고양이에 더 가까웠으나 고양이를 무서워하는 철수는 스캐닝 과정에서 고양이라는 대상에 대한 기억은 뛰어넘고 보다 더 즐거움을 주는 강아지와 연관시켜 생각한 것이다.

그런데 이러한 억압은 심리역동적으로도 잘 이해될 수 있다. 샌포드(Sanford, 1936)를 비롯한 몇몇 학자들은 오랫동안 먹지 못한 사람에게 음식을 짧은 순간 노출하였을 때 발생하는 음식 카텍시스의 영향에 대한 실험을 하였다. 이러한 스캐닝의 과정에 대한 여러 실험을 통하여 억압의 강도가 클수록 억압한 대상에 대한 빠르고 효율적인 스캐닝이 이루어지며 이러한 강한 억압에 대한 반응이 카텍시스의 기능인 것으로 논의되었다(Linn, 1954).

④ 현실검증 : 스캐닝 과정에서의 장애(impairment of scanning process)

예를 들어, 사고로 인한 두뇌손상으로 인해 스캐닝 과정에 장애가 발생한다면 분별기능에 영향을 미치게 될 것이며, 스캐닝에 대한 적절한 교육을 받지 못하는 경우에도 심리적인 요인에 대한 적절한 스캐닝을 할 수 없게 될 수 있다. 이런 관점에서 스캐닝 능력은 현실검증과 관련된다고 볼 수 있다. 또한 아동이 부정확한 정보와 일관성 없는 보상과 처벌로 인해 지속적인 혼란을 경험하게 되면 그는 스캐닝 방법에 대해 적절히 학습할 수 없게 될 것이다.

또 다른 면에서 살펴보면 아동의 기억꾸러미와 그 속의 요소들이 적절한 경계를 갖고 있지 못하고 적절한 게슈탈트가 형성되지 않으면 적절한 스캐닝도 이루어지지 못할 것이다. 다시 말하면, 이전에 이미 부적절하게 인식된 자극에 대한 부적절한 관계가 형성된다는 것이다. 예를 들면, 어린 시절 알코올중독인 아버지의 가정폭력을 경험한 철수는 성인이 되어서도 아버지를 연상시키는 성인남성이 말을 걸었을 때 그가 자신에게 화를 내고 있다고 생각하기 쉬운데, 이런 경우를 스캐닝 과정에서의 장애라 볼 수 있다.

⑤ 과잉자극(overstimulated) : 어떤 요소에 대한 과도한 카텍시스

더 나아가 비교적 안정적이고 승화되며 중립화된 대상관계의 복잡한 서열을 설명하는 자아심리학적인 관점에서 볼 때, 과잉자극을 경험한 아동은 이후에 성인이 되면 일반적으로 부적절한 카텍시스의 서열을 형성하게 되고 특정한 요소에 대한 과잉 카텍시스를 경험하게 될 것이다. 또한 동기적 관점에서 과잉행동이나 미성숙한 심리행동을 유발하는 과잉 카텍시스로 인하여 선택의 질서에 손상을 입게 될 것이다. 예를 들면, 어렸을 때 지속적인 성 학대를 경험한 아동이 성인이 되어 이성을 선택할 때 성적인 요소에 대해 지나친 회피나 관심을 갖게 될 수 있다.

선택적 스캐닝(selective scanning)에 대한 인식모델은 우리가 시각적 인식과 청각적 자극의 심리학적 과정에 대한 경험적으로 관찰 가능한 자료에 대한 관찰된 의식과 무의식의 정신분석적 현상을 뉴런의 작용이 인식하게 한다는 사실을 설명한다. 이 모델에서 설명하는 바와 같이 억압의 "경감(lifting)"은 분석과정에서 "웃음의 증상(symptom laughter)" 혹은 "울음의 증상(symptom crying)"을 일으킬 수 있다. 이러한 현상을 가장 잘 설명하는 것은 프로이트의 위트, 유머, 그리고 코믹의 개념에 대한 가설이다. 이러한 현상은 전자학적 모델로도 설명될 수 있는데, 정신분석의 준개방적 에너지 모델과도 관련되는 신경체계의 전자적 요소의 변화를 임상적으로 관찰할 수 있다.

⑥ 투사(projection)

억압보다 더 복잡한 특성을 가진 방어기제들은 설명이 쉽지 않다. 모든 방어의 초기단계에서 그 방어의 일부분으로 억압이 발생하는 것으로 보인다. 아래의 투사에 대한 전형적인 쉬레버라고 하는 편집증 환자가 동성인 치료자를 사랑한 경우인 쉬레버 사례를 살펴보면 첫 번째 단계로 "나는 그를 사랑해"라는 리비도적 소망이 나타난다. 두 번째 단계에서 이러한 소망에 대한 억압을 거친 후 세 번째 단계로 반동형성이라는 방어기제를 사용하여 "나는 그를 미워해"로 전환된다. 이러한 미움은 다시 네 번째 단계에서 억압되고 다섯 번째 단계에서 외부의 대상을 탓하는 결과로 이어진다.

사례

쉬레버 케이스(Freud, 1925) : 쉬레버의 편집증에 대한 분석

- 1단계 : 리비도적 소망 – "I love him"(쉬레버가 동성인 플레쉬그 박사를 사랑함)
- 2단계 : 이러한 감정을 **억압**함
- 3단계 : **반동형성**을 사용하여 기존의 소망을 변형 – "I hate him"
- 4단계 : 변형된 미움의 감정을 다시 **억압**함
- 5단계 : 외부의 대상으로 **투사**함 – "He hates me"(피해망상으로 발전)

이 외에도 우리는 다양한 형태의 투사의 예를 찾을 수 있을 것이다. 그중에서도 헨리 머레이(Henry A. Murray, 1951)가 특히 이에 대해 잘 설명하고 있는데, 그는 보충적 투사(supplementary projection)와 보완적 투사(complementary projection)를 구별하여 설명하였다. 보충적 투사는 자기구성 투사(projection of self-constituents)라고도 하는데 이것은 자신의 욕구나 충동, 소망, 그리고 두려움으로 인하여 외부의 대상을 왜곡하는 것을 말한다. 한편 보완적 투사는 형상구성 투사(projection of figure-constituents)라고 설명하였으며, 이것은 환상 속의 상호작용과 함께 주체의 생각의 흐름으로 (상상한 대상의) 형상을 특징짓는 경향과 특성을 말하는 것이다. 대

부분의 경우에 이것은 친밀한 관계에 있는 아버지, 어머니, 형제자매, 친구, 적 등과 같은 의미 있는 대상의 이미지이다.

3) 프로이트의 발달단계

뉴만과 뉴만(Newman & Newman, 1999)에 의하면, 프로이트의 심리성적 이론(psychosexual theory)은 개인의 정서적 그리고 사회적 삶의 발달에 초점을 맞추고 있다. 이 이론은 부모가 자녀양육에 있어서 최초의 몇 년간 어떻게 자녀의 성적 그리고 공격적 욕구를 다루는지가 건강한 성격의 발달에 핵심적이라는 사실을 강조한다(Berk, 2007). 프로이트는 개인의 심리학적 기능에 대한 성적 충동과 공격적 충동의 영향에 주된 관심을 두었고, 특히 정신작용에 미치는 성(sexuality)의 깊은 영향력을 인식하였다. 또한 아주 어린 아동들도 강한 성적 욕구를 가지고 있다고 믿었다. 그는 아직 재생산 기능을 갖추지 못한 아동의 경우에도 성욕은 환상, 문제해결, 사회적 상호작용 등에 직접적인 영향을 미친다고 주장하였다.

프로이트는 인간의 발달단계를 심리성적 발달단계(psychosexual development)로 명명하였으며, 성적 에너지인 리비도(libido : 성적 욕구 혹은 성적 본능)가 인간이 성장하면서 신체의 특정 부위, 즉 입에서 항문으로 그리고 다시 생식기로 옮아감에 따라 다섯 개의 순차적 단계로 구분하였다. 이러한 단계가 변화함에 따라 성적이며 공격적 충동의 표현을 둘러싼 갈등의 초점도 달라지며 각 단계는 쾌락을 경험하는 신체의 부위의 변화와 동시에 자기와 사회적 관계에서 지향하는 바의 변화를 반영하는 것이다. 각 발달단계에서 부모가 아동의 기본적인 욕구의 충족을 허락하는 정도에 따라 적절한 경계가 형성되며, 이 과정에서 부모가 적절한 균형을 유지하며 양육할 때 자녀는 성숙한 성과 가족생활 능력을 갖춘 잘 적응된 성인으로 성장하게 된다는 것이다.

그러나 프로이트는 발달이 항상 이러한 패턴을 따르는 것은 아니며 각 단계는 성공적으로 진행되어야 하지만 그렇지 못한 경우 미완성된 과제는 다음 단계로 미루어지고 이후의 삶에서 병리적인 요소가 될 수 있다고 하였다. 이전 단계의 대상에 대한 리비도적 카텍시스가 지속되는 리비도 고착(fixation)은 모든 단계에서 발생할 수 있으며 발달에 방해요소로 작용한다(Austrian, 2008).

또한 그는 성격발달에는 원칙이 있다고 보고 있으며, 그 원칙으로 정신적 결정론, 무의식의 중요성, 성적 에너지인 리비도를 제시하였다(이인정 외, 2000 : 159-160). 먼저 정신결정론은 우연한 것으로 보이는 인간의 어떤 행동도 특정한 동기와 이유를 가지고 있다는 것이다. 원인이 없는 결과는 없다는 것으로 어른의 행동은 이미 어린 시절의 경험에 의해서 그 동기가 결정되어 있다는 것이다. 둘째, 인간의 행동은 무의식에 의해 동기가 유발된다고 보았다. 마지막으로 리비도가 행동과 사고의 동기에 결정적 영향을 미치고 있으므로 인간 성격의 발달을 심리성적 발달이라고 하였다. 이것을 구체적으로 살펴보면 다음과 같다.

(1) 구강기(Oral Stage, 출생~18개월)

아기는 출생과 함께 모태 내의 안정과 수동적인 생활을 끝내고 새로운 환경과 고통스러운 접촉을 시도한다. 영아는 아직 자신과 대상을 구별할 수 없다. 다른 사람과의 관계는 영아가 자신의 생리적 욕구를 충족시켜 주는 엄마와의 관계에서 처음으로 생겨난다. 영아는 입술 점막을 자극하여 구강욕구를 만족시켜 주는 엄마의 젖가슴과 젖꼭지를 통해 엄마와 관계를 맺는다. 또한 기저귀를 갈아주고 안아주고 덮어주고 목욕시켜 주는 행동을 통한 촉각운동 감각계를 통해서 엄마와 관계를 맺는다.

수유기에는 입이 쾌락을 주기 때문에 입이 성감대이다. 구강시기 영아는 모든 관심이 입에 집중되며 감각과 활동의 초점 또한 입에 집중된다. 입을 통해서 가장 큰 만족감을 얻는다. 구강기는 크게 구강 전기와 구강 후기로 나뉜다. 구강 전기에는 젖을 빠는 행위를 통해 만족을 얻는다면, 구강 후기에는 물어뜯는 데서 얻는 쾌감이 더해진다. 이때 공격욕구가 처음으로 나타난다고 본다. 이 시기의 영아에게 있어서 어머니 혹은 양육자는 좌절을 견뎌내는 능력일 뿐 아니라 안정감과 자존감, 그리고 기본적 신뢰의 원천이다.

이때 욕구의 충족이 부족한 경우에는 나타날 수 있는 성격적 특징으로는 비관주의, 질투, 의심, 냉소 등을 들 수 있으며, 과잉충족의 경우에는 낙관주의, 속기 쉬움, 타인에 대한 존경 등을 들 수 있다. 특히 '구강인격(oral personality)'이란 구강기에 고착이 심하거나 또는 구강욕구의 좌절이 심해 구강기를 지나서도 구강기 욕구 충족에 집착하는 인격이다. 구강인격의 특징은 의존적이고 자기중심적이며 매사에 요구가 많고, 받을 줄만 알며 줄줄은 모른다. 생활습관의 특징은 아동기에는 손가락 빨기, 손톱 물어뜯기, 연필 깨물기 등, 성인기에는 과식, 과음, 애연 등을 들 수 있다(Berk, 2007).

(2) 항문기(Anal Stage : 18~36개월)

운동 근육과 신경이 발달하고 아이의 관심이 구강에서 항문으로 이동한다. 이 시기를 항문기라고 하며, 생후 18개월에서 3세까지를 말한다. 아동은 더 이상 빨기에 의존하지 않으며 변과 그 냄새에 특별한 관심을 갖게 되며 그것을 참거나 방출하는 것에 대해 쾌감 혹은 거부감을 경험한다. 따라서 아이와 양육자의 관계는 배변훈련을 중심으로 형성된다. 만일 이 과정에서 양육자의 훈련방법과 승인 또는 거부적 태도가 인격형성에 많은 영향을 준다. 아동이 준비되기 전 양육자가 너무 성급히 훈련하거나 반대로 너무 방임하면 항문조절에 대한 갈등이 극단적인 질서와 청결함 또는 반대로 불결함과 무질서의 형태로 나타날 수 있다.

다시 말하면, 아이가 대소변을 가리지 못했다는 이유로 어머니가 벌을 준다면 아이들의 마음속에 어머니에 대한 분노와 공포가 생긴다. 부모와 투쟁적인 관계가 되는 것이다. 여기서 아이의 성격이 두 방향으로 발달할 수 있다. 아이가 부모에게 심한 두려움을 느끼고 복종의 길을 선택하면 청결, 질서, 정돈, 복종, 정확성 등의 항문성격, 즉 강박성격이 나타난다. 그러나 반대로 부모의 반항을 선택하는 아이는 불결, 고집 또는 신뢰성의 결여와 같은 반항적인 성격이 나타난다. 반항적인 반응은 부모에 대한 분노에서 나온다(하정미 외, 2009).

항문기의 경험을 통해서 자기조절, 독립심, 자율성, 자존심이 싹튼다. 이와 더불어 수치심과 혐오감도 생긴다. 아이들의 배설에 대한 부모의 태도와 말 또는 표정이 아이에게 수치심을 일으킨다. 수치심은 어린이의 대소변 훈련과정에서 학습되는 유아기 감정이다. 그러나 지나치게 수치심을 조장하면 도리어 도전적이고 뻔뻔스러운 성격이 되기 쉽다. 항문기의 고착이 일어나서 어른이 된 후에도 양가감정이 심하고, 강박적인 사고 등을 특징으로 하는 소위 강박증세를 보이기도 한다.

참고

양가감정(ambivalence)

1911년 스위스의 정신과의사 파울 오이겐 블로일러(Paul Eugen Bleuler)에 의해 처음 소개된 개념으로 프로이트는 사랑과 미움 사이의 갈등을 의미하는 단어로 보았다. 그에 의하면, 아동기의 매우 초기에 양육자와의 관계에서 최초의 양가감정을 경험한다. 아동은 무엇이든 만지고 싶은 강한 욕구(the desire to touch)를 갖지만 양육자의 즉각적인 제지, 즉 외적인 금지(prohibition)에 직면하게 된다. 이러한 금지를 내적인 강한 힘, 즉 초자아가 지지하므로 본능(instinct)보다 우세하게 된다. 결과적으로 이러한 욕구는 억제되어 무의식으로 사라지지만 금지가 본능을 없애지는 못하므로 금지와 본능이 공존하게 되고 갈등은 지속된다.

출처 : http://www.freudfile.org/psychoanalysis/projection_ambivalence.html 인용.

(3) 남근기(Phallic Stage : 만 3~6세)

이때는 이성 부모에게 애정을 느끼고, 동성의 부모에게는 질투와 경쟁적 증오심을 느끼는 시기로 프로이트는 이때가 가장 강한 대상관계를 경험하는 적기라고 하였다. 이 시기가 되면 어머니에게 국한되었던 인간관계의 폭이 아버지나 형제자매에게까지 확대된다. 그리고 인간관계 속에서 질투, 분노, 부러움, 죄책감 같은 감정을 경험한다. 또한 활동이 많아짐에 따라 탐구심, 호기심이 생기고,

자율성을 행사해 볼 기회도 생긴다. 남녀 간의 성적 차이도 이해하기 시작하여 자신의 성주체성을 확립하기 위한 기초가 된다.

구강기에는 입이 쾌락의 원천이었다면, 항문기에는 항문으로 이동하고, 남근기에는 성기(genital region)로 옮겨진다. 남근기의 출현과 더불어 남녀 간의 성적인 차이, 성기의 크기 및 남근의 존재 유무에 대한 관심이 높아진다. 생식기에서 느끼는 감각이 뚜렷해지고, 주로 자위행위에서 성적 쾌감을 얻는다. 그렇다고 아이들이 성기에 대해 갖는 관심은 어른들이 느끼는 성과 같은 것은 아니다.

남자아이들은 자신의 성기가 중요하다는 것을 알고 자랑스러워한다. 남근에 대해서 자기애적 관심을 보인다. 그러나 여자아이의 경우는 다르다. 자신에게 남근이 없다는 것을 알고 몹시 실망하여 열등감을 느낀다. 여자아이는 자신도 오빠처럼 남근을 가지고 태어났는데 거세당했다고 믿는다. 남근을 부러워하는 '남근선망(penis envy) 사상'이 나타난다. 남근선망이 심하면 여자아이는 자신의 여성성을 받아들이기가 쉽지 않다. 여자아이에게 나타나는 오이디푸스 콤플렉스를 엘렉트라 콤플렉스(Electra complex)라고 부르기도 하지만, 지금은 남녀 모두 오이디푸스 콤플렉스라고 부른다.

참고

오이디푸스 신화

전설에 따르면, 테베의 왕 라이오스는 아들에게 살해될 것이라는 신탁을 들었다. 따라서 아내 이오카스테(호메로스 서사시에서는 에피카스테)가 낳은 아들을 키타이론산에 버렸다. 그때 그는 아이의 두 발목을 한 데 못질했으며, '부풀어 오른 발'을 의미하는 오이디푸스라는 이름은 거기에서 유래된 것이다.

아이는 한 목동에게 발견되었고, 코린트의 왕 폴리보스의 양자가 되어 자라났다. 청년이 되어 델포이를 방문한 그는 아버지를 죽이고 어머니와 결혼하게 될 운명을 갖고 태어났다는 것을 알게 되어, 결코 코린트로 돌아가지 않겠다는 결심으로 방랑의 길에 올랐다. 테베로 가던 중에 만난 라이오스가 싸움을 걸어 결국 오이디푸스는 라이오스를 죽이게 되었다. 여행을 계속하던 중 그는 스핑크스가 지나가는 사람을 붙잡아 수수께끼를 내서 풀지 못하면 죽여버림으로써 테베 사람들을 괴롭히고 있다는 것을 알았다. 오이디푸스가 그 수수께끼를 풀자 스핑크스는 자살했다. 이에 대한 보상으로 그는 테베의 왕이 되었으며 미망인이 된 왕비 이오카스테, 즉 그의 어머니를 취하게 되었다. 그들 사이에서 에테오클레스, 폴리네이케스, 안티고네, 이스메네 4명의 아이들이 태어났다. 그 후 진실이 밝혀지자 이오카스테는 자살했으며, 오이디푸스는(다른 출전에 따르면) 자신의 눈을 찔러 눈을 멀게 한 다음, 처남 크레온을 섭정으로 남기고 딸 안티고네, 이스메네와 함께 나라를 떠났다고 한다. 마침내 그는 아테네 근처 콜로노스에서 죽었으며, 그곳 땅이 그를 삼켰고 그는 땅의 수호신이 되었다고 전해진다.

출처 : http://100.daum.net/encyclopedia/view/b16a1201a 인용.

프로이트는 오이디푸스 콤플렉스를 '인간이면 누구나 성장과정 중에 경험하는 인류의 보편적 현상'이라고 했다. 이 시기의 아동은 동성의 부모를 소유할 수 없는 현실을 인식하면서 거세불안으로 인해 초자아가 발달하게 되고 동시에 동성 부모와 자신을 동일시하며 오이디푸스 콤플렉스를 극복하게 된다. 거세불안(castration anxiety)이란 아동이 아버지를 라이벌로 보기 때문에 아버지가 자신의 성기를 거세할 것을 두려워하는 심리이다.

이 시기에 부모의 질병이나 부재 혹은 죽음, 또는 형제자매의 출생이나 죽음과 같은 사건은 이 시기의 과업을 성공적으로 달성하기 위한 아동의 능력에 부정적인 영향을 미칠 수 있다(Austrian, 2008). 특히 오이디푸스 콤플렉스가 적절하게 해결되지 못하면 성정체감의 형성에 혼란을 겪게 되어 이성관계가 어려워지거나 성도착이나 불감증의 원인이 될 수도 있으며, 해결되지 못한 거세불안으로 인해 신경증이 발생할 수도 있다.

〈표 1-1〉 프로이트의 심리성적 발달단계

단계(연령)	발달시기	주요 이슈
구강기	출생~16개월	어머니와의 관계, 빨기 욕구의 충족
항문기	16~36개월	배변훈련
남근기	36개월~만 6년	오이디푸스 콤플렉스, 거세불안/ 남근선망, 초자아의 발달
잠복기	만 6년~사춘기(만 11년)	초자아의 계속된 발달, 사회적 가치의 습득
생식기	사춘기 이후	성숙한 성, 부모로부터의 독립, 결혼, 직업, 자녀양육

(4) 잠복기(Latent Stage : 만 6~사춘기)

이 시기의 아이들은 성적 관심이 거의 없는 것처럼 보인다. 정신분석학에서는 이 시기를 정신성적 발달단계의 잠복기라고 본다. 성적 흥미와 활동이 사라지고 뚜렷한 정신성적 변화를 보이지 않는다. 그러나 아이들은 이전보다 더욱 동성의 부모를 동일시하여 남성다움이나 여성다움이 분명해진다. 초자아의 발달이 계속되고 사회적 관습과 태도를 배우게 된다. 교육을 받기 때문에 자아가 자라는 시기이며, 또한 이상이 형성되는 시기이기도 하다. 잠복기의 후반기에는 자위행위에 대한 욕구가 강해진다. 또한 이 시기에 공격충동이나 파괴적 충동을 스스로 조절하는 내적 조절능력이 생긴다.

이 시기는 아이들이 가족이 아닌 사람들을 만나고, 사회적인 관계가 이루어지는 시기다. 인간관계가 다양해지면서 사회적 가치를 습득하고 사회화가 일어난다. 그래서 '사회화 시기'라고도 부른다. 학교에 나가면 권위적 존재인 선생님을 만난다. 놀이친구들도 만난다. 그리고 친척들의 영향도 크게 작용하는 시기이다. 이러한 다양한 인간관계의 경험을 통해서 가족 사이에서 이루어진 행동양식이 수정된다(하정미 외, 2009).

(5) 생식기(Genital Stage : 사춘기 이상)

시기적으로 소아기가 끝나면서 성인기가 시작되는 일종의 인생의 과도기이다. 이 시기에 접어들면 눈에 띄게 성호르몬의 분비가 증가하고 신체가 급성장한다. 사춘기 말기가 되면 성인의 신체를 갖게 된다. 특히 남성호르몬과 여성호르몬의 분비가 급증하면서 제2차 성징이 나타나 변성이 일어나고, 몸에 털이 나며 근육이 발달한다.

또한 잠복기 동안 억압되었던 성적 · 공격적 충동이 다시 강해지므로 이러한 에너지를 조절하기 위하여 자아가 이전에 사용하던 많은 대처전략들이 더 이상 유용하지 않게 된다. 따라서 자아는 충동을 표현하고 조절하는 새로운 방식을 찾아야만 한다. 이러한 과정에서 핵심적인 요소는 이전의 애착대상으로부터 자아를 분리하는 것과 새로운 사회적 관계에서뿐 아니라 자기에 대한 에너지의 투자이다(Newman & Newman, 1999). 사춘기 전기에 원초아가 우세할 때 지나치게 쾌락추구에 몰두하여 공격성, 야수성, 범죄행동이 왕성해지고, 자아가 너무 표면화되면 불안이 심해지고 금욕주의, 지성화의 경향이 강해져서 원초아를 억제하고 자아를 방어하려고 애쓰게 된다. 이 시기는 부모로부터의 독립적인 위치를 찾으려는 노력이 나타난다. 의존-독립의 갈등이 생겨서 부모에 대한 이유 없는 반항이 나타나는 시기이기도 하다. 이상적인 성격 발달을 위해서는 근면성을 익혀야 하고, 즉각적인 만족을 지연시켜야 하며, 책임감이 있어야 한다(하정미 외, 2009).

참고

프로이트의 애도이론[11]

프로이트는 정상적 애도와 비교하여 우울증(melancholia)을 설명했다. 그는 애도는 사랑하는 사람 혹은 그 사람의 마음속에 자리 잡고 있던 조국, 자유, 이상 등과 같은 어떤 추상의 상실에 대한 일상적인 반응으로 정상적 애도는 해롭지 않다고 하였다(Freud, 1917 : 243). 반면 우울증은 심각한 고통을 동반하는 거절, 외부 세상에 대한 관심의 우실, 사랑할 수 있는 능력의 상실, 모든 활동의 억제, 자기에 대한 관심의 저하로 인하여 자기비난과 자기매도의 표현, 그리고 망상적 처벌에 대한 기대에 이르는 정도의 감정으로까지 치달을 수 있다(1917 : 244).

프로이트에 의하면(1917 : 244-246), 현실검증을 통하여 사랑하는 대상이 상실되었을 때 그 대상에 대한 애착으로부터 모든 리비도[12]를 철회해야 한다. 정상적 애도의 과정은 엄청난 시간과 심리적 에너지(cathectic energy), 즉 카텍시스가 요구되며 그동안 상실한 대상의 존재는 심리적으로 계속 남아 있다. 실제로 애도의 작업이 마무리되면 자아는 자유로워지고 다시 억제(inhibition)에서 풀려난다.

그러나 많은 경우에 우리는 다른 사람이 다가와도 원래 사랑했던 사람으로부터 리비도를 포기하려 하지 않는다. 이러한 원래의 대상에 대한 집착 때문에 현실을 외면하고 환각적 소망, 충족적 정신병리를 겪을 수 있다. 특히 사랑의 대상으로서 상실된[13] 추상적인 형태의 상실의 경우 이것은 무의식 속에서 일어난 상실이므로 상실한 것이 무엇인지 인식하지 못하여 애도작업이 정상적으로 일어나지 못하고 우울적 억제 현상을 일으킨다. 애도와는 달리 우울증에서는 엄청난 규모의 자아의 저하, 즉 자기 관심에의 비정상적인 감소가 발생한다. 애도는 세상이 비참하고 공허한 것이나 우울증은 자아 그 자체가 비참하고 공허한 것이 된다. 즉, 정상적인 애도과정에서는 일시적으로 세상이 비참하고 공허하게 느껴지고 자아가 흡수되고 억제와 흥미의 상실이 발생지만 현실검증을 통하여 점차 상실한 대상으로부터 리비도가 철회되고 현실을 인식하게 된다. 그러나 우울증의 경우에는 대상상실이 무의식 속에 존재하게 되어 의식되지 않으므로 정상적인 애도의 경우와 같이 현실검증을 통한 상실된 대상으로부터의 리비도의 철회와 회복이 이루어지지 않아 리비도는 자아로 향하게 된다. 따라서 상실한 대상과 자아의 일부가 동일시되고 무가치하고 공허한 대상이 자아가 되어버려 자기비난에 이르며 비정상적인 자기파괴

11) 하정미(2016). "30년 늦은 애도". 정신보건과 사회사업, 44(3). 한국정신보건사회복지학회 출간 논문의 일부를 발췌한 것이다.

12) 프로이트는 성적 욕망 또는 성적 에너지로 설명하였으며 애정 또는 애착도 포함한다.

적 · 심리적 증상들을 발생시킨다는 것이다.

또한 프로이트는(1917 : 247) 우울증을 앓고 있는 사람들은 겉으로는 수치심을 느끼지 않으며 자기를 드러내는 것에 만족하고 지속적인 상호작용을 좋아하는 정반대의 특성을 나타내곤 한다는 것을 강조하겼다. 또한 자아의 일부가 나머지 자아를 상실한 대상과 동일시하여 그것을 대상으로 간주하고 자아를 비난하는데, 이렇게 쪼개진 일부의 자아를 그는 비난자(critical agency)라고 명명하였으며 이것은 '양심'이라고도 하며 독립적인 것이라고 하였다. 이것은 다시 나르시시즘으로 퇴행할 수 있으며, 가학증의 단계로 진행되기도 하여 자살적 경향의 위험성을 갖기도 한다(1917 : 248-252). 이러한 비난자는 초자아와 죄책감과 관련이 있는 것으로 보인다.

2. 에릭슨의 심리사회이론

1) 에릭슨의 생개[14]

Erik Homburger Erikson
1902~1994

에릭슨(Erik Homburger Erikson)은 1902년 독일의 프랑크푸르트에서 태어난 미국의 발달심리학자이며 인간의 심리사회적 발달에 대한 이론으로 널리 알려진 심리분석학자이다. 그는 자아정체감의 위기(identity crisis)에 대한 설명으로 가장 유명하다. 그의 어머니는 덴마크에 살던 유력한 가문의 유태인이었고 친부는 덴마크인이었다. 그러나 그녀는 에릭슨이 3살경에 에릭슨의 치료를 담당했던 유태인 소아과 의사와 결혼하였으며 그들은 에릭슨의 출생배경을 비밀로 하였다. 이렇게 덴마크인 아버지에게서 태어나 키가 크고 금발머리에 파란 눈을 가진 에릭슨은 유태인들 사이에서

13) 예를 들면, 사랑하던 다상과 결별하게 된 경우.

14) Wikipedia 백과사전 참조. https://en.wikipedia.org/wiki/Erik_Erikson 2016년 10월 17일 인용.

눈에 띄는 외모로 인해 아이들에게 놀림을 받으며 성장했다. 그의 계부는 그가 의과대에 진학하기를 바랐으나 에릭슨은 공부에 흥미를 느끼지 못하였고 예술학교에 진학하였다가 그마저도 그만두어 버렸다. 그리고 오랜 기간 동안 친구들과 함께 독일과 이탈리아에서 방황하는 예술가로 지냈다. 이 기간 동안 그는 자신의 아버지와 인종, 종교, 그리고 국적과 같은 문제로 고민하였다.

25세가 되었을 때 안나 프로이트와 도로시 버링함(Dorothy Burlingham)이 운영하던 학교에서 아이들을 가르치게 되면서 안나 프로이트의 권유로 심리분석학에 대해 공부하게 되었다. 이후 하버드대학교 의과대학에서 심리학 연구자로 일했으며, 그 후 3년간은 예일대학교의 인간관계 연구소에서 일했다. 이 시기 동안에 그는 아동의 공간적 놀이 행동에서 보이는 사회적 모델의 개념을 설정하였으며, 자아의 발달을 지속적인 과정으로 파악하였다.

이러한 에릭슨의 삶의 배경은 그가 자아정체감과 인간발달에 영향을 미치는 사회문화적 요소에 관심을 갖게 된 데에 지대한 영향을 미쳤을 것으로 추측할 수 있다. 실제로 에릭슨은 성인이 된 후에 자신이 겪은 청소년기 “정체감 혼란”에 관한 글을 써서 발표하였다. 또한 그는 많은 학문적 성취에도 불구하고 죽을 때까지 스스로에 대한 부적절감에서 벗어나지 못한 것으로 그의 자녀에 의해 전해지고 있다.

에릭슨의 가장 위대한 혁신은 프로이트가 심리성적 발달단계를 제시하였던 것에서 더 나아가 인간의 발달단계를 8단계로 확장한 것이다. 또한 자아심리학(ego psychology)의 창시자 가운데 한 사람으로 프로이트의 이드보다 자아의 역할의 중요성을 역설하였다. 에릭슨의 가장 중요한 저서로는 『아동기와 사회(Childhood and society)』가 있으며, 이 책에서 그는 문화권에 따라 다소의 차이는 있지만 사람들은 보편적으로 8단계에 걸친 성장의 과정을 거친다고 제시하고 있다. 또한 아동이 살아가는 환경은 성장, 적응, 자기인식과 자기정체성을 제공하는 데 결정적인 역할을 하는 것으로 설명하고 있다.

에릭슨은 프로이트와 마찬가지로 탁월한 통찰력으로 인간의 발달과정을 분석하고 이론화하였다. 프로이트의 정신분석학적 개념이 고대의 희랍신화에서 발상된 것이 많은 데 반해, 에릭슨의 개념은 시, 민속 그리고 일상생활의 지혜를 참조하고 있다. 그러나 기본적으로 그는 프로이트의 이론을 바탕으로 하여 그의 새로운 이론을 전개했으므로 신프로이트학파(neo-Freudians)의 가장 주요한 인물로 인정받고 있다.

2) 심리사회이론의 주요 개념[15)]

심리사회이론을 설명하는 여섯 가지 주요한 개념으로는 발달단계(developmental stage), 발달과업(development task), 심리사회적 위기(psychosocial crisis),[16)] 각 단계의 위기를 해결하는 핵심과정(central process), 의미 있는 인간관계의 층(radii of significant relationships), 대처행동(coping behavior)[17)]을 들 수 있다.

발달단계는 특정한 구조적 특징을 바탕으로 하는 삶의 일정한 기간을 말한다. 각 단계의 기본 구조는 다양한 범위의 행동으로 표현될 수 있으며 각 단계는 이전 단계와 이후 단계와는 구별되는 특징을 나타낸다. 각 단계의 발달은 특정한 방향을 갖고 있으며 새로운 단계에서는 이전의 단계에서 습득한 것들이 통합되어 발전되며, 이전 단계의 성취는 현재의 단계에서 직면하는 새로운 도전을 극복하기 위한 자원이 된다. 발달과업, 심리사회적 위기, 중심과정, 의미 있는 관계 등은 새로운 심리사회적 학습을 위한 경험적 기초가 되며 따라서 발달이 진행된다. 각 단계는 독특하며 새로운 능력과 관련되는 새로운 기술의 습득이 이루어진다.

---

15) 심리사회이론의 주요 개념은 주로 뉴만과 뉴만(Newman & Newman, 1999)의 『Development through Life : A Psychosocial Approach』 7판을 참조하며 저자의 견해와 다른 학자들의 글을 더하여 서술하였다.

16) 가장 대표적 심리사회적 위기로는 청소년기의 자아정체감의 혼란을 들 수 있다. 자아정체감의 위기는 우리가 일상생활에서 의미나 목적을 부여하는 가치나 목표의 기본 틀이 갑자기 무너져 내리거나 손상되는 것을 말한다. 이때 명확한 가치체계가 없어지면서 수용할 수 없는 충동이 제어되지 않고 해롭거나 부도덕한 행동을 하게 될 것에 대한 두려움으로 인하여 불안이 발생한다.

17) 대처행동은 각 발달단계에서 도전에 직면하였을 때 스트레스를 해소하고 새로운 해법을 창조하려는 적극적 노력들로 이루어진다. 이러한 대처과정에서 필요한 능력은 첫째, 새로운 정보의 습득과 처리 능력, 둘째, 자신의 감정 상태를 조절할 수 있는 능력, 그리고 마지막으로 셋째, 자신의 환경 내에서 자유롭게 행동할 수 있는 능력이다.

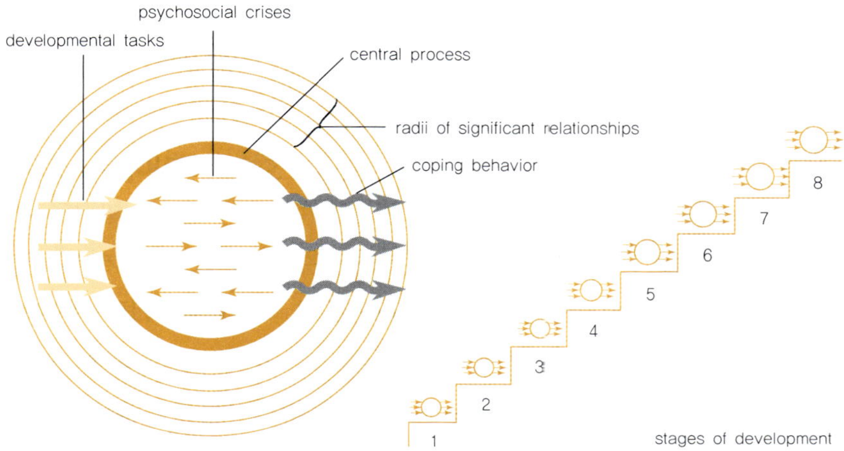

|그림 1-2| 심리사회이론의 여섯 가지 기본적 개념
출처 : Newman & Newman(1999 : 35).

|그림 1-2|를 살펴보면 각 단계에서 새로운 발달과업에 직면한 인간은 여러 층의 의미 있는 관계 속에서 중심과정으로 심리적 위기를 겪으며 새로운 대처행동을 하게 됨으로써 성장을 이루어 낸다. 따라서 인간은 이러한 각 단계에 걸친 갈등과 위기의 과정을 통해 새로운 능력이나 행동이 발생하며 발전하게 된다.

참고

인간발달의 원리(Hurlock, 1978, 권순종 외, 2011 재인용)

1. 발달은 변화과정을 포함한다.
2. 발달의 양상은 예측이 가능하다.
3. 발달은 일정한 방향으로 진행된다.
4. 발달에는 결정적 시기가 있다.
5. 발달시기마다 그 시기에 대한 사회적 기대가 있다.
6. 발달은 단계(계단식)에 따라 점진적으로 축적되는 특성(점성성)을 갖는다.

에릭슨은 프로이트의 정신분석이론을 확장하여 일생에 걸쳐서 전개되는 심리사회적(psychosocial) 발달은 8단계를 거쳐 이루어지며, 자아 내에서 생물학적 · 문화적 · 사회적 · 심리학적 요소들이 조합된 결과로 이루어진다고 주장하였다. 그는 프로이트의 심리성적 발달이론에 사회 · 문화적 차원을 더한 성격의 발달단계를 설명하였다. 그의 발달단계에서 첫 다섯 단계는 프로이트의 발달단계와 비슷하나 성인기 이후의 세 단계는 새롭게 첨가된 것이며, 각 발달단계에는 성취하여야 할 과업들이 설정되었다. 여기에서 자아는 원초아의 충동과 초자아의 요구를 중재하는 데에서 그치는 것이 아니라 발달의 각 단계에서 개인이 사회의 구성원으로 적극적으로 기여할 수 있는 태도와 기술을 습득하게 한다(Berk, 2007).

이러한 단계별 과업은 연속선상의 상반된 양극단에 존재하는 이분법적인 것으로 개인은 각 발달단계에서 이러한 상반된 과업들 중 어느 한쪽의 도전도 거부하지 않고 해당 과업들을 이해하고 수용하면서 결국 긍정적인 요소가 부정적인 요소를 능가하여 위기를 감당하는 방법을 습득해야 한다. 예를 들면, 자아는 첫 단계의 '신뢰'와 '불신'이라는 두 개의 상반된 과업을 모두 이해하고 수용하며 신뢰의 우세를 통해 핵심과정 속에서 적절히 위기를 극복하여야만 첫 단계의 가시적 해결방안인 현실적 '희망'을 성취할 수 있게 된다. 마찬가지로 마지막 단계의 가시적 해법인 '지혜'는 '통합'과 '절망'이라는 두 개의 과업 모두를 이해하고 수용하여 통합이 우세해야 얻을 수 있게 된다. 이때 각 단계별로 부과된 과업을 성공적으로 수행하지 못하게 되면 다음 단계로의 발달은 순조롭게 진행되지 못한다. 이러한 자아의 성숙과 발달의 원리를 점성원칙(epigenetic principle)이라 한다.

에릭슨도 프로이트처럼 인간의 기본적 성격은 6세 이전에 형성된다고 보고 있으나 이후 발달단계를 거치면서 성숙의 과정을 통해 성격의 변화가 일어나는 것으로 본다. 그러나 때로는 아동기의 해결되지 못한 욕구나 갈등이 성인기에 영향을 미치는 것으로 보고 있다. 또한 에릭슨은 프로이트와는 다르게 정상적 발달은 반드시 각 문화에서의 삶의 상황과 관련하여 이해되어야 한다고 지적하였다. 각 발달단계마다 극복해야 할 심리적 위기는 인류 모두의 보편적 현상이지만 문화에 따라 해결방법은 각기 다를 수 있다. 최근 이러한 심리사회이론의 발달단계는 사회의 변화와 발전에 따라 그 시기가 더 길어지고 있는 청소년기와 노년기에서 더 세분화되어 11단계 이상으로 설명되고 있다.

tip

심리사회이론의 세 가지 특징

1. 심리사회이론은 유아기에서 노년기까지의 핵심과업에 대하여 설명하며 전 생애에 걸친 성장을 가정한다.
2. 심리사회이론은 개인은 삶의 각 발달단계에서 자신의 심리학적 발달을 이룰 수 있는 능력을 갖고 있다고 가정한다.
3. 심리사회이론은 개인의 성장에 미치는 문화의 영향을 충분히 고려한다.

3) 에릭슨의 발달단계

(1) 제1단계 : 신뢰 대 불신–희망(Basic Trust versus Mistrust : 0~만 1세)

이 단계는 출생에서 첫돌 정도까지의 시기를 말하며, 이때 유아는 생애 최초의 심리적 위기인 신뢰와 불신감을 경험하게 된다. 이 단계에서 유아와 환경과의 접촉은 어머니 혹은 주 양육자에 의해 중재되므로 어머니와의 관계가 유아의 발달에 가장 중요한 영향을 미친다. 유아는 불완전하지만 애정 있는 양육자, 즉 어머니로부터 따뜻하고 반응적인 돌봄을 받을 때 불신감을 수용하고 이해하면서도 적절한 정도의 신뢰감을 획득하게 된다. 이러한 신뢰감은 자기정체감의 기초가 된다. 즉, 유아에 대한 어머니의 태도는 유아의 내적 신뢰감, 즉 자기 존재의 의미를 반영하는 것이다. 또한 더 나아가 이 과정을 통해 세상이 좋은 곳이라는 신뢰와 확신을 갖게 되고 희망이라는 특성을 얻게 되어 이후 위기에 잘 대처할 수 있는 능력을 갖게 된다. 따라서 유아가 생의 최초로 맺게 되는 사회관계에서 어머니가 유아의 신체적·심리적 욕구와 필요를 일관성 있게 적절히 충족시켜 주는 것이 중요하다. 예를 들어, 아기가 오줌을 쌌거나 배가 고플 때 어머니가 곧 이를 알아차려 그의 요구에 잘 응해주면, 이런 경험을 바탕으로 다음번에 비슷한 사태에 부딪혔을 때에도 어머니가 곧 자신의 필요를 충족시켜 주거나 고통을 덜어줄 것이라고 기대하게 된다(하정미 외, 2009).

이렇게 기본적 신뢰를 획득하여 안정감과 사랑받는 감정을 느끼게 되면 부모의 규제를 수용할 수 있게 되며, 자신의 능력을 발견하고 이러한 강점으로 좌절과 실패를 극복하며 새로운 경험과 도전을 하려고 할 것이다(Austrian, 2008). 그러나 반대의 경우에 아기는 불안과 분노를 경험하게 되고 불신감이 발달하여 두려움을 갖게 되며 세상은 예측할 수 없고 일관성 없는 곳이라고 느끼게 된다. 유아는 또한 타인이 자기를 받아준다는 믿음과 자기 신체의 충동에 차차 익숙해짐으로써 자신에 대한 신뢰를 발달시킨다.

에릭슨은 이 시기를 인생에서 가장 중요한 시기로 보았는데, 그 이유는 이 시기에 신뢰감을 형성하게 되는 것이 생의 후기에 맺게 되는 모든 사회관계에서의 성공적인 적응과 밀접한 관련이 있기 때문이다. 긍정적인 성격 발달을 위해서는 신뢰감을 형성하는 것이 중요하나 역시 인간의 참된 성장을 위해서는 불신감의 경험도 어느 정도는 필요하다고 보고 있다. 그러나 이 시기에 위기를 적절히 극복하지 못하여 불신감이 발달되면 사회적 관계에 위축 및 낮은 자존감, 우울증, 그리고 심각한 병리로 이어질 수 있으며(최옥채 외, 2015), 어머니가 자녀에 대해 완벽주의적 환상을 가지고 아동을 양육할 때 이러한 관계에서 발생한 왜곡으로 인하여 아동은 자신에 대한 비현실적 기대와 타인에 대한 과도한 의존과 같은 자기애적(narcissism) 이상화를 경험할 수 있다(Austrian, 2008).

(2) 제2단계 : 자율성 대 수치심과 회의-의지(Autonomy versus Shame anc Doubt : 만 1~3세)

이 단계는 우리나라 나이로 약 2세부터 4세까지를 말하는데, 이 시기의 유아는 여러 개의 상반되는 충동 사이에서 스스로 선택을 하고자 하게 되며, 자신의 의지를 나타내고자 한다. 즉, 자율성을 가지려고 한다는 것이다.

신경과 근육의 발달로 유아는 이 시기가 되면 혼자서 걸을 수 있고 의사를 말로 표현할 수 있게 되며 배변훈련을 받을 수 있는 능력이 생긴다. 이때 부모는 배변훈련을 포함하여 여러 가지 습관훈련을 하기 시작하고 유아는 자기주장을 하기 시작하는데 유아의 안전을 확보해야 하므로 부모와 아기 사이에 기싸움이 발생할 수 있다. 이 과정에서 부모는 유아가 스스르 할 수 있는 일은 자기가 할 수 있도록 도와야 하는데, 유아로 하여금 수치심을 느끼게 하지 않거나 강압적으로 통제하지 않아야 유아의 자율성이 획득되며 "나"에 대한 자아정체감이 증진된다.

유아의 자율성은 그들의 언어에서도 나타나는데, 예를 들어 '나', '내 것' 등의 말을 자주 반복하여 사용하며, 특히 '안 해!'라는 말을 씀으로써 자기주장을 표현한다. 이와 같이 유아가 자신의 의지대로 행동하려고 하게 되면, 사회는 부모를 통하여 유아로 하여금 사회적으로 적합한 행동을 하도록 훈련시키게 된다. 유아에 대한 용변훈련은 유아에게 때와 장소를 가릴 줄 알게 하며 이러한 과정에서 유아는 사회의 기대나 압력을 알게 된다. 이때 용변훈련에서 실수를 한다든지, 걷기, 뛰기와 같은 신체적 통제나 자조기술이 충분히 발달하지 못해서 사회적 기대에 적합한 행동을 원활하게 수행하지 못하면 수치심과 회의감을 갖게 된다.

수치심이란 자신이 타인들의 눈에 좋게 보이지 않는다고 생각할 때 갖는 느낌이다. 예를 들어, 오줌을 싼 유아는 타인들이 자신의 이러한 모습을 볼까 봐 부끄러워하게 된다. 회의감은 자신이 강한 존재가 아니며, 결국은 타인들에 의해서 자기가 통제받는다는 것을 느끼면서 나타나는 것인데 배변훈련이 너무 빠르거나 너무 심할 때 혹은 과잉통제하는 부모 때문에 아동의 의지가 손상될 때 나타난다. 에릭슨에 의하면, 이 시기를 사랑 대 미움, 협력 대 고집의 비율 그리고 자기표현의 자유와 자제력이라는 특징이 형성되는 결정적 시기로 보았으며, 이때 아동의 자율성이 부정적으로 받아들여지면 청소년기에 부정적인 자아정체감과 자기실현적 예언을 형성하게 된다.

(3) 제3단계 : 주도성 대 죄책감–목적(Initiative versus Guilt : 만 3~6세)

이 단계는 3세에서 6세 사이의 시기로서 프로이트의 발달단계 중 남근기로 오이디푸스 콤플렉스를 거치는 시기에 해당한다. 이 시기의 아동은 어떤 목표나 계획을 세워 거기에서 성공하고자 노력하며 여러 가지 역할과 정체감을 시험해 보면서 자신이 어떤 사람이 될 수 있는지 탐구하고 더 진보된 "나"에 대한 인식을 다져간다. 이때 아동들은 크고 힘세고 아름다워 보이는 부모처럼 되고 싶어 하며 그런 부모와 자기를 동일시(identification)한다. 이 시기의 과업이며 목표와 책임감을 의미하는 주도성은 부모가 일정 정도 아동의 선택권을 인정하고 자기가 세운 목표를 지지할 때 발달한다. 이러한 주도성은 가동성, 신체의 민첩함, 언어, 인지, 창조적 상상이 발달함에 따라 뒷받침된다.

그러나 부모가 아동의 성적 환상과 비도덕적 생각이나 행동을 지나치게 처벌하여 죄책감이 형성되거나 아동이 자신의 선택에 대한 과도한 죄책감을 느끼는 경우 아동의 기능에 어려움이 초래될 수 있다. 그러나 에릭슨은 긍정적인 측면에서 이러한 죄책감은 성취감을 느낄 때 곧 보상될 수 있다고 하였다. 이 외에도 이 시기의 아동은 가치 있는 인간이 되기 위해서 항상 무엇을 해야 하고 항상 경쟁해야 하는 것 같이 느끼는데 이것은 아동에게 위협적 요소가 된다. 또한 아동은 자신의 큰 계획과 희망들이 결국에는 실패할 수밖에 없다는 사실을 깨닫기도 하고, 자신의 계획이나 희망이 사회의 금기를 범하는 결과를 가져오게 된다는 사실을 알게 되면서부터 죄책감을 갖게 되어 그러한 충동이나 환상을 억제하게 된다.

(4) 제4단계 : 근면성 대 열등감–능력(Industry versus Inferiority : 만 6~12세)

이 단계는 7세부터 12세까지를 말하며 에릭슨은 이 단계를 자아성장의 결정적인 시기라고 보았다. 이 시기의 아동은 가족의 보호를 떠나 학교에 입학해 그 사회가 요구하는 기술과 지식을 배우며 타인으로부터 인정받고자 하며 타인과의 비교를 통해 자신의 가치를 평가하게 된다. 이 시기의 성공적인 경험은 아동에게 숙달감과 근면성을 발전시켜 자신의 능력(competency)에 대한 자신감을 가질 수 있게 하므로 보다 많은 동기를 부여받게 되어 결국 성공이 성공을 낳게 된다. 한편 이 시기에 순조롭게 근면성이 발달하지 못하고 실수나 실패를 거듭하게 되면, 아동은 부적절감(inadequacy)과 열등감, 그리고 자기는 아무 곳에도 쓸모가 없다는 느낌을 갖게 된다. 또한 모든 아동은 긍정적이며 충분한 능력을 갖고 있으며, 도전을 하고자 하는 의지가 있는 경우에도 때로는 신체적 조건이나 정서적, 사회적, 문화적, 교육적 또는 경험적 조건으로 인하여 부적절감을 느낀다(Austrian, 2008). 에릭슨은 이 단계에서 교사가 아동이 열등감을 느끼지 않도록 하는 것이 중요하다는 점을 강조하였다. 이러한 열등감은 전 단계에서 성공적으로 갈등을 극복하지 못했거나, 혹은 학교나 사회가 어린이에게 대한 편견적인 태도를 취할 때 발달하기 쉽다(하정미 외, 2009).

(5) 제5단계 : 정체감 대 정체감 혼란–성실(Identity versus Identity Confusion : 만 12~22세)

이전 여러 시기의 위기들을 해결해 나가며 자신에 대한 일관된 감정을 갖고 있던 청소년들은 이 시기에 급격한 신체적 변화와 더불어 새로운 사회적 압력과 요구에 부딪히는데, 자기 자신에게 '나는 누구인가?', '사회 속에서 나의 위치는 어디인가?', '내 삶은 어디로 가고 있는가?'와 같은 질문을 하게 된다. 그들은 이러한 새로운 상황에 어떻게 대응해 나가야 할지 몰라서 당황하며 급격한 신체 성장과 생리적 변화는 익숙하지 않은 성적 충동과 함께 자기의 신체에 대해 새로운 느낌을 갖게 된다. 청소년의 기본 과업은 가치와 직업적 목표를 탐구하면서 아동기부터 그가 해온 여러 가지 동일시를 더욱 완전한 하나의 정체감으로 통합하는 것이다. 이러한 정체감은 새로운 욕구, 기술, 목표와 부합하는 것이어야 하며 만일 청소년이 그의 동일시와 역할 혹은 단편적인 자기 자신에 대한 개념들을 전체적인 하나로 통합할 수가 없으면 그는 정체감 혼란을 겪게 된다.

에릭슨은 이러한 자아정체감의 확립을 청소년기의 중심과업으로 보았으며, 이 시기를 한 개인이 즉각적인 책임 없이 많은 범위의 대안들을 탐구해 볼 수 있는 심리사회적 유예기간(psychosocial moratorium)으로 보았다. 따라서 그는 부모가 자녀에게 세상과 자신을 탐구할 수 있도록 허락할 때 청소년이 자아정체감을 성취할 수 있다고 하였다. 이때 자아정체감이란 자기 동일성에 대한 자각인 동시에 자기의 위치, 능력, 역할 및 책임, 즉 타인에 대한 자신의 의미에 대한 분명한 인식이다. 이 시기에 또래들과의 관계는 그들에게 매우 중요하며 친구는 그들에게 역할 모델을 제공하고 사회적 피드백을 제공한다. 이 시기에 "사랑에 빠지거나", "첫 눈에 반하는" 일도 종종 발생하며 이것은 성적인 욕구의 충족이라기보다는 정체감의 발달과 관련된 것이다. 또한 그는 이 시기를 기본 신뢰감이 형성되는 시기인 제1단계에 못지않을 만큼 중요한 시기라고 강조한다. 그 이유는 이 시기에 긍정적인 자아정체감을 확립하면 자기 자신과 자신이 속한 문화에 대한 강한 의무감과 충성심을 의미하는 성실(fidelity)이라는 특징을 갖게 되며 이후의 단계에서 부딪히는 심리적 위기를 무난히 넘길 수 있게 되지만, 그렇지 못하면 다음 단계에서도 방황이 계속되고 역할혼란에 빠지며 때로는 부정적인 정체감을 형성하여 "문제 청소년 또는 일탈 청소년"이 되기 때문이다. 에릭슨은 이러한 청소년들은 만성적 역할 분산(role diffusion)으로 인하여 스스로 "아무도 아닌", "나쁜" 또는 심지어 "죽은" 사람이 되기를 선택한 것이라고 생각했다(Austrian, 2008).

에릭슨은 여자 청소년의 경우 자기 자신의 지위를 결정할 배우자에게 매력적인 존재가 됨으로써 자신의 정체성을 갖게 된다고 보았다. 여자 청소년의 정체성은 주로 대인관계에 달려 있으며 남자 청소년에게 있어서 정체감과 독립성은 친밀감에 선행하는 것이다(Austrian, 2008).

(6) 제6단계 : 친밀감 대 고립감-사랑(Intimacy versus Isolation : 만 22~35세)

이 단계는 성인기의 첫 단계이며 앞 단계에서 합리적으로 잘 통합된 정체감을 형성하게 되면 자기의 정체를 잃지 않고 다른 사람이나 이성과 융화될 수 있는 방식으로 타인을 보살피고 사랑할 수 있게 되는 시기이다. 청소년기에는 주로 관심의 대상이 자기 자신이었으나, 성인기에 이르게 되면 직업을 선택해야 하고 배우자를 찾아야 하므로, 이 시기의 사람들은 배우자인 상대방 속에서 공유적 정체감(shared identity)을 찾으려 한다. 따라서 이 시기에는 타인과의 관계에서 친밀감을 이루는 일이 주요 과업이 된다.

에릭슨에 의하면, 청소년기에 긍정적인 정체감을 확립한 사람만이 진정한 친밀성을 이룰 수 있다고 한다. 이전 단계들을 거치면서 실망을 경험하고 정체감을 확립하지 못한 사람은 자기 자신에 대하여 자신감을 갖지 못하므로, 타인과의 관계에서 친밀성을 형성하지 못하고 고립하여 자기 자신에게만 몰두하게 된다. 친밀감의 한 면은 우리라는 결속감이고, 자신들에게 위협적인 사람들인 그들에 대한 방어이다. 만일 이성과 친밀감을 가지려는 시도가 실패하면 고립 속으로 빠져들어 대인관계는 상투적이고 냉정하며 공허해질 수 있다.

(7) 제7단계 : 생산성 대 침체-배려(Generativity versus Stagnation : 만 35~65세)

이 단계는 성인중기에 해당하며 자신의 삶을 안정시키고 자신에게 중요한 것이 무엇인지를 알게 됨으로써 자녀양육, 타인에 대한 돌봄, 또는 생산적 활동을 통해 다음 세대를 위해 기여하면서 배려(care)라는 특징을 갖게 되는 시기이다. 또한 앞의 단계에서 확보한 친밀성을 바탕으로 두 사람만의 관계를 넘어서 그 밖의 사람으로 관심이 확대되어 생산성을 추구하게 된다. 이때 생산성은 단순하게 아이를 낳아 기른다는 것과 같은 물질적 측면을 넘어 미래에 대한 신념, 자기 종족에 대한 믿음, 다른 사람들을 돌볼 능력 등이 이 단계의 발달에 필요조건이다. 만일 이 시기에 실패하거나 자신의 지금까지의 삶에 대해 불만족하게 되면 과거의 자신의 결정에 대해 후회하며 무가치감을 경험하고 자기 몰입, 지루함, 심리적인 미성숙 등의 침체성이 형성되어 의미 있는 성취를 이룰 수 없게 된다. 이 경우에는 타인에 대한 관심보다는 자신의 욕구에 더 치중하는 경향을 보이며, 남에 대한 관대함이 결여된다.

(8) 제8단계 : 통합 대 절망–지혜(Integrity versus Despair : 만 65세 이상)

이 단계는 생의 마지막 단계인 노년기에 해당하는 시기로 이 단계는 그 사람이 지금까지 살아온 모든 것이 반영되는 시기이다. 이 시기 성취해야 할 중요한 과업은 자아통합(ego integrity)이다. 이러한 자아통합은 지금까지 자신이 살아온 삶을 있는 그대로 가치 있는 것으로 받아들이고, 삶의 긍정적인 면과 부정적인 면을 함께 받아들임으로써 이룰 수 있게 된다. 또한 이러한 과업을 성공적으로 성취했을 때 지혜(wisdom)라는 특성을 갖게 된다. 지혜는 과거의 모든 단계를 종합하고 통합하여 죽음을 있는 그대로 직면하며 삶에 대해 어느 정도 이해하고 지나치게 연연해하지 않는 것을 의미한다.

〈표 1-2〉 에릭슨의 생애 발달 8단계

단계(연령)	자아 위기	주요 관계	자아가 획득한 기술	프로이트의 단계
I 유아기 (0~1세)	신뢰 대 불신	어머니	희망(hope)	구강기
II 유년기 (1~3세)	자율성 대 수치심과 회의	아버지	의지력(will)	항문기
III 학령전기 (3~6세)	주도성 대 죄책감	가족	목적(purpose)	남근기
IV 학령기 (6~12세)	근면성 대 열등감	이웃과 학교	능력(competence)	잠복기
V 청소년기 (12~18세)	정체성 대 정체성 혼란	또래집단과 역할모델	충성(loyalty)	생식기
VI 성인 초기 (18~35세)	친밀감 대 고립감	배우자와 친구	사랑(love)	
VII 성인중기 (35~65세)	생산성 대 침체	가정과 직장동료	배려(caring)	
VIII 노년기 : 성인 후기(65세 이후)	자아통합 대 절망감		지혜(wisdom)	

출처 : Friedman et al.(2003), p. 144 재구성.

그러나 이러한 과정에서 자아통합을 달성하지 못하게 되면 자기 생애에서 이루지 못한 일에 대한 후회가 많고, 자신의 삶이 무의미한 것이었다고 느끼면서 절망감에 빠지게 된다. 절망감에 빠진 노인들은 젊은이들에게도 너그럽지 못하며, 타인에 대해서도 더 비판적이다. 또한 죽음에 대한 태도에서도 자아통합을 이룬 노인에 비해 수용적이지 못하며, 편안하게 받아들이지 못하고 두려워하는 경향을 나타낸다.

4) 프로이트와 에릭슨 이론의 비교

많은 심리학자들과 마찬가지로 에릭슨의 이론도 프로이트의 정신분석학에서 출발하였다. 특히 에릭슨 스스로도 초기에 자신의 연구는 프로이트의 이론을 적용하는 것이라고 할 만큼 두 이론은 서로 연결되어 있다. 따라서 에릭슨은 프로이트의 이론을 가장 잘 계승한 학자들 중 하나라는 평판을 얻고 있다.

이러한 두 이론을 더 명확히 이해하기 위하여 먼저 공통점과 차이점을 살펴보면 첫째, 프로이트의 이론은 어린 시절의 꿈이나 사고, 기억의 분석을 통해서 이루어진 것에 반해 에릭슨의 경우는 사회적 경험을 바탕으로 한 자아의 분석을 통해서 이루어진 이론이다. 따라서 두 이론이 모두 무의식과 의식의 관계와 역동에 대해 설명했지만 프로이트의 이론은 무의식의 흐름과 원초아의 욕구를 강조한 반면 에릭슨은 의식의 흐름과 현실 속에서 자아가 어떻게 작용하는지를 강조하였다.

둘째, 두 이론 모두가 출생으로부터 시작되는 성격발달의 단계를 제시하고 있다. 그런데 프로이트는 다섯 단계에 걸쳐 생식기, 즉 청소년기 이후에 더 이상의 변화는 없는 것으로 가정하였지만, 에릭슨은 성인기 이후에도 성격발달이 계속 이루어지는 것으로 보고 모두 여덟 단계로 구분하여 성격발달의 과제와 특성을 설명하였다.

셋째, 두 이론 모두 성격형성에 있어서 출생 후 초기의 경험이 중요하다는 것을 강조했다. 프로이트는 구강기 원초아의 욕구, 즉 유아의 빠는 욕구를 만족시키는 것에 초점을 맞추었으며, 에릭슨은 주 양육자와의 신뢰감 형성이 성격의 형성의 기초가 된다는 것이다.

특히 에릭슨의 이론은 개인의 내적 측면, 즉 개인 무의식에 초점을 맞춘 프로이트의 이론과 비교하여 사회적 환경과 자아의 상호작용을 중시하며 보다 개방적이고 확장된 심리이론으로 평가되고 있다.

3. 사회복지실천에의 적용

정신역동이론은 보이지 않는 인간의 내면세계를 조명함으로써 비합리적이고 모순적인 인간 행동이나 사고의 구조를 설명해 줌에 따라 인간에 대해 깊이 있는 인식과 이해의 범위를 확장하였다(하정미 외, 2009). 사회복지사는 이러한 정신역동이론을 적용하여 클라이언트의 자기 통찰을 증진하여 클라이언트의 변화와 환경에의 적응을 돕고 자아의 성장과 발전을 도모한다.

이 책에서는 1장과 2장에 걸쳐 살펴보는 프로이트, 에릭슨, 융, 그리고 아들러를 포함하는 정신역동이론들은 모두 프로이트의 정신분석이론에서 발전되어 각각 자아심리이론, 분석심리, 개인심리이론으로 발전하였다. 따라서 각 이론들의 특성과 사회복지실천현장에서 어떻게 적용되는지를 살펴볼 필요가 있을 것이다.

먼저 프로이트의 정신분석이론은 인간행동의 동기가 인간의 자발적이고 적극적인 자유의지에 의해 선택된 것으로 보지 않고 무의식과 성적 본능에 지배받는 것으로 설명하고 있다(하정미 외, 2009). 또한 정신분석학은 인간의 신경증적이고 정신병적인 행동에 초점을 두는 병리적 관점을 취하고 있어서 강점 관점적 입장에서 인간의 변화가능성과 성장의 잠재성을 무시한다는 비판을 받고 있다. 한편 인간의 행동에 영향을 미치는 요인으로 주로 생물학적 요소를 강조하여 문화 및 사회환경에 대해 간과하고 있어서 포괄적인 관점이 부족하다고 할 수 있으며,

인간의 발전방향에 대한 방향성과 지침을 제시하지 못하는 한계를 갖고 있다.

사회복지사들은 자유연상, 꿈과 전이의 해석과 같은 정신분석적 기술을 개입에 적용하여 클라이언트가 자신의 무의식을 이해하고 깊은 내면을 들여다보게 하여 억압에서 해방되도록 도와준다. 이렇게 함으로써 인간행동의 무의식적 동기가 한 개인의 삶을 어떻게 지배하고 있는지 검토하고 더 이상 그런 비합리적인 무의식적 동기에 지배되지 않도록 실제 생활 속에서 행동의 변화를 꾸준히 시도하게 한다(하정미 외, 2009).

프로이트의 정신분석학 계승자인 에릭슨은 프로이트 이론에 더하여 사회와 문화적 요인이 성격에 미치는 영향을 설명하여 심리사회적 이론으로 구분되며 핵심개념으로 자아정체감을 들 수 있다. 또한 에릭슨은 전 생애에 걸친 인간의 발달을 설명하여 인간에게 보다 많은 변화와 성장의 가능성을 제시하여 '상황 속의 인간'을 가정하고, 클라이언트의 변화와 성장을 위해 개입하는 사회복지실천의 대표적 모델인 심리사회 모델의 기초를 제공하였다.

사례

적용연습을 위한 케이스

70세인 철수(가명) 씨는 아내에게 이끌려 상담실로 오게 되었다. 아내에 따르면, 그는 결혼 이후 가족에게 무책임하고 매일 술을 마시고 가족은 물론이고 다른 사람들에게도 폭력을 행사하며 자녀들이 아르바이트를 해서 번 돈마저 가져가서 술을 다셔버리고 자기밖에 모르는 인간쓰레기라고 하였다.

철수 씨는 가족들이 모두 한통속으로 자기를 따돌리고 자신의 말을 듣지 않으며 자기가 돈을 가져다 줘도 어디다 썼는지 모르겠다고 하며 아들이 이제는 다 컸다고 자신을 무시하고 아버지 얼굴도 쳐다보려 하지 않고 자기 맘대로 한다고 하소연하며 죽고 싶다고 하였다. 철수 씨는 자신은 무능력하고 쓸모없는 인간 취급만 받는다고 하소연하였다. 가족들에 의하면, 철수 씨는 어릴 때는 부유한 가정의 사대독자로 매우 응석받이로 자랐다고 한다.

- 철수 씨의 어려움을 이 장에서 공부한 접근법으로 사정하고 사회복지사가 어떻게 도울 수 있을지 논하시오.

1. 칼 융

1) 융의 생애

Carl Gustav Jung
1875~1961

"내 생애는 무의식에 대한 자기 인식의 이야기이다"라고 자신의 인생을 설명한 칼 구스타프 융(Carl Gustav Jung)은 정신의학자이자 분석심리학의 창시자이다. 1875년 스위스의 북동쪽 콘스탄스 호반의 케스빌이라는 조그만 마을에서 독자로 태어난 그는 어린 시절 양친의 원만하지 못한 결혼생활 속에서 불안한 성장을 하였으며, 그가 9살경에 여동생이 태어났지만 고독하고 내성적인 성격을 유지하였다. 그의 아버지는 목사였지만 그는 교회에 다니는 것을 싫어하여 종교문제를 놓고 예민하고 까다로운 성격의 아버지와 자주 언쟁을 벌였다. 융의 어머니는 우울하고 기괴한 면이 있었으며 그녀는 밤에 어떤 영혼이 자신을 찾아왔다고 말하곤 하였고 정신병동에 입원하기도 하였다.

융은 의사가 되기 위하여 바젤대학교에 입학하여 5년 만에 학교를 마친 후 1900년경 취리히의 정신병원인 브르크휠츠리에 보조자로 정신의학의 세계에 발을 들여놓았다. 융은 역사, 철학, 고고학, 심령술, 종교 등에 깊은 관심을 가졌으며, 이것은 나중 그의 분석심리학의 토대로 작용하게 된다. 그는 1903년 부유한 가문 출신의 엠마와 결혼하여 5명의 자녀를 두었고 여러 명의 다른 여성들과도 친밀한 관계를 가졌던 것으로 알려져 있다.

융은 정신과 의사일 때 프로이트의 이론에 감명을 받아 자신의 논문을 프로이트에게 보냈고, 이를 계기로 두 사람의 관계는 시작되었다. 그들은 한때 프로이트가 융을 아들이자 자신의 학문적 후계자로 생각할 만큼 서로 돈독한 관계였으나, 학문적 입장에서의 차이로 인해 갈라지고 말았다. 이후 융은 분석심리학(Analytical Psychology)이라고 하는 자신의 학파를 발전시킨다. 융은 프로이트와 달리 리비도를 일반적인 정신에너지(the general psychic energy)로 보다 넓게 보았고, 성적 관심도 이 기본적인 에너지의 한 부분이지만, 리비도는 기쁨과 창조를 추구하려는 것도 또한 포함하고 있다고 본다.

융은 다른 어떤 이론가보다 무의식을 강조했다. 프로이트는 성격 형성에서 무의식의 영향력을 중요시해야 함을 처음으로 일깨워 준 사람이지만 융은 프로이트의 무의식의 개념을 보다 확장하여 우리 모두가 가진 그 감추어진 내면적 삶을 좀 더 깊은 차원으로 이해할 수 있도록 이끈 사람이다. 융은 개인의 경험뿐만 아니라 인류와 더 나아가서는 그들의 원시 조상들의 경험까지를 무의식의 일부에 포함시켜 인간의 마음속에는 자아의식과 개인 무의식뿐 아니라 의식의 뿌리이며 정신활동의 근원이고 인류 보편의 많은 원형들로 구성된 집단적 무의식이 존재한다고 하였다. 특히 무의식 속에서 의식의 기능을 도우며 개인이 통일된 전체를 실현하게 하는 핵심적인 능력을 갖춘 원형, 즉 자기원형이 작동하고 있다고 설명하였다.

융은 자기 환자들을 관찰하고, 고대 문명의 신화, 전설들을 탐독하여 연금술이나 점성술, 투시법 같은 다양한 주제들을 탐구함으로써 전능하고 광범위한 무의식의 본질을 그려냈다. 또한 그 자신이 38세가 되던 1913년부터 3년 동안 무의식과 직면하고 환시와 환청과 같은 심각한 심리적 위기[1)]를 경험하면서 그 경험

1) 그 당시 융은 큰 개인 병원을 개업하여 아내와 가족을 거느리고 취리히대학교의 강사직까지 맡아 안정되고 존경받는 정신과의사로서 겉보기에는 개인적으로나 직업적인 면에서나 충분히 보장받는 생활을 하였다. 그러나 끊임

을 토대로 인간의 내면에 대한 심원한 이론을 완성하였다. 그중 프로이트의 영향을 받아 성인기의 발달에 대한 이론을 보다 확장시켜 '현대 성인발달 연구의 아버지'로 불리기도 하였다(Austrian, 2008). 한편 그는 이 시기의 경험을 바탕으로 붉은 가죽 표지의 Red Book이라고 불리는 책을 완성하였고, 오랜 시간 동안 논란거리가 되었던 이 독특한 책은 자손들에 의해 출간되었다. 그의 다양한 관심은 UFO에 대한 분석에까지 이르렀으며 영국의 가톨릭 신부 빅터 화이트(Victor White)와의 친분관계로도 유명하였다.

2) 분석심리이론의 주요 개념

융 학파의 이론에서 정신(psyche)은 전체로서의 인격을 말하며 과거에 이 말은 라틴어에서 유래하여 '영(spirit)' 또는 '혼(soul)'을 의미했으나 지금은 '마음(mind)'을 의미하게 되었다(Hall & Nordby, 김형섭 역, 2004). 정신은 의식과 무의식 전체를 포괄하며 개인이 그가 속한 사회적·물리적 환경에 대해 자신을 조절하고 적응하도록 지침의 역할을 한다. 융은 인간은 전체성을 위하여 노력하는 것이 아니라 원래부터 하나의 전체로 태어나며 이러한 전체성을 가능한 한 최고도로 분화시키고, 일관성과 조화가 이루어지도록 발전시키는 것이라고 생각하였다(Hall & Nordby, 김형섭 역, 2004). 또한 이것이 제각각 흩어져 제멋대로 움직이거나 갈등구조가 된 해리된 인격은 왜곡된 인격이며 치료자는 클라이언트가 잃어버린 전체성을 되찾고 정신을 강화하도록 도와 장래의 분열에 저항할 수 있도록 하는 것이다(Hall & Nordby, 김형섭 역, 2004).

융 이론의 기본 가정으로는 개성화 과정, 개인 무의식과 집단 무의식, 보상의

없는 내적 압박감 속에서 외로이 "완전히 허공에 방향을 잃고 떠 있는 것처럼" 느끼면서 남에게 오해를 받을까 두려워 아무에게도 말하지 못하고 고통스럽게 하루하루를 살아갔다. 자신의 지적·정서적 상황이 극심히 혼란되고 불안한 상태에서는 도저히 가르칠 수 없다고 느낀 융은 강사직을 사퇴하고 유년시절 벽돌쌓기 놀이를 재현한 돌멩이로 집을 짓는 활동에 몰두한다. 이것은 융이 자신의 무의식을 형상화한 것으로 자신의 무의식과의 대결을 통해 생의 새로운 의미를 탐색하고 인간의 성격에 대해 깊이 이해하게 된다.

원리[2]를 들 수 있다. 프로이트의 이론에 따르면, 신경증은 자아가 쾌락의 원리를 따르고 즉각적으로 욕구를 충족하고자 하는 원초아와 규칙을 지키고자 하여 금지와 규칙을 제시하는 초자아를 중재하는 기본적인 역할에 실패할 때, 즉 기본적 현실검증이 잘 이루어지지 않을 때 발생하는 것이다. 융은 심리현실의 발달을 통하여 이러한 문제가 해결될 수 있다고 보았고, 성격발달의 목표는 이성적 요소들과 비이성적 요소들을 다 수용하여 정신의 모든 부분들이 골고루 발달하는 것이라고 생각하였다. 이것은 초월적 기능(transcendental function)과 대조의 변증법(dialectic of opposites)으로 설명될 수 있다.

융의 심리적 현실의 발달에 있어서 기본적인 것은 성격의 근본적 갈등의 특성을 나타내는 양극화(polarization)와 보상(compensation), 연관(relation)이다. 융은 원형의 지속적이며 이분법적 특성을 갖는 아니마와 아니무스, 내향성과 외향성, 자아와 그림자, 개인 무의식과 집단 무의식과 같은 서로 상반되는 개념들의 짝을 가정하였다. 이때 자기(self)는 이러한 대조적 경향을 중재하고 합성하여 초월하게 하는 기본적 과업을 갖는다. 이러한 기능을 하는 상징적 작용의 예로는 꿈을 들 수 있는데, 꿈은 의식과 무의식적 차원 사이의 다리를 놓아 정반대의 요소에 접근하게 하는 제3의 요소를 만들어 내는 초월적 기능을 한다. 이러한 초월적 기능을 통한 '대조적 요소들의 재연합'은 상반된 것들이 서로 연관되어 조화를 이루어 균형의 상태에 도달할 수 있는 보상에 의한 것이며 융의 이론에서 핵심적 역할을 하고 있다.

(1) 콤플렉스(Complexes)

융의 개인 무의식에서 흥미롭고 중요한 특징 중 한 가지는 그 내용물들 중 몇 가지가 모여 하나의 집단을 형성하기도 한다는 것이다(Hall & Nordby, 김형섭 역, 2004). 이러한 자아 콤플렉스는 감정적이며 정서적인 에너지가 집중된 하나의

2) 융의 분석적 치료는 보상(compensation)과 그 후의 개성화 과정을 통하여 의식적 자아에 의한 다양한 콤플렉스의 통합과 동화를 이루어 낸다.

사건과 관련된 대상표상의 집합으로 정의된다. 이것은 원형과 연관된 정신적 특성의 묶음으로 대개 억압의 상태로 존재하며 주로 삶의 기간, 특히 아동기에 경험한 외상적 사건들의 결과로 인해 발생한다(Iurato, 2015). 또한 이것은 집단 무의식으로부터 발생한 원형이 보다 정교한 구조로 발전된 것으로 하나의 공통된 주제에 관련된 정서, 기억, 사고의 묶음으로 감정과 강하게 연결된 핵심적 요소를 중심으로 결집된 이미지와 아이디어의 묶음이다. 콤플렉스의 역할은 우리의 성격 속에서 자동적으로 작용하여 개인 무의식의 기본을 형성하고(Iurato, 2015), 꿈의 원천으로 개인적 삶의 과정에서 상징적으로 나타나며 특정한 상황에서 다양하게 나타나는 인간 정신의 자동적 측면을 구성한다.

또한 어떤 의미에서 콤플렉스란 성격 전체 속에 있는 좀 더 작은 성격이며, 특정한 것에 대한 강한 편견을 갖는 특징이 있으며 독립적이고 그 자체로 추진력을 지니고 있어 우리의 생각과 행동을 조절하는 매우 강한 힘을 가지고 있다(Hall & Nordby, 김형섭 역, 2004). 한 예로 융은 '어머니 콤플렉스'를 들었다. 강한 어머니 콤플렉스에 재배당하고 있는 사람은 어머니가 말하고 느끼는 모든 것에 극도로 민감하며, 어머니상이 항상 그 사람의 정신을 앞선다. 따라서 그는 어머니와 관련된 것을 화제로 삼으려 하고 어머니를 모방하고 어머니의 치마폭을 떠나지 못하며 연상의 여성을 좋아할 수도 있다. 그런데 어떤 사람이 콤플렉스를 가지고 있을 때 그것은 의식의 인지수준에 놓여 있지 않고 개인 무의식 속에 존재하기 때문에 스스로는 그것을 인식하지 못한다. 따라서 분석치료의 목표는 콤플렉스를 해소하고 그 지배상태에서 클라이언트를 해방시키는 것이다(Hall & Nordby, 김형섭 역, 2004).

실질적으로 콤플렉스로 인해 우리 주변에 있는 것들, 즉 어떻게 세계를 지각하며 어떤 가치, 흥미와 동기를 가질 것이냐 하는 것이 결정된다. 융은 처음에는 콤플렉스가 아동기 초기의 경험에서 비롯된다고 믿었으나 후에 더 깊은 경험에서 파생된다는 사실을 깨닫게 되어 집단 무의식이라는 정신의 또 다른 수준을 발견하게 되었다. 그는 콤플렉스를 진화적 관점으로 유전을 통해서 한 세대에서 다음 세대로 계승되는 경험 같은 것으로 생각했다. 마치 개인이 과거의 경험을 쌓아 정리해 보관하는 것처럼 전체 인류에 있어서도 마찬가지라는 것이다.

(2) 개인 무의식(Personal Unconscious)과 집단 무의식(Collective Unconscious : 집합 무의식)

융은 무의식이 두 개의 층으로 이루어져 있다고 하였다. 하나는 개인 무의식으로 의식에서 밀려 나간 기억과 생각들로 구성되어 있다. 또한 이것은 유아기의 집단 무의식과의 관계구조를 통하여 모든 인간이 경험하는 콤플렉스가 위치하는 장소로 설명된다(Iurato, 2015). 여기에는 상실된 기억이나 억압된 불쾌한 여러 표상 등 의식으로 드러나지 않은 내용들이 포함된다. 필요한 때는 즉시 의식 안에 인지될 수 있다. 이는 프로이트의 전의식과 비슷하다.

또 다른 하나는 집단 무의식으로 이것은 역사나, 시대적 · 구조적 특성 그리고 문화에 상관없이 모든 시간에 걸친 모든 인간에게 독특한 정신적 과정을 말한다(Iurato, 2015). 집단 무의식의 구조는 개인적인 특성이 아니라 미분화된 집합적 특성을 갖는 원형에서 나오며, 그 내용은 원형적 이미지에 의해 결정된다. 이러한 집단 무의식을 융은 일반적으로 '원시적[3] 이미지'라고 불렀으며 잠재적 이미지의 저장고로(Hall & Nordby, 김형섭 역, 2004), 성격의 가장 접촉하기 어려운 깊은 수준에 존재하며 한 인간의 성격에 있어서 토대가 된다. 집단 무의식은 현재의 모든 행동을 지시하므로 성격에는 가장 큰 힘을 미치며 이러한 집단 무의식으로 인하여 서로 다른 문화와 시대에 걸쳐 공통적인 신화나 환상, 종교적 아이디어, 꿈 등이 나타나게 된다고 하였다.

그러나 인간이 태초에 경험한 것들은 무의식적인 것이어서 우리가 그것을 인식할 수 없지만 이것은 우리들 속에, 조상들과 같은 방식으로 지각하고 생각하고 느끼는 소인이나 경향성으로서 존재하고 있다. 그 경향성이 우리 행동에 실제로 나타날 수 있는지 혹은 인식될 수 있는지의 여부는 이후에 직면하는 특정한 경

---

3) 여기서 원시적이란 말은 '최초' 또는 '본래'라는 것을 의미한다.

험들에 의해 결정된다. 즉, 우리는 조상들이 세계에 반응했던 방식으로 세상에 반응하게 되며 이것이 바로 집단 무의식의 영향이라고 볼 수 있다. 우리가 이러한 집단 무의식과 관계하는 방식은 자아의 영향력에 따라 달라지며 자아가 강할수록 집단 무의식에 보다 더 잘 접근할 수 있을 것이다.

(3) 원형(Archetype)

집단 무의식의 내용이 되는 원형은 삶의 시작단계에서부터 모든 인간에게 공통적이며 행동의 가능성과 외부세상에 대한 특정한 반응의 경향, 경험의 형성에 영향을 미치는 잠재성을 포함하는 최초의 이미지들과 아이디어로 정의된다(Austrian, 2008). 이러한 원형은 이미지를 형성하는 보편적 경향으로 정신과 성격, 그리고 집합적 특성을 갖는 구조적으로 각인(imprinter)된 요소를 의미하며, 또한 어떠한 것들이 만들어지게 되는 기본 모형이며, 표상 불가능하고 무의식적이고 선험적인 이미지이다(Jung, 1961). 따라서 이것은 과거 경험에 대한 기억과 같이 완전히 발달된 심상이 아니라 어느 시대, 어느 장소나 유사한 경험과 주제와 상징성을 공유하고 있으며, 태고부터 조상들의 경험이 축적·진화되어 조상들과 같은 방식으로 지각하고 생각하고 느끼게 하는 경향성을 나타낸다. 이러한 원형으로는 출산, 죽음, 권력, 마법, 영웅, 어린이, 사기꾼, 신, 악마, 어머니인 대지, 거인, 반지, 무기 등 인간사의 전형적이고 반복적인 무수한 경험만큼이나 많은 것들이 있다.

이러한 원형은 삶의 전반에 걸쳐 외부세계와 내부적 무의식 세계 사이의 개인적 상호작용을 조직하고 형성하는 정서적 반응의 표준(prototypes)[4] 또는 틀(molds)이 된다(Austrian, 2008). 적응과 사회적 환경, 문화 순응의 정도 등에 따라 어떠한 원형들은 발달되며 다른 것들은 쇠퇴하기도 한다. 또한 원형적 이미지(archetypal images)는 영감의 상징이며 정신의 서로 상반되는 요소들을 중재하는 상징으로 종교적 예술작품, 신화, 민담 등에서 범문화적으로 발견되는 각인된 요소를 말한

4) 최초의 형태라는 뜻.

다. 이러한 원형 중에서 융이 우리의 인격과 행동을 형상화하는 데 매우 중요한 것으로 특별히 주의를 기울였던 몇 가지 원형으로는 페르소나, 아니마, 아니무스, 그림자, 그리고 자기를 들 수 있으며(Hall & Nordby, 김형섭 역, 2004) 이것에 대해서는 이후에 자세히 설명할 것이다.

원형들은 집단 무의식 속에서 별개로 존재하지만 서로 조합될 수도 있다. 예를 들어, 영웅의 원형이 악마의 원형과 조합을 이루면 '무자비한 지도자' 유형의 인간이 된다. 또한 원형은 보편적이어서 모든 사람이 동일한 기본적 이미지를 물려받는다. 예를 들면, 전 세계의 모든 유아들에게는 어머니의 원형이 유전된다. 이러한 어머니의 이미지는 현실의 어머니의 모습과 행동 그리고 관계의 경험에 따라 명확한 이미지로 변화된다. 따라서 어머니의 원형에 대한 표현에는 개인차가 생기게 되며 종족분화가 일어나면 각 종족의 집단 무의식에서 본질적인 차이가 나타나게 된다(Hall & Nordby, 김형섭 역, 2004).

(4) 페르소나(Persona)

페르소나는 사회적 기대에 기초하여 개인이 타인에게 보여주는 자신을 의미하는 것으로(Austrian, 2008), 여기에는 사회의 인정을 받을 수 있도록 좋은 인상을 주려는 의도가 내포되어 있다. 즉, 이것은 특정한 이론이나 사회적 구조와 연관된 것은 아니며 의식적으로 만들어 낸 성격(personality) 또는 사회화와 문화의 수용 그리고 경험으로 이루어진 집단적 정신에 영향을 받은 정체성(identity)을 말한다. 따라서 이것을 '순응(conformity)' 원형이라고 부를 수도 있을 것이다(Hall & Nordby, 김형섭 역, 2004). 페르소나란 원래 배우가 다른 얼굴이나 역할을 청중에게 나타내기 위해서 쓰던 가면을 일컫는 말로, 융은 페르소나를 자신이 아닌 다른 어떤 것으로 나타내 보이려고 사용하는 가면이라고 정의하였으며 이것을 '공적 자기(public self)'라고도 하였다. 또한 이것은 개인성을 가장한 집단적 정신의 가면이므로 자기와 타인 모두가 그 정체성에 대해 믿게 되지만 실제로는 집단적 정신을 표현하는 잘 수행된 역할에 불과하다고 하였다.

우리는 살아가면서 많은 역할을 하고 여러 가지 가면을 쓴다. 직장에서, 가정에서, 친구를 만나거나, 이웃을 만나거나, 지인을 만날 때나, 사회적 관계에서 사람을 만날 때 쓰는 가면의 종류가 다르다. 그 상황에 적합하고 남들이 그에게 기대한다고 생각되는 방식으로 역할 수행에 적합한 페르소나를 사용한다. 그러나 그림자와 반대의 측면인 페르소나는 진정한 자기(self)가 아니므로 만약 페르소나와 자아를 동일시하게 되면 심리적 건강에 손상을 입게 된다. 건강한 성격이 목표로 하는 것은 페르소나를 축소시키고 나머지 성격을 개발하는 것이다. 건강한 사람은 자기들이 연기를 하고 있다는 것을 아는 동시에 자기 내면의 본질을 바로 볼 줄 알지만 그렇지 못한 사람은 다른 사람뿐 아니라 자신마저도 속이게 된다. 어떤 사람이 자신의 페르소나에 압도되면 그 사람의 인격의 다른 측면은 밀려나게 되거나 서로 갈등을 일으키기 때문에 자신의 본성에서 멀어져 긴장 속에서 살게 된다(Hall & Nordby, 김형섭 역, 2004). 자아가 페르소나와 동일화되는 것을 팽창이라고 한다. 이런 사람은 자신의 역할에 대한 지나친 자존심을 갖게 되어 자신의 역할을 다른 사람들에게 투사하여 같은 역할을 하도록 요구하기도 하며 개인의 욕구를 무시하고 획일적인 행동기준을 집단 전체에 강요한다. 예를 들어, 직장에서 자기보다 낮은 지위에 있는 사람에게 이러한 요구를 하거나 자식에게 투사하여 다른 사람의 삶을 불행하게 하기도 한다. 융의 환자들의 대부분은 팽창된 페르소나의 희생자들이었으며 이들 중 몇 몇은 간혹 큰 업적을 쌓기도 했으나 결국 갑작스럽게 인생이 공허하고 무의미하다고 느끼고 자신이 스스로를 기만하고 위선적이었다는 것을 깨닫기 시작하였다(Hall & Nordby, 김형섭 역, 2004).

(5) 아니마(Anima)와 아니무스(Animus)

융은 페르소나를 정신의 '외면'이라고 한 반면 정신의 '내면'에 대해 남자의 경우는 '아니마', 여자는 '아니무스'라고 불렀다. 아니마는 집단 무의식의 특성을 반영하는 콤플렉스와 원형적 이미지 모두를 포함하는 남성이 갖는 정신과 성격의 여성적 측면이며, 반대로 아니무스는 여성이 갖고 있는 집단적 정신과 성격의 남성적 측면을 말한다. 사람은 생물학적 · 심리적으로 모두 이성(異性)의 특질과 성격을 갖는다. 생물학적으로는 양성이 모두 이성의 호르몬을 분비하며, 심리적으로는 모든 사람이 남성적 혹은 여성적인 방식으로 행동한다. 다시 말해, 남성 속의 여성성은 아니마이며, 여성 속의 남성성은 아니무스이다. 아니마는 에로스로서 감성과 예감능력을 가지고 있고, 아니무스는 로고스에 해당하며 사유와 판단능력을 뜻한다.

심리적 건강을 위해서 우리는 양쪽을 모두 표현하며 자신의 성별에 맞는 역할을 강조하는 페르소나와도 균형을 이루는 것이 중요하다. 즉, 남녀 모두 자기의 성별에 맞는 특성과 함께 남성은 여성적 성격적 특성(온화함)을, 여성은 남성적 성격적 특성(공격성)을 표현해야 한다는 것이다. 그러지 못할 때 이성적 성격은 발달하지 않은 채 잠복하므로 성격의 일부가 억압되고 한쪽으로 치우치게 된다. 또한 융은 아니마와 아니무스가 남녀관계에 대한 이해와 관계의 질을 결정하게 되므로 인간이 아니마와 아니무스를 인정하고 자연스럽게 표현할 수 있을 때 남녀 간의 이해는 높아지며, 상호 보완적으로 살아갈 수 있다고 생각했다(Austrian, 2008).

그러나 문화적으로 페르소나가 우선시되고 아니마와 아니무스가 위축되는 경우가 많으므로 페르소나와 아니마 또는 아니무스의 불균형이 발생하기도 한다. 이러한 불균형의 결과 중 하나로는 아니마와 아니무스의 반란으로 여장을 하고 싶어 하는 남자를 들 수 있을 것이다. 남자가 아니마와 완전히 동일시되면 호르몬 요법을 받고 수술을 받아 육체적으로도 여자가 되려고 할 것이다.

한편 남자는 여러 세대에 걸쳐 여성과 접촉함으로써 아니마 원형을 발달시켰고 여성도 마찬가지로 남성과의 접촉을 통해 아니무스 원형을 발달시켰다(Hall & Nordby, 김형섭 역, 2004). 이러한 것은 이성에게 적절히 반응하고 이해하는 데에 유용한 것이며 페르소나와 마찬가지로 생존을 위해 큰 가치가 있다. 남자는 여성상을 유전적으로 물려받아 무의식적으로 일정한 기준을 만들고 그 영향으로 특정한 여자를 받아들이거나 거부하게 된다. 아니마는 가장 먼저 어머니에게 투사되고 그 후에 긍정적 혹은 부정적인 감정을 일으키는 여자에게 투사된다. 남자가 '정열적인' 매력을 느끼는 여자는 그의 아니마 여성상과 같은 성향을 갖고 있는 것이 분명하다(Hall & Nordby, 김형섭 역, 2004).

(6) 그림자(Shadow)

아니마와 아니무스와는 달리 자신의 성을 대표하고 동성과의 관계에 영향을 미치는 원형은 그림자라고 불리며 이것은 동성인 다른 사람과의 관계서 좋고 싫음을 판가름하는 자료가 된다(Hall & Nordby, 김형섭 역, 2004). 이것은 인류의 조상으로부터 원시적·동물적 본능까지 포함하고 있어 정신세계에 가장 깊이 뿌리내리고 있으며 원형들 중 가장 강력하고 해로운 것일 수 있다. 이 원형은 선한 측면과 악한 측면을 모두 갖고 있는 인간의 본성을 표현하는 것이다. 그림자는 성격의 부정적이며 바람직하지 못한 측면을 포함하므로 우리는 대부분 이것을 인식하지 않으려고 한다(Austrian, 2008).

그러므로 이러한 어두운 측면의 그림자는 성격의 다른 측면들과 조화롭게 발전하기 위해서 길들여져야 하며 그렇게 하기 위해서는 이에 대항하는 강한 페르소나를 발달시켜야 한다. 우리가 이런 동물적이고 원시적인 충동을 억압하지 못하면 사회의 관습이나 법률과 충돌하기 쉽다. 그러므로 문명세계의 인류가 되기 위해 그림자의 힘을 제어해야 하지만 그들을 완전히 억압해 버리면 자발성, 창의력, 통찰력 그리고 깊은 정서 등과 같은 그것이 가진 바람직한 특징까지 감소되거나 파괴되어 가치 있는 과거의 본능적 지혜로부터 완전히 차단되어 버림으로써 무기력하고 생기가 없어질 수 있다(Schultz, 1982). 따라서 자아가 그림자의 지배력을 적절히 조절하여 양면이 균형 있게 표현될 때 인간은 생기 있게 되며 삶에 열의와 자신감을 갖게 된다. 한편 동성과의 관계에 있어서 그림자가 자아에게 받아들여지고 조화를 이룰 때 우호적이 되며 반대로 자아에게 배격당하여 무의식 속으로 내쫓겨져 있을 때 적대적이 된다(Hall & Nordby, 김형섭 역, 2004).

(7) 자기(Self)

융의 심리학의 중심적 특징인 전인격 또는 정신의 개념이 반영되는 자기는 성격 모든 부분의 통일성, 완전성 그리고 전체성을 말하며 완전히 분화되고 개성화된 성격을 말한다. 태양이 태양계의 중심인 것처럼 자기는 집단 무의식 속의 중심원형이다(Hall & Nordby, 김형섭 역, 2004). 자기가 발달되었을 때 사람은 자기와 세계가 조화로움을 느낀다. 미발달 혹은 불충분한 발달상태에 있는 자기는 성격이 뒤죽박죽된 상태에서 심리적 건강을 유지할 수 없게 된다. 자기는 모든 원형과 콤플렉스 및 의식 속의 원형들에 대한 표현형태를 끌어들여 조화시킨다. 자기라는 원형은 성격의 모든 부분을 한 데 묶어 균형 있게 하는 것, 즉 성격의 중심점을 자아로부터 의식부와 무의식부 중간 지점으로 옮겨놓은 것과 같은, 의식과 무의식 과정의 동화가 이루어지게 한다.

(8) 개성화(Individuation)

개성화는 융의 분석심리학에서 핵심적인 개념이며 그의 가장 주요한 공헌으로 여겨지는 것이다. 이것은 의식과 무의식적인 모든 것을 부정하며 동시에 모두를 정당화하는 자기실현(self-realization)의 과정, 즉 바로 앞에서 설명한 자기가 의식화되는 과정을 말하며 자신의 상대적 자율성을 유지하면서 동시에 반대의 것을 통합하는 의식적 그리고 무의식적 심리적 과정이다. 의식적 자아는 다양한 콤플렉스들의 동화와 통합을 통하여 의식을 확장하며 점차로 자율성을 획득하게 된다. 또한 자아는 자율성을 확보하기 위하여 개성화 과정을 통하여 집단 무의식과 관련된 그림자, 페르소나, 아니마와 아니무스, 푸에르(Puer),[5] 위대한 어머니(The Great Mother)[6]와 같은 원형들과 자기 자신을 비교하여야만 하며, 이러한 기본적

---

5) 푸에르 에터너스(Puer Aeturnus)는 라틴어로 '영원한 젊음'을 뜻하는 말로 줄여 푸에르로 불리며 30대 이후에도 청소년의 정서적 특징을 가진 남자를 지칭한다. 또한 이것은 원시적 상태를 영원히 유지할 가능성을 말한다.

6) 어머니 원형은 선한 측면과 악한 측면이 공존하는 형태로 유아기에 어머니와의 관계를 통하여 형성되는 원형의 한 종류이다.

과정은 보상에 의해 서로 다른 심리적 부분들을 전체적 자기(self)로 통합하게 된다. 이러한 개성화 과정에서 콤플렉스들이 드러나게 되며 개인은 이 과정을 거치며 집단적 의식과 무의식으로부터 분리되지 않으면서도 매우 구별된 창조적이며 건설적 통합을 이룬 성격에 도달할 수 있게 된다. 융은 40세 이전에 이 단계에 도달하기는 어렵다고 보았다.

그는 이 과정을 독특한 개인, 하나의 동일체적 존재가 되어가는 것으로 규정지었는데 이는 자기 자신이 된다는 뜻과 동시에 전체 또는 집단 무의식으로부터의 분리와 차별성의 개발을 의미하는 분화(differentiation)의 과정을 포함한다(하정미 외, 2009). 이러한 분화는 모호함에서 벗어나기 위하여 관련되지 않는 것을 구분하여 배제함으로써 사고, 감정, 감각, 직관 등의 기능이 서로 분리되어야 한다는 것이다. 그러므로 우리는 개성화를 자기답게 되는 것(coming to selfhood) 혹은 자기인식(self-realization)으로 해석할 수 있으며(Jung, 1953), 개성화의 목표는 가능한 한 자신 혹은 자기의식에 대해 완벽하게 아는 것, 즉 '의식을 확대하는 것'이다(Hall & Nordby, 김형섭 역, 2004). 개성화는 본능적인 것으로서 아무리 노력해도 완성의 단계에 이룰 수 없는 목표라고 할 수 있다(융은 개성화를 완전히 이룬 성격으로서 예수와 석가모니를 들었다). 개성화를 이룬 사람은 의식이나 무의식 또는 특정 기능이나 태도, 원형 등과 같은 성격의 어느 영역에서도 한 측면만의 지배를 받지 않는 모두 조화로운 균형 상태를 유지한다(하정미 외, 2009).

개성화를 위한 첫 번째 조건은 인식하지 못하던 자신의 부분, 즉 자기를 인식하는 것이다. 융은 이것은 중년이 되기 전까지는 어려운 일이라고 하였다. 개성화를 위한 노력으로서 우리는 생애 전반기에 지침이 되었던 행동, 가치, 사고방식을 버리고 억압되었던 무의식의 영역에 도달하기 위하여 마음의 문을 열어야 한다. 그리고 무의식의 소리를 인식 속으로 끌어들여 그것을 받아들이고 따라야 한다. 촉각을 세워 꿈과 환상에 귀를 기울여야 하며, 의식적이고 이성적인 사고를 무의식의 자발적인 흐름대로 맡기고 그림이나 글과 같은 다양한 형태의 표현방식으로 융이 말한 '창조적 상상(creative imagination)'을 해야 한다. 무의식에 도달하는 것은 우리가 그것에 지배받는다는 것이 아니라 의식과의 조화, 즉 의식과 무의식이 동등한 협력자가 된다는 것을 의미한다.

개성화에 도달하기 위하여 두 번째로 요구되는 것은 성인 초기의 물질적 목표와 그러한 성격적 특성들을 포기하는 것이다. 인생 전반기의 목표가 후반기에는 무의미해지며, 태도와 기능도 마찬가지이다. 성인 초기에는 한 가지 태도(외향성 혹은 내향성)와 한편의 기능(감각, 직관, 사고 혹은 감정)이 지배적이었지만 후반기에는 이것이 적절하지 않다는 것을 인식한다. 개성화를 이룬 사람은 한쪽으로 편중된 경향을 보이지 않고 모든 것이 표현 가능하게 되고 성격의 여러 측면들이 모여 균형을 이룬다. 예를 들어, 20대에 외향적이었던 사람이 중년기에는 내향적인 특성도 발휘할 수 있게 된다. 행동에 있어서 사고기능이 지배적이었던 사람이 중년기에 들어서는 직관, 감정기능도 인식하게 될 것이다. 이러한 결과로 의식과 무의식 모두의 영역에서 자기를 인지하는 것이 가능해진다.

개성화의 세 번째 조건은 자기의 통합(integration of self)과 자기표현(self-expression)이다. 자기통합을 이룬 사람은 성격의 일부분이 전체와 통합되고 조화를 이루어 모든 것, 즉 이성적 특성뿐 아니라 함께 무의식 영역에 억압되었던 태도와 기능을 발휘할 수 있다. 한편 자기표현이 자유로운 사람들은 인간 본성의 수용과 관대함이라는 특징을 가진다. 그들은 집단 무의식에 대해 대단히 개방적이어서 인간 상황을 보다 잘 자각하여 관대함을 지닌다. 그들은 우리 모두에게 영향을 끼치는 인류적 유산을 통해서 전해지는 힘을 인식하기 때문에 다른 사람들의 행동을 더욱 깊게 통찰할 수 있다.

3) 성격의 구조

앞에서 설명한 주요 개념들을 중심으로 아래의 그림 |그림 2-1|을 살펴보면 융이 가정한 마음의 구조를 이해할 수 있을 것이다. 융에 의하면, 성격은 자아(ego)를 포함하는 의식, 개인 무의식, 집단 무의식이라는 세 가지 분리된, 그러나

교류하는 체계로 구성되어 있다. 이러한 서로 다른 체계들은 영향을 주고받는다. 마음의 가장 깊은 곳에 집단 무의식이 위치하며 집단 무의식의 가장 핵심에는 자기가 자리 잡고 있고, 아니마와 아니무스 그리고 수많은 원형이 존재한다. 집단 무의식의 바깥쪽에는 그림자를 포함하는 개인 무의식, 그 다음으로 자아가 위치하는 의식 순으로 마음의 층이 구성되어 있다. 여기서 콤플렉스들은 개인 무의식과 의식의 영역에 존재한다.

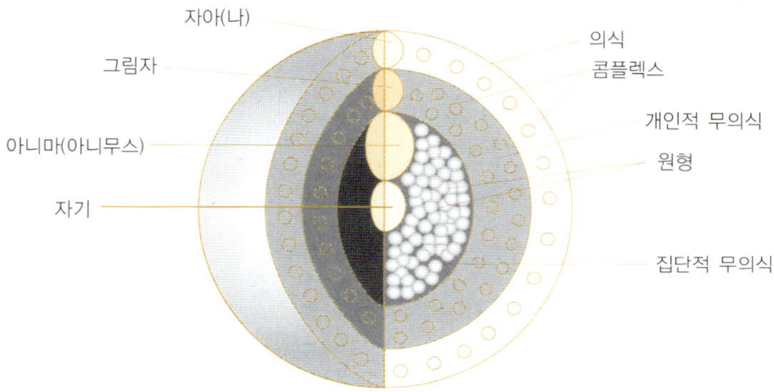

|그림 2-1| 융의 마음의 구조
출처 : 이부영(2001 : 34).

융에 의하면, 자아는 의식 속의 정신적 부분이며, 매 순간 우리의 인식 속에 들어오는 지각, 기억, 사고, 감정들을 포함한다. 또한 자아는 전체적인 정신에서 차지하는 부분은 적지만 의식에 대한 수문장의 역할을 감당함으로써 매우 중요한 기능을 한다(Hall & Nordby, 김형섭 역, 2004). 의식은 성격에서 중요한 부분이지만 무의식보다는 훨씬 덜 중요한 것으로 여겨진다. 무의식의 상부의 위치하고 보다 피상적인 차원에 있는 것이 개인 무의식인데 근본적으로 의식 속에 더 이상 남아 있지는 않지만 의식부로 쉽게 떠오를 수 있는 자료들의 저장소 혹은 저수지이다.

우리는 일생을 통해 끊임없이 광범위한 자극 속에 있으므로 우리는 이것을 선택하여 지각하여야 하며, 우리에게 해롭거나 위협적인 것들과 동시에 무의미하고 부적절하고 사소한 자극들도 걸러낸다. 감각이든 관념이든 기억이든 자아의 의식 속으로 인지되고 받아들여지지 않으면 보이지도 들리지도 사고되지도 않을 것이다. 예를 들면, 우리는 수많은 정보－전화번호, 주소, 성명, 인상, 과거에 일어난 사건의 기억 등－를 개인 무의식의 영역 속에 담고 있다. 전화번호를 알고는 있지만 항상 생각하고 있는 것은 아니다. 그러나 필요한 때는 즉시 의식의 영역 안에서 인지될 수 있도록 상기해 낼 수가 있다. 즉, 의식과 개인 무의식 사이에는 서로 빈번한 왕래가 있다.

자아가 의식화를 허용하는 데 영향을 미치는 것은 성격유형과 자아가 기억하고 있는 불안의 정도, 그리고 개성화의 정도와 경험의 강도이다(Hall & Nordby, 김형섭 역, 2004). 감정형의 사람들은 자아가 감정적인 경험에 대해 보다 쉽게 의식화되도록 허용할 것이며 사고형의 사람들은 생각이 보다 쉽게 의식화될 것이다. 또한 이전에 불안을 일으켰던 기억이나 생각들은 의식화되기가 쉬울 것이며 고도로 개성화된 사람의 자아는 더 많은 경험이 의식화되는 것을 허용할 것이다. 그리고 강도가 약한 경험은 자아의 문에서 쉽게 쫓겨나지만 강도가 강한 경험은 그 문을 돌파할 수 있다(Hall & Nordby, 김형섭 역, 2004).

한편 집단 무의식은 성격의 가장 중요한 부분이며, 융의 이론 전체에서 가장 논란이 많은 부분이기도 하다. 자기는 집단 무의식 속 가장 깊은 곳에 존재하므로 의식 속의 자아가 이것을 인식하기 위해서는 개인 무의식의 층을 통과하여 마음속 깊은 곳을 들여다보기 위한 많은 시간과 노력이 필요할 것이다. 따라서 완전한 자기의 인식이나 실현은 어렵고도 인내를 요하는 오랜 작업이며 완전히 성취하기란 거의 불가능하다.

(1) 외향성 대 내향성(Extroversion VS Introversion: Austrian, 2008)

융은 가장 먼저 두 가지 유형의 성격을 가정하였다. 우리 의식의 많은 부분(어떻게 세상을 지각하고 반응하는가)은 외향성과 내향성이라는 태도에 의해 결정된다. 이것은 세상을 보는 방법에서 서로 정반대의 입장을 대표하고 있는 것으로, 융의 이론 중 가장 널리 알려진 것이다. 외향적(extroverts) 성격은 외부세계의 객관적 현실을 지향하며 활동적이고 솔직하며 사교적이고 자신감이 있는 유형을 말한다. 이러한 사람들은 주로 외부세계에 대해 실망했을 때 내적 세계에 관심을 갖게 되며 이러한 경우에는 시무룩하고 자아중심적이 되기 쉽다. 그들은 다른 대상들에게 지나치게 관여하며 개인적 정체성을 잃어버릴 수 있는 위험에 쉽게 빠질 수 있다.

한편 내향적(introverts)인 성격의 사람들은 우유부단하고 사색적이며 소극적이고 방어적인 특징을 갖고 있으며, 이러한 사람들은 주로 자신의 내적 세계에 영향을 미치는 외부세계에 대해서만 관심을 갖는다. 또한 다른 대상들과 관련을 맺지 않으려 하고 따로 떨어져 있으려 하며 정서적 고립의 위험을 감수한다. 이 두 가지 태도는 서로 상반된 방향(외부 대 내부)을 말하는데 융은 모든 사람들은 이 둘 중 어느 한편에 속한다고 생각했다. 그러나 우리는 의식의 영역에서만 존재하는 것이 아니므로 성격의 다른 한편이 완전히 무시되는 것이 아니라 개인무의식의 일부가 되어 그 속에서 여전히 행동에 영향을 줄 수가 있는 것이다. 그러므로 한 개인이 근본적으로는 외향적이거나 혹은 내향적일지라도, 완전히 그러한 것은 아니라 반대적 성향이 미약할 뿐이다.

(2) 이성적 기능 대 비이성적 기능(Rational VS Irrational: Austrian, 2008)

융은 개인 무의식과 집단 무의식의 외적 세계와 내적 세계와의 관계를 중재하는 데에 필수적인 특별한 기능에 대하여 설명하였다. 이것은 외부세계에 대한 대외정신(ectopsychic) 기능과 내부에 대한 대내정신(endopsychic) 기능인데, 융은 외향성과 내향성 성격에 대한 논의에서 강조된 대의정신 기능을 주로 설명하였다.

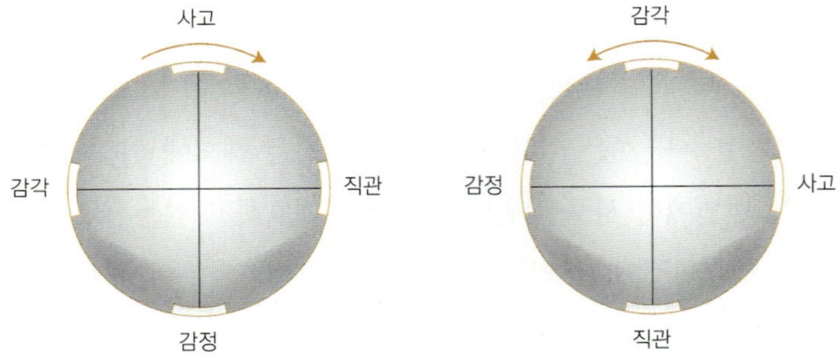

|그림 2-2| 융의 대외정신 기능(Jung C. G. et al., 권오석 역, 1995 : 85)

그는 다음 네 가지 형태의 대외정신 기능을 제시하였다.

① 감각(sensation) : 외적 사실이 감각을 통해 인식되어 방향성과 함께 현실로 간주된다. 이러한 기능을 통하여 어떠한 것이 존재한다는 것을 알게 된다.

② 사고(thinking) : 개념을 통해 아이디어와 연결하는 기능으로 그것이 무엇인지를 알게 된다.

③ 감정(feeling) : 그것을 받아들일 수 있는지를 알게 하는 기능으로 주관적이며 그것의 가치를 결정하게 한다.

④ 직관(intuition) : 어떠한 것의 근원과 전망(기대)에 대한 감정을 형성하는 것으로 시간에 대한 인식, 어떠한 것의 과거와 미래에 관한 것이다. 또한 이것은 무의식적으로 인식된 것을 중재하며 현재보다는 미래의 가능성에 보다 관심을 갖는 심리적 기능이다.

위의 |그림 2-2|와 같이 마음은 하나의 '나침반'으로 설명되며 이 나침반의 각 점은 그 대극을 갖고 있다. 예를 들면, 사고형은 감정이 가장 발달되지 않았고 감각형의 사람은 사고와 감정이 거의 같은 정도의 강도이며 대극인 직관은 가장 약할 것이다.

융은 더 나아가 이러한 기능들을 판단과 논리성의 정도에 따라 이성적(rational)

기능과 비이성적(irrational) 기능으로 구분하였는데, 사고와 감정은 이성적 기능으로 그리고 감각과 직관은 비이성적 기능으로 분류되었다. 이성적 기능인 사고(thinking)와 감정(feeling)은 실제로 정반대의 기능이지만 양쪽 모두 경험에 대해 판단하고 평가하며 체계화하고 분류한다(하정미 외, 2009). 사고지향적인 사람은 일상적 경험의 의미를 이해하는 데 논리와 이성을 추구하지만 반대되는 기능인 감정은 긍정적 혹은 부정적 감정으로 현실을 평가한다. 반대로 감정지향적인 사람은 선 혹은 악, 유쾌 혹은 불쾌, 자극적 혹은 활기 없는 것 등으로 감정적인 측면에 관심의 초점을 둔다. 한편 사고기능이 지배적인 사람은 어떤 일이 사실인지 허구인지에 의해 판단하지만 감정이 지배적인 사람은 어떤 일이 본래로부터 유쾌한지 불쾌한지로 판단한다.

비이성적 기능인 감각과 직관은 이성을 필요로 하지 않는다. 감각은 감각기관을 통해 현실을 경험하는 것을 말하고, 직관이란 일종의 초감각적 경험이나 육감을 토대로 하고 있다는 점에서 상반되는 기능이다. 감각은 외부세계에 대하여 판단하지 않고 직접, 현실적으로 인지하는 것이다. 감각지향적인 사람은 인간의 오감을 통해 정보를 받아들인다. 따라서 맛, 냄새, 자극에 대해 민감하다. 반대로 직관은 일상적 경험에 대하여 오감을 넘어선 육감으로 받아들인다. 이런 사람은 생활 속에서 일어나는 사건의 의미를 예감과 짐작에 의존한다.

이론적으로는 완전히 적응한 사람은 성격의 서로 상반된 기능과 태도들 중 어느 한쪽으로도 치우치지 않아야 하지만 실제로 세계에 대한 우리의 기본적 태도는 둘 중 어느 한 쪽이 우세하며 마찬가지로 기능에서도 한 가지 기능이 의식의 영역에서 우세하고 다른 편의 기능은 개인 무의식의 일부분이 된다. 이러한 특성 때문에 한 개인에게는 이성적이거나 혹은 비이성적 기능, 어느 한쪽이 지배적인 것은 분명하다. 한 개인이 일관성 있게 양쪽 기능을 한꺼번에 사용할 수는 없다. 다시 말하면, 한 인간이 동시에 사고와 감정 양식으로 작동하거나 혹은 감각과 직관 양식으로 작동할 수는 없다. 이런 다소 복잡한 성격 분류에 의해 두 가지 태도와 네 가지 기능으로 여덟 가지의 성격유형을 형성하게 된다.

참고

융의 여덟 가지 성격유형

* 내향형의 사람들은 외부의 영향에 대해 자아의 독립을 유지하려고 노력한다.

① 내향 사고형 : 이론적이고 지적, 비현실적이며 현실을 무시하며 외부세계보다는 내면을 지향한다. 주변 세상에 거의 관여하지 않으며 친밀한 사람에게 의존한다.

② 내향 감정형 : 타인의 감정이나 의견을 고려하지 않으며 자신의 우월성 나타내려고 한다. 내적으로 강렬한 감정을 경험할 때에도 최소한의 감정만 표현하며 조용하고 어린아이 같으며 무심한 편이다.

③ 내향 감각형 : 개인에게 어떻게 영향을 미치는지에 따라 선이나 악으로 평가되는 객관적 사건에 대해 주로 개인적이고 주관적인 반응을 나타낸다. 종종 현실이 잘못 해석되며 외부세상과 분리된다. 이런 사람들은 소극적이며 조용하고 예술적인 성격으로 설명된다.

④ 내향 직관형 : 구체적 현실과 외부세상에 대해 무관심하고 멀리 떨어져 있다. 그들의 인식은 자기 스스로를 만족시키나 타인과는 멀어지도록 할 것이다. 따라서 이런 사람들은 독특하고 몽상적이며 신비롭게 보인다.

* 외향형의 사람들은 주관적 경험에 있어서 사회환경에 강한 영향을 받으며 타인의 경험과 가치에 많은 영향을 받는다.

⑤ 외향 사고형 : 외적으로 드러난 대상과 아이디어 이상을 고려하지 않으며 현재의 관심의 대상과 객관적 자료에 집중한다. "반드시 ~해야 한다"는 식의 가치를 갖고 있는 이런 유형의 사람들은 지배적이고, 객관적이며, 엄격하고 차갑게 보인다.

⑥ 외향 감정형 : 외부세계와 조화를 추구하며 친구를 쉽게 만들고 열정적이며 쾌활하고 사교적으로 보인다. 객관적 자료와 대상을 지향한다. 여성들이 주로 이 유형에 해당한다.

⑦ 외향 감각형 : 대상에 따른 새로운 감각적 경험을 추구한다. 주로 남성에게 많이 발견되는 유형이며 와인이나 예술 감정가와 같은 사람들을 예로 들 수 있고 대체로 다른 사람들과 좋은 동료가 될 수 있다. 내부지향성과 이기심이 내면에 감추어져 있어 타인의 안녕에 관심이 많으며 현실적이고 감각적이며 유쾌한 사람들이다.

⑧ 외향 직관형 : 하나의 주제나 과업에 집중하는 것을 힘들어하며 새로움이 사라지면 곧 싫증을 내고 새로운 가능성을 찾아 나서는 유형이다. 깊이 생각하지 않으며 성급히 결정을 내리는 것 같으나 대부분은 좋은 결과를 얻는다. 타인에 대한 관심이 적으나 자신감과 열정을 갖고 있으며 공상적이고 변덕스러우며 창조적인 사람들로 보인다.

4) 융의 발달단계

융은 성격은 자아, 개인 무의식, 집단 무의식이라는 세 가지로 분리되어 있으나 서로 교류하는 체계로 구성되어 있다고 말한다. 그는 이 성격의 발달이 일생에 걸친 연속적 과정으로 보고 있다. 프로이트와는 대조적으로 융은 인간의 후반기, 즉 35세 혹은 40세 이후를 강조하였으며, 성격의 발달은 성인기에도 계속되는 과정이라고 생각하였다. 이때가 성격의 여러 측면을 통합하고 자기실현을 할 수 있는 기회를 갖는 시기라고 보았다. 물론 퇴보와 신경증적인 반응이 나타나기도 한다. 융은 인생의 단계를 아동기, 청소년기, 중년기, 노년기의 네 단계로 구분하고 있다(Jung, 1993; Jung, 1961; Jacobi, 1959).

(1) 아동기(Childhood)

이 단계는 출생부터 사춘기까지이다. 출생 후 몇 년 동안은 정신이 완전히 본능에 의해 지배되므로, 이 시기 동안 아동은 전적으로 부모에게 의존한다. 아동기를 융은 무질서한 단계, 절대적 단계, 이중적 단계의 3단계로 구분하고 있다. 무질서한 단계는 혼란하고 산발적인 의식의 특징을 갖는다. 무질서한 단계의 경험들은 때때로 원시적인 이미지로 의식되지만 정확하게 말로 나타낼 수는 없다. 이 시기는 의식적 자아가 발달하기 이전이므로, 지각된 것은 조직화되지 못하며 의식적 기억도 쓸모가 없다. 생활 속의 질서 대부분을 부모가 결정한다. 유아의 행동은 본능에 의해 지배되므로 심리적 문제는 있을 수 없고 사실상 있지도 않다. 왜냐하면 심리적 문제란 의식부에 자아가 존재해야 생기는 것인데 이 시기에 자아는 아직 형성되지 않았기 때문이다. 아동이 학교에 들어가면서 부모로부터 점차 분리되기 시작하면서 자아가 형성된다(하정미 외, 2009).

한편 자아가 형성되기 시작하는 절대적 단계에는 부모의 권위가 절대적인 시기이며 이중적 단계에 아동은 부모에 대한 이중적 태도를 갖게 된다. 이러한 융의 아동기를 거쳐 성인에 이르는 발달단계를 후에 제자인 뉴만(Neumann)은 자아가 자율성을 획득하는 과정을 신화를 토대로 한 원형을 중심으로 한 단계로 정의하여 보다 깊이 설명하였다.

(2) 청년기와 성인기(Adolescence & Young Adulthood)

이 단계는 사춘기에 일어나는 생리적 변화로 시작되어 35~40세 사이에 끝난다. 융은 이 사춘기를 심리적 탄생(psychic birth)이라 불렀다. 심리적 탄생은 부모로부터 자아의 의식적 분리가 일어나는 것을 의미한다. 청년들은 부모로부터 심리적으로, 신체적으로 독립하고자 갈망하며, 배우자를 만나 자신의 가정을 이룬다. 청년기는 활동량이 증가하고, 성적으로 성숙하며, 의식이 증대하고 걱정거리가 없는 아동기는 영원히 돌아오지 않는다는 것을 인정하는 시기라고 융은 지적했다(Jung, 1960 : 362). 청년기에 직면하게 되는 가장 큰 어려움은 아동기의 편협한 의식에 집착하는 타고난 그대로의 성향을 극복하고 현재 당면한 삶의 문제를 해결하는 것이다(하정미 외, 2009).

과거 속에서 살고자 하는 욕망을 보존원리라고 하는데, 중년 혹은 노년의 사람들 중에서 새로운 인생의 목표와 의미를 찾지 못하고 청년기의 가치관을 그대로 유지하려는 사람들, 즉 푸에르 에터누스 증후군[7]을 경험하는 사람은 인생의 후반기에 문제에 봉착하게 된다. 한편 성인기는 외양적으로 팽창하는 시기이며, 성숙의 힘에 이끌려 자아가 발달하고 외부세계에 대처하는 능력이 발달한다. 따라서 경력을 쌓고 가정을 이루며 사회적 성공을 얻기 위해 노력한다.

(3) 중년기(Middle Age - 중년의 위기)

35~40세 이후를 말하는 이 시기는 성격발달의 목표인 개성화를 통한 자기발견이 가능한 단계로서 사람들은 내적 갈등을 심하게 겪으며 억압되어 있던 충동과 특성들이 표출되는 단계이다. 특히 남녀 모두 자신의 상반되는 성적 측면을 표현하기 시작하여 남자들은 여성적 측면을, 여성들은 남성적 측면을 나타낸다.

7) 피터팬 증후군이라고도 한다.

이러한 변화는 신체적 영역보다는 심리적 영역에서 두드러진다(Jung, 1960 : 398). 이때 남성은 대인관계에, 반대로 여성은 외부세계에 더 큰 관심을 기울이기 시작한다. 중년기의 변화는 결혼생활에 문제를 초래할 수도 있다. 또한 이 시기에 생의 전반기에 가졌던 가치와 목표에 그대로 매달려 있으면 큰 실패를 경험하게 된다고 융은 보고 있다(Jung, 1993 : 109, 송길연 외 역, 2005a : 428 재인용). 즉, 중년 여성이나 남성이 젊은 시절의 신체적 매력과 체력을 유지하기 위해 안간 힘을 쓰는 경우인데, 인간은 자기의 무시되어 온 측면과 과감히 직면할 때에만 비로소 발달할 수 있기 때문에 이런 사람은 더 이상 발달하지 못한다. 융은 중년기의 위기를 묘사하면서 사람들은 중년기 이전에는 전형적으로 외적인 사회적 세계에 적응하는 데 온 힘을 기울이는데, 중년기에 들어서면서 무의식으로부터 오는 내면의 소리, 즉 자신의 다른 측면에 주의를 기울이게 되면서 개인은 점차 내면세계로 향하게 된다고 하였다(송길연 외 역, 2005a : 469 재인용).

(4) 노년기(Old Age)

노년기는 융에게는 흥미가 거의 없었던 시기이다. 아동기와 마지막 노년기는 물론 완전히 다르기는 하지만, 한 가지 공통점이 있는데 그것은 무의식적 심리가 지배적이라는 것이다. 그러나 아동기의 정신은 무의식의 심리적 과정에서 점차로 빠져나오므로 무의식 속으로 다시 침몰하여 그 속에서 점진적으로 소멸되는 아주 고령의 노인의 심리와는 구별된다. 융은 아동기와 노년기는 의식적인 문제를 가지고 있지 않은 시기라고 보았다(Jung, 1960 : 403). 융은 내세에 대한 아무런 이미지도 갖고 있지 않은 사람들은 죽음을 건강한 방식으로 직면할 수 없다고 믿었다. 융은 노인에게 내세에 대한 관심을 갖도록 돕는 것은 단순히 인위적인 진정제를 처방하는 것이 아니라고 보았다. 그는 인간은 무의식 속에 본래부터 영원에 대한 원형을 갖고 있기 때문에 죽음이 가까워 옴에 따라 내부로부터 내세에 대한 의문이 자연스럽게 솟아나게 된다고 그 이유를 설명하였다. 나이든 사람에게도 미래를 향한 목표는 필요하며 죽음의 불가피성은 어느 정도 죽음

자체가 하나의 목표로 간주되어야 한다. 즉, 죽음에서 인간이 추구할 수 있는 목표를 발견하는 것이 건강한 것이며, 죽음으로부터 움츠리는 것은 인생 후반부의 목적을 빼앗는 건강하지 못하고 비정상적인 것이다.

5) 뉴만의 심리발달 단계[8)]

융의 제자인 뉴만은 융의 이론을 보다 깊게 설명하였다. 그는 의식에 대해 자아가 자율성을 획득하는 신화적 단계들로 설명하였으며, 이전의 학자들과 달리 남성의 심리발달과 더불어 여성의 심리발달에 대해서도 비교적 자세히 설명하였다.

(1) 뉴만의 일차적 심리발달 과정

① 1단계 : 우로보로스[9)]적 근친상간(uroboric incest)

인간의 가장 초기단계를 설명하는 이 단계에서 자아는 전체적으로 무의식 속에 내재되어 있는 우로보로스적 상태에 있다. 이것은 인간이 완전히 무의식적이며 남성과 여성이 구분되지 않는 상태이다. 이 상태는 또한 '모든 것의 장소'이

---

8) Iiurato, Guiseppe(2015). A Brief Comparison of the Unconscious as Seen by Jung and Levi-Strauss 참조.

9) 우로보로스는 "꼬리를 삼키는 자"라는 뜻이다. 고대의 상징으로 커다란 뱀 또는 용이 자신의 꼬리를 물고 삼키는 형상으로 원형을 이루고 있는 모습으로 주로 나타난다. 수세기에 걸쳐서 여러 문화권에서 나타나는 이 상징은 시작이 곧 끝이라는 의미를 지녀 윤회사상 또는 영원성의 상징으로 인식되어 왔다. 현대에서도 칼 융과 같은 심리학자들에 의해 인간의 심성을 나타내는 상징으로 여겨졌다. 따라서 어느 특정한 종류의 생물을 가리키는 것이 아니라 어떤 개념을 뜻하는 것이라고 볼 수 있다.

고대 그리스 사람들은 뱀의 탈피행동을 '낡은 육체를 버리고 새로운 육체를 얻었다'고 생각하였고 이것은 불사신을 의미했다. 그들은 우로보로스가 자신의 입(몸의 시작)으로 자신의 꼬리(몸의 끝)를 묾으로써 처음과 마지막이 묶인 원이 되어 탄생과 죽음의 결합을 상징한다고 생각하였다. 그리고 그 속에는 탄생과 죽음을 끝없이 되풀이하는 '시간'이라는 의미도 포함되어 있었다. 이와 반대로 자기가 자기의 꼬리부터 먹기 시작했을 경우, 마지막에는 아무것도 남지 않는다는 유머러스한 상상 때문에 우로보로스를 '무(無)'라고 여기는 생각도 있었다.

한편 중세의 연금술사들은 자신들의 지식을 감추려고 많은 암호와 기호를 써서 사람들의 눈을 피했다. 특히 우로보로스를 가장 중요한 상징으로 여겼으며, 이를 의미하는 문자로서 'O'를 사용했다. 이는 우로보로스가 처음과 끝을 동시에 가진 존재, 즉 '모든 것'이라고 생각했기 때문이다. 따라서 우로보로스는 '세계'와 '완전'과 같은 의미도 내포하게 되었다. 한편 이 처음과 끝 사이에는 '과정'이 있는데 그것은 언제나 바뀌게 마련이므로, 우로보로스란 이름에는 '변화'라는 뜻도 포함되어 있었다. 그리고 이 '완전'과 '변화'라는 개념 때문에 우로보로스는, 또한 아무것도 아닌 하찮은 금속을 완전한 금속인 황금으로 변화시키는 현자의 돌을 나타내는 상징물이 되었다. 아울러 그것이 모든 지식의 근원이라는 생각에서 우로보로스는 '지식'까지도 뜻하게 되었다.

며 |그림 2-3|에서와 같이 마치 맥이 순환적이며 역동적으로 자신의 꼬리를 무는 우로보로스 원형으로 표현된다. 이것은 융 이론의 핵심원리인 '대조적인 것들의 재연합'의 상징이다.

[그림 2-3] 우로보로스

이러한 상태는 무의식의 본성적인 차원 그리고 모계적 차원으로 설명되는데, 즉 어머니와 나 사이의 자아분리가 이루어지지 않은 상태를 말한다. 따라서 자아가 바라보는 세상은 불분명하다. 이러한 원시적 상태는 2단계가 되어서야 의식이 점차적으로 명료화된다.

② 2단계 : 가모장적 근친상간(matriarchal incest : 위대한 어머니)

남성의 경우 이 단계에서 인간은 많은 고대 신화에서 표현된 '위대한 어머니' 원형에 강하게 의존한다. 위대한 어머니 원형은 우로보로스 원형의 첫 신화적 진화를 나타내며 모든 인간의 정신발달의 기초적 역할을 한다. 이 원형은 파괴적인 특성과 건설적 또는 보호적 특성을 모두 포함한다. 심리학적으로 설명하자면 파괴적 특성은 우로보로스적 심리적 결합에 머물고자 하는 경향을 말하며 보호적 특성은 구별, 즉 자기분화를 향한 추진적이고 역동적 경향이라고 할 수 있다.

이러한 원시적 근친상간의 단계는 어머니로 돌아가는 형상을 뜻하므로 이것은 죽음을 상징적으로 나타낸다. 또한 이것은 부패와 사멸이라고도 볼 수 있다.

인간이 하나의 개인으로 분리되어 독립성을 확보하는 상태를 획득하기 위해서는 이러한 우로보로스적 근친상간을 극복해야만 한다. 일단 어머니와의 결합으로부터 떨어져 나오면 개인은 전 생애에 걸쳐 지속되는 필수적인 과정을 통해 점차적으로 자아가 발달하게 되고 처음으로 의식이 깨어나기 시작한다.

즉, 인간은 본래 어머니와 분리되지 않은 상태로 태어나며, 어머니와 완전한 결합에 머물고자 하는 경향을 갖지만 어머니의 강한 영향력 아래에 완전히 머물기만 한다면 한 개인이라는 의식은 존재할 수 없다는 것이다.

③ 뉴만의 일차적 심리발달의 특징

뉴만의 일차적 심리발달의 특징을 살펴보면 첫째, 이 단계의 발달과정은 개인의 심리 형성과 발달에 건설적이거나 파괴적인 기초적 역할을 하는 '위대한 어머니' 원형에 의해 지배된다. 이것은 청소년기에 위대한 어머니로 상징될 수 있는 많은 강한 영향력들로부터 자유롭지 못한 청소년 자아의 사멸 또는 가모장적 거세라고 할 수 있다.

둘째, 융학파의 관점에서 모든 원형들은 이중적인 본성을 가지며 이러한 서로 상반적인 구분은 초기의 자아형성에 주요한 역할을 한다. 예를 들면, 여성과 남성원형의 대조, 즉 아니무스와 아니마를 들 수 있다.

(2) 뉴만의 남성 심리의 발달

① 3단계 : 중심화(centerversion)

뉴만은 남성의 경우 위에서 설명한 일차적 심리발달의 두 단계를 거친 후 성인이 되기 위해 마지막으로 3단계인 중심화에 도달한다고 한다. 신화적으로 중심화란 두 가지의 원형적인 모습을 한 끔찍한 용을 대항하여 싸우는 것을 말한다. 2단계의 근친상간을 극복하면 어머니에 반대되는 위치에 처한 아들은 천천히 중심화 과정을 향해 나아간다. 이러한 중심화 과정을 통해서 자아는 자신만의 무의식에 관한 자율성을 획득하기 시작한다. 융에 의하면, 이것은 이전에 무의식 속에 위치하고 있던 자아가 콤플렉스의 중심적인 장소로 간주되는 의식의 중심에 도달하게 되면서 이루어진다.

자아는 위대한 어머니 원형과 분명한 대조를 유지하게 되고 이것을 위하여 자율적으로 자기 스스로를 '자기의식'으로 강화해야만 한다. 그런 후에 위대한 어머니와 위대한 아버지라는 두 개의 원형의 모습을 한 끔찍한 용(drake)에 대항한 싸움, 즉 '세상 부모'와의 분리를 이루게 된다. 이러한 분리가 잘 이루어지게 되면 '자기'를 완성할 수 있는 3단계로 넘어가게 된다.

② 남성 심리발달의 특징

가. 영웅(hero)의 등장

모든 것이 혼돈스러운 우로보로스적 첫 번째 단계에서 분화된 남성이 두 번째 발달단계에 도달하면 좋은 어머니이며 동시에 나쁜 어머니라는 위대한 어머니 원형의 근본적인 이중적 본성 때문에 선과 악을 마주하게 되고, 결국 두 가지 반대적 특성 중 한 가지를 선택하여 자신의 정체성을 확립한다. 한편 자아는 무의식, 즉 어두운 그림자의 바닷속으로 떨어져 계속 떠오르려고 한다. 따라서 이때 고통스러움과 외로움, 그리고 강한 죄책감과 같은 심리상태를 경험하게 된다.

또한 우로보로스적 상태로부터 분리되면서 자아는 해방과 동시에 외로움을 경험한다. 더 나아가 해방을 성취한 영웅은 계속 자신을 압도하려고 하는 무의식적인 힘으로부터 자유를 얻기 위해 투쟁하면서 독립적인 개인으로서 자기 형성에 도달하기 위한 자율성을 갖기 시작한다. 여기서 말하는 영웅은 사람의 원형, 즉 조상을 말한다.

나. 어머니 원형에 대항하는 첫 번째 투쟁

이 신화적인 영웅은 완전한 자율성과 인격을 달성하기 위해서는 반드시 다양한 신화적 싸움을 치르게 된다. 그 첫 번째 싸움은 자아가 출현한 근원인 위대한 어머니에 대항한 싸움, 즉 근친상간에 대항한 싸움이다. 이러한 첫 번째 싸움은 중심화가 일어나는 청소년기까지 지속된다고 볼 수 있다. 싸움을 통하여 드디어 자아는 자신의 의식의 중심에 도달하게 된다. 한편 이러한 영웅의 싸움은 영웅이 구출해 준 공주와의 연합 이후에만 출현하게 되는 '새로움이라는 보물'과 같은 창의적 표현으로 설명되기도 한다. 동시에 공주와 공주의 보물(새로움)을 지배하려고 하는 용에 대항한 싸움이라고 상징적으로 묘사된다.

다. 아버지 원형에 대항하는 두 번째 투쟁

영웅의 두 번째 싸움은 가부장적 근친상간을 극복하기 위해서이며 동시에 이후에 자리 잡게 되는 '자기'를 정확하게 어떤 지점에 둬야 하는지를 결정하기 위하여 위대한 아버지 원형에 대항하는 싸움이다. 이 단계에서 '그림자'는 가부장적 권위를 상징하는 오래된 법 혹은 적대적이며 오랫동안 지배해 온 왕인 위대한 아버지라는 새로운 원형의 모습으로 나타난다. 위대한 아버지 원형은 오래된 기존의 법, 혹은 구속과 소유라는 두 가지 형태의 거세 콤플렉스라는 독특한 특징을 갖고 있다. 구속은 자아가 창조적인 능력을 갖지 못하도록 하며, 동시에 집합적 규범을 전달하는 세속적인 아버지의 가치들로부터 자아가 완전히 분리되는 것을 방해한다. 소유는 신성한 아버지와 자아를 동일시하도록 하거나 혹은 초자연적이고 금욕적이며 영적인 세계로 나아가도록 인도하는 역할을 한다.

이러한 두 가지 타입의 아버지에 의한 거세 콤플렉스들은 인간적이고 신성한 이중적인 부모의 본성에 기인한 것이다. 영웅을 축소시키려고 하는 무서운 위대한 어머니로부터 자신을 분리시킬 수 있는 것은 아버지의 거세 콤플렉스이다. 다시 말하면, 아버지와 동일시하면서 어머니로부터 분리를 이루게 되며, 이러한 부모님을 대항한 초개인적인 투쟁을 통하여 인격의 발달과 자율성을 획득하기 위한 심리적 발달이 이루어진다.

(3) 뉴만의 여성 심리의 발달

① 2단계 : 어머니와의 동일시(데메테르와 페르세포네의 신화)

여성의 심리 발달은 남성의 경우와는 상당히 다른 방식으로 이루어진다. 어머니의 돌봄이 부족한 경우 여성은 강한 죄책감과 불안을 갖게 되며 내적인 공허함을 채우고 자신을 방어하려고 자기애적 만족감이 빠지거나 공격적인 성향을 갖게 되기도 한다. 반면 여성은 자신을 어머니를 닮은 존재이며 그녀와 친숙한 존재로 여기고 자발적 혹은 무의식적으로 어머니와 자신을 동일시하며 여성성에 도달하게 된다. 이러한 어머니와의 동일시가 대부분의 여성들이 자신의 삶에서 관계를 중요시 여기게 되는 원인으로 설명된다.

여성에게 있어서 어머니 원형에 머문 기간과 성격유형이 이후 남성과의 관계에 영향을 미치는데, 뉴만은 여성의 성격을 말 여성 유형(horse woman)과 소녀 여성 유형(puella woman)으로 구분하여 설명한다. 여성이 어머니 원형과 오래 머물수록 남성에게 더 많은 그림자가 투사되고 남성은 더 많이 평가절하될 것이다. 말 여성 유형의 특징은 지배적인 여성은 가학적 애정관계의 특징을 가지며 남성은 단지 그녀의 성적 욕구와 출산을 위한 수단으로 간주한다. 반대로 소녀 여성 유형이 지배적인 여성은 남성의 권력에 순종적이며 자신의 개성과 존엄성을 무시한다. 이러한 기본적인 이중성은 데메테르와 페르세포네의 신화로 상징된다.

참고

데메테르와 페르세포네의 신화

그리스 신화에서는 'Demeter', 로마 신화에서는 'Ceres'로 칭하는 데메테르는 땅을 지배하는 여신이다. 데메테르는 어머니와 같다. 여신은 곡물, 과실, 목초 등 모든 식물을 보호하고 성장시키는 땅의 모성을 상징한다.

데메테르는 땅의 생산력을 관장하는 토지의 여신이며 곡물의 어머니다. 여신은 제우스와의 인연으로 외동딸 페르세포네(Persephone)를 얻는다. 모성의 여신답게 페르세포네를 향한 데메테르의 사랑은 지극했다. 그런데 지하세계의 왕 하데스가 생명보다 귀한 외동딸을 납치한다. 그러나 아버지인 제우스는 못들은 척하고 이에 데메테르는 파업으로 맞서게 되어 극심한 흉년이 들어 사람들은 굶어 죽고, 신들은 인간의 제물을 받을 수 없어 곤란에 처한다. 제우스는 전령을 하데스에게 보내 페르세포네의 귀환을 간청하여 모녀의 재상봉이 이루어진다. 그러나 페르세포네는 하데스의 계략으로 이미 지하세계를 떠날 수 없게 되어 제우스는 페르세포네가 일 년 중 삼분의 이는 지상의 데메테르 곁에, 삼분의 일은 하데스의 아내로 지하세계에 머물도록 타협안을 제시하여 사태를 수습한다. 따라서 데메테르가 딸과 함께 지내는 8달 동안 곡식이 자라고 수확되고 데메테르가 딸을 떠나보낸 4달 동안은 곡식이 자라지 않게 된다.

출처 : http://100.daum.net/encyclopedia/view/155XX51600013 인용.

② 3단계 : 여성성 또는 자기보존(에로스와 프시케의 신화)

가부장적 우로보로스의 침입을 특징으로 하는 다음 단계에서 여성성은 가부장적인 요소에 직면하게 된다. 남성과 여성 모두는 그들 스스로 '다름'을 형성하기 위해 서로 만남을 통해 발전되고 진화되어야 한다. 여성은 가부장적 우로보로스 안에서 자신이 가진 여성성과 남성성을 비교하게 되고 이러한 비교와 가부장적인 가치에 대한 반박을 통하여 여성의식이 발달한다. 이러한 비교에 있어서 여성속의 아니마가 아니무스를 추측하는 역할을 하게 된다. 여성은 자신 속의 아니마를 닮아가지 않도록 거부할 수 있어야 완전히 남성성에 종속되지 않고 여성성을 유지할 수 있게 되며 남성과 짝을 이루어 완전한 심리발달을 이룰 수 있게 된다. 이러한 과정을 통하여 여성과 남성이 바르고 균형 있는 건설적 만남이 이루어지게 된다. 서로는 자신만의 독점적인 권위를 포기하고 서로의 존재를 존중해야만 한다. 뉴만은 이 단계를 에로스와 프시케의 신화를 통해 여성이 최상의 의식성숙도에 이르는 개인화 과정을 설명한다.

참고

에로스와 프시케의 신화

옛날 어느 왕국에 아름답기로 소문난 세 공주가 있었다. 그중에서도 막내 딸 프시케의 아름다움은 남달랐다. 그녀의 아름다움은 미의 여신 아프로디테와 견줄 만한 것이었다. 어떤 사람들은 프시케를 일컬어, 사람의 몸을 입고 인간세상에 내려온 아프로디테라고 말하는가 하면, 어떤 이들은 그녀가 젊고 순결하기 때문에 아프로디테보다 더 아름답다고 말하기도 했다. 사람들은 점차 여신께 바치던 경배를 그녀에게로 돌렸다. 아프로디테 신전의 향불은 꺼지고 제단 위에는 먼지만 쌓여갔다.

마침내 여신의 분노가 폭발한다. 아프로디테는 즉시 날개 달린 개구쟁이 아들 에로스를 불러 명령한다. "사랑하는 아들아, 네가 나를 사랑한다면 네 화살을 무례한 저 계집에게 사용해라! 그녀가 세상에서 가장 볼품없는 인간과 사랑에 빠지게 해다오!" 에로스는 어머니의 명을 따르기 위해 즉시 프시케의 집으로 향한다. 그녀는 잠들어 있었다. 에로스는 잠자는 그녀의 모습에 애처로움과 사랑스러움을 느꼈다. 그녀의 아름다움에 정신이 팔려 있던 에로스는 그만 실수로 자신의 화살에 상처를 입고 만다.

에로스는 프시케의 신랑이 되지만 그는 신부에게 눈으로 자신을 보려고 하지 말고 믿으라고 하며 항상 날이 밝기 전에 떠나간다. 여신처럼 황홀한 나날을 보내던 프시케는 언니들을 초대한다. 신랑은 언니들의 부추김과 호기심을 조심하라고 경고하고 질투심이 끓어오른 언니들은 신랑이 프시케를 잡아먹으려는 수작일거라고 의심을 부추기며 신랑을 확인하고 죽여버리라고 등잔불과 칼을 쥐어준다. 혼란에 빠진 프시케는 신랑에 대한 믿음과 의심으로 고민하나 결국 등잔불을 밝히고 잠든 신랑을 확인하고 그가 괴물이 아니라 에로스임을 확인한다. 그러나 에로스는 깨어나 배신감에 치를 떨며 떠나가 버린다.

프시케는 속죄하는 마음으로 이리저리 헤매며 데메테르와 헤라 여신에게 도움을 청하지만 거절당하고 결국 아프로디테를 찾아가 호된 시험을 당한다. 여러 시험들 중 마지막 시험은 죽음의 세계에 가서 페르세포네의 화장품을 얻어오라는 것이었고 갖은 고생 끝에 그 화장품이 담긴 상자를 구하지만 끝까지 열어보면 안 된다는 경고에드 다시 호기심을 이기지 못해 상자를 열어보고 깊은 잠에 빠지고 만다. 그제야 몸과 마음을 회복한 에로스가 쓰러져 있는 프시케 곁으로 달려온다. 그리고 화살촉으로 그녀의 옆구리를 쿡 찔러 잠을 깨운다. "불쌍한 프시케여, 너의 호기심이 이번에는 생명을 잃게 할 뻔했도다!"

에로스는 그 길로 제우스 앞으로 달려가 자기들을 도와달라고 간청한다. 제우스의 중재로 마침내 아프로디테의 노여움도 풀리고, 에로스와 프시케는 신들의 축복을 받으며 부부로 맺어진다. 그리고 둘 사이에서 '기쁨'이란 딸이 태어난다.

출처 : http://100.daum.net/encyclopedia/view/155XX51600033 인용

2. 아들러의 개인심리이론

1) 아들러의 성애

Alfred Adler
1870~1937

“어떤 아이들은 어릴 때부터 병약하거나 많은 약점을 갖고 있지만 성공적인 성인이 되는 데 반면 왜 다른 아이들은 그렇지 못한 것인가?”라는 질문에서 출발하여 개인심리학을 창시한 알프레드 아들러는 1870년 빈(Vienna)의 교외에서 유대인 곡물상인의 육남매 중 셋째 자녀이며, 둘째 아들로 태어났다. 그는 어렸을 때 병약하였고 5살 무렵 폐렴으로 죽을 고비를 넘긴 후 의사가 되기로 결심하였다. 학창시절 형을 이기려고 노력하던 활발하고 평범한 학생이었으며 1895년 빈대학교에서 의학학위를 받았다. 대학시절엔 사회주의 학생들과 어울렸으며 지적인 사회활동가를 만나 결혼하였고 4명의 자녀를 낳았다. 그는 빈의 빈민지역에서 사무실을 개업하여 서커스를 하는 사람들을 치료하면서 그들이 갖고 있는 독특한 강점과 약점들에 대해 관심을 갖게 되었다. 그는 이러한 경험을 바탕으로 열등감과 보상이라는 대한 개념에 대한 통찰력을 얻게 되었다.

그는 안과의사로 출발하여 내과전문의를 거쳐 정신과로 전향하였고, 1902년 프로이트가 이후에 빈 정신분석학회로 발전한 자신의 토론그룹에 초대했고 1910년 이 모임의 회장이 되었다. 그러나 프로이트와는 곧 큰 견해 차이를 나타내었고 특히 프로이트의 성적 리비도에 대한 강조를 비판하였다. 결국 1911년 프로이트의 심리분석학회를 사임하고 개인심리학회를 조직하였다. 1차 세계대전 후 그는 사회와 인간성에 대해 관심을 가졌으며, 1926년 미국에서 첫 순회강연을 한 후 1934년 그의 가족은 모두 빈을 떠나 뉴욕에 정착했다.

2) 개인심리이론의 주요 개념

아들러는 프로이트와는 달리 인간을 보다 긍정적이며 사회적·목적적인 존재로 보았으며 모든 인간은 자신만의 독특한 생활양식, 즉 라이프스타일을 가지며 인간의 행동 발달에 있어서 가장 중요한 것은 열등감을 극복하려는 우월성에 대한 욕구(desire to achieve superiority)라고 하였다. 또한 그는 모든 인간의 행동과 경험 뒤에는 하나의 "충동" 혹은 동기가 있다고 가정하였으며, 이러한 동기를 유발하는 에너지는 완벽함의 추구(the striving for perfection)라고 하였다(Boeree, 2006). 이것은 우리 모두가 우리의 이상에 점점 더 가까이 가기 위해서 우리의 잠재성을 최대한으로 발휘하고자 하는 소망을 말하는 것이다. 심리학에서는 대개 이것을 부정적인 시선으로 바라보며 많은 사람들은 실제로 완벽주의로 인하여 매우 슬프고 고통스러운 삶을 살아간다. 아들러도 이러한 점을 인지했지만 그는 이것은 일부 왜곡된 삶의 모습이며 우리는 완벽과 이상의 추구에 대하여 보다 긍정적으로 이해하여야 한다고 생각하였다.

그러나 그의 이론의 초기에는 인간의 행동동기로 식욕, 성욕, 업무의 완수, 사랑받고자 하는 욕구 등과 같은 다른 충동들이 좌절되었을 때의 반응을 의미하는 공격적 충동(the aggression drive)을 가정했었다(Boeree, 2006). 그의 이러한 견해는 정신분석이론에서 성적 충동의 핵심적 위치에 위협이 되는 것으로 여긴 프로이트와의 첫 번째 마찰로 이어졌다. 프로이트는 아들러의 생각을 반대했으나 나중에 이와 매우 흡사한 죽음의 본능을 자신의 이론으로 소개하였다.

그는 또한 인간을 부분으로 나누어 분석하고자 하는 프로이트의 심리학에 반해 인간은 부분의 조합이 아니라 통일된 전체(unified wholes)로 환경의 맥락 속에서 물리적 그리고 사회적인 모든 면에서 이해하여야 한다고 주장한 남아프리카의 철학자 얀 스뮈츠(Jan Smuts)의 전체론(holism)에 영향을 받아 자신의 이론을 개인심리학이라고 명명하였다(Boeree, 2006). 여기서 '개인(individual)'은 '나눠지지 않은(undivided)'의 의미로 해석된다. 이러한 영향과 함께 아들러의 심리치료는 정신역동적 관점, 인지행동 관점, 체계적 관점, 그리고 경험적 관점과 서로 영향을 주고 받는 특징을 나타내는 통합적 관점을 갖고 있다고 볼 수 있다(Dinkmeyer & Speryy, 김춘경 역, 2005).

아들러는 인간을 특별한 존재로 만드는 성격발달에 대해 '경험'의 중요성을 설명하면서 동시에 이러한 경험이 실제(reality)가 아니라 주관적 해석의 영향을 받는다는 사실을 강조하였다. 특히 아동들은 문제에 대한 잘못된 가정을 바탕으로 삶과 자신에 대한 결론을 도출하게 된다(Dinkmeyer & Speryy, 김춘경 역, 2005). 따라서 아들러 학파에서는 유아들이 생후 1년 이내에 삶의 우선순위를 세우게 되며 편견의 콤플렉스, 선입견, 결론 그리고 신념들이 포함된 성격이 형성되기 시작한다고 설명한다. 아들러의 주요 개념을 살펴보면 다음과 같다.

(1) 생활양식(Style of Life: Lifestyle)

위와 같은 맥락에서 그는 내적 특성과 구조, 역동, 갈등 등의 관점에서 개인의 성격을 논하기보다는 생활양식에 초점을 두었다. 이러한 생활양식, 즉 라이프스타일은 삶을 살아가는 방식 혹은 문제와 대인관계를 다루는 방식을 말하는 것으로 성격과 같은 의미를 지닌다고 볼 수 있다. 아들러는 이것을 "나무 한 그루의 삶의 스타일은 환경 속에서 자기 스스로를 표현하고 스스로를 형성하는 나무의 개별성과 같은 것"이라고 비유하여 설명하였다(Boeree, 2006).

(2) 목적성(Teleology)

우리 모두는 어린 시절에 안전하고, 우월하고, 소속되기 위해서 필요한 것에 대한 가상적 이미지를 생각한다. 이러한 이미지의 현실화가 바로 생활양식의 핵심목표가 되며 이것을 가상적 목표(the fictional goal)라고 한다(Dinkmeyer & Speryy, 김춘경 역, 2005). 이러한 가상적 목표는 아동 스스로의 경험에 대한 평가의 결과라고 볼 수 있다. 이러한 가상적 목표는 아동에게 소속감을 갖게 해주고, 미래에 더 큰 소속감을 보장하는 생활양식을 스스로 찾기 위해 최선을 다하도록 한다.

따라서 생활양식과 가상적 목표는 아주 긴밀하게 관련이 있다고 볼 수 있으며, 이것은 또한 삶의 의미에 대한 자기해석과도 관련이 있을 것이다.

프로이트의 이론과는 완전히 다른 개념인 생활양식은 단지 기계적인 반응을 의미하는 것이 아니다. 프로이트는 어린 시절의 외상과 같은 과거에 생긴 일이 현재의 삶을 결정하는 것으로 보았지만 아들러는 과거에 의해 기계적으로 결정된 삶이 아니라 미래를 향하여 나아가는 동기와 삶의 의미에 대한 개인적 해석을 강조하였다. 이러한 목적성은 우리의 목표를 향한 지향과 삶의 목적, 이상을 의미하는 것이다. 이렇게 학문의 관심 초점이 과거에서 미래로 옮겨진 것은 매우 드라마틱한 변화로 볼 수 있을 것이다. 아무도 알 수 없는 미래는 이미 결정되어 버린 과거와는 달리 변화가 가능하므로 보다 희망적이라고 할 수 있을 것이다.

이러한 미래지향적 초점은 한스 바이힝거(Hans Vaihinger)의 궁극적 진실은 항상 우리의 영역 밖에 있으며 실제로 우리는 부분적 진실을 창조해야만 한다고 보는 "as if"의 가설적 철학에 기반한 허구(fiction)이론의 영향을 받았다(Boeree, 2006). 그는 전자, 빛의 파장, 중력 등과 같은 것들은 공간의 왜곡으로 인한 부분적 진실이며, 이러한 것들 중 어떠한 것도 증명된 것이 아니라 우리의 삶에 유용한 개념일 뿐이라고 보았으며 이러한 부분적 진실은 허구라고 하였다. 아들러는 우리는 일상적으로 이러한 허구 속에서 살아가며 이것이 현재 사실인 것처럼 행동한다고 하였다. 우리는 내일도 세상이 여전히 존재하고 무엇인 선하고 악한지를 확실히 알고 있으며 우리가 보는 모든 것을 알고 있는 것처럼 여긴다. 아들러는 이러한 것을 허구적 결정주의(fictional finalism)이라고 하였다(Boeree, 2006). 이러한 결정주의는 그것의 목적성을 의미하며, 허구는 미래에 관한 것이지만 오늘 우리의 행동에 영향을 미친다. 인간의 행동은 진실이라고 믿는 것에 의해 동기가 유발된다는 것이다. 그는 우리의 라이프스타일의 중심에는 이러한 허구가 놓여있으며 이것은 '우리는 누구인가' 그리고 '우리는 어디로 가는 가'에 있어서 중요한 의미를 갖는 것이라고 설명하였다.

(3) 사회적 관심(Social Interest)

완벽함의 추구를 위해 또한 중요한 요소가 되는 것은 사회적 관심 또는 '공통적 감정(community feeling)'으로 불리기도 하였던 사회적 감정(social feeling)이다(Boeree, 2006). 아들러가 추구한 전체주의적 관점에서 볼 때 완벽함을 추구하는 사람은 반드시 자신의 사회적 환경을 고려할 것이며 사회적 동물인 인간은 타인을 배재하고 혼자서 존재하는 것이 아니므로 아무리 사람들을 싫어하는 사람이라 하더라도 그 싫어하는 행동까지도 사회적 맥락 속에서 이루어질 수밖에 없을 것이다.

아들러에 의하면, 사회적 관심은 유전적으로 타고난 것이며 동시에 학습된 것이다. 다시 말하면, 이것은 살아남기 위해서 저마다 타고난 특징을 기반으로 하여 계속 발전되어야만 한다는 것이다. 유전적인 측면을 나타나는 예로 유아들이 모여 있을 때 한 아기가 울기 시작하면 다른 아기들도 모두 따라 울기 시작하는 것과 같이 우리는 아직 이에 대해 학습되지 않은 어린아이들도 타인에 대한 동정심을 나타내는 모습을 어렵지 않게 발견할 수 있으며, 성인의 예로는 우리가 사람들이 웃고 있는 곳에 들어가면 자연스럽게 미소를 짓게 된다는 것이다(Boeree, 2006).

이렇게 사회적 관심은 타고나는 것이지만 그것이 개인의 이기심과 부딪히게 되거나 우리가 타인에게 해가 되는 것과 자신에게 해가 되는 것, 둘 중에서 선택을 해야 하는 상황에 직면하게 될 때 우리는 매번 자신보다는 타인에게 해가 되는 것을 선택하게 될 것이다(Boeree, 2006). 더욱이 힘든 세상을 살아가며 다른 사람의 아픔을 공감하는 것은 감당하기 어려운 일이므로 그냥 모르는 척하거나 차라리 마음에 두꺼운 '벽을 치고' 살아가는 것이 쉬운 일일 것이다. 그러므로 부모와 문화는 타인을 공감하는 특성을 지지하고 가르쳐야 할 것이다.

아들러의 사회적 관심은 단지 융이 설명한 외향성을 다른 말로 표현한 것이 아니라 훨씬 넓게 가족과 공동체, 사회, 인간성 그리고 모든 생명에 이르기까지를 돌보고자 하는 마음을 의미하며 타인에게 도움이 되는 것을 말한다. 반면 아들러에게 있어서 사회적 관심의 결핍은 바로 정신질환으로 정의된다. 즉, 신경증, 정신증, 범죄, 중독, 문제아동, 자살, 일탈, 성매매와 같은 모든 종류의 문제를 가진 사람들은 사회적 관심의 결핍으로 인하여 이러한 문제를 겪고 있는 것으로, 즉 이러한 문제들은 삶의 태도로 인한 증상으로 해석된다. 이러한 사람들이 성취하고자 하는 목표는 개인적인 우월함을 드러내는 것이며 그들의 성공은 단지 자기 자신만을 위한 것이다(Boeree, 2006).

따라서 개인의 정신건강은 사회적 관심의 수준과 생활양식에 따라 평가될 수 있다. 즉, 정신적으로 건강한 사람 또는 건강한 생활양식을 가진 사람은 사회적 관심이 높고, 사회부적응자는 사회적 관심이 결핍되어 있다고 설명된다. 이러한 사회적 관심을 통해 얻어지는 자기가치감은 개인이 열등감에서 벗어날 수 있도록 도우며 개인의 사회적응의 기준이 된다(최옥채 외, 2015).

(4) 열등감(Inferiority)

우리 모두는 완성, 완벽함 또는 자기실현을 추구하지만 우리들 중 다수는 그것에 실패하여 미완성이며 불완전하고 자기실현과는 거리가 먼 결과에 직면하게 된다. 이것은 우리 모두가 사회적 관심이 부족하거나 너무 이기적이기 때문이다. 우리 대부분의 사람들을 이기적으로 만드는 것은 무엇인가? 이 질문에 대하여 아들러는 우리가 열등감을 극복하지 못하였기 때문이라고 대답한다(Boeree, 2006). 만일 우리가 자신의 능력에 대해 자신감을 갖고 있다면 타인을 생각할 마음의 여유를 갖게 될 것이다. 그러나 우리는 그렇지 못하여 점점 더 자기 자신에게로만 초점을 맞추게 된다. 그 형태는 다르지만 누구나 열등감을 조금씩 갖고 있다.

특히 아들러는 신체기관에서의 열등한 조건은 개인의 자기능력의 인식을 형성하는 데에 중요한 역할을 한다고 생각하였고, 이러한 신체적 결함(organ inferiority : 혹은 기관열등감)은 특정한 기술을 습득하는 데에 장애가 되는 모든 신체적 혹은 정신적 한계를 말한다(Newman & Newman, 1999). 우리는 누구나 신체적 그리고 정신적 측면에서 장단점을 갖고 있으므로 열등감에서 완전히 자유로운 사람은 없을 것이다. 많은 사람들은 어떤 방식으로든 이러한 열등감을 보상하려고 노력한다. 이러한 노력을 통하여 우리의 약점은 보완되거나 더 강해지기도 하며 다른 장점을 개발함으로써 극복되기도 한다. 그러나 반면 어떤 사람들은 안타깝게도 자신의 어려움을 감당하지 못하여 절망 속에서 살아간다.

한편 어떤 사람들은 자신은 아무런 장점이 없는 무능한 사람이라고 믿어버린다. 학교에서 시험을 칠 때마다 우리보다 더 잘 하는 사람과 자신의 점수를 비교하며 절망하고, 거울 속에 비친 자신의 얼굴에서 여드름을 발견하고 또 다시 절망하고, 나만 아직도 이성친구가 없다고 완전히 낙심해 버리기도 한다. 이러한 절망은 기관열등감과는 아무런 상관이 없는 것으로 성장과정에서 부정적 자기가치가 학습되어 스스로 자신이 열등한 존재라고 믿어버리는 것이다. 이러한 학습된 열등감이 다른 더 큰 장점으로 보상되지 않으면 자존감이 발달되지 못하여 낮은 자존감에 시달리게 된다(Boeree, 2006).

또한 아들러는 보다 일반적인 형태의 열등감을 설명하였는데 이것은 아동이 경험하는 자연적 열등감이다(Boeree, 2006). 아동은 당연히 성인에 비하여 더 작고 약하며 지적 능력이 부족하다. 따라서 아동은 공통적으로 열등감을 경험하며 빨리 성장해서 크고 강한 어른이 되고 싶은 욕구를 갖는다. 이러한 보상심리는 완벽함의 추구와 같은 맥락에서 이해할 수 있지만 많은 아동들은 항상 다른 사람들이 자기보다 더 잘한다고 느낀다.

어떤 종류의 열등감이든 이것을 극복하지 못하면 병적 열등감으로 볼 수 있는 열등감 콤플렉스(inferiority complex)를 갖게 된다. 정상적 열등감과 열등감 콤플렉스의 차이는 단순히 정도의 차이이지만 이것은 단순한 문제가 아니라 평생을 고통 속에 빠뜨릴 수 있는 신경증의 일종이다. 이러한 병적 열등감을 가진 사람은 부끄러움을 많이 타고 둔감하며 불안해하고 우유부단하며 비겁하고 비굴하며 다른 사람들의 비위를 맞추려고 하는 등의 특성을 나타내고 다른 사람들에게 대충 묻어가려고 하고 심지어는 다른 사람이 자신을 도와주게 하려고 잔꾀를 부리기도 한다(Boeree, 2006). 그러나 결국 모두가 이러한 행동에 지쳐 그를 외면하게 된다(Boeree, 2006).

사람들이 나타내는 열등감에 대한 반응은 앞에서 설명한 보상과 열등감 콤플렉스뿐 아니라 한 가지 더 살펴볼 수 있는데 그것은 우월감 콤플렉스(superiority complex)이다. 아들러는 이것을 자신은 탁월한 재능과 성취를 갖고 있다고 생각하는 성격적 특성 혹은 태도라고 설명하였다. 이것은 참을 수 없는 열등감 콤플렉스를 위장하는 일종의 신경증적 방법으로(Lundin, 노안영 외 역, 2001) 이것은 자신이 스스로를 작고 보잘 것 없는 존재로 느끼므로 반대로 우월한 척 행동하여 다른 사람들까지 작고 보잘 것 없는 존재로 느끼게 만드는 것이다(Boeree, 2006). 이러한 분명한 예로는 약자를 괴롭히는 사람들, 허풍쟁이, 키가 작은 독재자 등을 들 수 있으며, 보다 미묘한 형태로는 범죄를 저질러 다른 사람들의 관심을 끌고자 하는 사람들과 성, 인종, 종교 등을 이유로 다른 사람들을 차별하는 사람들을 들 수 있고, 가장 미묘한 형태로는 술이나 마약의 힘에 의지하여 자신의 무가치감을 숨기는 사람들을 들 수 있다(Boeree, 2006).

참고

아들러의 열등감 콤플렉스에 대한 프로이트의 반박(Freud S., 김숙진 역, 2006)

열등감 콤플렉스라는 말은 정신분석학에서는 잘 사용되지 않은 말이다. 소위 개인심리학자들이 이것의 뿌리가 신체적 결함의 자기인식에 있다고 하지간 이것은 그들의 근시안적 실수라고 생각한다. 열등감은 강력한 성적인 뿌리를 갖고 있다. 어린아이는 자기가 사랑받지 못한다고 생각하면 열등감을 느끼며, 어른들도 마찬가지이다. … 하지만 열등감의 주요한 부분은 자아가 초자아와 갖는 관계가 그 원인이다. 죄책감과 마찬가지로 열등감도 자아와 초자아 사이의 긴장의 표현이다. … 어머니는 보통 자식이 병약하거나 결함이 있을 때 과잉 보살핌이나 사랑으로 보상하려는 경향을 보이지만 자존심이 강한 어머니인 경우에는 아이의 결함을 이유로 모든 사랑을 거두어 버린다. 이 아이가 자라서 강력한 힘을 갖는 인물이 되었을 때 그는 어머니를 절대 용서하지 못하겠다는 것을 자신의 행위를 통해 드러낸다.

(5) 완벽함의 추구

아들러의 완벽함의 추구(striving for perfection)라는 개념은 초기에는 남성성의 추구(masculine protest)라는 말로 사용되었다가 우월성의 추구(striving for superiority)라는 말로 표현되기도 하였다. 이것은 모든 인간행동과 경험의 기초가 되는 충동이나 동기를 가정하는 것으로, 그는 초기인 1910년경에 모든 인간은 열등감에 대한 보상으로 강하고 힘 있는 것을 추구한다는 것을 의미하는 남성성의 추구에 대해 설명하였다(Lundin, 노안영 외 역, 2001). 그 후 1930년 그는 이것을 우월성과 완벽성의 추구로 결론지었다(Lundin, 노안영 외 역, 2001). 이러한 강하고 힘 있는 것 또는 우월함과 완벽함의 추구는 남성뿐 아니라 여성에게도 적용될 수 있다. 이 개념을 프로이트의 남근선망과 비교하여 생각해 보면 여성이 남성이 갖고 있는 강함, 힘, 권리를 갖고자 하는 욕망으로 해석할 수 있다(Lundin, 노안영 외 역, 2001). 그래서 분노, 슬픔, 기쁨과 같은 감정이나 공격성은 열등감에서 기인한 이러한 권력에 대한 추구(striving for power)와 우월함의 추구와 관련 있는 것으로 해석된다.

(6) 심리유형(Psychological Types)

아들러는 모든 신경증을 불충분한 사회적 관심의 문제로 보았지만 이러한 신경증을 가진 사람들, 즉 사회적 관심이 적은 사람들의 유형을 에너지의 수준에 따라 지배형, 의존형, 회피형의 세 가지로 구분하고, 마지막으로 건강한 사람들의 특성으로 사회적으로 유용한 유형을 따로 설명하여 총 네 가지로 구분하였다(Boeree, 2006).

① 지배형(ruling type) : 아동기부터 공격적이며 타인을 지배하려는 특성을 나타낸다. 권력을 갖고자 하는 강한 욕구를 가지므로 자신에게 방해가 된다고 여겨지면 누구든지 또는 무엇이든지 없애버리고자 한다. 이들은 가장 강한 에너지를 가지고 있으며 자기보다 약한 자를 괴롭히고 학대하는데, 예로는

비행을 저지르는 사람, 독재자, 가학성애자 등을 들 수 있다(Lundin, 노안영 외 역, 2001). 한편 이러한 유형 중 에너지가 비교적 덜 강한 사람들은 자신을 해침으로써 타인에게 상처를 준다. 이러한 예로는 알코올중독, 마약중독, 자살 등을 들 수 있다.

② 의존형(leaning type) : 이 유형의 사람들은 너무 민감해서 두꺼운 껍질로 자신을 보호하며 살아가지만 삶의 어려움을 이겨내기 위해서는 타인에게 의존해야만 한다(Boeree, 2006). 가장 빈도가 높게 나타나는 이 유형의 사람들은 에너지가 약하며 그래서 타인에게 의존하게 된다. 이들은 타인에게 모든 것을 기대하지만 아무것도 되돌려 주지 않으며 매우 수동적인 대인관계를 맺는다(Lundin, 노안영 외 역, 2001). 매력을 가진 사람들은 이러한 매력을 이용하여 타인이 자신을 돕도록 하는 방법을 사용하며, 문제에 대처할 수 없게 될 때에는 그들의 삶의 스타일에 따라 공포증, 강박과 충동, 불안, 히스테리, 기억상실 등과 같은 일반적인 신경증을 나타낸다.

③ 회피형(avoiding type) : 이들은 가장 낮은 에너지 수준을 가진 사람들이며, 삶 특히 타인을 회피하는 방식으로만 살아남을 수 있는 사람들이다. 이들이 극단적인 어려움에 처하면 정신증을 나타내고 결국 자기만의 세계로 도피하는 경향이 있다. 이들은 자기 확신이 없어서 자신과 타인 사이에 분열을 조장한다(Lundin, 노안영 외 역, 2001).

④ 사회적으로 유용한 유형(socially useful type) : 이러한 사람들은 건강한 사람들로서 사회적 관심과 에너지를 모두 갖고 있다. 이들은 타인의 욕구를 의식하며 도움이 되는 활동을 할 수 있다. 반대로 에너지가 부족한 사람들은 타인을 위해서 실제로 아무것도 해줄 수 없으므로 당연히 사회적 관심도 가질 수 없을 것이다.

참고

아들러의 성격유형과 동서양의 성격유형에 대한 가설

이러한 네 가지 유형은 고대 그리스 히포크라테스와 갈렌의 체액설(humourism)에서 가정한 담즙질(choleric), 점액질(phlegmatic), 우울질(melancholic), 다혈질(singuine)의 네 가지 성격유형과 비슷하다. 항상 화가 나 있는 것 같이 뜨겁고 건조한 담즙질은 지배형과 유사하며, 차갑고 축축한 점액질은 냉담하고 무기력한 성격으로 의존형과 비슷하고, 항상 슬프며 차갑고 건조한 우울질은 회피형과 흡사하다. 마지막으로 유머러스한 따뜻하고 촉촉한 다혈질은 낙천적이고 유쾌한 성격으로 사회적으로 유용한 유형과 유사하다고 볼 수 있다. 다혈질은 또한 조선의 사상의학에서 설명하는 태양인과도 상당히 흡사하다고 볼 수 있다. 그러나 아들러는 이러한 성격유형은 단지 유용한 가설에 불과하며 모든 개인은 독특하므로 정확한 것은 아니라고 하였다.

(7) 잘못된 생활양식을 초래하는 아동기의 환경(Boeree, 2006)

프로이트와 마찬가지로 아들러도 성격, 즉 생활양식은 인생의 초기에 형성된다고 생각하였다. 실제로 생활양식의 원형(prototype)은 약 만 5세경에 만들어진다. 그 이후에 발생하는 새로운 경험은 새로운 것이 편견에 맞추어지는 것과 마찬가지로 이미 형성된 원형을 변화시키기보다는 기존의 원형의 맥락으로 해석되고 이미 갖고 있던 개념으로 짜 맞추어지기 쉽다.

아들러는 잘못된 생활양식을 초래하는 데에 가장 많은 영향을 미치는 세 가지 기본적 아동기의 상황을 다음과 같이 설명하였다.

① 신체적 결함(organ inferiority) : 이 개념은 앞의 열등감 부분에서 이미 설명된 바와 같으며 아동기 초기에 질병을 앓는 경우도 마찬가지로 볼 수 있다. 이러한 사람들은 이미 감당하기 어려운 짐을 지고 있는 것이므로 만일 누군가가 타인에게로 관심을 갖도록 이끌어 주지 않는 이상 그들의 관심은 자기에게로만 머물게 될 것이다. 이러한 사람들의 대부분은 강한 열등감을

갖고 살아갈 것이며, 이들 중 일부만이 우월감 콤플렉스로 이러한 결함을 보상할 것이다. 사랑하는 사람의 격려가 있을 때만 진정한 보상이 이루어질 것이다.

② 응석받이(pampering) : 많은 아동들은 주변 사람들의 행동을 통해 뭔가를 주지 않고도 얻을 수 있다는 것을 학습한다. 그들이 원하는 것은 다른 모든 사람들에게 명령이 되므로 모든 것이 이루진다. 이것은 아주 좋은 성장환경처럼 들릴 수도 있지만 이렇게 응석받이로 자란 아이는 두 가지 측면에서 실패하게 된다. 첫째, 이들은 스스로 하는 법을 학습하지 못하게 되므로 이후에 자신이 정말로 열등하다는 사실을 발견하게 된다. 그리고 둘째, 그들은 명령을 내리는 것 말고는 다른 사람들과 관계하는 다른 방식을 배우지 못한다. 이러한 응석받이에게 사회로부터 돌아오는 것은 '미움'밖에 없다.

③ 방임(neglect) : 방임되거나 학대받는 아이들은 응석받이와 마찬가지로 열등감을 학습하지만 훨씬 직접적인 방식을 통한다. 그들은 자신이 무가치한 존재라는 사실을 매일 말과 행동으로 경험하며 다른 어느 누구도 신뢰하면 안 된다는 사실을 배우게 되므로 이기심을 학습한다. 사랑을 경험하지 않고 성장하면 이후에도 사랑하는 능력을 개발할 수 없을 것이다. 우리가 기억할 것은 고아나 학대피해 아동뿐 아니라 부모가 무관심하거나 지나치게 엄격하고 권위주의적인 양육태도를 가진 경우에도 방임된 아동에 포함된다는 사실이다.

(8) 출생순위

아들러는 출생순위에 대한 이론으로 가장 잘 알려져 있다. 그는 사회적 요인들 중 출생순위가 생활양식에 미치는 영향에 대하여 설명하였다. 그는 이러한 설명에서 아동의 성장 초기에 부모뿐 아니라 형제자매와 같은 다른 사람들 또한 영향을 미친다고 하여 인간발달의 초기에 부모 외의 다른 사람들이 미치는 영향에 대해서 고려한 첫 번째 학자라고 볼 수 있다(Boeree, 2006).

① 독자 : 어린 시절을 어른들 사이에서 보내게 되므로 어려운 출발로 볼 수 있다. 다른 어떤 경우보다 응석받이로 자라 앞에서 설명한 부정적인 결과가 나타날 가능성이 높으나 성인들의 역할을 해볼 기회를 갖게 되므로 가족생활 속에서 더 유능하고 협동적인 구성원이 될 수도 있다(Dinkmeyer & Speryy, 김춘경 역, 2005). 또한 한 명의 자녀만을 키우는 부모는 자신의 모든 기대와 자원을 한 자녀에게만 집중하므로 자녀에 대한 자부심과 기쁨으로 특별한 관심과 돌봄을 제공하지만 종종 불안감을 가지고 자녀를 대한다(Boeree, 2006). 그러나 만일 학대적인 부모일 때는 자녀 혼자서 그 모든 학대를 감당해야만 한다(Boeree, 2006).

② 맏이 : 모두의 관심을 독차지하는 독자로서의 삶을 시작하게 되지만 이런 상황이 익숙할 때쯤 동생이 태어나 "폐위된 왕"의 신세로 전락한다(Boeree, 2006). 처음에는 자신의 위치를 되찾으려고 투쟁하거나 모든 것이 아기를 위해서 돌아가는 것으로 생각하고 다시 아기처럼 굴기도 하겠지만 이러한 노력은 실패로 돌아가고 맏이답게 행동할 것을 요구받는다. 불순종과 반항의 성격 또는 무뚝뚝하고 고립된 특성 등 개인에 따라 다양한 특성을 갖게 된다. 맏이는 타인에게 거부적이어서 문제아가 될 가능성이 있으며 조숙한 경우가 많다. 그들은 비교적 다른 형제자매들보다 고독하며 보수적인 편이다(Boeree, 2006).

③ 둘째 : 둘째는 독자나 맏이와는 전혀 다른 상황에서 출발한다. 이들은 맏이라는 '주도자'에 대해 경쟁적인 성향을 가지며 지속적으로 이기려고 노력한다(Boeree, 2006). 특히 서로 연령이 비슷한 경우 더욱 그러하다. 이들은 때로는 이기기도 하지만 이러한 경쟁이 결코 끝나지 않을 것 같이 느끼며 아무리 뛰어가도 어떤 곳으로도 가지 못하는 꿈을 꾸곤 한다(Boeree, 2006). 셋째가 태어날 경우 둘째 아이 또한 밀려나게 되는데 다른 형제들을 희생시켜서라도 자신의 지위를 확보하려고 하거나 낙담해 버리는 두 가지 상반된 경향을 나타낸다(Dinkmeyer & Speryy, 김춘경 역, 2005). 그 밖의 중간 자녀들은 둘째

와 비슷한 성향을 갖지만 각자 서로 다른 경쟁자에 초점을 맞춘다.

④ 막내 : 자녀들 중 가장 응석받이이기 쉽고 자기 자리를 뺏기지 않는 유일한 경우이며 다른 모든 형제를 이기려고 하거나 아기로 남으려고 한다. 따라서 막내는 문제아가 될 가능성이 맏이 다음으로 높다(Boeree, 2006). 한편 더 나이가 많고 우세한 다른 자녀들 사이에서 강한 열등감을 갖는다.

이러한 출생순위에 따른 성격적 특성은 인간을 이해하는 데에 유용한 것이나 각각의 아동의 태도와 행동, 가족 내의 동맹과 적대그룹의 형성, 그리고 환경에 따라, 특히 남아와 여아의 구성, 나이 터울 등에 따라 다르게 고려되어야 할 것이다. 예를 들어, 맏이가 남아이고 둘째가 여아일 때 둘째가 남아일 때를 설명하는 위의 특성이 드러나지 않을 가능성이 클 것이며, 맏이가 심한 정신지체라면 둘째 아이가 뒤를 이어받아 맏이의 역할을 할 것이다. 또한 아이가 사산된 후 태어난 아동은 일반적인 경우보다 더 특별한 맏이로 성장할 수 있다. 따라서 출생순위는 아동이 가족의 다른 구성원에게 얼마나 많은 영향을 주느냐와 가족들이 아동에게 어떤 영향을 주느냐를 고려하여 역동적으로 설명되어야 할 것이다(Dinkmeyer & Speryy, 김춘경 역, 2005). 한편 출생순위를 고려할 때 함께 고려해야 하는 환경으로는 부모의 나이, 경제적 형편, 이사 등과 같은 주거환경, 부모의 이혼이나 죽음으로 인한 계부모의 양육 등이다(Dinkmeyer & Speryy, 김춘경 역, 2005).

3. 사회복지실천에의 적용

융의 분석심리이론과 아들러의 개인심리이론은 병리적 현상의 이해와 치료뿐만 아니라 건강한 사람의 마음의 뿌리를 보다 깊고 넓게 이해하고 모든 인간의 자기통찰을 돕는 데 이바지한다. 융의 이론은 문화와 사회적 현상의 심리적 배경을 이해하는 기초로서 정신의학이나 심리학, 신학, 신화, 민담학, 민족학, 예술

문학, 종교심리학 등 광범위한 학문의 영역에 깊은 영향을 끼쳤을 뿐 아니라 개인적 차원을 초월하여 인류의 기본적인 관념, 즉 신화, 종교, 민담 등에서 표출되는 공통의 관념인 원형으로서의 집단 무의식이라는 개념을 도출하였다(하정미 외, 2009).

융의 이론을 프로이트의 이론과 비교해 보면, 첫째, 프로이트는 무의식이란 인간을 억압하는 굴레이며, 정신장애의 근원이라는 무의식의 부정적인 면에 더 초점을 두었다면 융은 무의식의 부정적인 측면 못지않게 긍정적이고 창조적인 측면을 강조하였으며, 집단 무의식을 통해 인간 내면의 신비로운 세계에 이르고, 영적인 세계가 가능한 것으로 설명하였다(하정미 외, 2009). 둘째, 프로이트는 꿈을 인간의 무의식이 존재함을 알려주는 것으로, 억압된 본능이나 욕구가 꿈을 통해 드러나는 것이라고 보고 있다. 즉, 꿈은 억압된 무의식의 결과이기에 과거 행위에 의존하고 있다면, 융의 꿈은 통합적이고 예시적인 것으로, 의식과 무의식이 합일되는 삶의 자기실현으로 인도하는 역할을 한다. 즉, 꿈을 통해서 인간은 무의식의 의미와 의식이 인식하지 못하는 삶의 진실에 귀를 기울일 수 있으며, 종교는 집단 무의식과 긴밀하게 연결된 인간 심성의 가장 깊은 측면으로 인간의 종교적인 심성은 분열된 자기를 실현해 가는 가장 의미 있는 것으로 설명된다(하정미 외, 2009).

융의 이론은 초월주의, 초자연주의, 신비주의 등의 요소들로 인해 다소 난해하지만 태곳적부터 축적되어 온 인류의 정신세계를 탐구하여 인간 의식의 심층부를 구체화시켜 보여주었다. 융은 이성과 무의식이라는 상반된 관계를 대립적이라고 보기보다는 균형과 통합의 관점에서 바라보며 인간에 대해서도 이성을 단념하거나 무의식의 통제에 굴복하는 것이 아니라 이성을 발휘하여 무의식의 힘을 좀 더 잘 인식함으로써 조절하는 힘을 갖출 수 있으며, 양자 간의 균형을 이룰 수 있는 것으로 본다(하정미 외, 2009).

한편 아들러의 이론은 인간을 보다 전체적이며 통합적으로 바라보고 개인의 독특성과 목적성을 강조하여 20세기의 심리치료에 큰 영향을 끼쳤다. 특히 인간이 갖고 있는 뿌리 깊은 열등감과 우월성 또는 완벽성 추구에 대한 설명을 통하여 인간행동의 보다 깊은 동기에 대한 이해를 확장시켰다. 또한 치료에 있어서 아동기 초기의 기억에 대한 비강압적 탐구를 통한 클라이언트의 생활양식과 자기중심적인 허구 속에 자리 잡고 있는 근원에 대한 이해를 추구한다(Boeree, 2006). 이와 함께 클라이언트가 사회적 관심의 수준을 인식하고 여기에 보다 많은 에너지를 투자할 수 있도록 격려한다. 이러한 과정을 통하여 클라이언트는 건강한 생활양식을 갖게 되며 진실된 인간관계를 발전시킬 수 있게 된다.

아들러의 이론을 프로이트의 이론과 비교해 보면 첫째, 아들러는 프로이트의 리비도 이론에서 나타난 성에 대한 강한 강조에 반대하였으며(Lundin, 노안영 외 역, 2001), 인간의 생물학적인 측면이나 과거에 대한 강조보다는 인간의 목적성과 미래에 대한 해석, 즉 소속감과 의미부여를 강조하였다(Abramson, 2016). 둘째, 정신을 이해하기 위하여 의식과 무의식으로 구분하고, 자아, 초자아, 원초아로 분리하여 분석하기를 선호한 프로이트와는 달리 아들러는 인간 성격은 분리할 수 없는 통합적인 것으로 보았다. 셋째, 각 개인은 독특한 존재이며 창조적인 존재라는 점을 강조하면서 자신의 삶과 그 경험의 해석에 대한 인간의 자유와 책임성을 인식하였다(Abramson, 2016). 넷째, 프로이트가 무의식을 강조한 것에 반해 아들러는 의식과 의식적인 자아의 기능, 즉 인간의 인지적인 측면을 강조하였다(Abramson, 2016). 다섯째, 아들러는 자신의 개념인 '남성성 추구'의 관점에서 프로이트가 설명한 오이디푸스 콤플렉스에서의 남근선망에 대해 반대하였다(Lundin, 노안영 외 역, 2001). 여섯째, 아들러는 '사회적 관심'을 강조하여 프로이트의 이론보다 인간의 타인과의 관계와 공동체 속에서의 삶에 대한 이해를 넓혔다. 한편 아들러는 개인의 생활양식, 즉 성격은 만 4~5세경에 구체화된다고 하여 프로이트와 마찬가지로 성격형성에 있어서 결정론적 입장을 취하고 있다.

위와 같은 정신역동이론의 인간에 대한 깊이 있는 이해는 사회복지사로 하여금 클라이언트와 클라이언트가 가진 문제에 대한 통찰력을 향상시켜 주었고 문제의 원인에 따른 구체적인 해결방법을 찾을 수 있게 도와주어 사회복지실천의 전문성을 획득하는 데 중요한 계기가 된다(하정미 외, 2009).

인간 개개인은 그 사람마다 고유의 살아온 삶의 역사와 정신적 구조, 독특한 일련의 역동에 근거하여 심리사회적 역기능이 나타난다(Strean, 1975). 따라서 사회복지사는 클라이언트의 과거력을 조사함으로써 이해하기 힘든 클라이언트의 행동의 원인을 사회복지사와 클라이언트 모두가 이해하도록 돕고, 이를 통해 왜곡을 수정하여 새로운 균형을 이루며 대처방법을 발견하도록 도울 수 있을 것이다.

사례

적용연습을 위한 케이스

작은 체구를 가진 샘은 55세로 사회활동에 활동적으로 참여하고 있고 사교적이며 열정적인 운동선수인데 스스로 자신은 노화를 거부하는 사람이라고 설명한다. 그에게 있어서 문제는 눈 수술과 그로 인해 두 달 동안 완전히 아무것도 할 수 없어서 그의 여동생에게 의존했던 직후에 드러난 심각한 우울증과 불안 증세였다. 이와 함께 그는 자신의 최근의 이혼에 대해 혼란스러움과 양가감정을 느꼈다. 그가 늙으면 아무도 그를 원하지 않을 거라는 생각이 자꾸만 떠올랐고 그가 만일 다시 아프게 되면 어떻게 될까 하는 불안이 그에게 점점 커져갔다.

샘은 그가 평생 동안 열심히 일해왔고 강하고 자기 일은 자기가 잘 알아서 하는 사람이며 눈 수술을 하기 전까지는 전혀 문제가 없었다고 주장했다. 그는 그의 의존적인 상태가 너무나 참을 수 없어서 지구가 흔들리는 것 같은 위기를 느꼈다고 한다. 치료과정은 생각보다 오래 걸리고 있으며 그는 다른 일도 잘못 될까봐 두려워하고 있다. 그가 가장 두려워하는 것은 그가 맹인이 되는 것이다. 그는 그가 그의 병에 관한 부정적인 콤플렉스를 가지고 있다는 것을 알고 있다고 했다. 어떤 일이 생기든 그가 그런 생각을 떨쳐버릴 수 없을 거라고 생각한다. 그의 어린 시절을 되돌아보았을 때 그는 그가 6살쯤 되는 어느 날 그가 일어났을 때 숨이 막히고 거의 죽을 뻔 한 기억을 떠올렸다. 그 사건에 대해서 정확히 무슨 일이 일어났었는지 기억할 수는 없었지만 그가 아주 두려웠었다는 사실을 기억했다.

샘은 몇 차례의 이혼과 규모 없는 생활로 모아둔 돈이 없어서 병원비를 걱정하고 있다. 그리고 현재에 샘은 은행에는 전혀 잔고가 없으며 수입도 거의 없는 상태이다. 자녀들은 이미 결혼하여 따로 살고 있으며 샘을 만나려하지 않는다.

- 샘의 어려움을 이 장에서 공부한 접근법으로 사정하고 사회복지사가 어떻게 도울 수 있을지 논하시오.

CHAPTER 03 행동주의 이론

나에게 건강하고 잘생긴 12명의 아기를 데려와서 키울 수 있도록 해준다면 그 아기의 재능이나 경향, 능력, 인종 등에 상관없이 내가 선택하는 대로 의사든 변호사든 예술가든 심지어는 거지든 도둑이든 뭐든 되게 훈련시켜서 그대로 되게 할 것을 장담한다.

행동주의자 존 왓슨(John Watson, 1930)

행동주의로 알려진 행동주의 심리학은 모든 행동은 조건을 통해서 습득된다는 생각을 바탕으로 한 하나의 학습이론이다. 조건은 환경과의 상호작용을 통해서 발생하며, 행동주의에 의하면 행동은 체계적으로 학습되며 내적인 심리상태와 상관이 없는 관찰 가능한 것이다(Wagner, 2008). 조건화의 두 가지 주요한 형태는 고전적 조건화(classical conditioning)와 조작적 조건화(operant conditioning)이다. 고전적 조건화는 반응과 짝을 이루는 자연적으로 발생하는 자극에 대해 행동적인 훈련방식을 사용하는 기술이다. 이전의 중성적인 자극은 자연적으로 발생하는 자극과 짝을 이루어 마침내 이전의 중성적 자극은 자연적으로 발생한 자극 없이도 반응을 일으키게 된다. 조작적 조건화는 행동에 대한 보상과 처벌을 통해서 이루어지는 학습방법을 말한다.

행동주의의 주요한 학자들로는 파블로프(Pavlov), 스키너(Skinner), 손다이크(Thorndike), 왓슨(Watson), 헐(Hull) 등이 있다. 행동주의는 1863년 스케노프(Sechenov)의 『Reflexes of the Brain』이라는 책의 출간을 그 기원으로 볼 수 있으며, 1900년 러시아의 파블로프에 의해서 본격적으로 연구되기 시작하였다. 그 이후 1913년 왓슨이 행동주의의 많은 주요 개념들을 소개한 『Psychology as a Behaviorist Views』라는 책을 출간하였고, 1943년에 헐의 『Principles of Behavior』가 출간되었다. 1948년에 미국의 스키너는 행동주의 원칙을 기초로 형성되는 유토피아 사회를 묘사한 『Walden Ⅱ』를 출간하였고, 이러한 노력이 행동주의의 기반이 되었다. 행동주의는 카드, 게임, 튜터링, 시뮬레이션, 그래픽 등의 다양한 방법들을 응용해서 널리 사용되고 있으며 다른 이론들, 특히 인지이론과 함께 절충되어 사용되고 있다. 이 장에서는 인간의 발달과정을 설명하는 데에 크게 기여한 학습이론들 중에서 파블로프의 고전적 조건화 이론, 스키너의 조작적 조건화 이론 그리고 반두라(Bandura)의 사회학습이론에 대해서 살펴볼 것이다.

행동주의에 대한 비판으로는 첫째, 행동을 단면적으로만 보아 인간의 자유의지와 기분, 사고, 감정 등과 같은 내적인 영향을 고려하지 않는다는 점이며, 둘째, 강화와 처벌을 사용하지 않는 다른 형태의 학습에 대해서 고려하지 않는다는 점, 셋째, 인간과 동물은 강화를 통해서 이전의 행동이 형성되었더라도 새로운 정보가 들어오면 그들의 행동을 조절할 수 있다는 점을 고려하지 못했다는 점이다. 행동주의의 장점으로는 행동주의는 관찰 가능한 행동에 기반을 두기 때문에 양적으로 측정하기가 쉬워서 연구 수행이 용이하며 집중행동 개입치료, 토큰경제 등과 같은 효과적인 치료기술이 개발되는 데에 기여하였다(Wagner, 2008).

1. 파블로프의 고전적 조건화 이론

파블로프(1849~1936)는 러시아의 한 성직자의 아들로 태어나서 아버지와 같이 성직자의 길을 걷다가 과학자로 전향하였다. 그의 연구는 심리학에 커다란 영향을 끼쳤으며, 1904년에 노벨상을 받았고 조건적 반응의 형성에 관한 연구에 집중하였다. 고전적 조건화의 핵심은 사건들이 시간적으로 서로 가깝게 발생하고 비슷한 의미를 가질 때 학습된다는 것으로(Newman & Newman, 1999), 연상(association)과정을 통한 기억이 곧 학습이 되는, 즉 반복학습을 말한다.

파블로프는 이러한 학습과정을 연구하기 위해서 개가 침을 흘리는 반응을 관찰하였고, 그의 실험은 중성자극(neutral stimulus; 종소리), 무조건자극(unconditioned stimulus; 음식), 무조건반응(unconditioned response; 침 흘리기), 그리고 조건반응(conditioned response; 종만 쳤을 때 침을 흘리는 것)의 네 가지 기본적인 요소가 된다. 조건화 이전에 종소리는 중성자극이다. 중성자극인 종소리는 개에게 관심을 일으키지만 그뿐이다. 음식과 그 냄새는 무조건반응인 침을 흘리게 하는 무조건자극이며 음식에 침을 흘리는 것은 학습되기 전의 상태이다. 조건화를 위해서 개에게 음식을 주기 직전에 종을 친다. 이 과정을 반복하여 개가 음식이 나오기도 전에 종소리만 듣고도 음식을 연상하여 침을 흘리게 되면 개는 조건화, 다시 말하면 학습되었다고 말할 수 있다. 따라서 이러한 과정을 통해서 원래는 별 의미 없는 중성자극이었던 종소리는 더 이상 중성자극이 아니라 학습이 되어 음식의 신호를 의미하는 조건자극으로 바뀌고 음식 없이 종소리만 듣고도 침을 흘리는 것은 조건반응이 된다. 그러나 일정 기간 동안 반복적으로 조건자극(종소리)과 무조건자극(음식)이 함께 제공되지 않으면 더 이상 조건반응(침 흘리기)은 일어나지 않고 소거(extinction)될 것이다.

우리가 저녁시간이 가까울 때 시계를 보고 저녁 먹을 때라는 것을 깨닫고 배가 고픔을 느끼는 것도 이것과 마찬가지의 학습을 통해서 일어나는 반응이며 우리가 어릴 적에 물에 빠진 적이 있거나, 개에게 물린 적이 있는 것과 같은 무서운 경험이 조건화되어 평생 그와 관련된 상황이나 대상을 피하려고 하거나 두려움을 느끼는 반응도 마찬가지로 설명될 수 있다(Newman & Newman, 1999). 파블로프의 이러한 실험은 어떻게 여러 가지의 것들이 서로 연관되어 개념으로 형성되고 기억되고 문제해결 방법으로 형성될 수 있는지를 설명해 준다.

2. 스키너의 조작적 조건화 이론

Skinner
1904~1990

스키너는 미국에서 변호사의 아들로 태어나 한 때 소설가로 활동하다 러셀(Russell)의 행동주의 심리철학에 매력을 느끼고 하버드대학교에서 심리학을 공부하여 결국 급진적 행동주의자로 20세기에 가장 많은 영향력을 끼친 심리학자로 알려져 있다. 그는 인간은 정신을 갖고 있지만 정신 내적인 것보다는 관찰 가능한 행동을 연구하는 것이 보다 생산적이라고 믿었다. 조작적 조건화는 학습에 있어서 반복의 역할과 행동의 결과를 강조한다. 이러한 학습과정에서 행동은 긍정적인 결과가 따를 때 강화되고 부정적인 결과가 따를 때 약화된다. 그의 관점에 따르면, 모든 인간 행동은 법칙적으로 결정되고, 예측이 가능하며, 통제될 수 있다(Skinner, 1938, 1953, 이인정 외, 2002 재인용). 스키너는 행동의 결과에 따른 자발적 행동의 수정에 초점을 두었으며 쥐를 이용해서 스키너의 박스라고 불리는 실험을 하였다. 조작적 조건화 실험에서 연구자는 먼저 한 가지 반응, 즉 쥐가 지렛대를 누르는 반응을 선택하고 원하는 반응을 기다린다. 그 반응이 나타나면 실험자는 강화물, 즉 먹이를 제공한다. 이러한 강화과정을 조작적 조건화라고 한다.

<표 3-1>과 같이 강화(reinforcer)는 예측되는 반복적인 반응을 일으키는 모든 자극을 말하며(Newman & Newman, 1999) 반응을 증진시키는 목적을 갖는 것이며 처벌(punisher)은 반응을 감소시키는 목적을 갖는다. 강화물에는 정적 강화물(positive reinforcer)과 부적 강화물(negative reinforcer)의 두 종류가 있다(Newman & Newman, 1999). 정적 강화물은 음식이나 웃음과 같은 것으로 그것이 제공되면 반응이 증가되는 것이며, 부적 강화물은 전기충격과 같은 혐오자극으로 그것이 철회되면 반응이 증가하는 것이다. 예를 들면, 아기가 울 때 엄마는 아기가 울음을 그치게

하려고 달래도 보고 먹여도 보고 기저귀를 갈아보기도 하면서 여러 가지를 시도할 것이다. 만일 그중 어느 한 가지가 아기의 울음을 그치게 한다면 강화가 일어난다. 엄마는 다음번에도 이번에 울음을 그치게 한 그 행동을 또 하게 될 것이다. 따라서 아기의 울음은 그것이 멈추었을 때 엄마의 특정한 행동반응을 증가시키는 부적 강화물인 것이다.

스키너는 처벌이 강화와 반대되는 개념이 아니라 바람직하지 못한 행동을 줄일 뿐 아니라 다른 효과를 갖는 것이라고 설명하였다(위키피디아 백과사전 참조). 처벌 또한 정적 처벌과 부적 처벌로 나뉠 수 있다. 강화와 마찬가지로 정적 처벌은 그것이 제공되었을 때 처벌의 목적인 바람직하지 못한 행동이 줄어들며, 부적 처벌은 그것이 철회되었을 때 바람직하지 못한 행동이 줄어드는 것이다. 정적과 부적의 개념은 구별하기가 매우 어렵고 논란거리가 된다. 마약중독의 경우에는 마약이 제공되었을 때는 기분을 좋게 하여 정적 강화가 되며, 제거되었을 때는 금단현상으로 인해서 마약복용의 행동을 증진시키므로 부적 강화가 되어 이러한 강화물은 정적 강화물이며 동시에 부적 강화물일 수 있다. 많은 행동주의 실천가들은 정적인지 부적인지를 가리지 않고 그 모든 결과적인 변화만을 고려하여 단순히 강화인지 처벌인지만을 언급하는 경우가 많다. 처벌을 사용하는 경우에는 공격적인 행동의 유발이나 회피와 같은 부작용이 발생할 수 있으며, 스키너는 정적 강화를 통해서 행동을 수정하는 것이 가장 바람직하다고 하였다.

〈표 3-1〉 강화와 처벌(위키피디아 백과사전 참조)

	행동을 감소시킴	행동을 증가시킴
제공되었을 때	정적 처벌	정적 강화
제거되었을 때	부적 처벌	부적 강화

강화물은 또한 일차적 강화물(primary reinforcer)과 이차적 강화물(secondary reinforcer)로도 나뉜다. 일차적 강화물은 무조건적 강화물이라고도 불리며 이것은 잠, 음식, 물, 공기, 섹스와 같은 생존에 필수적인 강화물로서 학습과 무관한 자극을

말하며, 이차적 강화물은 조건적 강화물이라고 불리기도 하며 칭찬, 점수, 돈 등과 같이 학습된 후에 강화물로서 기능을 하게 되는 자극을 말한다.

이전에 경험해 보지 못한 새로운 복잡한 행동을 강화하여 학습시키는 과정은 행동형성(shaping)이라고 한다. 이것은 원하는 복잡한 행동을 주요한 요소로 세분화시켜 처음에는 한 가지 행동만을 강화하고 점차로 행동의 다른 요소들을 하나둘씩 추가하여 강화하며, 다른 행동요소를 추가한 후에는 이전의 한 가지만의 행동을 했을 경우에는 강화물을 더 이상 제공하지 않는다. 예를 들면, 변기 사용이나 식탁예절과 같은 복잡한 행동방식을 부모가 아동에게 가르칠 때 이러한 행동조성을 적용할 수 있다(Newman & Newman, 1999).

조작적 조건화를 연구하는 연구자들은 가장 강력하고 오래 지속되는 행동을 하도록 학습시키는 방법을 설명하기 위해서 강화스케줄(schedules of reinforcement)이라는 개념을 사용하였다. 강화스케줄은 강화가 주어지는 빈도와 규칙에 따라 달라진다. 학습하는 반응이 있을 때마다 강화가 주어지면 새로운 반응은 급속도로 강화된다. 이러한 강화는 지속적 강화(continuous reinforcement)라고 불리며, 이 강화는 반면 그 강화물이 제공되지 않을 때 급속히 효과가 떨어질 수 있는 단점이 있다. 강화스케줄은 제공되는 시간간격이나 비율에 따라서 다양하게 적용될 수 있으며 이러한 다양한 과정을 간헐적 강화(intermittent reinforcement)라고 한다.

간헐적 강화스케줄은 그 종류에 따라 각기 다른 효과를 나타내며, 그중 네 가지를 살펴보면 첫째, 고정간격 스케줄은 반응에 대해 일정한 시간간격으로 강화를 준다. 그 예로는 일당이나 주급 등을 들 수 있으며 스키너의 박스를 사용한 쥐의 실험에서는 쥐에게 정확하게 15초마다 강화물을 준다. 둘째, 가변간격 스케줄은 강화를 준 후 임의의 평균시간 간격을 준 후에 강화를 준다. 예를 들면, 쥐의 실험에서 평균 10초 정도마다 강화물을 준다. 셋째, 고정비율 스케줄은 일정한 수의 반응 후에 강화물을 제공한다. 예를 들면, 쥐가 정확히 5번 지렛대를 누르면 강화물인 먹이를 제공한다. 넷째, 가변비율 스케줄은 미리 정해둔 평균적인 임의의 수의 반응 후에 강화물을 제공한다. 예를 들면, 쥐가 평균적으로 10번 정도 지렛대를 누르면 먹이를 제공한다. 비율스케줄이 간격스케줄보다 강화의 효과가 더 오래 지속되며 가변스케줄이 고정스케줄보다 효과가 더 오래 지속되므로 가장 높은 비율의 반응을 발생시키는 강화스케줄은 가변비율, 고정비율, 가변간격, 고정간격 순이며, 가장 효과적인 강화방법은 처음에는 지속적인 강화를 주어서 그 행동을 지속시킨 후 어느 시점에 가서는 간헐적 강화스케줄로 바꾸는 것이다.

스키너는 이러한 강화를 통해서 인간의 모든 행동이 결정될 수 있다고 보았고, 그의 인간행동에 대한 기본 가정은 <표 3-2>와 같으며 스키너 이론의 한계와 장점은 <표 3-3>에 정리되어 있다.

〈표 3-2〉 스키너의 인간행동에 대한 기본 가정

① 인간의 행동은 환경적 자극에 의하여 동기화되고, 그것에 따르는 강화에 의하여 행동의 빈도와 강도가 결정된다.
② 인간은 자신의 행동을 통제할 수 없다.
③ 외적인 강화가 없이는 어떠한 행동의 학습이나 수정이 없다. 인간은 어떻게 행동하도록 강화되었느냐에 따라서 행동하며, 인간행동의 차이는 강화 역사의 차이이다(최옥채 외, 2007).

〈표 3-3〉 스키너 이론의 한계와 장점(최옥채 외, 2007 참조)

스키너 이론의 한계점	① 인간행동을 결정함에 있어서 고도의 정신과정이 중요함에도 불구하고 스키너는 인지의 창조적인 면을 염두에 두지 않았다. ② 인간의 모든 행동은 조작을 통하여 변화될 수 있다는 주장에 대해 주류적인 심리학에서는 전적으로 받아들이기 힘든 제한점이 있다. ③ 스키너에 따르면 인간행동은 결과, 즉 보상과 처벌에 의해서 유지되며, 인간의 행동은 법칙적으로 결정되고 예측이 가능하며, 통제될 수 있다고 보았다. 그러므로 자율적인 인간의 성격, 심리상태, 느낌, 계획이나 목적, 의도를 부정하였다. ④ 철저하게 통제된 스키너의 실험은 관찰되지 않은 절차나 과정의 추론을 어렵게 만들고 예기하지 않은 자극이 일어나는 상황이나, 과거의 자극이 예기하지 않은 방식과 결합되는 상황에서 무엇이 발생할 것인지를 예측하기가 매우 어렵다. ⑤ 그의 연구는 주로 실험상황에서 이루어지는 반면 클라이언트가 직면하는 문제들은 실제 생활에서 일반화하기 어렵고 처벌원칙은 다소 비인간적인 면을 정당화시킨다.
스키너 이론의 장점	① 치료기법의 효과성을 중시하고 발전시킨 점 ② 치료기법에 대한 정밀한 측정을 강조한 점 ③ 비교적 짧은 시간 내에 개입의 효과를 기대할 수 있다는 점

조작적 조건화의 원리는 환경이 행동에 있어서 가장 일차적인 원인이 되며 원하는 행동을 하게 하기 위해서 조건적인 보상이나 처벌을 사용한다. 인간은 환경 속에서 발생하는 우연한 사건들 속에서 일어나는 변화에 적응하면서 행동이 변화된다. 인간행동은 조건화 과정을 인도하는 사람이 가치 있는 보상에 대한 조절력을 가지고 있는 한 바라는 방향으로 수정될 수 있다. 특히 이 과정은 6세 이하의 어린 아동의 경우에 특히 잘 적용될 수 있을 것이다(Newman & Newman, 1999). 또한 뉴먼(1999)에 의하면, 조작적 조건화 과정은 전 생애에 걸쳐서 발생하며 일반적으로는 어른이 아동의 행동을 강화하여 수정한다고 생각하지만 아동의 행동도 어른에게 강화물이 되어 어른의 행동이 수정되기도 한다.

3. 반두라의 사회학습이론

1925년 캐나다의 한 평범한 노동자의 아들로 태어나 스탠퍼드대학교의 교수가 된 반두라는 사회학습이론을 창안하였으며, 자기효능감(self-efficacy) 이론을 발전시켰고, 모든 학습이 직접적인 경험을 통해서 이루어진다고 보는 스키너의 이론에 비하여 경험뿐 아니라 관찰학습을 통해서도 학습, 즉 대리강화가 이루어진다고 보는 측면에서 인지의 중요성을 강조하였다. 행동의 변화는 직접적인 정적 혹은 부적 강화가 없이도 다른 사람의 행동을 관찰하고 모방함으로써 일어날 수 있으며 수많은 실패의 경험이 없이도 일어날 수 있다. 따라서 이 이론은 다음 장에서 소개할 인지심리학에 영향을 주었고 발달에 있어서 사회적 영향에 대한 분석뿐 아니라 행동수정의 원칙에도 영향을 주었다.

사회학습이론에서는 모방(imitation)이 유아기와 아동기의 자율성 대 수치와 의심의 위기를 해결하는 데에 있어서 핵심적인 과정으로 강조된다. 아동은 관찰과 모방을 통해서 그들의 지식과 행동을 습득하며 성인은 많은 활동을 통해서 아동에게 모델(models)을 제공한다(Newman & Newman, 1999). 아동은 단순히 모델의 행동만을 관찰하는 것이 아니라 그 모델에게 무엇이 일어나는지도 또한 살펴본다는 것이다. 모델의 행동이 보상을 받으면 그 행동은 모방되며 모델의 행동이 처벌되면 그 행동은 회피될 것이다. 좋지 못한 행동이 처벌되지 않고 넘어가면 그 행동은 또한 모방될 것이다. 이러한 과정을 대리강화(vicarious reinforcement)라고 한다. 반두라는 아이들이 널리 알려져 있거나 사회적으로 명망이 있는 사람의 행동을 더 잘 모방하며, 자신과 비슷하다고 생각하는 사람이나, 동일한 성별의 사람들을 더 잘 모방한다는 사실을 알았다(Bandura & Walters, 1963, 최옥채 외, 2007 재인용). 사회학습이론은 주로 아동을 중심으로 설명했지만 인간의 생애의 어떠한 단계에서도 새로운 역할 모델이 발견될 수 있으며 따라서 새로운 학습의 가능성은 항상 열려있는 것이다. 반두라는 모방학습을 효과적으로 사용하기 위해서 다음과 같은 원칙을 제시하였다(Bandura, 1977, 최옥채 외, 2007 재인용).

tip

효과적인 모방학습을 위한 원칙

① 바람직한 행동은 가능한 한 여러 사람이 여러 번 시범을 보인다.
② 모방의 내용은 쉽고 간단한 것에서 시작하여 점차로 복잡하고 어려운 것으로 옮겨간다.
③ 각 단계에서 말로써 설명해 주거나 지도해 주는 것이 필요하다.
④ 가르치는 내용에 따라서 보여주는 것이 효과적이다.
⑤ 각 단계마다 잘하면 칭찬을 해주어야 한다.

반두라가 설명하는 자기효능감이란 예상되는 상황을 운용하기에 필요한 일련의 행동을 조직하고 실행하는 자신의 능력에 대한 믿음이다(Bandura, 1995). 다시 말하면, 자기효능감은 자신이 원하는 결과를 이루어 낼 수 있는 힘을 가지고 있다는 믿음이다. 높은 자기효능감을 갖고 있는 사람은 질병에 걸리면 건강을 회복하기 위한 활동을 더 많이 할 것이고 낮은 자기효능감을 갖고 있는 사람은 절망감에 빠져 허우적거릴 것이다(Sue, 2005).

사회학습이론에 있어서 가장 주요한 세 가지 요소는 표적행동(target behavior),

선행요소(antecedent), 그리고 결과(consequence)이다. 그 과정은 첫째, 행동을 분석한다. 이 과정에서 바람직하지 못하거나 변화가 필요한 행동이 발견된다. 이렇게 변화의 초점이 된 행동을 표적행동이라고 한다. 둘째, 표적행동에 앞서 일어나는 행동이나 사건, 즉 선행요소를 살펴본다. 그리고 마지막으로 그 행동에 따르는 사건인 결과를 분석하여 클라이언트의 전체 문제를 사정한다. 이것은 |그림 3−1|과 같으며 A−B−C 행동치료 패러다임으로 불린다.

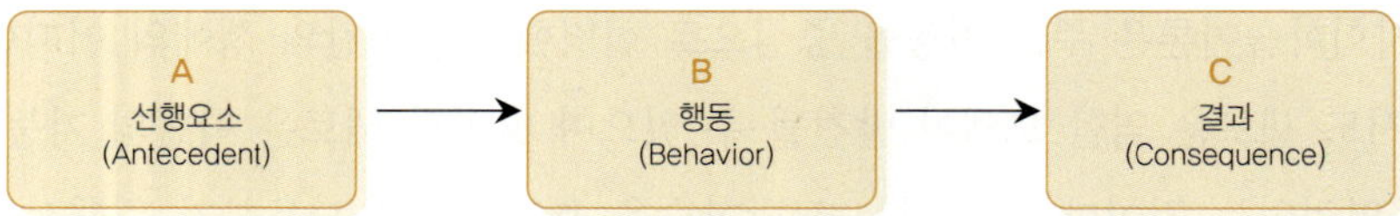

|그림 3−1| A−B−C 행동치료 패러다임(Thomlison & Thomlison, 1996)

사회복지사는 표적행동을 마음속에 두고 일반적으로 직접적 관찰이나 클라이언트의 자가 보고를 통해서 클라이언트의 문제의 패턴을 ABC 행동 패러다임으로 분석한다. 이러한 과정을 행동분석(behavioral analysis)이라고 한다. <표 3−4>에서 행동변화의 예가 잘 나타나 있다. S씨가 아들 조쉬의 반항적인 행동에 대해서 불평하는 경우에 먼저 조쉬와 아버지의 일상적인 행동을 아래와 같이 분석한 후 조쉬와 아버지에게 바람직한 행동에 대해서 질문하고 정의한다. 그리고 그 바람직한 행동을 했을 경우의 긍정적인 결과에 대해서 이야기를 나눈다. 서로의 잘못된 행동을 지적하는 것은 쉽지만 바람직한 행동 대안을 발견하는 것은 어려울 수 있다. 바람직한 행동이 증가하는 경우의 긍정적인 결과에 대해서 이야기하는 것은 행동치료에 있어서 사회학습치료의 강점이 된다. 아래 <표 3−4>와 같은 행동분석과 두 사람 모두의 긍정적인 행동 변화에 대해서 사회복지사가 구체적으로 표적행동을 정의하며, 조쉬와 아버지 S씨가 이해할 수 있도록 설명하고 서로 변화된 행동을 할 것에 대한 동의를 얻으면서 개입이 시작된다.

〈표 3-4〉 A-B-C 패러다임의 적용(Thomlison & Thomlison, 1996)

	선행요소(A)	행동(B)	결과(C)
현재의 상태에 대한 행동 분석	S씨는 식탁에서 조쉬를 여러 번 부른다. 조쉬가 즉시 반응을 보이지 않으면 점점 위협적인 말로 소리를 지른다.	조쉬는 아버지가 부르는 소리를 무시하고 결국은 식탁에 화를 내며 앉아서 식사를 시작한다.	아버지는 말이 없고 화나 보인다.
행동변화	S씨는 조쉬를 밥 먹으러 오라고 기분 좋은 목소리로 부른다.	조쉬는 그 소리를 듣고 식탁으로 간다.	조쉬는 아버지의 부르는 소리를 듣고 식탁으로 왔고 S씨는 조쉬를 칭찬하고 조쉬의 행동점수 차트에 체크를 한다. 만일 조쉬가 아버지의 소리에 반응하지 않으면 S씨는 조쉬가 없는 것을 무시하고 혼자서 식사를 한다. 조쉬는 아버지의 칭찬과 이번 식사시간에는 실제적이고 긍정적인 점수를 얻을 기회를 놓칠 것이다.

4. 사회복지실천에의 적용

행동주의적 접근방법은 사정, 개입, 적용 그리고 평가 과정에서 사회복지실천에서 기본적인 문제해결 과정과 함께 사용될 수 있으며, 클라이언트의 일상생활 속에서 바람직한 행동으로의 변화와 기능의 강화를 위해서 효과적으로 적용될 수 있어서 다양한 사회복지실천 영역에서 응용되고 있다. 특히 긴급계약, 정적 그리고 부적 강화, 처벌, 모델링, 역할극, 변화의 모니터링, 협상, 사회기술훈련, 자기주장훈련, 노출치료, 체계적 둔감법, 혐오요법, 토큰경제, 인센티브, 사은품 등의 다양한 개입기법들이 사용되며 그 효과성을 입증하는 연구 결과도 많이 발표되고 있다.

사례

적용연습을 위한 케이스

B부인은 8살인 아들 탐의 양육에 관한 문제로 상담실을 찾았다. B부인에 의하면 탐은 "절대로 말을 듣지 않아요…. 완전히 청개구리예요. 한번 떼를 쓰기 시작하면 감당할 수가 없어요. 탐 때문에 머리가 아파요. 이 아이를 어떻게 해야 할지 모르겠어요. 숙제도 하지 않고 학교에서는 아이들과 싸우고…"라고 호소하였으며, 탐은 학교에서도 말썽꾸러기이고 자기가 원하는 것을 들어주지 않으면 떼를 쓰고 울고 엄마에게 물건을 집어던지는 행동을 하기도 한다는 것이다. B부인은 4년 전 이혼을 하고 혼자서 탐을 키우고 있는데 정부에서 지급되는 보조금과 전 남편으로부터 받는 양육비로 생활을 꾸려나가고 있다. B부인은 얌전해 보이는 인상이며 조금 힘이 없어 보이고 탐을 키우는 데에 자신감도 없어보였다. 사회복지사가 본 탐은 개구쟁이이고 엄마를 자신이 맘대로 할 수 있다고 생각하고 있는 듯했다. B부인에 의하면 전 남편이 예전에 함께 살 때 화가 나면 B부인에게 물건을 집어던지는 행동을 한 적이 있다고도 하였다.

- B부인과 탐의 경우를 행동주의적 접근법을 적용해서 사정하고 사회복지사가 어떻게 도울 수 있을지 논하시오.

브리태니커 백과사전에 의하면, 완전한 의미에서 인지(cognition)는 지각과 판단을 포함한다. 인지는 인식의 경험으로 설명할 수 있는 모든 정신과정을 포함하는데 인식의 경험은 감정이나 의지의 경험과는 구별된다. 간단히 말해서 인지는 지각·재인(再認)·상상·추론을 포함하여 지식을 구성하는 모든 의식적 과정을 포함한다. 또한 뉴만과 뉴만(Neman & Neman, 1999)에 의하면, 인지는 경험을 조직하고 의미를 부여하는 과정이며, 다른 사람의 말을 해석하고, 문제를 해결하고, 정보를 합성하고, 복잡한 과업을 비평적으로 분석하는 것과 같은 모든 것이 인지 활동에 포함된다.

인지이론은 에픽테토스와 같은 스토아학파 철학자들의 사상에 그 뿌리를 둔다. 그는 "사람의 감정을 상하게 하는 것은 그 대상이 아니라 그 대상에 대한 그 사람의 판단이다. 따라서 우리가 마음이 상하거나 고통을 받을 때 다른 사람을 비난할 것이 아니라 우리 스스로, 즉 우리의 판단을 바로잡아야 할 것이다"라고 하였다(Freeman & Reinecke, 1995). 사회복지실천에서 인지적 접근은 인간을 매우 주관적인 존재로 생각하여 인간의 사고가 감정과 행동을 결정하는 가장 주요한 결정요인이라는 생각에 기반을 둔다(Werner, 1986). 다시 말하면, |그림 4-1|에서와 같이 인지가 행동을 결정한다는 것이다. 프로이트 이론가들과는 달리 인지 접근에서는 인간의 보다 적극적이고 능동적인 특성을 강조하며 클라이언트를 협

조자 또는 동등한 인간으로 바라본다. 따라서 인지주의를 적용하는 사회복지실천가들은 훌륭한 치료는 **역기능적인 형태의 감정, 행동 그리고 문제해결 방식을 초래하는 사고의 패턴을 클라이언트가 발견하고 도전하고 변화시키도록 돕는 것**이라고 설명한다(Lantz, 1996). 최초의 인지치료자이며 실천가는 알프레드 아들러(Alfred Adler)였다. 아들러는 프로이트와 함께 연구했지만 프로이트와 결별하였으며 인간행동의 가장 근본적인 원동력은 성적인 충동이 아니라 사회적 충동이라고 믿었다. 그 이후의 인지실천가로는 앨버트 엘리스(Albert Ellis), 그리고 현실치료로 유명한 윌리엄 글래서(William Glasser), 아놀드 라자루스(Arnold Lazarus) 등을 들 수 있다. 인지이론은 인지발달이론과 인지치료이론으로 구분될 수 있다. 인지치료는 프로이트 학파, 실존주의, 구조주의, 행동주의 등과 같은 다양한 이론들과 철학적 입장들을 절충하여 사용되어 왔으며, 벡과 엘리스(Beck & Ellis)는 다음 장에서 소개할 행동주의에서 발전된 다양한 행동수정 기법들을 절충하여 인지행동치료를 개발하였는데, 각각 인지치료(CT : Cognitive Therapy)와 합리정서행동치료(REBT : Rational Emotive Behavior Therapy)이라고 불리며 이전의 정신분석적인 치료와 비교하면 치료의 기간이 비교적 짧고 효과도 입증되고 있어서 사회복지실천 분야에서 널리 사용되고 있다. 이 장에서 인지발달이론으로는 피아제(Piaget)와 콜버그(Kohlberg)의 이론을 소개할 것이며 인지치료이론으로는 벡과 엘리스의 이론을 함께 공부할 것이다.

|그림 4-1| 인지이론

1. 피아제의 이론

1) 주요 개념

Jean Piaget
1896~1980

피아제에 의하면, 모든 유기체는 평형상태(equilibrium)를 이루면서 발달한다. 평형상태란 움직임, 감각, 인지에 있어서 조직구조의 균형(balance)을 말한다(Neman & Neman, 1999). 평형상태를 이룰 때 환경과 효과적으로 상호작용할 수 있다. 하나의 조직에 내적 혹의 외적인 변화가 발생할 때 조직은 다시 균형을 이루기 위해서 노력해야 한다(Piaget, 1985). 이러한 평형상태는 논리적이고 체계적인 스키마(schema; 사고체계 내의 구조나 행동조직)의 형성과 조작(operation; 스키마와 개념의 정신적 운용)을 통해서 성취될 수 있으며, 또한 적응(adaptation; 변화나 이미 알고 있는 것과 경험한 것 사이의 모순을 고려하기 위해서 기존의 스키마와 조작을 점차적으로 수정하는 과정)을 통해서 성취된다. 적응은 아래 대화에서와 같이 동화(assimilation; 기존의 스키마로 새로운 경험을 해석하는 경향)와 조절(accommodation; 경험을 통해서 알게 된 것이나 사건의 새로운 측면을 고려하기 위해서 유사한 스키마를 수정하는 경향)이라는 두 개의 과정으로 이루어진다.

아이 : 이건 강아지인가? 아니야! 곰이야… (동화)
글쎄, 틀림없이 동물이긴 한데… 이건 무슨 동물이죠? (조절)
어른 : 이건 털이 긴 양이야.
아이 : 엄마~! 내가 뭘 본지 아세요? 털이 긴 양을 봤어요. (조절 → 적응)

2) 발단단계

피아제는 인지발달은 정보를 조직하고 해석하는 고유한 능력의 특징을 고려하여 감각운동기(sensorimotor period), 전조작기(preoperational period), 구체적 조작기(concrete operational period), 형식적 조작기(formal operational period)라고 하는 네 가지 단계로 이루어진다고 가정하였다. 새로운 단계에 들어서면 이전의 단계에서의 능력은 없어지는 것이 아니라 새로운 사고와 지식을 구성하기 위해서 질적으로 새로운 접근으로 통합된다.

① 감각운동기 : 태어난 이후로부터 18개월 정도까지의 기간을 말한다. 이 단계는 유아가 자신을 둘러싼 환경을 조직하고 약간의 조절능력을 획득하기 위한 스키마를 작동하고 복잡한 감각기능을 점차로 형성해 가는 특성을 가진다. <표 4－1>에서와 같이 피아제와 인헬더(Piaget & Inhelder, 1969)는 감각운동기의 발달을 다시 6단계로 구분하여 설명하였다(Neman & Neman, 1999). 출생 시부터 시작되는 첫 단계인 반사는 비자발적 반사 반응을 통해서 원인과 결과를 연관시킨다. 이러한 타고난 자극에 대한 반사체계가 지능의 근원일 것이다. 아기는 특정한 형태의 자극에 대한 반응으로 빨고, 쥐고, 먹을 것을 찾는다. 피아제는 반사를 적응적 학습체계로 보았다.
두 번째 단계는 생후 2주부터 시작되는데 다양한 범위의 자극을 탐구하기 위해서 반사반응을 사용하며 아기는 빨아보면서 장난감, 손가락 부모의 코 그리고 이불을 탐구한다. 점차로 아기는 대상의 독특한 특성을 발견하고 그러한 대상에 따라서 반응을 수정한다. 아기가 입으로 대상을 가지고 가서 빨고 싶은 욕구를 만족시키는 것은 의도적 인과행동의 매우 초기형태이다.
세 번째 단계와 네 번째 단계는 익숙한 상황을 새로운 상황과 연관시키는 수단과 목적의 합치과정을 보여준다. 순환반응인 세 번째 단계에서 아기는 기대한 결과와 행동을 연결시킨다. 아기는 딸랑이를 흔들고 소리가 나기를 예측하거나 숟가락을 떨어뜨리고 그것이 바닥에 닿을 때 소리가 날 것을 예측한다. 또한 엄마의 머리카락을 잡아당기고 "아야" 소리가 날 것을 예측한다. 아직 아기는 왜 특정한 행동이 기대한 결과를 일으키는지 이해하지 못하지만 기대된 결과가 일어나지 않는 경우에 놀라는 모습을 보일 것이다.

네 번째 단계인 수단과 목적의 합치 단계에서 아기는 익숙한 행동이나 수단을 새로운 결과를 성취하기 위해서 사용한다. 아기는 딸랑이를 흔들어 엄마를 놀라게 하거나 엄마의 머리카락을 잡아당겨서 텔레비전을 보던 엄마가 다른 곳을 보게 하는 경우도 있다. 수단과 목적이 매우 명료해지며 이 시점에서 행동의 의도성을 분명히 알 수 있다. 그러나 안방에서 했던 의도적 행동을 다른 곳에서는 하지 못하는 경우도 있다. 아기의 대부분 일상적인 행동은 익숙한 환경에서 더 잘 이루어진다.

다섯 번째 단계인 새로운 수단의 실험 단계는 아기가 새로운 목표를 달성하기 위해서 익숙한 수단들을 실험하는 것을 말한다. 익숙한 방식으로 해서 잘 되지 않을 때 아기는 상황에 따라서 방법을 수정할 것이다. 이것을 감각운동 문제 해결 단계라고 볼 수 있다. 아기는 상자 위에 올라가서 물건을 잡으려고 하거나 끈으로 망가진 장난감을 수리하려고 하거나 화장지로 장난감을 포장해서 선물하려고 할 것이다.

마지막 단계인 통찰단계는 수단과 목적 간의 관계를 머릿속으로 조종한다. 실제로 다양한 물리적 조종과정을 거치지 않고 아기는 문제해결 행동을 머릿속으로 실행하고 계획하여 결과를 예측해 보고 가능한 해결방식을 찾아낼 수 있다. 그 결과로 아기는 통찰력을 얻게 된다. 이러한 능력은 자신의 능력에 대한 자신감을 얻는 데에 초석이 된다. 이것은 또한 환경을 탐구하고 문제를 해결하고 목표를 향해서 꾸준히 노력하는 특성과 관련된다. 더 나아가 이러한 기술의 습득은 성인이 되어서 계획을 세우고 그것을 실천하고 그 결과를 평가하는 능력을 갖추는 것과도 관련된다.

〈표 4-1〉 감각운동기의 발달 6단계

단 계	연령범위	특 징	예
1. 반사(reflexe)	출생부터	특정한 자극에 대한 반사반응	쥐기 반사
2. 첫 습관(first habit)	2주부터	새로운 자극을 탐구하기 위한 반사반응의 사용	딸랑이를 쥠
3. 순환반응 (circular reactions)	4개월부터	새로운 목표를 성취하기 위한 익숙한 행동의 사용	딸랑이를 쥐고 테이블을 쳐서 소리를 냄
4. 수단과 목적의 합치 (coordination of means and ends)	8개월부터	새로운 목표를 성취하기 위한 의도적 행동	딸랑이를 쥐고 강아지와 놀려고 흔듦
5. 새로운 수단의 실험 (experimentation with new means)	11개월부터	목표를 달성하기 위한 행동 수정	북을 치려고 딸랑이를 사용
6. 통찰(insight)	18개월부터	수단과 목표의 지적 재결합	새로운 장난감을 만들기 위해서 딸랑이와 끈을 사용

② 전조작기 : 이 단계는 아동이 언어를 습득하는 시기에서부터 5, 6세 정도까지를 말한다. 이 단계 동안 아동은 언어, 모방, 상상, 상징놀이, 상징적 그림 그리기 등을 통해서 상징적으로 스키마를 표현하는 방식을 개발한다. 이 시기 아동의 지식은 아직 직접적 경험에 대부분 의지하고 있다. 아동은 자아중심적이어서 자신의 관점과 상이한 다른 사람의 관점이 존재한다는 사실을 알지 못하기 때문에 모든 사람이 자신이 보는 것과 같이 세상을 보고 있다고 생각하는 자아중심성(egocentrism)을 나타낸다. 아동은 엄마의 생일선물로 자신이 좋아하는 장난감을 선물할지도 모른다. 그러나 이것은 아동이 이기적이어서가 아니라 다른 사람의 관점을 이해하지 못해서이다. 또한 이 시기의 아동은 사물은 모두 살아 있고 각자의 의지에 따라 움직인다고 생각 하는 물활론(animism)의 특성을 갖는다. 예를 들면, 아동은 인형을 던지면 인형이 다친다고 생각한다.

③ 구체적 조작기 : 세 번째 인지발달 단계인 구체적 조작기는 만 6세 혹은 7세부터 11세나 12세쯤인 청소년 초기까지를 말한다. 이 단계에서 아동은 확실한 인과적 결과의 논리적인 필요성을 높이 평가하기 시작한다. 항목을 조정하고 분류체계를 이해하고 그룹의 위계서열을 이해하는 분류화(classification)가 가능해지며 보존 개념(conservation; 어떤 대상의 외적 형태가 변화되어도 그 양적 속성이나 실체가 바뀌지 않는다는 사실을 이해하는 것)을 획득하고 자아중심성에서 벗어나 탈중심화(decenter; 사물의 어떤 두드러진 특성이나 측면에만 얽매이지 않고 여러 가지 특성이나 측면을 고려하는 다면적 사고를 할 수 있는 것)되게 된다. 그들은 완전히 철학적이거나 추상적인 개념에 관해서 가정하는 것보다는 실질적으로 분명히 경험할 수 있는 문제를 잘 해결할 수 있다.

tip

보존 개념

구체적 조작기의 아동은 보존의 개념을 획득하였기 때문에 동일성, 보상성, 역조작의 사고가 가능하다. '더 붓거나 덜지 않았으니 액체의 양이 같아'고 대답하는 것은 동일성(identity)의 논리이다. '이 컵이 긴 반면 저 컵은 넓다. 따라서 액체의 양은 같다'라고 말하는 것은 보상성(compensation)의 논리이다. '이것을 전의 컵에다 그대로 다시 부을 수 있기 때문에 두 컵의 액체 양은 같다'고 말하는 것은 역조작(inversion)의 논리이다.

전조작기의 아동은 보존 개념을 획득하지 못하였으므로 컵 속의 우유를 다른 좁고 긴 컵으로 부으면 양이 달라졌다고 생각한다(Piaget & nhelder, 1969, 이인정 · 최해경, 2002 재인용).

④ 형식적 조작기 : 인지발달의 마지막 단계는 청소년기부터 성인기까지 지속된다. 이 단계가 되면 추상적 사고(abstract thinking; 실제적 · 구체적으로 경험할 수 없는 사물이나 사건을 머릿속으로 생각하는 것)가 가능해지고 가설연역적 추리(hypothetical-deductive reasoning; 제시된 문제에 내포된 정보로부터 하나의 가설을 설정하여 일반적인 원리를 바탕으로 특수한 원리를 논리적으로 이끌어 내는 것)와 조합적

사고(combination thinking; 하나의 문제를 해결하기 위해 여러 가지 가능한 해결책을 논리적으로 구성하여 문제해결에 이를 수 있는 사고)가 가능해져서 이 단계의 사고를 하는 사람은 동시에 상호작용하는 많은 변수들을 이해할 수 있다. 예를 들면, "철수가 민수보다 작고 민철이보다 클 때 누가 가장 클까?"라고 하면 구체적 조작기의 아동은 이 세 명을 한 줄로 세워봐야 알게 되지만 형식적 조작기의 아동은 마음속으로 배열하여 추론을 통해 그 답이 가능해진다(최옥채 외, 2007). 또한 구체적 조작기의 아동은 덧셈을 할 때 손가락을 보고 세어서 계산하지만 이 시기의 청소년은 머릿속으로 문제를 해결할 수 있는 능력을 갖추게 된다. 이 단계에서는 문제해결에 사용할 수 있는 법과 규칙체계의 고안이 가능하다. 지금까지 발전되어온 과학과 철학은 이러한 지적 능력을 반영하는 것이다. 이 시기의 청소년은 전조작기와는 다른 독특한 자아중심성을 나타내는 경향이 있어서 이상주의적인 경향을 보이기도 하며 모든 사람들이 자신의 행동과 외모를 보고 있다고 생각하기도 한다(이인정 · 최해경, 2002). 위험한 오토바이 질주나 자동차 경주를 해도 사고와 같은 그러한 일은 자신에게 일어나지 않을 것이라고 생각하기도 하고, 이성과 성행위를 해도 임신과 같은 일은 자신에게는 일어나지 않을 것이라고 생각하는 경향을 보이기도 한다. 그러나 이러한 경향은 현실과 상호작용하면서 서서히 변화된다.

2. 콜버그의 도덕성 발달이론

인지발달이론가들은 아동의 도덕발달은 일정한 순서를 따른다는 사실에 초점을 두었고, 아동의 도덕적 판단은 권위를 가진 성인의 도덕적 판단을 반영하는 것이라고 하였다(Neman & Neman, 1999). 콜버그는 도덕적 발달이 타율적 도덕관(heteronomous morality; 규칙은 사회현실의 고정적 불변적인 측면이라고 생각하는 것)으로부터 자율적 도덕관(autonomous morality; 규칙은 상호 간의 합의로 이루어진 것이라고 생각하는 것)으로 이루어진다고 한 피아제의 이론을 더 발전시켜 <표 4-2>와 같이 6단계로 구분하여 설명하였다.

아동이 도덕적 딜레마에 직면하면서 그것을 논리적·추상적으로 평가하는 기술이 증가하게 됨으로써 그들의 도덕관에 변화가 생기게 된다. 이러한 변화의 핵심이 바로 평형상태를 유지하려고 하는 특성이다. 아동은 새로운 상황에 직면하여 이전의 도덕관으로는 해결할 수 없는 평형이 깨진 상태에 직면하면 외부로부터 받아들인 새로운 개념들과 관점들을 통합하고 무엇이 옳고 그른지를 판단하기 위해서 노력하면서 다시 평형상태를 만들어간다.

tip

하인츠의 도덕적 딜레마

유럽에서 한 여성이 특수한 종류의 암에 걸려서 죽어가고 있었다. 그녀를 살릴 수 있는 약은 최근에 개발된 한 가지 약뿐이었는데 그 약의 제조비용은 200달러밖에 되지 않지만 약제사는 10배나 비싼 2,000달러를 요구하였다. 그 여성의 남편인 하인츠는 아는 사람들에게 돈을 빌리러 다녔지만 1,000달러밖에 구할 수 없었다. 그는 약제사에게 찾아가서 아내가 죽어가고 있으니 조금 싸게 팔거나 아니면 나중에 나머지를 갚을 수 있게 해달라고 애원했지만 약제사의 대답은 "안 됩니다. 저는 이 약으로 돈을 벌 것입니다"라고 하였다. 하인츠는 절박했고 그 약방에서 약을 훔쳤다. 하인츠가 그렇게 하는 것이 잘한 일인가요? (콜버그, 1963, Crain, 1985 재인용)

위의 하인츠(Heintz)의 경우를 가지고 콜버그는 도덕성 발달 단계를 아래와 같이 설명하였다(Crain, 1985). 콜버그는 크게 전 인습적 수준, 인습적 수준, 후 인습적 수준의 세 개의 레벨로 구분한 후 다시 그 각각을 두 개의 단계로 세분하여 설명하였다. 1단계는 행동이 보상받느냐 처벌을 받느냐에 따라서 옳고 그름이 판단된다. 따라서 하인츠의 딜레마에서 이 단계에 있는 아동은 하인츠의 행동은 처벌받을 것이므로 잘못된 행동이라고 말할 것이다. 그러나 어떤 아동들은 "하인츠가 먼저 약제사에게 부탁했고 별로 큰 것을 훔치지 않아서 벌을 받지 않을 것이므로 잘한 것"이라고 말할 수도 있지만 여전히 그 아동들은 처벌받는 것을 기준으로 판단하므로 1단계에 속한다. 2단계에서는 나와 내 가족에게 긍정적인 결과를 초래하는지에 따라서 판단이 이루어진다. 따라서 이 단계의 아동은 어느 편이 하인츠에게 더 이익이 되느냐에 따라서 판단하게 되므로 "아내를 살리기를 원하므로 약을 훔쳐야 해요"라고 할 수도 있을 것이며 "만일 그가 더 어리고 예쁜 여자와 결혼하기를 원한다면 훔치지 않아도 되지요"라고 반응할 수도 있다. 또한 교환의 개념을 적용하는 아동들은 "하인츠의 아내가 나중에 살아서 그 약제사에게 보답을 할 것이므로 훔쳐도 된다"고 답할 수 있다.

레벨 Ⅰ에 속하는 이 두 단계는 주로 초등학교 저학년 정도의 아동에게서 나타나며 판단은 아직은 사회의 구성원의 입장으로 이루어지지 않으므로 전 인습적 수준이라고 하였다. 레벨 Ⅱ의 3단계에서는 좋은 인간관계를 기준으로 판단한다. 아동은 "하인츠는 잘 했어요. 그는 아내를 살리고자 하는 좋은 사람이니까요"라고 하거나 "남편이라면 마땅히 아내가 죽어가는 걸 두고 볼 수 없지요"라고 할 것이다. 그리고 4단계에서는 사회를 하나의 전체로 보고 사회적 질서를 주로 고려하여 "하인츠의 동기는 선하지만 우리는 사회질서를 지켜야 하므로 도둑질을 하는 것은 나쁘다. 우리가 사회의 질서를 지키지 않으면 사회는 혼란에 빠질 것이다"라고 말할 것이다. 레벨 Ⅲ에서는 단순히 사회적 질서에 따르기보다는 자기 스스로의 이데올로기를 고려하여 판단한다. 5단계에서는 진퇴양난이 된다. 개인에 따라서 "생명이 가장 중요한 것이므로 하인츠의 행동은 옳으며 판사는 법률을 적용할 때 도덕성을 더 중요하게 다루어야 할 것"이라고 대답할 수도 있다. 6단계에서는 "약제사는 사람을 구하는 것을 돈벌이보다 더 중요하게 생각해야 사회정의가 실현될 것이며 한 가지의 해결방안에 도달하기는 어려울 것이다"라고 대답할 수 있다.

〈표 4-2〉 콜버그의 도덕적 발달 단계

레 벨	단 계	도덕적 판단의 기준
I : 전 인습적 수준	1 : 처벌과 복종 지향	보상과 처벌에 따라 이루어진다.
	2 : 개인주의와 교환	자신이나 사랑하는 사람에게 이득이 되는 결과를 초래하는지에 따라 이루어진다.
II : 인습적 수준	3 : 좋은 인간관계	사랑, 동정, 신뢰 그리고 다른 사람에 대한 배려와 같은 착한 행동이냐를 기준으로 판단한다.
	4 : 사회의 질서와 권위의 유지	사회를 하나의 전체로 보고 사회의 법률을 위반하느냐의 여부에 따라 이루어진다.
III : 후 인습적 수준	5 : 사회적 계약과 개인의 권리	합의에 기초한 사회적 계약을 지키고 개인의 권리를 존중하는가에 따라 이루어진다.
	6 : 보편적 원리	인간의 존엄성, 사회정의와 같은 시간과 문화를 초월하는 보편적인 윤리적 원리에 따라 이루어진다.

3. 벡의 인지치료이론

Aaron Beck
1921~

벡(Aaron Beck)은 우울증을 치료하기 위하여 많은 노력을 하던 중 정신분석치료가 오래 걸리는 것에 회의를 느끼고 1960년대에 정신과적 임상에 인지치료를 도입하였으며, 이것은 이후의 여러 인지치료(CT : Cognitive Therapy)의 토대가 되었다. 벡은 우울증을 일으키고 지속시키는 생각의 "오류"의 목록을 개발하였으며 감정과 행동에 영향을 주는 '왜곡'되었거나 '비현실적'인 생각을 발견하고 변화시키는 것에 초점을 두었다.

1) 주요 개념

벡의 주요 개념으로는 인지삼제(cognitive triad), 스키마(schema), 인지왜곡(cognitive distortion) 등이 있다. 이들 개념은 다음과 같이 설명될 수 있다(Freeman & Reinecke, 1995).

① 인지삼제 : 벡은 우울한 환자의 부정적인 사고와 꿈을 설명하는 수단으로 이 개념을 제일 처음 제안했다. 벡은 매우 우울한 사람들은 대부분 자기 자신, 세상 그리고 미래에 대해 매우 부정적인 생각을 갖고 있다는 사실을 관찰하였다. 특히 불안증상을 가진 환자들은 우울증 환자들과 다르게 주변 인들과 세상을 위협적으로 보고 항상 주변을 살피고 그들의 미래 방향을 설정하는 것에 대해 조심스러워한다. 실제로 모든 클라이언트들의 문제는 이 세 가지 영역 중에서 한 가지 영역에서의 부적응적이거나 역기능적인 신념과 관련될 수 있다. 각 사람의 신념과 태도는 매우 개별적이므로 자기 자신과 세상과 미래에 대한 그 사람 사고의 구체적인 내용은 사람마다 다르다는 것을 인식해야 한다.

② 스키마 : 스키마는 인지모델에서 감정적·행동적 문제를 설명하는 데에 있어서 매우 중요한 역할을 한다. 스키마의 개념은 원래 칸트(Kant)에 의해서 제안되었고, 피아제를 비롯한 심리학자들에 의해서 널리 적용되었다. 시갈(Segal, 1988)은 스키마는 "지속적으로 발생하는 지각(perception)과 평가(appraisal)를 이끌어 내는 비교적 응집적이고 영속적인 지식을 형성하는 과거의 반응과 경험의 요소들을 통합한다"고 설명하였다. 사람들은 예측되지 않았거나 모순되는 사건에 스키마를 적합하도록 조정하기보다는 이미 존재하는 스키마에 경험을 끼워 맞추는 경향을 보인다. 인지 스키마는 또한 사건과 관련된 감정에 영향을 주며 인지적 반응과 감정적 반응은 기능적으로 상호 의존적이며 동전의 양면과 같다. 따라서 개인의 감정을 변화시키기 위해서

는 그 사람의 신념이나 생각을 바꾸어야만 한다. |그림 4-2|에서와 같이 스키마는 핵심믿음, 중간믿음 그리고 자동적 사고로 구성된다. 특정한 상황에서 핵심믿음은 중간믿음에 영향을 주고, 중간믿음은 자동적인 사고에 영향을 미치고 이것은 감정과 행동 그리고 신체에도 영향을 미치게 된다.

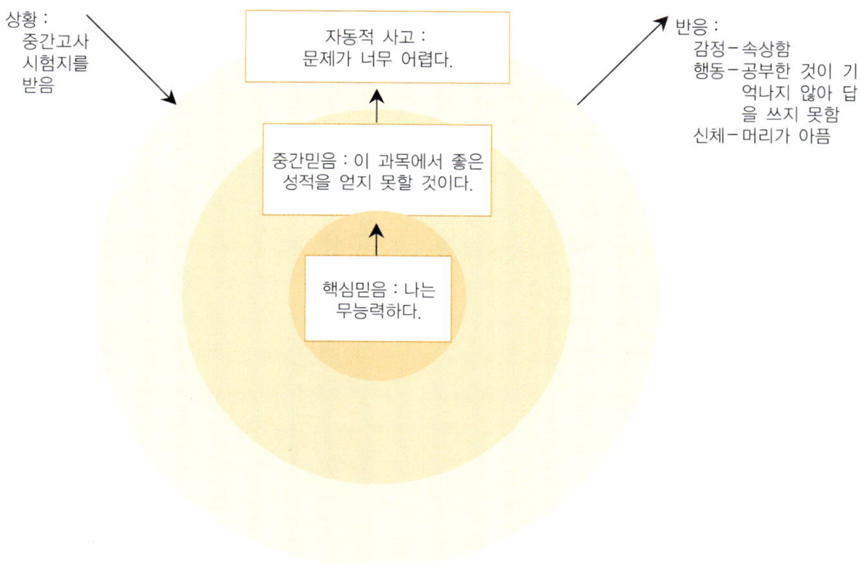

|그림 4-2| 벡의 스키마

|그림 4-3|은 우울증이 나타나는 예를 설명한 것이다. 그림에서와 같이 시험에 실패한 경우 부정적인 스키마를 가지고 있는 사람은 부정적인 핵심믿음과 중간믿음이 자동적인 사고에 영향을 미쳐 "나는 쓸모없는 인간이야"라고 하는 자동적 사고를 갖게 되고 이것은 곧 우울증으로 연결될 수 있다.

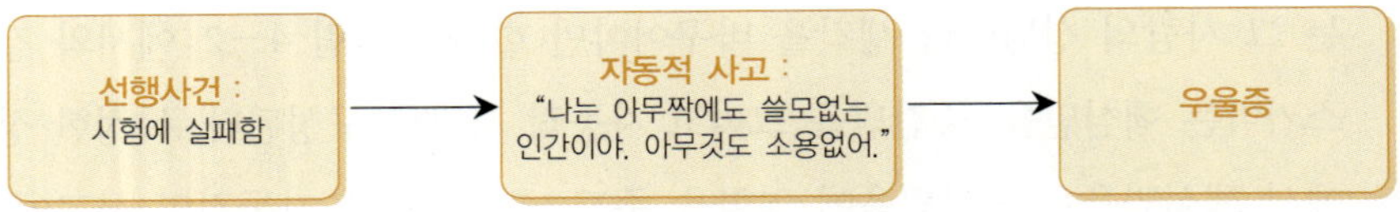

|그림 4-3| 벡의 우울증 발생 과정(Ridgway, 2005)

- 핵심믿음(core belief) : 아주 근원적이고 깊은 수준의 믿음으로 흔히 그들조차도 인식하지 못한다. 사람들은 이러한 믿음을 당연한 것으로 여기고 절대적인 진리로 받아들인다. 핵심믿음은 가장 근원적인 수준의 믿음으로 모든 영역에 영향을 미치고 경직되어 있으며 지나치게 일반화되어 있다.
- 중간믿음(intermediate belief) : 핵심믿음과 자동적 사고 사이에 중간믿음이 존재한다. 이는 태도나 규칙, 가정들로 구성되어 있어 핵심믿음에 의해 영향을 받고 자동적 사고에 영향을 미친다.
- 자동적 사고(automatic thought) : 한 개인이 어떤 상황에 대해 내리는 즉각적이고 자발적인 평가를 의미한다. 이 사고는 심사숙고하거나 합리적으로 판단하여 내리는 것이 아니라 자동적으로 그 상황에서 튀어나오는 생각이다. 길거리에서 누군가 나를 쳐다보면 그 순간 '나를 무시한다'는 자동적 사고는 불쾌한 감정을 유발하게 된다(최옥채 외, 2007).

③ 인지왜곡 : 매일 상황들 속에서 우리가 접할 수 있는 잠재적인 정보는 무한하다. 그러므로 우리는 우리의 적응과 생존에 가장 중요한 사건이나 자극에만 선택적으로 관심을 둔다. 몇몇 사건들은 검토해 보고, 다시 기억해 보고 반영하지만 관심이 없거나 중요하지 않은 다른 것들은 그냥 넘겨버리거나 무시하거나 잊어버린다. 우리가 관심을 가질 수 있는 정보의 양이나 능력에 한계가 있으므로 어느 정도의 경험의 왜곡은 필수적으로 발생한다. 한 개인의 지각, 기억 그리고 사고는 다양한 적응과 비적응 방식에 따라서 왜곡될 수 있다. 예를 들면, 어떤 사람은 실제로 그렇지 않음에도 불구하고

자신의 삶을 비현실적인 긍정적인 방식으로 바라보고 실제로 자신이 모든 것을 조정하고 영향력을 미칠 수 있다고 지각할 것이다. 그 사람은 다른 모든 사람이 피하려고 하는 사업을 하거나 위험한 주식에 투자를 할지도 모른다. 이런 사람은 가슴에 심한 통증을 느끼는 데도 “나에게는 아무 일도 일어나지 않아…. 나는 너무 젊고 건강해서 심장마비를 일으킬 리가 없어”라고 믿기 때문에 의사에게 가지 않을 것이다. 이러한 부정적이거나 부적응적인 왜곡은 일반적으로 치료의 초점이 된다. 치료자의 과업은 이러한 왜곡을 명확히 하고 클라이언트가 자신의 삶에 그러한 왜곡이 어떤 영향을 미치고 있는지를 인식하도록 돕는 것이다. 아래와 같은 다양한 종류의 인지왜곡의 개념들이 적용되고 있다.

- 임의적 추론 : 결론을 지지할 만한 증거도 없고 오히려 반대증거가 있음에도 불구하고 특정 결론을 내려버리는 것이다. 예를 들면, “내가 부적절하게 느끼기 때문에 나는 부적절한 사람이야”라고 생각하거나 의사가 고개를 갸우뚱하는 것을 보고 “난 불치의 병에 걸렸음이 틀림없어”라고 생각하는 것이다. 불안장애나 패닉장애를 가진 클라이언트에게 일반적 왜곡이다.

가. 선택적 추상화 : 사소한 한두 가지 특성만으로 전체를 일반화하는 것. 예를 들면, “다른 나머지 것들은 문제가 아니야 눈에 띄는 이것만이 중요해”라는 식으로 생각하거나, 3과목의 시험에서 2과목은 우수하고 한 과목만 평균 이하이지만 전체적으로 성적이 향상되었음에도 불구하고 시험을 모두 망쳤다고 생각하는 것. 극단적인 경우는 우울증에서 주로 나타난다.

나. 과일반화 : 사소한 사건에 기초하여 그것과 관련되지 않는 상황에까지 광범위하게 적용하는 것을 말한다. 예를 들어, “내가 모든 것을 다 망쳐버렸어”라고 생각하거나 남편이 회사에서 너무 바빠서 미처 전화하지 못했다는 말 한마디에 “이제 그의 사랑이 식었어”라고 결론 내리는 것

이다. 극단적인 경우는 우울증에서 주로 나타난다.

다. 과장과 축소 : 어떤 사건의 중요성이나 정도를 심하게 왜곡하여 평가하는 오류이다. 예를 들면, 위궤양이라는 진단을 위암으로 받아들이거나 반대로 위암이라는 진단을 위궤양으로 받아들이며 의사가 분명 오진했을 것이라고 믿는 것이다. 불안장애 중 사회적 불안, 대인공포증, 패닉 등의 경우에 극단적인 예가 주로 나타난다.

라. 개인화 : 전혀 상관없는 사건을 근거 없이 자신과 관련짓는 것이다. 예를 들어, "교수님이 그냥 모두에게 하시는 이야기가 아니야 분명히 나 보고 하시는 말씀이야"라고 생각하거나 "내가 축구경기를 시청하면 우리나라가 질 것이 틀림없어"라고 생각하는 것으로, 극단적인 경우는 회피성 인격장애와 편집증적 인격장애의 경우에 많이 나타난다.

마. 흑백논리/ 이분법적 사고 : 모든 경험을 양극단 중 하나로 평가하는 것으로, 예를 들면 "당신은 내 편이 아니라면 적이야"라고 생각하거나 "내가 하는 일은 전부 실패야" 모든 사람을 착한 사람과 나쁜 사람이라는 두 개의 카테고리로 분류하는 것이다. 경계선 장애와 강박충동성 장애의 경우에 많이 나타난다.

바. 속마음 읽기(mind reading) : 다른 사람의 속마음을 자신이 이미 다 알고 있다고 생각하고 속단하는 것으로, 예를 들면 근거도 없이 "그들은 내가 능력이 없다고 생각하고 있을 거야"라고 생각하거나 "그녀는 나를 매력이 없다고 느끼고 있음에 틀림없어"라고 속단하는 경우이다. 회피성 인격장애와 편집증적 인격장애의 경우에 많이 나타난다(최옥채 외, 2007; Freeman & Reinecke, 1995 참조).

2) 치료방법

클라이언트가 자기 자신과 자신이 인식하고 있는 세상을 어떠한 방식으로 보고 있는지 스스로 인식할 수 있도록 돕고 새로운 대응방식을 찾는다. 자기 자신과 세상, 그리고 미래를 어떻게 인식하고 있는지를 이해하기 위한 교육을 통해서 부정적인 감정이 변화되고 보다 적절한 행동을 할 수 있게 된다(Freeman & Reinecke, 1995). 치료 초기에는 비교적 인식되기 쉬운 자동적 사고에 초점을 두어 스스로 자동적 사고를 식별하고 평가하며 수정할 수 있도록 돕는다. 그런 후에 역기능적 사고의 기저에 잠재되어 있는 중간믿음과 핵심믿음으로 치료의 초점을 옮겨간다(최옥채 외, 2007). 또한 교육적 방식을 통해서 인지왜곡의 각각의 개념들을 클라이언트가 이해하고 자신의 경우에 적용해 보고 자신의 왜곡된 생각을 인식하고 수정하는 연습을 통하여 보다 적응적이고 긍정적인 감정과 행동으로 변화하도록 돕는다.

4. 엘리스의 합리정서행동치료이론

Albert Ellis
1913~2007

1950년대 중반 임상심리학자로서 정신분석치료에 대한 연구를 했던 앨버트 엘리스(Albert Ellis)는 자신의 클라이언트들의 느린 진전에 회의를 느끼게 되었다. 그는 클라이언트들이 자기 스스로를 어떻게 생각하는지가 변화할 때 치료에 회복이 더 빠른 것을 발견하게 되었다(Froggatt, 2005). 엘리스는 치료가 클라이언트의 신념에 바로 초점을 맞추게 되면 더 빨리 진행될 것이라고 생각했고, 이것이 합리정서행동치료(REBT : Rational Emotive Behavior Therapy)의 탄생을 가져오게 되었다. REBT는 처음에는 'Rational Therapy'로 불렸고 곧 'Rational-Emotive Therapy'로 이름이 바뀌었고, 다시 1990년대 초에 'Rational Emotive Behaviour Therapy'로 그 이름이 바뀌었다. 엘리스는 인간을 스스로 사고와 정서, 행동을 변화시킬 능력이 있는 성장지향적인 존재로 보면서 인간의 사고, 행동, 감정이 매우 밀접하게 상호작용한다고 보았다(최옥채 외, 2007). 엘리스는 다른 인지치료자들과 마찬가지로 그 상황 자체가 아니라 그 상황에 직면한 사람이 어떻게 믿느냐가 그 사람의 감정과 행동을 좌우한다고 보았다.

1) 주요 개념

엘리스의 주요 개념으로는 비합리적 신념(irrational belief)과 합리적인 신념, 그리고 자기언어(self talk), 자기패배적인 신념(self-defeating belief), ABC 모델 등이 있다. 비합리적인 신념은 우리의 안정된 삶을 방해하고 많은 정서적 · 사회적 문제를 야기하며 그 상황에 대해 스스로 말하는 자기언어에 영향을 미친다(최옥채 외, 2007). 이러한 자기언어는 그 사람의 감정과 행동을 좌우하게 된다. 예를 들면, |그림 4-4|와 같이 맞선을 본 남성에게 거절을 당하고 기분이 상한 여성의 경우 그 여성이 기분이 상한 이유는 거절당한 그 자체가 아니라 '나는 남성에게 거절당하면 안 돼!'라는 자기언어 때문이다(이장호 외, 2005). 이러한 일련의 자기언어가 그 사람의 성격을 형성하게 된다.

자기패배적인 신념은 실제로 일어나는 일을 왜곡하거나 자기 자신, 타인 그리고 자신을 둘러싼 세상을 참을 수 없고 지나친 것들을 요구하고 사람들이 자신을 항상 평가하고 있다고 부정적으로 생각하면서 비논리적인 방식으로 평가하도록 만든다. 또한 이것은 목표의 달성을 방해하며 지속적이고 고통스럽고 자기도 어쩔 수 없는 극단적인 감정을 일으키며 자신과 타인과 자신의 삶에 해가 되는 행동을 하게 한다.

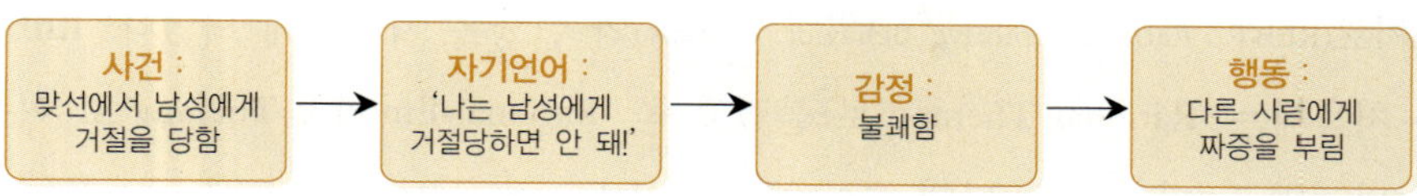

[그림 4-4] 합리정서행동치료의 개념

참고

감정을 상하게 하고 역기능적인 행동을 일으키는 전형적인 사고의 네 가지 형태
(Mike Abrams, 2008)

① 끔찍하다고 과장해서 표현하기(awfulizing) : '지나친', '끔찍한', '황당한' 등의 단어를 사용하여 표현하는 것. 예를 들면, "만일 ~일이 생긴다면 그것은 끔찍한 일일 거야!"라고 하거나 "그 일은 내 생애의 최악의 사건이야!" 또는 "그런 일이 있다면 세상이 끝장나버릴 거야"라고 하는 경우

② 참을 수 없다고 여기기(can't-stand-it-itis) : 어떤 사건이나 경험에 대해서 '나는 그것을 참을 수 없어!' 또는 '만일 ~일이 생긴다면 죽어버릴거야!'와 같은 표현을 사용하는 것

③ 지나친 요구(demanding) : '이렇게 해서는 안 돼, 나는 실패하면 안 돼'와 같이 말하거나 '나는 사랑받아야만 해', '술을 마셔야만 해'와 같이 생각하는 것

④ 사람을 평가하기(people-rating) : '나는 멍청이야', '나는 쓸모없는 인간이야'와 같이 자신이나 타인을 전체적으로 평가하는 것

ABC 모델은 인지의 역할을 설명하는 것으로 클라이언트가 어떠한 사건을 경험할 때 그에 따른 감정과 행동이 어떻게 발생하는지를 보여준다. 여기서 A는 실제로 일어난 사건이나 경험을 말하고, B는 신념, C는 결과로 나타나는 감정이나 행동을 뜻한다. 예를 들면, 다른 사람의 행동을 오해하는 성향을 가진 우울증을 가진 클라이언트는 다음의 과정을 거칠 것이다.

- A1(Activating event－선행사건) : 친구가 거리에서 나를 보지 못하고 지나갔다.
- A2(사건에 대한 추리) : "그가 나를 무시하고 있어. 그는 나를 좋아하지 않아."
- B(Belief－A에 대한 신념) : "다른 사람들은 나를 친구로 받아주지 않아 그러니까 나는 쓸모없는 사람임에 틀림없어!"
- C(Consequence－결과 또는 반응) : 감정－우울함
  행동－사람들을 피한다.

2) 치료방법

합리정서행동치료에서 치료방법은 비합리적인 신념, 자기언어, 자기패배적인 신념들을 클라이언트가 확인하고 보다 합리적이고 긍정적인 것으로 바꾸도록 돕는 것이다. 그 구체적인 과정은 |그림 4-5|와 같이 ABCDEF의 과정을 통해서 설명될 수 있다. 이 모델은 감정의 발생과정을 설명하는 ABC와 신념의 변화과정을 설명하는 DEF라는 두 단계로 나뉘어 설명될 수 있다. 첫 단계에서 먼저 A라는 중립적 사건이 발생하면 클라이언트는 자신의 기존 신념 B로 이 사건의 의미를 해석한다. 이러한 의미의 해석과정에는 연상작용이 영향을 미친다. 그러나 이러한 연상과정에서 신경세포 전달과정에의 오류가 발생할 가능성이 높으므로, 이에 따라 잘못된 신념으로 인한 잘못된 의미 해석이 이루어지는 경우가 많다. 이렇게 사건에 대한 의미의 해석이 이루어지고 그 결과 C라는 감정이 발생하여 A라는 사건에 대한 행동이 이루어지게 된다. 그런데 이 과정에서 오류가 발생하여 그 의미가 잘못 해석되는 경우 부정적인 감정이 발생하고 문제행동이 유발될 수 있다. 이렇게 ABC 패턴이 비합리적인 경우 클라이언트는 우울증, 대인관계에서의 문제와 같은 어려움을 겪게 된다. 따라서 사회복지사는 클라이언트의 비합리적인 ABC 패턴을 클라이언트가 스스로 발견하여 인식할 수 있도록 도우며 상담을 진행한다.

두 번째 단계에서 사회복지사는 클라이언트의 잘못된 신념을 합리적인 것으로 수정하기 위해서 D라는 논박 또는 논쟁을 통한 본격적인 개입을 시작한다. 처음에는 사회복지사가 이러한 논박 또는 논쟁을 하여 클라이언트의 잘못된 신념을 수정하지만 점차로 클라이언트 스스로 자신의 잘못된 신념을 논박할 수 있도록 교육과 과제와 같은 절차를 통하여 돕는다. 이러한 과정을 거쳐 클라이언트의 잘못된 신념이 새롭고 올바른 신념으로 수정되는 효과 E가 나타나게 되는데 이러한 효과를 나타내기 위해서는 지지자원의 제공이나 사회복지사나 타인의 원조가 필요하다. 마지막으로 이렇게 신념이 올바르게 수정되면 바람직한 감정

F가 발생하게 되어 클라이언트의 어려움이 해결될 수 있을 것이다.

합리정서행동치료에서는 여러 가지 인지적 방법뿐 아니라 노출, 역설행동, 역할극 등의 행동주의적 기법들을 절충하기도 하며, 상담 중에 익힌 기법을 실제에 적용하여 연습해 보고 자기 스스로를 발견하고 돌아보도록 하는 여러 가지 과제를 적극적으로 활용하여 클라이언트가 결국 상담자 없이 스스로 자신의 생각을 긍정적인 것으로 바꿀 수 있도록 돕는 것이 가장 중요한 전략이 된다.

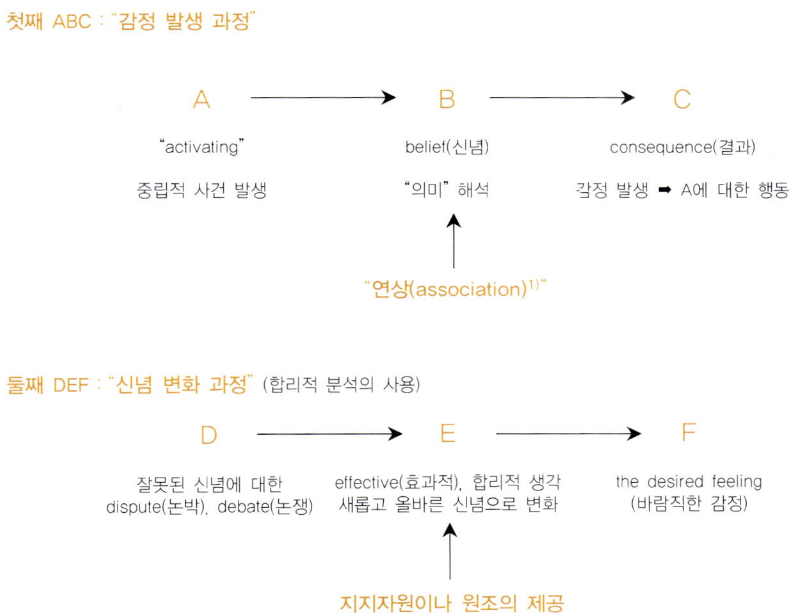

[그림 4-5] 엘리스의 ABCDEF 모델

1) "연상"은 합리적으로 이루어지는 것이 아니라 신경세포의 패턴으로 인하여 자동적으로 "matched(짝지어진다)" 따라서 에러가 발생할 가능성이 높다.

5. 사회복지실천에의 적용

인지행동치료는 우울증, 여러 가지 형태의 불안장애, 섭식장애, 중독, 분노조절 문제, 반사회적 행동, 성격장애 등과 같은 여러 다양한 문제와 클라이언트들을 대상으로 적용되고 있으며, 스웨덴, 중국, 타이완과 같이 문화가 다른 여러 나라에서도 효과성이 입증되고 있다. 특히 비교적 치료자에게 더 많은 권위가 기대되는 아시아 문화권의 클라이언트에게는 비교적, 직접적, 지시적이고 교육적인 경향이 강하며, 구조화된 인지행동치료가 더 잘 적용되고 있다. 그러나 인지치료를 적용할 때, 클라이언트가 남편이 바람을 핀다고 의심하는 경우 사건 자체를 간과하고 무조건 클라이언트의 생각이 오류라고 하여 클라이언트의 생각을 바꾸려고 시도하는 경우처럼, 클라이언트의 생각이 오류가 아닐 가능성을 무시하게 되는 경우가 있을 수 있으므로 빈곤, 학대, 차별 등 사건의 중요성을 인식하고 질병이나 가난, 유전적 요소 등과 같은 실제적인 환경에서의 원인을 함께 고려해야 한다.

사례

적용연습을 위한 케이스

50세이며 3명의 자녀와 부인을 둔 A씨는 부인의 의뢰로 정신보건센터에 의뢰되었다. 3번에 걸친 면담을 통해서 A씨는 우울증을 심하게 앓고 있으며 직장에도 자주 결근하고 술도 매일 심하게 마신다는 사실이 드러났다. 최근 A씨의 어머니가 24시간 돌보는 실비 요양시설에 입소했다는 사실에 대해서 매우 심한 죄책감을 느끼고 있으며 "아들이 있는데 어머니를 어떻게 시설에 보낼 수 있어요? 우리 집안에 아직 아무도 그렇게 한 사람은 없었어요. 모두가 나를 손가락질할 거예요. 나는 개만도 못한 후레자식이에요"라고 언급하였다.

- A씨의 문제를 벡이나 엘리스의 인지행동치료이론으로 분석하고 어떻게 도울 수 있는지 논하시오.

CHAPTER 05 **인본주의 이론**

심리학은 1950년대에 행동주의와 심리분석에 대한 반작용으로 등장하였으며 실존적 전통의 철학적 배경을 가진 심리학의 한 학파로 '제3세력의 심리학'이라고 불리기도 한다. 칼 로저스(Carl Rogers)와 에이브러햄 매슬로(Abraham Maslow)가 그 대표적인 학자이며, 그들을 심리분석과 같은 기존의 이론들이 인간의 행동의 의미와 건강한 인간 성장의 상태에 대하여 적절하게 설명하고 있지 못하다고 느끼고, 근본적으로 새로운 접근법이 필요함을 느껴서 자신들의 이론을 발전시켰다(위키피디아 백과사전).

로저스와 같은 학자들은 인간행동의 의미는 개인적이며 주관적인 것이라고 생각하였으며, 따라서 '클라이언트 스스로 자신의 행동의 의미를 어떻게 해석하고 받아들이는가를 파악하는 것이 중요하다고 생각하였다. 실존주의와 인본주의는 클라이언트의 주관적인 경험과 긍정적이고 건설적이며 의식적인 선택하는 클라이언트의 능력을 신뢰하는 공통점을 가지고 있지만, 차이점도 가지고 있다. 실존주의는 인간 존재의 불안정성을 강조하지만 인본주의는 인간의 잠재성과 의미를 찾을 수 있는 인간의 능력을 강조하여 보다 긍정적인 견해를 가지고 있다. 인본주의자들을 도토리가 자라는 예를 설명하면서 적합한 양육조건만 제공된다면 도토리는 자발적으로 곧게 잘 자라날 것이라고 하면서 인간도 역시 좋은 환경적 조건이 제공된다면 훌륭한 인간으로 성장하게 될 것이라는 입장을 취한다.

1. 로저스의 인간중심적(Person-centered) 이론

Carl Rosers
1902~1987

로저스는 시카고의 평범한 시골마을의 한 기독교 가정에서 태어났다. 20세에 중국 북경에서 개최된 국제 기독교 컨퍼런스에 참가한 후 자신의 종교에 대해서 의심하기 시작하고 자신의 진로를 다른 방향으로 바꾸었다. 그는 인본주의 심리학의 창시자로 불리며 비지시적 상담인 인간중심 접근법을 발전시켰으며 시카고대학교에 재직하기도 하였다. 그는 캘리포니아 라호야에 있는 연구소에서 계속 연구하였으며, 말년에는 남아프리카와 북아일랜드의 인종 간의 갈등 해결을 위해서 노력한 공로로 노벨평화상 후보에 지목되기도 하였다.

로저스의 인간중심적 치료는 클라이언트 중심적 치료라는 말로 쓰이다가 중간에 바뀌어 쓰이게 되었다. 그의 이론은 인본주의적이며 현상학적이다. 로저스는 기본적으로 존경과 신뢰의 분위기만 갖추어지면 긍정적이고 건설적인 방향으로 발달하려는 인간의 경향성에 대한 강한 믿음을 갖고 있었다. 그는 치료자는 일치성(진실성과 사실성), 무조건적인 존중, 정확한 공감적 이해라는 기본적인 세 가지 속성을 갖고 있어야 클라이언트의 성장을 촉진할 수 있다고 하였다(Corey, 1998). 그의 개념 중 가장 중요한 것은 무조건적 긍정적 관심(unconditional positive regard)이다. 이것은 그 사람의 기본적인 가치를 인정하며 부정적으로 판단하지 않고 조건 없이 있는 그대로 수용하는 것을 말한다. 이것은 또한 어떤 경우에든지 주어지는 완전하고 진실된 사랑과 존중을 의미한다(최옥채 외, 2007). 그렇다고 모든 행동을 승인하는 것은 아니다. 비소유적인 방식으로 관심을 가지고, 칭찬하며 수용하고 존중하는 정도가 클수록 치료가 성공적일 가능성이 더 크며, 클라이언트를 존경하지 않거나 싫어하고 증오하기도 하는 치료자들은 상담에서 실효를 거두기 힘들며, 클라이언트들은 관심 부족을 느끼고 점점 방어적으로 될 것이다(Corey, 1998). 모든 인간은 중요한 사람으로부터 따뜻함, 존경, 사랑 그리고 수용을 얻고 싶은 기본적인 긍정적 관심에 대한 욕구를 가지고 있다. 아동의 경우 자신의 유기체적 평가 과정을 희생시키면서까지 상대의 판단에 맞추려는 경우가 있다. 조건적인 긍정적 관심이 지속되면 내면화되어 있는 자신의 행위를 제한시키고 현실을 왜곡하기도 하며 자기소외를 경험하기도 한다(최옥채 외, 2007).

아이들은 성장을 촉진하는 분위기에서 마음껏 자신의 가능성과 잠재력을 발견하고 실현해 나갈 수 있으므로 어른들은 아이들이 스스로 선택한 길을 잘 갈 수 있도록 도와주면 된다(이장호 외, 2005). 그러나 아이들이 진정으로 하고 싶은 것과 일치하지 않는 방향으로 외적인 가치조건들을 부여한다면, 예를 들어 의사가 되고 싶어도 그럴 수 없었던 아버지가 교사가 되고 싶은 아들에게 끊임없이 의사가 될 것을 강요한다면, 그 아들은 아버지의 기대에 거스르지 않기 위해서 의대에 진학하게 된다면 삶의 의욕이 점차 사라지고 허탈과 우울, 좌절감에 싸이게 될 것이며 심한 경우에는 정신병리를 경험하게 될 수도 있을 것이다.

로저스의 자아 개념은 "I" 또는 "Me"의 특성에 대한 인식으로 구성된 조직화되며 일관성 있는 개념적 게슈탈트(gestalt : 의미 있는 전체 또는 형태)이며 다른 사람들과 나와의 관계 그리고 삶의 다양한 측면에 대한 인식이며 가치가 함께 부여된 인식이다. 이러한 게슈탈트는 반드시 인식되는 것은 아니지만 인식이 가능하다. 자아 개념은 유동적이며 변화하는 게슈탈트이며 하나의 과정이지만 어떠한 순간에도 그것은 특별한 실체로 존재한다(Rogers, 1959).

로저스(1961)에 의하면 완전히 기능하는 인간은

① 경험에 대해서 점점 개방적이 된다.
　– 방어적이지 않으며 잠재지각을 사용할 필요가 없다.

② 점차로 실존적인 삶을 살아간다.
　– 매 순간을 만끽하며 자아 개념이나 성격에 맞추기 위해서 순간을 왜곡

하지 않지만 성격과 자아 개념이 경험으로부터 발산된다. 이러한 경험은 흥분과 담대함과 적응과 인내, 즉흥성 속에서 나타나며 완고하지 않으며 신뢰를 기본으로 한다.

③ 유기체적인 신뢰가 점차로 증가한다.

- 그들은 자신의 판단을 신뢰하며 매 순간에 적절한 행동을 선택하는 자신의 능력을 신뢰한다. 그들은 기존의 규칙과 사회적 규범에 의존하지 않으며 자신이 옳고 그름을 판단할 수 있다고 믿음으로서 경험에 개방적이다.

④ 선택의 자유를 갖는다.

- 부적절하게 개인적으로 영향을 미치는 금기에 좌우되지 않으며 보다 자유롭게 넓은 영역에서 선택할 수 있다. 그들은 자신이 자신의 행동에 대한 책임을 느끼며 자신의 행동을 결정할 수 있다고 믿는다.

⑤ 창조적이다.

- 그들은 더 자유로움으로써 더 창조적이 된다. 그들은 다른 사람과 똑같아야 할 필요를 느끼지 않고 자신의 환경에 적응하는 방식에 있어서 보다 창조적이다.

⑥ 신뢰할 만하며 건설적이다.

- 그들은 건설적으로 행동하며 개인들 간에 균형을 유지할 수 있는 그들의 모든 필요에 개방적이다. 공격적인 욕구까지도 적절한 개인들 사이에서는 선천적으로 가지고 있는 선함(goodness)으로 적절히 부합되고 조절될 수 있을 것이다.

⑦ 풍요로운 삶을 산다.

- 완전히 기능하는 인간은 부유하고 만족되며 흥분된 삶을 살며 그들은 즐거움과 고통 그리고 사랑과 가슴 아픔, 두려움, 용기와 같은 감정을 보다 강하게 경험한다.

로저스의 인간행동에 대한 기본 가정은 그의 주관적 경험론에 입각하고 있으며 자아실현을 위해서 노력하는 존재로서의 인간을 강조한다.

tip

로저스의 인간에 대한 기본 가정

① 인간은 믿을 수 있고, 능력이 있으며, 자기이해와 자기실현을 위한 잠재력을 지니고 있다.
② 자아실현은 일생을 통하여 이루어지는 과정이다.
③ 만약 신뢰하고 존경하는 분위기가 형성된다면 인간은 긍정적으로 발달하고 성장한다.
④ 진실성, 수용성, 감정이입적인 관심 등을 포함하는 원조자의 긍정적 태도는 효과적인 원조관계를 위한 필수조건이다.
⑤ 클라이언트의 주관적인 경험을 존경하고, 자유와 개인적인 책임감, 그리고 자율성을 고양하고 선택권을 부여하는 것은 클라이언트의 성장을 촉진시킨다.
⑥ 원조자는 권위적인 인물이 아니라 존경과 긍정적인 관심을 통하여 긍정적인 성장을 증진시키는 사람이다.
⑦ 클라이언트는 자기인식을 할 수 있는 능력이 있고, 더욱 적절한 행동을 할 수 있는 능력을 지니고 있다.
⑧ 실천가는 원조관계에서 나타나는 '여기 그리고 지금'의 행동에 초점을 두어야 한다.
⑨ 진정한 자아에 대하여 아는 것이 원조관계의 중요한 목적이다.
⑩ 원조관계의 목적은 클라이언트가 더욱 독립적이고 통합된 상태로 변화하게 하는 것이다.

출처 : Greene & Ephross(1991), 최옥채 외(2005) 재인용.

로저스는 인간이 자아 개념과 경험 사이에 불일치가 생기면 긴장, 불안, 내적 갈등을 경험하게 되며 이러한 상태가 심해지면 정신병리의 원인이 된다고 하였다(최옥채 외, 2007). 이러한 문제에 직면하는 클라이언트를 위해서 치료자가 공감, 무조건적 긍정적 관심, 진실성을 보일 때 클라이언트는 자아 개념과 경험 사이의 불일치를 탐색하기 시작하고 과거에 부정하고 억압해 왔던 감정들을 경험하여 자아 개념을 재조직하게 되며 그의 잠재성의 발휘를 가로막았던 불안과 의심으로부터 벗어나 최고의 문제해결능력을 발휘하게 된다.

2. 매슬로의 욕구계층(Maslow's hierarchy of needs)이론

Abraham Maslow
1908~1970

매슬로(1908~1970)는 미국의 한 유태인 이주민 가정에서 태어나 인종과 민족이 다른 이웃 속에서 불행하고 외로운 유년시절을 보냈으며, 그의 아버지는 그에게 법학을 공부하기를 종용하여 법대에 들어갔었지만 결국 심리학으로 전공을 바꾸었다. 그는 초기에는 행동주의 심리학에 많은 영향을 받았으나, 자녀를 키우면서 행동주의에 회의를 느끼고 2차 세계대전을 경험하면서 인간의 본성에 대한 연구에 몰두하면서 인간의 긍정적인 면에 관심을 갖게 되고 나중에는 인본주의 심리학의 아버지로 불리기도 했다.

그는 다른 인본주의자들과 마찬가지로 인간을 자아실현을 위하여 노력하는 존재라고 규정하였고 인간의 창조성을 강조하였다. 매슬로의 인본주의 이론의 기본 전제는 첫째, 각 개인은 통합된 전체로 간주되어야 하며, 둘째, 인간의 본성은 본질적으로 선하며, 인간의 악하고 파괴적인 요소는 나쁜 환경으로부터 비롯된 것이라는 것, 셋째, 창조성이 인간의 잠재적 본성이라는 것이다. 아래의 매슬로의 인본주의 이론에서의 인간관에서 나타나는 것과 같이 그는 인간은 생존적 경향과 실현적 경향을 갖고 있다고 보았으며, 인간은 항상 무엇인가 다른 존재가 되려고 하는 과정 중에 있다고 하였다.

매슬로의 인본주의 이론에서의 인간관

① 인간의 본성은 원래 선하다.
② 인간은 자유롭고 자율적이며, 인간의 행동은 내면으로부터 나오지만 무의식적 동기의 산물은 아니다.
③ 동물에 관한 연구는 복합적인 인간 경험의 본질을 설명해 주지 못한다.
④ 인간행동을 연구하고 이해하기 위해서는 인간의 병리적인 측면보다는 건강한 사람의 행동과 지각에 대해서 탐구해야 한다.
⑤ 사람은 능력 있는 존재이며 기본적인 욕구들이 충족되면 인간성을 성취하고 결국은 자아실현자가 된다.

출처 : Gatchel & Mears(1982), 최옥채 외(2007) 재인용.

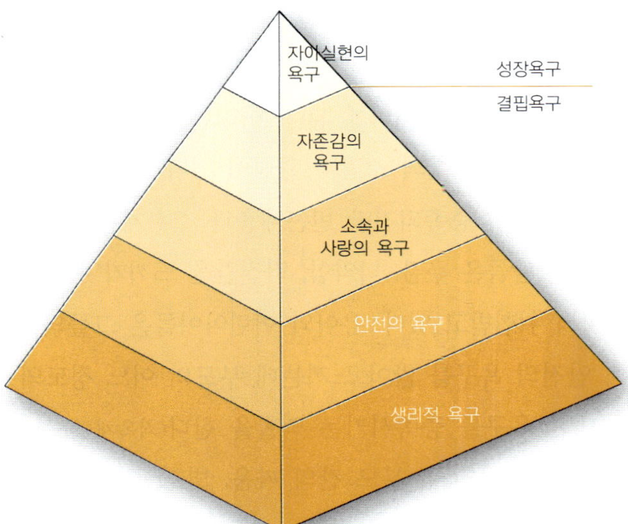

|그림 5-1| 매슬로의 욕구 5단계

|그림 5-1|과 같이 매슬로의 욕구 5단계는 상위단계의 욕구에 초점을 맞추기 위해서는 먼저 낮은 단계의 욕구가 먼저 충족되어야 하므로 피라미드 모양으로 나타난다. 그리고 아래의 4단계는 결핍욕구(deficiency needs)로서 이 단계의 욕구가 충족되지 못하면 불안과 긴장을 느끼게 되며 먼저 결핍욕구가 충족되어야 가장 높은 단계인 성장욕구(growth needs)를 느끼게 된다. 결핍욕구는 기본 욕구라고도 불리며 성장욕구는 메타욕구라고도 불린다.

생리적 욕구는 음식, 따뜻함, 물, 성, 수면, 배설과 같은 신체적인 필요를 말하는 것이며 가장 강하고 기본적인 욕구이다. 만일 인간이 이러한 신체적인 욕구를 충족시키지 못한다면 다른 욕구들을 접어두고 이러한 욕구를 충족시키는 데에 모든 에너지를 집중하게 될 것이다.

일단 생리적 욕구가 충족되면 신변의 안전, 고용, 자원의 확보, 도덕성의 확보, 가족의 안전, 건강의 확보, 재산의 확보와 같은 안전의 욕구를 느끼게 되고 이러한 욕구가 그 사람의 행동을 지배하게 된다. 이러한 욕구들은 예측 가능하고 질서 있는 세상을 갈구하는 인간의 소망과 관련이 있다. 이러한 욕구들은 사회의 주류집단들에게는 비교적 충족되지만 빈곤계층과 소수계층에게는 잘 충족되지는 않으며, 이러한 사람들은 무감, 나약함, 좌절감을 느끼기 쉬우며 많은 사람들은 생존의 욕구마저 위협받고 있다. 유아와 어린아이들은 그들의 무력감과 의존성 때문에 특히 안전의 욕구를 많이 느끼는데 부모의 어느 정도의 엄격성은 아이들의 안전에 대한 욕구를 충족시키는 역할을 한다(최옥채 외, 2007). 지나치게 개방적이고 자유로운 양육방식, 부모 간의 싸움, 별거, 이혼, 가족의 죽음 등은 아이들에게 불안을 일으킨다.

친구, 가족, 이성 관계 등을 통해서 주로 충족할 수 있는 사랑과 소속의 욕구는 클럽, 직장동료, 종교단체, 스포츠 팀 등의 보다 넓은 사회집단을 통해서도 충족될 수 있으며 사랑을 받는 것뿐 아니라 주는 것 또한 포함된다. 이러한 욕구가 충족되지 못하는 경우에 공허감, 무가치감, 적대감 등을 갖게 되며 많은 사람들이 외로움과 사회적 불안, 임상적 우울증 등으로 고통을 겪는다. 지나치게 소속과 애정의 욕구가 강하여 집단 외부의 사람에 대해 적대적인 태도나 행동을 보이는 경우가 있는데 그 대표적 예가 청소년 갱(gang) 집단이다(권중돈 · 김동배, 2005). 이러한 관계를 통해서 수용받고 자신의 가치를 인정받을 때 건강한 삶을 살 수 있다.

자존감, 자기 확신, 성취감, 다른 사람들로부터의 존경 등으로 대표되는 자존감의 욕구는 다른 사람들로부터 수용받고 자기의 가치를 인정받고 어떠한 것에 공헌했다고 느낄 수 있는 활동을 할 때 그리고 인정을 받을 때 충족될 수 있다. 이러한 욕구를 채우지 못할 때 낮은 자존감을 갖게 되며 낮은 자존감을 가진 사람들은 다른 사람들로부터의 존경을 더 갈구하여 다른 사람들에게 더 의존되고 외적인 명예를 얻으려고 지나치게 애를 쓰게 된다. 그러나 이보다 더 중요한 것은 내면으로부터 자기 스스로를 수용하는 것이다. 자기 스스로의 내적인 존중과 타인으로부터의 외적인 존중을 얻지 못하는 경우 우울증과 같은 심리적인 불균형 상태가 초래될 수 있다.

자아실현의 욕구는 도덕성, 창조성, 자발성, 문제해결능력, 편견 없음, 있는 그대로 수용 등의 특성으로 대표된다. 자아살현의 욕구는 또한 하위 네 단계의 욕구에 비교하여 성장욕구로 설명되며 인간행동의 강한 동기를 부여한다. 자아실현이란 자아 증진을 위한 개인적 갈망이며, 잠재적 능력을 실현하려는 욕망이며(권중돈 · 김동배, 2005), 소수의 사람만이 이 욕구를 충족시킨다고 하였으며, 이것은 근본적으로 타고나는 욕구이다.

상위단계의 욕구, 즉 자아실현자가 되기 위해서는 아래의 욕구들을 잘 채워야 한다는 매슬로의 이론은 사회복지사들에게 시사하는 바가 크다. 사회복지사가 클라이언트에게 서비스를 제공할 때 매슬로의 욕구 5단계를 참고하여 더 강하고 기본적인 욕구들부터 차례로 잘 충족되고 있는지를 살피고, 이에 대응하는 적절한 서비스를 제공하도록 노력하여야 할 것이다. 그러나 자아실현을 한 많은 훌륭한 사람들의 경우를 살펴보면 하위단계의 욕구가 충족되지 못하였으나 이를 이겨낸 경우가 많다. 이러한 점으로 인해서 매슬로의 이론이 비판을 받기도 하였다. 이후의 여러 학자들은 욕구들 간에 서열은 존재하지 않는다고 비판하며 인간의 욕구는 사회가 변화함에 따라서 지속적으로 변한다고 주장하였다.

3. 사회복지실천에의 적용

인본주의 이론의 낙관적인 견해는 사회복지실천에 많은 영향을 주었으며 인간의 존엄성을 구현하고자 하는 사회복지실천의 기본적인 가치관으로 자리 잡았다. 로저스의 치료적 접근법은 사회복지 분야에 많은 영향을 끼쳤고 그의 관점은 사회복지적 관점에 상당 부분 흡수되었으며, 특히 비심판적 태도, 비위협적 환경, 경청, 공감과 같은 기법과 사회복지사들의 기본적인 기술로 자리 잡았고, 무조건적인 긍정적 관심, 진솔성, 온화함, 존중, 비지시적 태도, 비심판적인 태도 등도 사회복지서비스에서 핵심원칙이 되었다.

인간을 전체로서 다루고 환경과 상호작용하는 존재로 보고, 자신의 경험에 대한 해석과 이해를 존중하고 클라이언트를 사회복지사가 하고 있는 일의 중심으로 보는 것은 모두 사회복지실천의 중심원리와 일치한다. 이러한 영향이 사회복지실천에 본격적으로 적용하기 힘든 이유는 사회통제의 기능과 관료적 기능을 수행하는 기관에서 사회복지실천이 이루어진다는 틀 때문이다. 또한 사회복지의 근본주의 철학으로 이미 사회복지실천에 존재하고 있기에 우리는 인본주의 이론을 자연스럽게 실천에서 적용하고 있고 새삼스럽게 모델로 적용할 필요가 없다고 생각하기 때문이다.

인간중심적 치료는 로저스 이후에 칼크허프(Carkhuff)와 같은 여러 연구자들에 의해서 발전되었으며(Rowe, 1996), 대표적으로 보다 정확한 공감반응의 단계에 대한 연구에 많은 진전이 있었다. 특히 여러 문화에 적용될 수 있는 장점을 갖고 있다는 점이 주목받고 있다. 전체 인간에 대한 존중사상은 효과적인 실천의 기본적인 부분이며 사회복지실천에서 가치관의 토대를 이루는 필수 불가결한 부분이라고 할 수 있다. 이러한 사상은 근본적으로 인본주의 사상이며 인본주의 치료에 대한 지식은 이러한 기본 가치들을 포괄적으로 수행하는 방법들에 대한 포괄적인 접근을 할 수 있게 해준다. 어떤 면에서 그 사상들은 최소한 자발적이고, 스스로 동기가 있는 클라이언트들을 위한 사회복지실천을 할 때는 하나의 기준점이 되어 사회의 기능과 기관의 기능에 더 많은 관계가 있는 보다 지시적인 치료에 대한 가치와 과업들을 이해할 수 있도록 해줄 수 있다.

인본주의 상담과 치료는 로저스의 인간중심적 접근이 대표적이지만 그 외에도 게슈탈트 치료, 감성훈련, 결혼과 가족치료, 자조그룹 등도 포함된다. 다음은 인본주의 이론을 실천하기 위한 지침(최옥채 외, 2007)은 다음과 같다.

각 항목의 질문을 읽은 후 각 항목을 10점 만점으로 자신이 각 질문에 몇 점 정도 될지 스스로 한번 생각해 보는 것도 좋을 것이다. 예를 들면, 대학생의 경우에는 1, 2학년 때 자신의 점수를 기록했다가 4학년 말쯤이나 그 이후에 다시 한 번 스스로 채점해 보고 얼마나 내적으로 성장했는지 비교해 보는 것도 의미가 있을 것이다.

① 나는 다른 사람을 믿을 수 있고, 일관성 있는 존재로 보는가?
② 나는 현재 있는 그대로의 내 모습을 명확하게 전달할 수 있을 만큼 표현적인가?
③ 나는 다른 사람에게 온화함, 보호, 흥미, 존경 등 긍정적인 태도를 보이고 있는가?
④ 나는 다른 사람과 분리될 수 있을 만큼 충분히 강한가?
⑤ 나는 다른 사람의 분리를 허용할 수 있을 만큼 충분하게 안정되어 있는가?
⑥ 나는 다른 사람의 감정과 그 개인의 의미 속으로 들어갈 수 있으며, 그 사람이 보는 바대로 볼 수 있는가?
⑦ 나는 다른 사람의 모든 면을 있는 그대로 수용할 수가 있는가?
⑧ 나는 나의 행동이 다른 사람에게 위협으로 인식되지 않는 관계 속에서 충분히 민감하게 반응할 수 있는가?
⑨ 나는 외적인 평가의 위협으로부터 자유로운가?
⑩ 나는 다른 사람을 형성되어 가는 존재로 보며, 나 자신과 다른 사람을 과거에 묶어놓지는 않는가?

사례

적용연습을 위한 케이스

21세의 C양은 두통과 수면장애, 식욕부진 그리고 의욕상실 등의 우울증 증상을 호소하며 상담실을 찾았다. C양은 몇 년 전부터 그런 증상을 겪어왔으며 친한 친구도 없고 매사가 다 귀찮다고 하였다. 첫 상담 동안 C양은 자신은 아이들을 좋아해서 보육교사가 되고 싶은데 어머니가 공무원이 되어야 한다고 강요해서 과를 선택할 때 행정학과로 할 수 없이 들어오게 되었고, 학교에서 공부하는 것도 흥미가 없고 지금이라도 전과를 하고 싶지만 어머니의 반대를 극복할 자신이 없다고 하였다. C양의 어머니는 전업주부이며 알코올중독인 남편과의 관계가 좋지 않아 이혼을 하고 싶었지만 경제적으로 독립할 자신이 없어서 이제껏 이혼하지 못하고 있다고, 자주 C양에게 이야기하면서 여자가 경제적으로 능력이 있어야 하고 그러려면 공무원이 가장 안정적인 직업이며 절대로 남자를 믿지 말라고 종종 이야기했다고 한다. 최근 C양에게 사귈 것을 요청하는 학과 남자선배가 있지만 그 사람이 잘 해주고 좋아 보이지만 믿을 수 없고 계속 피해오고 있다고 한다.

- C양의 어려움을 로저스의 접근법으로 사정하고 사회복지사가 어떻게 도울 수 있을지 논하시오.

1. 위기이론의 개요

위기란 개인의 현재 자원과 대처기제로는 감다하기 어려운 사건이나 상황을 지각하거나 경험하는 것을 말한다. 개인의 고통이 사라지지 않는다면 위기는 심각한 정서적·행동적·인지적 역기능을 일으킨다. 위기라는 용어는 그리스어의 'krisis'에서 나온 것으로 결정 혹은 전환점이라는 의미를 내포하고 있으며, 한자로 위기(危機)는 위험과 기회의 뜻을 나타내고 있다. 위기는 정신사회적 성숙의 연속인 각각의 새로운 발달단계에서 유발되고 우발적으로 발생되기도 하는데, 위기상태는 그 자체가 일종의 병이 아니고 안정상태의 혼란 혹은 생의 전환점인 체계의 불균형 상태를 의미한다. 여기서 체계란 일반체계이론에서 사용되는 공식적 의미에서의 체계이며 그 체계는 일반적으로 성격·가족·집단·지역사회 혹은 다른 실체들을 포함한다(김기태, 2006).

1) 위기유형

(1) 발달적 위기

모든 인간은 정상적인 성장과정에서 경험하는 뚜렷한 사회적·신체적·심리적 변화의 기간에 위기를 경험한다. 이러한 변화들은 출생, 사춘기, 성인 초기, 결혼, 가족구성원의 질병이나 사망, 갱년기나 노년기와 같은 생물학적인 측면과 사회적 역할의 측면에서의 변화가 수반되는 동안에 일어날 수 있다. 에릭슨은

"인간의 성장은 일련의 위기를 성공적으로 해결하는 결과"라고 하였으며, 한 단계와 다음 단계 사이에 인식과 감정의 혼란이 현저한 행동의 미분화 상태가 있고, 이 기간을 발달과정상의 위기 혹은 성숙상의 위기라고 하였다(김기태, 2006).

(2) 상황적 위기

상황적 위기는 우발적 위기라고도 하며 욕구충족의 본질적인 자원이라고 믿고 있는 것을 비정상적으로 혹은 예기하지 않게 상실됨으로써 유발된다. 또한 사람이 예견하거나 통제할 수 없는 드물고도 극히 이례적인 사건이 발생할 때 나타난다. 자동차 사고나 유괴, 강간, 실직, 금전 상실, 도움받는 사람의 상실, 지위와 존경의 상실, 질병 혹은 외과적 수술, 자녀 사망, 결혼생활에서의 부정과 이혼, 정신병, 알코올중독, 신체장애, 원하지 않은 임신, 안정된 장소로부터의 이동, 전쟁과 불경기와 같은 거대한 재난을 겪을 때 나타난다. 상황적 위기는 예견할 수 없고, 누구에게나 일어날 수 있으며, 갑작스럽고, 충격적이며, 강렬하고 때로는 파괴적이라는 점에서 다른 위기와 차이가 있다(James, 2001).

(3) 실존적 위기

실존적 위기는 목적이나 책임감, 독립성, 자유, 책임 이해와 같은 중요한 인간적 이슈에 동반되는 갈등과 불안을 포함한다. 실존적 위기는 40세의 어떤 사람이 자신이 어떤 특정 전문직이나 조직에 중요한 영향력이 없음을 깨달으면서 경험하게 되는 위기일 수도 있다. 또 결혼을 하지 않고 부모와 함께 사는 것을 선택한 사람이 50세에 자신이 진정으로 독립적인 삶을 꾸리지 못하였고 완전히 행복하고도 가치 있는 인간이 될 기회를 놓쳤다는 후회일 수도 있다. 어떤 60세의 사람이 자신의 삶이 의미가 없고, 의미 있게 삶을 충족시킬 수 없다고 느끼는 만연한 공허감일 수도 있다(James, 2001).

(4) 환경적 위기

환경적 위기는 개인이나 집단에 자연이나 인간이 일으킨 재해가 갑자기 덮쳤을 때 발생하고 상황적 위기에도 포함된다. 이러한 환경적 위기는 자신들에게 책임이 없는 잘못이나 행동으로 인하여 같은 환경에 사는 사람들에게 사건의 여파가 미친다. 이러한 위기는 허리케인이나 홍수, 폭풍, 지진, 화산 폭발, 회오리바람, 눈보라, 산불과 같은 자연재해일 수도 있으며, 전염병이나 기름 유출과 같은 생물학적으로 파생된 위기일 수도 있다. 전쟁이나 민족 말살, 기아 등 난민이 경험하는 정치적인 문제일 수도 있으며, 또는 심리적 우울과 반대되는 심각한 경제적 우울일 수도 있다(Timberlake et al., 2008).

2) 위기의 원칙과 특성

위기란 개인의 현재 가지고 있는 자원과 대처기제로는 감당하기 어려운 사건이나 상황을 지각하거나 경험하는 것을 말한다. 위기에 대한 몇 가지 중요한 원칙과 특성을 숙고해 봄으로써 이 정의를 더욱 정교화할 수 있다. 위기와 관련된 종사자는 위기에 대한 다음 원칙과 특성을 이해하는 것이 중요하다(James, 2001).

① 위기는 위기를 경험하는 개인에게 위험과 기회를 준다.
② 위기는 일반적으로 시간제한적이지만 일련의 반복적인 전환위기 시점으로 발달될 수 있다.
③ 위기는 복잡하며 해결하기가 어렵다.
④ 위기개입 전문가와 휴먼서비스 워커의 삶의 경험이 위기개입의 효과성을 높일 수 있다.
⑤ 위기는 성장의 씨앗과 변화의 원동력을 가진다.
⑥ 위기에는 만병통치약이나 빠른 해결책이 적용되지 않는다.
⑦ 위기에서는 선택이 필요하다.

⑧ 정서적 불균형과 혼란이 위기와 함께 발생한다.

⑨ 위기의 해결과 위기개입 전문가의 개인적 특성은 서로 관계가 있다.

3) 위기개입의 전제조건

삶에서의 스트레스 사건 속에서 인간은 다양한 위기를 경험하게 된다. 가족폭력, 물질남용, 지역사회 범죄, 학교폭력, 직장 내 폭력 등의 외상적 사건에 노출되어 있고, 지진, 해일, 홍수 등의 자연재해 또한 강력한 위기 기회를 제공한다. 위기이론의 전제조건으로는 다음과 같다.

첫째, 당면한 상황의 스트레스 또는 비극적 삶의 사건에 직면하는 신체적 증상과 극심한 감정적 불균형의 상태의 경험이 개인마다 공통적이지 않다는 것을 인지한다.

둘째, 극심한 상황적 디스트레스는 규범에 따르는 삶의 경험, 보통의 안정된 감정, 인지 그리고 신체상태의 좌초로 나타나고, 병리적이 아니고 누구에게나 나타나며, 더하여 그들의 삶 안에서 어떤 시간상에 많은 사람들이 발생된다.

셋째, 특별한 삶의 사건은 일반적으로 클라이언트 상태를 황폐화시킬 것이다.

넷째, 균형이 파괴된 동안 사람들은 자동적으로 그들의 생활 안에서 균형 또는 항상성을 회복하려고 노력하고, 그 과정은 개인의 삶과 개인적 그리고 사회적 요소의 대응능력의 총체적 맥락 안에서 사건의 의미에 대한 가치판단을 향상하는 과정이다.

다섯째, 감정적 평형을 유지하기 위한 고군분투를 하는 동안 개인은 심리적으로 취약한 혹독하고 시간제한적 상태를 가진다.

여섯째, 이런 취약성의 상태를 증가시키는 동안 개인은 심리적 개입으로 특별히 다뤄진다.

일곱째, 위기반응은 적응 또는 위기 해결에 대한 광범위한 단계로 성격 지어져 왔다.

여덟째, 위기는 부정적 산출을 위한 것보다 발달과 성장을 위한 기회를 수여한다.

즉각적으로 이루어져야 할 위기개입의 중요한 서비스 목표는 다음과 같다. 첫째, 위기사건으로 인한 스트레스의 영향을 완화시킨다. 둘째, 클라이언트 체계의 강점과 자원들을 동원한다. 셋째, 클라이언트 체계에 강점 관점을 기반으로 한 문제해결 기술 발달을 가능하게 한다. 넷째, 클라이언트 체계에서 심리사회적 기능 안에서 평형성을 찾게 하고 위기경험이 통합될 수 있도록 한다(Timberlake et al., 2008).

tip

자살의 징후 파악하기

- 약을 모으거나 유언장을 쓰는 일
- 갖고 있던 물건을 남에게 주어버리는 일
- 수면상태, 식욕 감퇴/ 증가
- 활력이 없거나 위축되는 것
- 자살의 구체적인 계획
- 자살에 대해 말하거나 농담을 하는 일
- 무력감과 절망감을 호소하거나 '저 이상은 못 하겠어', '끝내버리고 싶어'와 같은 언급

앞에서 말한 모든 징후들이 중요하지만, 특히 약을 모으거나, 유언장을 작성하는 일, 구체적으로 자살에 대해 언급하고, 자살에 관련된 낙서를 하거나 글을 쓰는 등의 행동을 하는 것은 긴급한 상황으로 즉시 전문가와 주변 사람듵의 도움이 필요하다(수원시 자살예방센터 사이트).

tip **클라이언트가 자살을 생각하고 있다고 말할 때 알아보아야 할 여섯 가지**(하정미 역, 2004)

- 자살에 관한 생각을 마지막으로 한 것은 언제였는가?
- 자살에 관한 생각을 얼마나 자주 하는가?
- 그런 생각을 얼마나 편안하게 받아들이는가?
- 이전에 자살시도를 한 적이 있는가?
- 지금 자살을 계획하고 있는가?
- 그 계획을 클라이언트가 실행에 옮길 수 있는가?

사례 **"내가 수학여행 안 보냈으면…" 그런 생각하지 마세요**

[인터뷰] 하정미 부산장신대학교 교수… "희생자 가족 혼자 두면 안 돼"

"실종자 가족뿐 아니라 현장에 있는 기자, 자원봉사자, 공무원, 경찰, TV를 보고 있는 국민들까지도 상담이 필요할 수 있다. 그 모두에게 가장 문제가 되는 것은 죄책감이다."

하정미 부산장신대학교 사회복지상담학과 교수는 세월호 참사 실종자 가족과 희생자 가족들이 겪어야 할 정신적 고통 가운데 '죄책감'을 핵심적인 문제로 꼽았다. 그는 "실종자와 희생자 가족들은 그동안 자기가 잘못했던 게 다 생각난다"라며 "일반 국민들도 지켜주지 못해 미안한 마음이라고 하지 않나? 가족들은 그 감정을 비교할 수 없을 정도로 크게 느낀다"라고 설명했다.

"'내가 수학여행에 안 보냈으면 사고가 안 났을 텐데', '내가 그 학교에 보내서 사고가 난 것이다' 같은 비합리적인 생각까지 하게 된다"는 것이다. 특히 경기도 안산 단원고 학생 희생자들이 많이 나오면서 사고에 어떠한 책임도 없는 학부모들이 아이를 잃은 충격으로 원인을 자기 탓으로 돌릴 수 있다는 설명이다.

23일 오후 5시 현재 세월호 참사 실종자는 152명이다. 며칠 동안 희생자들의 시신이 다수 수습되면서 가족들 상당수도 체육관을 떠났고, 약 300명 가량의 가족들이 남아 있다. 이들은 절망감과 무기력감을 호소하고 있다. 무엇보다 장시간 불편한 곳에서 생활하면서 지친 모습이 역력했다.

하 교수는 가족들의 정신적 상태와 관련해 "처음에는 큰 분노를 느끼고, 그것을 표출할 대상을 찾게 된다"라며 "그 후에는 앞으로 어떻게 살아야 할지, 부모님들의 경우 아이를 사랑했고 아이를 위해 삶의 많은 부분을 할애해 살아왔는데 그것이 빠져 버리면 무엇을 해야 할지 혼란스럽고 황망한 상태에 이른다"라고 설명했다.

이어 그는 "여기 계신 거의 모든 분들에게 심리상담이 필요하다"라며 "지금 우울하고 힘든 것은 병이 아니지만, 나중에라도 우울증과 같은 정신병으로 발전할 수 있다"라고 우려했다.

그는 "현재와 같은 분노와 황망함에 찬 상태가 두 달까지 갈 수는 있지만, 그 이상 계속된다면 병으로 인식하고 정확한 진단과 치료가 필요하다"라고 덧붙였다.

하 교수는 실제 현장에서 상담한 가족들의 상태를 묻는 질문에 "한 분은 영어로 번아웃(burn out), 완전 소진상태였다"라며 "더 이상 울 수드 없고, 어떤 감정도 남아 있지 않은 상태였다. 그 상태가 지속되면 아주 위험할 수 있다"라고 설명했다. 이어 그는 "또 다른 가족 한 분은 자신보다 다른 가족들의 상태를 걱정했다"라며 "부인이 많이 힘들어 하는데 어떻게 위로할 수 있는지 물었다"라고 말했다.

그러나 현장에서 실제 가족들을 대상으로 하는 상담이 원활하게 이뤄지고 있지는 못하다. 현장에는 하 교수의 상담실과 서울대병원 의료진이 운영하는 상담실, 여성가족부가 지원하는 가족돌봄서비스 등이 있지만 이용도는 그렇게 높지 않다. 실종자 가족이 상담받는 경우는 하루에 2~3건에 불과한 수준이다. 하 교수는 "이곳에 와서 첫 상담 의뢰자는 기자였고, 자원봉사자들이 가장 많이 상담을 요청해 온다"라며 "가족들은 경황이 없는 상황에서 아직까지 정신상담에 대한 사회인식이 좋지 못하다 보니 아무래도 참여가 저조한 것 같다"라고 말했다. 그는 "정신과 치료를 받으면 뭔가 문제가 있는 사람처럼 사회적 낙인을 찍는데, 그런 것에 두려움이 남아 있으면 상담을 받을 수 없다"라고 적극적인 상담 요청을 강조했다.

그러면서 하 교수는 미국의 사례를 제시했다. 그는 "미국 학교에서는 총기사고가 났을 때, 실제 그 현장에 있었던 1차 접촉자, 사건을 간접적으로 경험한 2차 접촉자, 그 가족들인 3차 접촉자까지 모두가 정신상담을 받는다"라며 "재난사고가 발생할 경우 정부가 체계적으로 피해자들의 정신상담을 준비하고 민간은 자원봉사로 참여하게 된다"라고 설명했다. 상담에 관한 인식 전환뿐만 아니라 이를 국가적으로 준비하는 시스템이 필요하다는 뜻이다.

하 교수는 주변에서 실종자와 희생자 유가족들을 위해 할 수 있는 게 무엇인지 묻는 질문에 "일단 혼자 두면 안 좋다"라고 조언했다. 그는 "내성적인 성격을 가진 분이나, 우울증 내력이 있는 분들은 절대로 혼자 두어서는 안 된다"라며 "매일매일, 관심과 사랑을 표현하는 게 필요하다"라고 말했다.

또 그는 "주변에서 이 사건과 관련한 말을 할 때, 안타까움이나 슬픔을 표현할 때도 가족들이 상처가 되지 않게 조심하는 게 필요하다"라며 "특히 희생자나 가족들에 대해 뒷말이나 가족들이 모르는 곳에서 잘못된 내용으로 수군거리는 일이 일어나서는 안 된다"라고 당부했다. 그는 희생자와 실종자 가족들에게 꼭 하고 싶은 한마디로 "결코 당신 탓이 아닙니다"를 꼽았다.

출처 : 오마이뉴스 기사(2014. 4. 24).

2. 레질리언스 이론의 개요

앞에서 살펴본 바와 같이 급속한 산업화와 과학문명의 발달은 인류에게 혁신적인 삶을 제공하고 있으나 반면 예상하지 못한 불의의 사고와 위험요인 또한 증가시키고 있다. 사랑하는 사람을 잃은 상실감과 정신의 황폐화, 소외, 고통, 슬픔은 인간에게 복합적인 위기상황을 주게 된다. 극심한 상실감에 따른 스트레스나 외상(trauma)은 일정한 슬픔의 과정이 지나고 나서도 오랫동안 개인의 내면과 사회 적응에 영향을 주게 된다.

미래의 사회복지실천은 일상생활에서 여러 복합적인 일들을 더욱 잘 개입할 수 있도록 도와주는 인간행동의 준거 틀을 필요로 할 것이다. 사회복지사들은 사람들이 어떻게 긍정적으로 역경 및 위기에 반응을 하는지, 이러한 위기 속에서 클라이언트의 강점, 적응, 치유, 자기효능감을 향상시키기 위하여 이러한 지식을 어떻게 사용하여 개입하는지 이해할 필요가 있을 것이다(Greene, 2002). 이러한 위기에 대한 인간의 반응을 이해하고 개입하는 데에 도움이 되는 이론으로 대표적인 것으로 레질리언스 이론을 들 수 있을 것이다.

레질리언스('탄력성'이라고도 번역해 오고 있음)는 역경으로부터 다시 일어나 강해지고 자원을 더 풍부하게 할 수 있는 능력으로 정의될 수 있다. 엄격히 말하면 역경이 있음에도 불구하고가 아니라 역경을 통해 형성된다. 삶의 위기들과 어려움은 우리가 그 도전에 직면하여 일어설 때 가장 최고의 것을 가져다 준다. 클라이언트들의 위기에 개입하는 사회복지실천가들이 특별한 관심을 가진 레질리언스의 특성은 사람들이 고통스러운 상처로부터 치유될 수 있도록 하고, 자신의 삶을 스스로 책임지게 하며, 또한 완전히 살아가고, 결국 사랑할 수 있도록 한다. 고통과 용기 두 가지 모두를 경험하면서 내적으로나 외적으로 어려움을 효과적으로 다루어 가는 것을 의미한다. 레질리언스를 형성해 가는 과정에서 우리는 모든 위기경험을 개인적 · 집단적 정체성의 맥락 안으로 통합시키기 위해 노력하며 이는 삶을 어떻게 영위해 나가느냐에 영향을 주게 된다. 레질리언스는 살아가면서 겪는 "좋고 나쁜 일들"에 정복당하지 않고 스스로 다루어 나가는 능력이다. 레질리언스 관점을 가진 아동은 "할 수 있는(can do)" 아동이며 일반적으로 인생에 있어서 성공한다는 사실을 보여준다. 긍정적으로 사고하는 기술은 레질리언스와 자존감을 강화한다(위키피디아 백과사전).

가메지(Garmezy, 1993)에 의하면, 레질리언스에 대한 연구는 두 가지 중요한 질문에 대한 답에 초점을 두고 있다. 첫째, 아동이 어려움에 노출됨에 따라 부적응하게 되는 아동, 가족, 그리고 환경의 특성들−위험요인들−은 무엇인가?, 둘째, 이러한 적응문제들로부터 그들을 보호하는 특성들−보호요인들−은 무엇인가? 이 질문에 대한 답을 찾기 위한 노력에 있어 연구자들은 무엇이 적응적 혹은 부적응적 행동을 일으키는가를 규정하기 위해 개인, 가족 그리고 지역사회 생활과 관련된 수많은 요인들을 조사해 왔다. 그들은 위험을 개선시키는 개인적 · 환경적 상황에서 확실한 강점이나 자원을 가진 것으로 보이는 것을 레질리언스라고 말한다.

레질리언스는 '되튐'의 의미로 물체의 신축적 혹은 유연한 성질을 일컬어 왔다. 이러한 용어의 의미로서 원상태로 복원하기 위한 능력 혹은 강점과 정신을 회복하는 능력으로 정의되어 오고 있다. 같은 위기를 겪으면서 어떤 사람들은 심각한 스트레스나 어려움을 경험하는 반면, 왜 다른 사람들은 어려운 힘든 상황에도 불구하고 잘 견뎌내는가? 많은 불우한 환경에서 양육된 상당수의 아동이 성공적인 성인으로 성장하였다는 연구에서 보이듯이 사람들은 생태적 환경 속에서 이해된다(Rutter, 1985). 다양한 위험에 직면하면서, 가족, 학교, 이웃과 같은 사회체계적 보호요인을 가질 수 있고, 본인이 생각하는 주관적 의미는 성공을 결정하는 중요한 요인이 될 수 있다. 레질리언스는 시간의 맥락 속에서 이해되어야 한다. 생애과정을 논함에 있어 개인적 시간(개인의 생활 연속성 혹은 생애 이야기), 역사적 시간(특정 동년배 사람들이 사회적 변화에 의한 영향을 어떻게 다루는지), 사회적 시간(가족, 집단 그리고 지역사회에서의 전환과 생활사건을 포괄)들을 구분할 수 있다(Greene, 2002 재인용).

대처전략들은 일반적으로 외부적으로 문제에 초점을 두는(문제해결) 것이거나, 내적으로 감정에 초점을 두는(감정초점적; emotion-focused) 것이거나 혹은 다른 사람들로부터의 감정적 지지와 같은 사회적인 것에 초점을 두는 것이다. 인본주의적 심리학에서 레질리언스, 즉 탄력성은 잠재적인 어려움이나 그러한 스트레스 요인에도 불구하고 자신이 원하는 것을 성취하고 성공하는 개인의 능력을 말한다. 탄력적인 사람이나 공동체는 문제를 문제라기보다는 성장의 기회로 보는 경향을 가진다. 다시 말하면, 탄력적인 개인은 일반적이지 않은 고난이나 스트레스에 잘 대처할 뿐 아니라 실제로 그러한 도전을 학습과 개발의 기회로 경험한다. 20세기 유명한 미국의 교육철학자 듀이(John Dewey)는 역동적 자기재생(self-renewal)을 통한 영속감(sense of continuance)을 다음과 같이 묘사하였다.

> 돌 하나가 부딪히면 저항한다. 만일 그 저항이 부딪히는 힘보다 더 크면 돌은 외형적인 변화가 없이 그대로 남는다. 그렇지 않으면 돌은 부서지고 만다. 생명체는 더 강한 힘에 의해서 쉽게 무너지는 반면 그럼에도 불구하고 그것을 움직이는 에너지를 그 너머의 존재수단으로 변화시키려고 한다. 존재의 지속을 위해서 애쓰는 것이 바로 삶이란 것이다. 이러한 영속성은 지속적인 재생에 의해서만 확보될 수 있으므로 삶은 자기재생의 과정이다(James Neill, 2006. 4. 16., http://www.wilderdom.com/psychology/resilience/PsychologicalResilience.html).

3. 주요 개념(레질리언스와 동반 관점)

1) 강점 관점

지금까지 전통적인 입장에서 사회복지실천은 결손, 결핍, 비정상가족, 불완전한 가족의 구조기능론적인 시각에 초점을 두어 발달되어 왔다. 하지만 이러한 시각과 관점이 많은 클라이언트들에게 도움이 되지 못하며 오히려 낙인과 선입견을 더욱 증가시키고, 자존감 결여의 부작용을 가져올 수 있다는 연구들에 따라 새로운 인식 전환의 필요성이 대두되었다.

20세기 초부터 사회복지사들은 클라이언트의 상황을 사정하고 원조하기 위해 다양한 이론적 접근을 바탕으로 하였는데, 강점 관점에서 기원한 이론들은 일반적으로 사람들이 긍정적인 지지를 받을 때 그들 자신의 삶을 해석하고 변화시킬 타고난 힘을 가지고 있다고 생각하고 있다. 일방적인 '~에서 ~로'보다는 '~와 함께'하는 클라이언트와의 협력적인 동반관계를 갖는 새로운 전환점으로의 접근을 시도했다. 근래 사회복지실천에서는 공동체 기반 조직들과의 동반관계와 가족들의 강점을 만드는 사회복지실천 체계를 구상하고 있다(Saleebey, 2006). 이러한 강점 관점이 효과성을 갖기 위해서는 클라이언트들의 능력, 역량, 지식, 생존기술, 비전, 가능성, 희망의 관점에서 이해하고, 선천적인 힘과 긍정적 성장을 위한 능력을 향상시키기 위해 노력해야 한다.

즉, 사회복지사들은 모든 클라이언트들이 활용되지 않은 잠재력을 가지고 있고, 어려운 일에 직면하면서 이미 레질리언스를 보여 주었다고 생각하고, 그와 관련된 강점을 찾아야 한다. 각자가 갖는 다양한 잠재력은 강점을 강화시킬 수 있는 창의적인 요소들이 될 수 있다(Miley et al., 2007). 강점 관점의 전제요소는 다음과 같다.

- 클라이언트가 가지고 있는 기초적인 능력과 자원들의 근원지에 대한 지식

- 각 클라이언트마다 성장과 변화를 위해 다른 능력들을 가진다는 인식
- 결핍된 체계기능 때문에 문제가 발생된다는 것보다 체계들 간의 교류 안에서 문제들이 발생된다는 것을 규정
- 새로운 자원들을 만들어 지금의 강점들과 많은 협력을 취함
- 클라이언트가 그들의 상황과 주어진 선택사항들을 가장 잘 알고, 그들의 변화를 위한 가장 좋은 해결방안을 결정할 수 있다는 것을 확신
- 미래에 가능한 목표에 대한 긍정적 변화를 만들도록 유지
- 잘못된 결함보다 우월하고 능력을 가진 것에 대한 확대해석 과정을 지지

〈표 6-1〉 병리 관점과 강점 관점의 비교

병리 관점	강점 관점
개인은 "사례"로 정의된다. 증상이 모여 진단이 내려진다.	개인은 독특한 존재로 정의된다. 특성들, 재능들, 자원들을 강점에 추가시킨다.
문제에 초점을 둔 치료를 한다.	가능성에 초점을 둔 치료를 한다.
개인의 이야기는 전문가에 의한 해석을 통해 진단을 환기시키는 데 도움을 준다.	개인적인 이야기는 그 사람을 알고 평가하기 위한 과정에 있어 필수적인 요소이다.
실천가는 개인의 이야기에 회의적이다.	실천가는 그 사람의 내면으로부터 개인들을 이해한다.
아동기의 외상은 성인병리의 전조증상이거나 예측요인이다.	아동기의 외상은 예측적이지 않다. 그것은 개인을 약하게도 강하게도 할 수 있다.
치료작업의 중심은 실천가에 의해 고안된 치료계획이다.	치료작업의 중심은 가족, 개인 혹은 지역사회의 열망이다.
실천가는 클라이언트 삶의 전문가이다.	개인, 가족 혹은 지역사회가 전문가이다.
선택, 통제, 헌신, 개인적 발달의 가능성은 병리에 의해 제한된다.	선택, 통제, 헌신, 개인적 발달의 가능성은 열려있다.
실천을 위한 자원은 전문가의 지식과 기술이다.	실천을 위한 자원은 개인, 가족 혹은 지역사회의 강점능력과 적응적 기술들이다.
원조는 증상들과 행동, 감정, 사고, 관계의 부정적인 개별적·사회적 결과들의 영향을 줄이는 데 초점을 둔다.	원조는 삶에 대한 확신을 가지고 잘해나가게 하고, 가치들과 헌신들을 발달시키며 혹은 지역사회로서 멤버십을 만들거나 하나의 지역 공동체를 발견하는 데 초점을 둔다.

출처 : D. Saleebey(1996). The Strengths Perspective in Social Work Practice : Extension and Cautions. Social Work, p. 41.

2) 생태학적 관점

인간과 사회환경과의 상호 의존적인 관계는 사회복지실천의 기본 틀이 되어 왔다. 즉, 인간이 환경에 어떻게 적응하는지에 대해 관심을 가지고 또한 인간 자신이 살고 있는 환경에 어떻게 영향을 미치는지에 대해 관심을 가져왔다. 생태학적 접근은 사람들이 살아가는 데 영향을 주게 되는 많은 체계들을 강조하고 있다. 이러한 접근은 다양한 사회체계와 연계를 유지하는 사람들의 능력은 연계되어 있다는 의식이나 정서적·사회적 유대를 보유하는 역량과 관련되어 있다.

오늘날 사회복지실천은 개인과 환경 간의 상호 증진을 통해서 사회구성원 모두의 삶의 질을 향상시키는 것을 목적으로 한다. 사회복지실천에서 개인에게 초점을 맞추는 것은 개인-환경 간의 상호 증진의 책임을 개인에게 둔다는 것을 의미하고, 실천의 초점을 환경에 맞춘다는 것은 개인-환경 간 상호 증진을 위해 환경을 변화시킴을 의미하는데, 사회복지실천의 중요한 초점은 이러한 양자를 모두 포괄하는 '환경 속의 인간'에 두고 있다. 이 개념은 개인-환경 간 상호 증진의 책임을 개인과 환경 모두에게 두는 것을 의미한다. 즉, 인간이 경험하는 각종 문제의 원인을 개인 또는 환경 중 어느 한쪽의 결함으로 보기보다는 양자의 요소가 서로 어우러져서 나타난 결과로 보는 것이다.

개인과 환경의 이중 초점을 가지는 오늘날의 사회복지에서는 '환경 속의 인간' 시각에서 문제를 분류할 수 있는 임상체계를 개발하여 개인의 역할기능 수행과 아울러 개인 주변으로부터의 지지상황 모두를 고려하는, 즉 개인과 환경 모두에 초점을 두고 문제를 분류하고 있다. 인간은 환경의 영향을 받기만 하는 수동적인 존재라기보다, 이들 환경에 적극적으로 대처하면서 주도적으로 환경을 변화시킬 수 있는 능력 또한 동시에 갖추고 있다. 사회복지실천현장에서도 도움을 받고자 하는 대상자들에 대해 스스로 어려움을 극복할 수 있는 능력을 갖춘 사람으로 본다. 또한 변화를 주도하는 적극적인 인간의 본질은 시민사회에서 사회정의를 위해 노력하는 많은 사람들의 활동으로 나타나기도 한다(김영화 외, 2005).

3) 발달적 관점

레질리언스가 발휘되어야 하는 대부분의 스트레스 형태들은 단기간의 단순한 것이 아니라 과거의 역사와 미래의 과정을 포함하며 변화하는 상황의 복잡한 양상을 갖게 된다. 많은 연구자들은 만성질환, 성장과도기 및 역할 부담, 사랑하는 사람과의 사별, 이혼, 경제적 빈곤, 학대와 방임, 전쟁과 인종 학살, 자연 재해와 재앙 같은 다양한 스트레스 상황하에서의 대처와 적응에 대해 조사연구를 해왔다.

스트레스가 많은 생활사건들이 예기하지 못한 상태에서 발생했을 때, 상황이 심각하거나 계속될 때, 또는 다양한 스트레스 요인들이 계속 축적되어 효과를 낼 때 훨씬 더 많은 역기능적인 영향을 주는 것으로 나타났다. 일어나야 할 시기에 일어나는 것이 아니라 연대기적으로나 사회적 또는 개인적 기대와 다른 시기에 발생하는 사건들－예를 들면, 일찍 배우자와 사별을 한다든지 갑작스러운 사고와 상실을 경험했을 때－이 더 많은 어려움과 고통을 준다(Neugarten, 1976, Walsh, 1998 재인용; 이윤수, 2008).

개인과 가족의 발달에 대한 생활주기 관점도 레질리언스에 대한 이해가 필요하다. 아동기와 청소년기의 적응기능은 일반적으로 성인기의 적응을 예견할 수 있는 좋은 요인이 될 수 있고, 소년들은 아동기에, 소녀들은 청소년기에 더 높은 위험요소를 가지고 있을 수 있기 때문에 성별 차이 또한 다른 발달단계에서 취약성이 발견될 수도 있다. 이러한 발달적 관점은 모성에 초점을 두고 핵가족에서의 부모의 기능에만 초점을 둔 기존의 시각에서 확대된 가족관계망에서 형제나 다른 가족과 친척, 보호제공자들의 중요성을 발견하는 연구들이 활발히 진행되면서 더욱 많은 관심을 받고 있다. 이러한 관점은 레질리언스가 인생주기의 어떤 과정에 걸쳐 어떤 지점에서든지 발전될 수 있는 긍정성을 보여주기도 한다.

4. 레질리언스의 실천지침들

1) 레질리언스 위협 사건들

레질리언스는 생활사건의 현상이다. 보든(Borden 1992)은 자기 레질리언스에 대한 한 개인의 기본 전제를 위협할 수 있는 불리한 사건들로 다음 세 가지 범주로 분류한다.

① 사망이나 퇴직과 같은 생물학적이고 사회적 규범에 의해 형성되는 규범적이고 연령별로 나타나는 사건들
② 경기침체, 전쟁, 정치적 변동처럼 동년배 구성원이 경험하는 규범적이고 역사적인 사건들
③ 질병이나 장애와 같이 소수의 사람들에게 한정되거나 특유한 비규범적인 사건들

벨(Bell, 1995)은 개인의 일상생활 경험과는 상당히 달라서 한 개인의 대처능력을 압도할 수 있는 비극적인 사건들을 이해하기 위한 또 다른 분류를 더 제안하였다. 홍수, 태풍 또는 지진과 같은 자연재해, 기계작동 오류나 치명적 비행기 사고와 같은 사고재해, 그리고 살인, 인질 또는 폭행과 같은 인적 재해로 범주화시켰다.

2) 개인 특성

강한 자존감과 자기효능감은 성공적 대처를 가능하도록 하지만 반면 무력감은 어떤 역경을 또 다른 역경으로 이끌 가능성을 증가시킨다고 지적하였다. 또한 강인한 성격을 가진 사람들은 세 가지 특성을 가진다(Kobasa, 1985).

① 그들이 자신의 경험 안의 사건을 통제하고 이에 영향을 줄 수 있다는 신념
② 자신이 삶에 깊이 관련되어 있거나 헌신한다는 것을 느낄 수 있는 능력
③ 변화를 더 나은 발전을 위한 흥미로운 도전으로 예견하는 것

사례

순직 조종사의 딸 '국민 조종사 되다'

지난 8월 초 공군 홈페이지에 다음과 같은 모집 공고가 떴습니다.

"2013년 Seoul ADEX(항공우주방위산업전시회) 기간 중 국산항공기 T-50과 KT-1에 탑승할 수 있는 자격이 주어지는 국민 조종사를 모집합니다. 공군 조종사와 함께 하늘을 날면서 대한민국 공군을 더욱 깊게 이해하고 우리나라가 개발한 항공기의 우수성을 체험할 수 있는 이번 기회에 망설이지 말고 도전하세요."

2년에 한 번 열리는 국내 최대 방산 전시회 '아덱스' 행사 때 실제로 항공기에 탑승할 일반인 '국민 조종사' 선발 모집 공고였습니다.

'국민 조종사'란 국산 항공기의 우수성을 널리 알리고 국산 비행기를 탈 수 있는 기회를 제공하기 위해 공군이 2년에 한 번씩 선발하는 일반인 조종사를 말합니다.

비행기와 조종에 관심이 많은 일반인들에게는 막연하게나마 꿈꿔왔던 비행기 조종의 꿈을 이룰 수 있는 기회이기도 합니다. 물론 홀로 비행기를 조종하는 것은 아니고 숙련된 조종사의 뒤에 탑승해 비행기 조종을 보조하는 역할을 하게 됩니다.

최종 4명을 뽑는 '제4기 국민 조종사'가 되기 위해 도전장을 던진 사람은 약 870명, 경쟁률이 217대 1을 기록했습니다. 도전자들은 서류심사와 심층 인터뷰를 통해 8명으로 압축됐고 이 8명 가운데 비행환경 적응훈련을 우수한 성적으로 통과한 최후의 4인이 '제4기 국민 조종사'로 탄생하게 됐습니다. 그런데 이들 4명 가운데서도 38살의 주부 이윤수 씨 사연은 감동적이었습니다.

이윤수 씨는 대학에서 사회복지학을 가르치는 교수이면서, 동시에 세 남매의 엄마인 평범한 주부입니다. 하지만 그녀에게는 남모를 사연이 있었습니다.

그녀의 아버지가 공군 순직 조종사인 故 이복규 소령이었던 겁니다. 故 이복규 소령은 1971년 1월에 소위로 임관한 조종간부 18기로 1975년 8월 항공기를 타고 임무를 수행하던 중 청평 상공에서 불의의 사고로 순직했습니다. 순직 당시 故 이복규 소령은 28살의 앞날이 창창한 조종사로 결혼한 지 8개월 된 새신랑이었습니다.

국민 조종사로 선발된 이윤수 씨는 안타깝게도 아버지가 돌아가실 당시 엄마 뱃속에 있었습니다. 이윤수 씨는 생전에 아버지의 얼굴을 보지는 못 했지만 마음속엔 늘 조종복을 입은 아버지의 모습을 간직하고 살아왔다고 합니다. 가슴 한켠에 아버지에 대한 그리움을 안고 성장한 이 씨는 훗날 조종사가 되어 아버지가 못다 이룬 영공수호의 꿈을 대신 이뤄드리려고 했습니다.

하지만 그녀가 대학진학을 고민하던 고등학생 시절에는 공군사관학교가 아직 여생도를 선발하지 않을 때여서 공사에 진학할 수는 없었습니다.

조종사의 꿈은 이루지 못했지만 이윤수 씨는 지난 10년 간 매일 아침 새벽에 일어나 7km 달리기를 하는 등 강한 체력과 정신력을 가질 수 있도록 꾸준히 노력을 해왔고 결국 '국민 조종사'로 선발될 수 있었습니다.

이렇게 막연하게나마 조종사를 꿈꿔왔던 이윤수 씨는 세 아이의 엄마가 되고 나서야 공군의 상징인 '빨간 마후라'를 목에 두를 수 있었던 겁니다.

그녀는 시험비행을 성공적으로 마친 뒤 "아버지께서 소중히 목에 두르시고 이루고자 하셨던 영공수호의 꿈을 대신 이룰 수 있게 됐다"며 울먹였습니다. 어렸을 때부터 소중하게 간직해 오던 막연한 꿈, 그 꿈을 이루게 된다는 건 어떤 기분일까요? 38년 만에 조종사가 돼 자신의 꿈을 당당히 이뤄낸 이윤수 씨에게 응원의 박수를 보냅니다.

출처 : SBS. http://news.sbs.co.kr/news/endPage.do?news_id=N1002068237&plink=OLDURL&plink=COPYPASTE &cooper=SBSNEWSEND

3) 레질리언스와 실천개입

실천가들은 레질리언스를 사정하기 위해 클라이언트의 대처능력을 평가하고 내재적이고 외재적 자원들을 탐색할 필요가 있다. 개인적 특성에는 자아존중감, 신뢰, 자율성, 강점, 희망 그리고 사회적 기술, 의사소통, 유머, 문제해결, 충동조절과 같은 대인관계능력들이 포함될 수 있다. 외재적 요인의 탐색에는 관계에 대한 신뢰와 역할 모델, 의료, 교육, 복지, 안전 서비스에 대한 접근, 안정적인 가족과 학교환경, 종교적인 관계와 같은 환경적 지지와 자원들이 포함될 수 있다. 보호요인은 개인과 사회적인 안녕을 가져오는 기회를 주지만 위험요인은 많은 스트레스를 줄 수 있다는 점 또한 파악해야 한다.

개인 특성에서 심리사회적 영역의 결함이나 생물의학적인 장애물, 나이, 젠더, 인종과 민족성 등이 어려움을 줄 수 있다. 또한 기능적으로 부정적인 가족구성원과 가족 의사소통의 문제, 아동학대, 지역사회에서의 고립, 학령기 아동이 있는 가족에서의 부모 이혼과 가족구성원의 실패, 범죄와 빈곤, 교육기회 박탈 등의 사회적 불공평과 구조 안에서 많은 위험에 노출된다(Timberlake et al., 2008). 클라이언트들은 스스로 긍정적인 자아 개념을 발전시킬 수 있고, 그들의 사회적 · 정치적 환경에 대한 지식을 더욱 많이 얻을 수 있으며, 능력을 촉진하는 더욱 많은 자원들과 전략들을 획득할 수 있다. 따라서 적합한 자원들(쉼터, 교육, 의료보호 등)을 받고, 자아존중감(사회적 상황에서 성공적인 수행의 내면화)을 성취하는 클라이언트들은 역량이 강화된다.

레질리언스 강화를 위한 개입으로 임파워먼트(empowerment 또는 권한부여) 실천은 학교 정책과 문화와 같은 제도적 신념체계의 변환을 포함하고, 클라이언트 스스로 자책감을 줄이고 책임성을 확인하고 자아효능감을 향상시킬 수 있는 방안을 마련한다. 강점 관점에 기초한 문제해결을 사용하여 할 수 있는 방안을 강구하게 되어 문제보다는 해결에 집중하고, 과거보다 현재와 미래에 초점을 둔다. 레질리언스의 유형은 높은 위험상황에도 불구하고 긍정적 결과를 얻는 유형과 스트레스 안에서 역량 또는 환경적 스트레스 또는 인간관계 안에서의 평형성을 되찾거나 유지하는 능력을 기르는 유형, 그리고 외상(trauma)으로부터의 회복 또는 큰 역경과 맞닥뜨려 성공적인 적응을 하는 유형이 있다(Timberlake et al., 2008).

tip

레질리언스 강점을 많이 가진 사람들의 특성

- 대부분 모든 것에 대해서 회복하고 되돌아 가는 능력을 가지고 있다.
- "뜻하는 곳에 길이 있다"라는 태도를 보인다.
- 문제를 기회로 보는 경향을 가진다.
- 작은 기회의 창을 보고 그 대부분을 이루어 내는 능력을 가지고 있다.
- 의미체계에서 뿌리 깊은 신념을 가지고 있다.
- 건강한 사회적 지지 네트워크를 가지고 있다.
- 가장 어려운 종류의 상황을 능숙하게 다루는 수단을 가지고 있다.
- 쾌감을 느끼는 범위가 넓다.
- 외상적인 상황이나 패닉상황의 경험으로부터 회복할 수 있다.

알려진 위인들의 예 헬렌 켈러(Helen Keller), 넬슨 만델라(Nelson Mandela),
아웅 산 수지(Aung San Suu Ky), 안나 프랑크(Anne Frank)

탄력성을 증진하고 개발하는 공식

성장 = 도전 + 지지

출처 : James Neill(2006. 4. 16). http://www.wilderdom.com/psychology/resilience/PsychologicalResilience.html

4) 레질리언스 강화를 위한 개입전략

레질리언스를 강화시키기 위해서는 먼저 클라이언트의 상실, 취약성 그리고 미래를 인정해야 한다. 사회복지사들은 클라이언트의 비통함, 상실감 또는 분노를 인정할 필요가 있지만, 새로운 패러다임은 사람들이 상실감을 느끼는 동안 동시에 긍정적인 효과를 경험한다는 역설적인 효과를 받아들인다. 다음으로 스트레스의 근원과 반응을 확인해야 한다. 사회복지사들은 그 클라이언트가 그 사건을 어떻게 지각하고 묘사하는지를 알고자 할 것이다. 예컨대 그것이 얼마나 가혹하였는가? 그 클라이언트는 생존자의 죄의식과 관련된 감정들을 경험하고 있는가? 그리고 그 상황을 안정시키고 정상화시킬 수 있어야 한다.

사회복지사들이 위기생활 사건 뒤에 취할 수 있는 가장 중요한 개입들 중 하나는 클라이언트가 긴장, 분노 또는 디스트레스를 느끼는 것이 자연스러운 것이라는 것을 이해하도록 도움으로써 그 상황을 정상화하는 것이다. 실천가들은 사람들이 사용하는 대처전략들에 대해 비심판적이어야 하고 문화적으로 민감해야만 한다. 심지어 갑자기 실직하게 되는 소위 일상적인 사건은 사회복지사에게 클라이언트의 레질리언스를 촉진하는 과정을 시작하기 전에 그 상황을 정상화할 것으로 요구할 수도 있다. 또한 클라이언트가 스스로 통제할 수 있도록 도와야 한다.

클라이언트들은 그들의 디스트레스, 그것의 원인 그리고 그들의 역할 책임을 지속하기 위해 그들이 할 수 있는 것에 대한 인식이 시작됨에 따라 그들은 그들의 삶에 대한 통제력을 갖기 시작할 수 있다. 다음으로 변화를 위해 자원을 제공한다. 클라이언트 자신이 안전하고 기본적인 자원들을 가지고 있다는 것을 알게 되면 직접적인 스트레스 요인들을 경감시킬 수 있다. 클라이언트들이 신체적 또는 심리적으로 안전한 환경으로 이동함에 따라 그들은 그들이 소유한 강점들을 경험하기 시작할 수 있다. 그리고 자아효능감을 증진시킨다. 클라이언트들의 대다수는 그들이 삶의 과업들을 수행하는 데 있어서 성공적이었다는 것을 인정한다. 사람들은 어렸을 때 그들의 목표들을 달성하는 방법과 그들의 개인적 상황을 제어하는 방법을 배운다. 사회복지사들은 클라이언트들이 그들의 상황들을 다루는 데 있어서 충분히 유능하다는 클라이언트의 믿음들을 보충시키는 방법으로 의사소통하는 것이 최선이라고 생각한다. 그러기 위해 클라이언트들이 그들의 어려움을 해결하기 위해서 이미 실행한 것이 무엇인지 물어봐야 한다. 그런 다음 자기 변화에 협력하도록 한다. 개인들이 심각하고 만성적인 역할과 관련된 스트레스를 해결하는 데 있어서 의식적으로 스스로 참여하도록 동기가 부여된다고 가정한다.

다음으로 문제해결능력을 강화하기, 긍정적인 정서 다루기, 창조적인 표현들을 성취하기, 클라이언트 이야기에 귀 기울이기 과정을 거쳐 사건에 대한 의미를

사례

적용연습을 위한 케이스 1

남자친구가 있는 20대 미혼 여대생, 30대 후반 어린 자녀를 두고 있는 가정주부, 생활 지출비가 가장 많이 들어 맞벌이를 해야 생활할 수 있는 40대 맞벌이 주부가 갑자기 유방암 수술을 받게 되었다. 각각의 상황에 따른 상실감에 대해 이야기해 보고, 레질리언스를 강화시킬 수 있는 보호요인들을 생각해 보자.

사례

적용연습을 위한 케이스 2

교통사고, 자살, 갑작스러운 순직, 자연재해로 인한 사고로 배우자나 자녀를 잃게 된 클라이언트의 상실감과 충격에 대해 생각해 브고, 다시 사회 재적응을 할 수 있도록 하기 위한 방법을 죽음의 의미와 신념체계와 관련하여 생각해 보자.

PART 02 사회환경에 관한 이해

'사회환경의 이해'에서는 사회복지사들에게 중시적 관점과 거시적 관점을 제공하려고 하였다. 따라서 중시적 관점과 거시적인 관점을 대표하는 생태체계이론을 가장 먼저 소개하여 이론적 기초를 마련하였다. 위에서 학습한 인간 행동과 발달에 영향을 준 이론들과 달리 생태체계이론은 생태이론과 체계이론을 통합하여 인간과 환경의 상호작용을 이해하는 데 초점을 두고 있다. 그리고 각 영역의 규모별로 가족과 집단, 조직과 공동체에 대하여 그 구체적인 구조와 특성에 대해서 확인하여 사회복지사의 개입을 위한 지식을 제공하였다. 특히 가치관과 삶의 변화된 모습 속에서 함께 큰 변화를 겪고 있는 가족에 대한 최신 이론들과 관점을 반영하였고 정신분석학파의 집단역동과 집단 무의식에 대한 새로운 연구를 적극 소개하였다. 한편 이 책에서 가장 거시적인 영역이라고 할 수 있는 조직과 공동체에 대하여 여러 학자들의 연구를 통합하여 보다 구체적인 이론들을 제시하여 가족복지, 지역복지 등의 사회복지현장에서 적용될 수 있는 실제적인 도움이 되고자 노력한다.

마지막으로 최근 사회복지실천에서 '문화복지'의 등장과 함께 관심의 초점이 되고 있는 문화에 대한 연구 결과들을 소개하였다. 기존에는 문화에 대한 기본적인 개념만 다룬 것과는 달리 현재 사회복지실천현장에서 개인과 집단, 조직이 어떻게 문화의 영향을 받고, 문화를 어떻게 적용하고 있는지 구체적인 활동과 그 연관성을 학생들에게 이해시키려고 노력하였다.

1. 개 요

사회복지실천은 '인간에 대한 이해'에서 출발하고, 개인을 둘러싸고 있는 '환경에 대한 이해'는 개별적으로 분리되는 것이 아니라 환경과 통합된 총체로서 이해되어야 한다. 즉, "환경 속의 인간(person in environment)"이라는 관점에서 이해되어야 한다는 것을 강조한다.

'환경 속의 인간'이라는 관점은 인간과 환경 사이에 일어나는 상호작용에 초점을 두고, 양자 간의 상호교환을 통하여 주된 일이 어떻게 진행되고 있는가에 관심의 초점을 둔다. 다시 말해서, 모든 체계들은 생존하기 위해서 자신을 둘러싸고 있는 환경들과 투입·산출의 교환을 한다. 이러한 교환은 사회환경과 그 속에서 기능하는 모든 형태의 인간행동 사이의 관계를 설명하는 기본 질서 과정을 이루게 되면서 순환적이며 계속적인 영향을 주고받는다.

사회체계이론의 궁극적인 목적은 '안녕(well-being)'이다. 여기서 말하는 '안녕'은 주관적인 가치라 할 수 있다. 개인이 생각하는 체계 내에서 '안녕'이 객관적인 시각에서 역기능적인 것으로 관찰되기도 한다. 사회체계이론은 주관적인 체계와 객관적인 체계 사이의 간격을 맞추는 접근이라 할 수 있다.

사회복지실천에서 사회체계이론은 인간행동에 대한 원인과 결과의 관계를 중시하는 단선적인 견해를 벗어나 인간을 둘러싸고 있는 다양한 환경을 고려한다는 점에서 중요하다. 어떻게 역기능적인 반응을 하게 되었는가를 분석하고 이해하는 것은 표적체계에 접근하는 대안을 제공해 줄 수 있다는 점에서 중요하다.

'그 사람이 왜 그런 행동을 했을까?'를 이해하고 대상의 시각에서 접근을 시도한다면 사회복지실천 개입의 시너지 효과를 증대시킬 수 있다.

인간행동의 맥락, 즉 인간이 속한 환경체계의 영향을 설명해 주고 전문적인 사회복지실천의 기반을 제공해 주는 이론은 다양하다. 사회복지실천에서는 생태체계이론을 주로 활용하고 있지만, 체계이론에는 사회체계이론(social system theory), 일반체계이론(general system theory) 그리고 생태체계이론(ecological system theory)으로 분류할 수 있다(최옥채 외, 2002). 1968년 베르탈란피(Bertalanffy)의 체계변화 연구를 시작으로 1979년 브론펜브레너(Bronfenbrenner)에 의해 과정-개인 맥락의 개발을 핵심으로 한 생태학적 발달에 대한 연구가 이루어졌으며, 1980년대 저메인(Germain), 기터만(Gitterman), 메이어(Meyer)와 같은 연구자를 통해 생활의 장에 도입하는 것으로 발달되었다. 체계 간의 상호작용은 투입과 산출, 즉 교환과 상호작용을 통해 설명된다. 이러한 상호작용은 가장 작은 체계가 인식한 적응이 사회적으로 부적응에 해당하더라도 이들에 있어서는 적응의 상태에 머물러 있다는 가정으로 체계 간의 역기능을 조정하고 수정하는 것이 사회복지실천에 있어서 목적이라 할 수 있다. 사회체계이론에서 말하는 사회복지적 시각은 '왜?(why?)'가 아니라, '어떻게?(how?)'에 초점이 있다. 체계에 대한 분석과 평가는 체계의 역기능을 이해하고 어떻게 체계를 건강하게 적응시킬 것인가에 대한 정보를 제공할 뿐만 아니라, 체계의 변화에 필요한 정보와 자원을 적절히 동원시키는 데에도 유용하다.

2. 주요 개념

인간의 발달은 진공상태에서 일어나는 것이 아니라 언제나 특정한 환경 안에 담겨 있으며, 행동을 통해 표현된다(Bronfenbrenner, 1979; 김동배 외, 1998). 가장 작은 원자인 개인을 비롯해 가족, 조직, 지역사회, 문화 등이 체계의 집합체들로 설명될 수 있으며, 이러한 각 체계들은 조직화(organization), 상호 인과성(mutual casuality), 지속성(constancy), 공간성(spatiality), 경계(boundary)와 같은 다섯 가지 특성을 지닌다 (Martin & O'Connor, 1989).

여기서 체계란 서로 관련을 맺고 상호작용하는 요소들의 집합이다. 또한 사회체계(social system)란 우리가 살고 있는 사회적 환경 안에 존재하는 다양한 형태의 인간 공동체에 적용할 수 있는 사회조직의 모형이라고 할 수 있다(장인협 외, 1991). 사회체계에서 상호작용은 마치 하나의 작은 투입이 다른 형태의 산출을 만들어내는 일종의 연쇄반응이라 설명될 수도 있다. 이러한 과정은 눈에 두드러지는 것일 수도 있지만, 눈으로 또는 양적으로 관찰하기 어려운 것들일 수도 있다.

사회체계이론에 대한 이해를 돕기 위해 노린과 체스(Norlin & Chess, 1997)는 다음과 같이 용어를 정리하였다.

① 사회조직

공통의 목표하에 기능적으로 상호 의존적 관계를 가진다. 둘 이상의 사람이나 사회단위로 구성된 사회적 실체로서 사회환경과도 기능적인 상호관계를 맺는 특징을 가진다.

② 사회그룹

둘 이상의 구성원으로 이루어진 배타적이고 자발적 조직형태의 사회조직이다. 이들은 개인적인 입장에서 서로를 인식하고 상호작용하며 사회적 실체로서 공통적으로 그룹을 인식한다. 그룹의 특징에 따라 구성원 간의 영향을 주고받는다.

③ 가족

혈족관계에 기반한 구성원 그룹이나 실제적 인식이 혈족관계에 있는 구성원 특징을 가지고 있는 사회그룹이다.

④ 공식조직

분명한 목표달성을 위해 의도적으로 조직한 구체적이고 경계가 분명한 사회조직의 한 형태이다.

⑤ 지역사회

지역에 그 기초를 두며 대부분의 사람들이 공통된 욕구에 대해 만족함으로써 그들의 공통된 문제를 다루고 구성원들의 안녕을 증진하기 위한 방법을 모색한다. 구성원들이 소속된 사회와 관계하는 포괄적인 형태의 사회조직이다.

⑥ 사회

다른 모든 형태의 조직들이 포함되는 지역에 기초한 사회조직으로 가장 포괄적인 형태를 가진다.

사회체계이론은 사회체계의 다양한 수준을 인정하고는 있지만, 각 체계수준의 독특성보다는 모든 체계의 보편적인 양식에 그 초점을 두고 있다. 우리가 어떤 대상을 명명하기 이전에는 그 대상은 인식할 수 있는 관심의 대상이 아니었다. 그러나 그것에 대해 이름을 붙이고, 의미를 부여하면서 대상에 대한 가치와 기준이 설정된다. 그리고 보편적 가치와 기준을 적용하면서 체계와 상호작용하게 되는 것이다. 사회복지실천에서 관심을 가지는 것은 역기능적인 사회체계를 순기능적인 상호작용으로 전환하기 위해 필요한 정보를 수집하고 평가하여 순기능으로 전환하도록 하는 데 초점이 있을 수 있다. 이를 위해 체계의 구조적 속성, 체계의 역동 및 진화적 속성, 체계의 과정적 속성을 살펴보고자 한다.

1) 체계의 구조적 속성

체계란 독특한 방식으로 상호작용하고 지속적으로 존재하는 구성요소들을 포함한 조직화된 전체이다(Anderson & Carter, 1984). 체계들은 투입에 대해 적응된 반응양식으로 산출을 나타낸다. 이는 암묵적인 약속이나 체계 내의 도덕, 윤리, 가치 등과 같이 설명될 수 있다. 체계조직의 역할과 기능에 따라 에너지를 투입하게 되고, 체계 내의 전환작용을 통해 다양한 형태로 산출하게 된다. 최근 탄력성(resilience)과 관련된 연구들도 체계에 대한 것으로 설명될 수 있다. 동일한 자연재해에 대해 체계조직이 어떤 과정으로 대응하는지에 대한 연구는 체계의 투입과 산출에 관련된다. 탄력성이 높은 체계들은 동일한 투입에 적응하면서 반응하게 될 것이고, 그렇지 못한 체계들은 역기능적으로 반응하게 될 수도 있는 것이다.

체계 간에는 경계를 가진다. 경계(boundary)는 체계를 구분하는 역할로서 사회체계의 동질성의 개념을 규정하도록 정의하며, 모든 체계가 환경과 함께 가지고 있는 내부적·외부적 변화를 조정한다. 그리고 체계를 이루고 있는 것들에 의해 움직이는 역할의 포괄적인 정의를 규정하는 기능을 가진다. 인간을 대상으로 하는 사회복지실천에서 경계를 규명하는 것은 어렵다. 왜냐하면 이들 체계들이 어떤 양식으로 투입과 산출을 진행하는지에 대한 평가와 이해가 선행되어야 하며, 이러한 평가를 통해 사회복지실천에 대한 개입계획을 도출할 수 있기 때문이다.

체계에는 두 개의 체계가 함께 공존하는 공유영역(interface)을 가진다. 이는 어떤 대상체계가 상위체계나 하위체계와 교류하면서 만들어지는 독특한 상호작용의 유형 혹은 공유된 경계이기도 하다. 경계와 공유영역이 다른 점은 경계가 체계의 정체성을 유지하기 위해 필요하다면, 공유영역은 서로 다른 두 체계가 공통의 이익이나 관심을 추구하기 위해 필요하다는 것이다(Norlin & Chess, 1997). 공유영역에 대한 적절한 예는 '결혼'이라 할 수 있다. 이는 다른 체계로 유입되는 자연스러운 현상이면서 아울러 경계를 개방하고 새로운 체계에 적응하기 위한 과정이 필요하다. 결혼 전에 있어서 공유영역을 '사랑'이라 가정한다면, 결혼 이후 공유영역은 두 가정의 다른 양식을 공유해 가면서 적응해 나가는 과정이다. 사회체계의 전반적 투입과 산출의 모형은 그림과 같다.

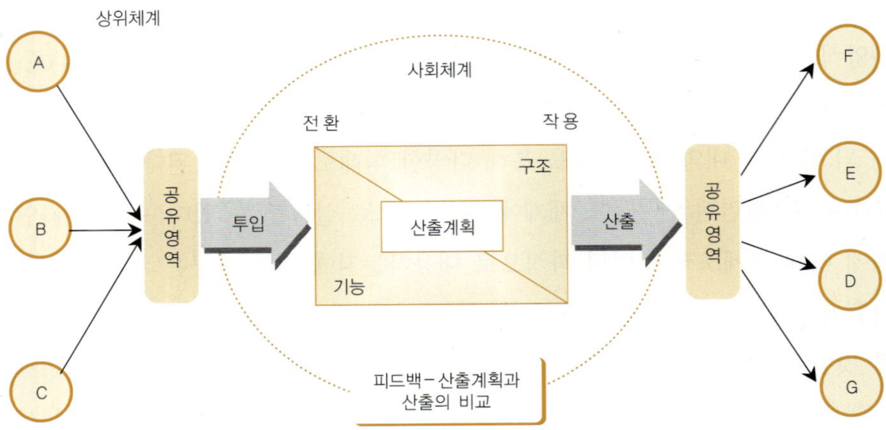

|그림 7-1| 사회체계 모형

출처 : Norlin & Chess(1997), p. 17.

체계는 개방적일 것인지, 폐쇄적일 것인지에 대한 속성을 갖게 된다. 개방체계(open system)란 체계 내에서 원활하게 상호작용하면서 에너지, 정보, 자원 등을 상호 교류하는 체계를 말한다. 반면 폐쇄체계(closed system)란 외부체계들과 상호 교류가 없거나 교류할 수 없는 체계를 이르는 것으로 체계가 속한 영역 내에서만 상호작용하며 외부로부터의 투입과 산출을 거부하는 것을 말한다. 완벽한 개방체계도, 완벽한 폐쇄체계도 존재하지는 않는다. 다만, 대상이 속해있는 체계가 얼마나 개방되었는지, 폐쇄되었는지를 평가함으로써 체계의 수준에 맞게 접근할 수 있도록 해야 할 것이다. 개방체계와 폐쇄체계를 그림으로 도식화하면 다음과 같다.

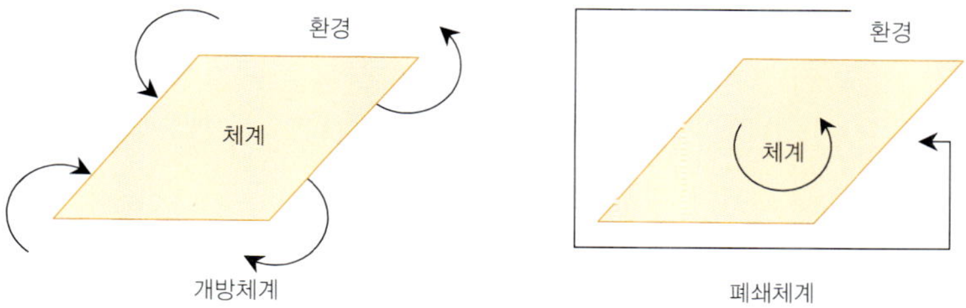

[그림 7-2] 개방체계와 폐쇄체계
출처 : Norlin & Chess(1997), p. 32.

2) 체계의 역동 및 진화적 속성

체계는 끊임없이 변화를 추구함과 동시에 역동적 균형상태를 유지하려는 속성을 가진다. 파슨즈(Parsons)는 모든 사회체계가 직면한 네 가지 기능적인 문제를 발견하였다. 공통된 기능적 문제를 다루는 것은 비교할 수 있는 행동양식의 수행이나 사회구조를 개선하기 위한 것으로 적응(adaptation), 목표달성(goal attainment), 통합(integration), 형태유지(pattern maintenance, latency)로 설명된다. 이를 그림으로 도식화하면 다음과 같다.

	도구적	결과적
외적	적 응	목표달성
내적	형태유지	통 합

[그림 7-3] 체계의 네 가지 기능적 요건

축1은 체계기능의 내적·외적 지향을 설명한다. 축2는 사회체계에서 나타나는 도구적·결과적 지향을 구별한다. 사회복지실천은 인간행동에 대한 접근에서 인간을 둘러싸고 있는 사회환경을 포함하고 있다는 측면에서 다른 분야와 구별된다.

사회체계 관점에서 가정한 모든 인간의 사회적 행동은 '목적적'이라 한다. 이러한 가정은 일반체계, 생태적, 기능적 그리고 인본주의적 이론들과 부합한다. 여기서 목적 성취는 체계의 최종 상태와 같은 것으로 보면 사회복지실천은 목적을 완성하기 위해 선택한 도구로 설명된다. 사회체계이론은 대상이 추구하는 안녕상태를 이루기 위해서 모든 체계가 수행하는 보편적인 행동양식을 설명하고자 하는 것으로서 안녕(well-being)은 모든 인간의 자연적 상태이며 인간이 형성한 다양한 형태의 사회조직에 있어서 자연적 상태를 일컫는다.

사회복지실천에 적용할 수 있는 사회체계이론을 구성할 때 파슨즈의 견해에 따르면 "문제"라는 개념을 찾을 수 없다. 문제라는 개념은 그 해결이 존재하고 이를 해결하기 위해 문제-해결접근법(problem-solving methodology)을 사용해야 한다. 매슬로(Maslow)는 우리가 될 수 있는 모든 것이 이루어지는 자아실현의 개념으로 안정상태에 대해 설명하였다. 이러한 것을 사회체계에 적용해 보면 '끝없는 추구'로 표현될 수 있다(Norlin & Chess, 1997). 일반체계이론에서는 에너지와 관련된 추구과정을 엔트로피와 네겐트로피로 설명하고 있다. 엔트로피(entropy)란 폐쇄체계의 특징과 관련된 무질서한 상태, 즉 혼돈의 상태를 말한다. 완전한 폐쇄체계가 없다는 것은 앞서 말한 바 있다. 그들의 경계가 혼란을 겪게 되고, 이로 말미암아 긴장과 불안이 가중되게 되는 상황이 엔트로피라 할 수 있다. 네겐트로피(negentropy)란 체계 내의 질서, 형태, 분화가 잘 되어 있는 상태로 설명된다. 체계 내의 질서와 법칙이 지켜지며 에너지 교환도 활발한 상태이다. 사회체계는 네겐트로피의 과정을 통해서 형성된다. 네겐트로피 상태에서 에너지 교환이 활발해지면서 시너지(synergy), 즉 에너지가 증가하게 된다.

체계의 역동은 체계의 성장, 개혁 그리고 변화를 창출해 내려는 자기지향적

과정(self-directing process)이 있을 뿐만 아니라 체계 내부의 규칙과 가치를 보존하고 안정성을 유지하려는 자기규제적 과정(self-correcting process)이다. 이러한 체계 내에서 변화하는 힘을 형태변형적 속성(morphogenesis)이라 하며, 체계 자체를 유지하려는 속성을 형태정체적 속성(morphostasis)이라고 한다.

체계 내의 균형이나 현상유지 속성을 설명하기 위해 보편적으로 사용되는 것을 항상성(homeostasis)이라 하며, 이는 체계의 균형을 위협받았을 때 이를 원래대로 회복하려는 경향을 일컫는다. 즉, 지속적인 변화의 상태에 놓여 있는 동시에 역동적인 균형 상태를 유지하는 것을 의미한다(Compton & Galaway, 1989). 여기서 균형(equilibrium)은 외부체계로부터의 투입 없이 균형을 유지할 수 있는 체계의 능력을 의미하지만, 균형이 성장과 발달을 일으키는 일시적인 불안정을 유발하기도 한다. 체계의 균형상태를 가장 적절히 표현한다고 할 수 있는 안정상태(steady state)는 전체 체계가 균형을 이루고 있고, 부분들 간의 관계를 유지시키고 쇠퇴하여 붕괴하지 않게 하기 위해서 환경과 탄력적인 에너지 교환관계를 유지하고 있는 상태, 즉 체계들 간의 가장 편안한 상태라 표현될 수 있다. 자녀를 양육하는 일은 발달의 불안정을 가질 수도 있지만, 가족체계는 가족 고유의 안정을 유지하기 위해 환경과 상호작용하면서 에너지를 교환하는 것이다. 가족 내적 환경 발달뿐만 아니라 외적 환경, 예를 들어 학교나 또래관계 문화 등과 교류하지만 가족구성원이 가지는 고유의 안정상태를 유지하는 것으로 설명될 수 있다.

3) 체계의 과정적 속성

체계는 자체의 생존을 보장하고 변화하기 위하서 체계 내외부와 지속적인 정보교환과 에너지 교환이 이루어진다. 이러한 교환을 적절히 설명해 주는 개념으로서 의사소통(communication), 투입－전환－산출이라는 과정(process)을 가진다.

의사소통은 두 사람 또는 그 이상의 개인들 사이에서 정보를 전달하는 체계이면서 개인들 간의 관계를 형성하는 기반으로 축적적인 상호 교환이다(Bloom,

1984). 두 사람 또는 그 이상의 사람들이 의사소통을 통해 그들의 경험을 공유하게 된다. 상호작용은 두 사람 또는 그 이상의 사람들 사이에서 일어나는 상호적인 접촉으로 상호 보완적이며 공유(sharing)의 과정을 경험한다. 공유영역은 관계의 한 형태를 연대하여 유지하고 지지하기 위해 둘이나 그 이상의 체계 사이에서 만들어진 공식적 · 비공식적 계약을 말한다(Norlin & Chess, 1997).

그 당시의 언어적 · 비언어적 표현이 주는 의미들 모두 체계 간의 의사소통이 될 수 있다. 이러한 과정에서 투입－전환－산출의 과정을 거친다. 체계가 외부로부터 정보나 에너지를 받아들여 필요로 하는 자원을 만들어 내는 과정을 투입－전환－산출이라 한다. 투입(input)이란 체계가 환경으로부터 에너지, 사물, 정보 등을 받아들이는 과정을 말한다. 체계의 생물학적 또는 심리사회적 생존과 성장을 위해서는 외부환경으로부터 적절한 투입이 있어야 한다. 일단 외부환경으로부터 체계 내부로 투입이 이루어지고 나면, 체계는 투입된 에너지를 자신에게 적절하게 변형시키게 되는 재조직화 과정을 거치게 되는데 이를 전환(through-put)이라 한다. 체계가 이러한 전환과정으로 시작하게 되면 체계는 적극적으로 외부환경에 반응하게 된다. 산출(output)은 체계 내에서 변형된 에너지를 환경으로 방출하는 것을 의미한다(김동배 외, 1998).

모든 사회체계는 순환적인 성격을 가지고 있다. 이러한 순환적 성격을 가장 잘 표현하는 것이 피드백(feedback)이다. 피드백이란 체계의 작동을 점검하고, 적응적 행동이 필요한지를 판단하여 수정하는 능력을 일컫는다(Norlin & Chess, 1997). 피드백에 있어서도 긍정적인 피드백과 부정적인 피드백으로 나눌 수 있다. 긍정적인 피드백(positive feedback)은 체계의 급속한 발달과 변화를 통해 체계 전체를 변화시키는 것이며, 부정적인 피드백(negative feedback)은 체계의 항상성을 유지시키면서 변화를 극소화시키며 체계 자체를 유지시키는 것을 말한다.

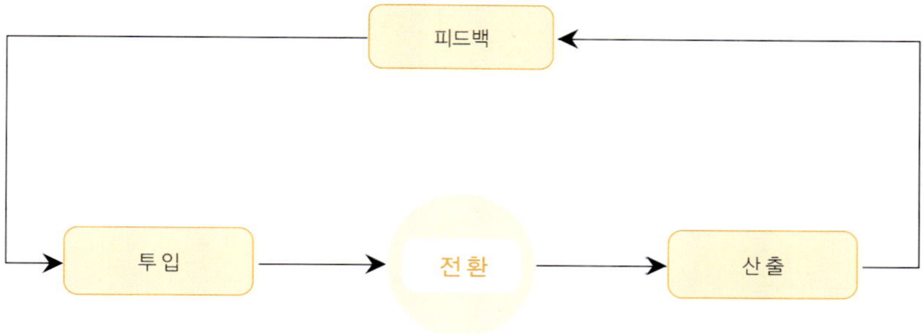

|그림 7-4| 체계의 투입-전환-산출 및 피드백 과정

3. 체계적 관점에서 생타체계

사회체계이론에 있어서 생태학적 이론은 유기체를 환경과 분리할 수 없으며 상호작용하는 체계로 보기 때문에 개인과 환경을 이분화하는 것을 방지할 수 있으며, 양자 간의 상호작용에 초점을 둘 수 있게 해준다. 생태학적 이론은 개인-환경 간의 적합성, 개인과 환경 사이의 상호적 교환 그리고 교환을 지지 또는 방해하는 힘 등과 같은 폭넓고 통합적인 실천적 지식을 제공해 주고 있다(Germain, 1973, 김동배 외, 1988 재인용). 인간은 속해 있는 사회와 문화, 가치에 따른 존재로 인식하고 있으며, 이러한 것들과의 상호작용을 통해서 반응하는 존재로 설명한다.

체계는 개인, 가족, 집단, 조직, 지역사회 등 매우 다양한 수준에 걸쳐 존재하며, 체계는 그 자체로서 하나의 완전한 체계인 동시에 다른 체계의 상위체계이며 또 다른 체계의 하위체계가 될 수 있다. 따라서 체계는 동시에 여러 차원의 체계에 속하며, 인간을 둘러싸고 있는 생태체계는 상호 의존적이고 역동적인 중첩구조를 형성하고 있다. 브론펜브레너(Bronfenbrenner, 1979; 1989)는 인간을 둘러싸고 있는 생태체계를 미시체계(microsystem), 중간체계(mesosystem), 외적체계(exosystem), 거시체계(macrosystem) 그리고 시간체계(chronosystem)로 구분하였다.

미시체계(microsystem)는 개인의 가장 근접한 환경으로 가족, 학교, 이웃 등의 물리적 환경과 사회적 환경 그리고 그 환경 내에서 갖게 되는 지위나 역할, 활동, 대인관계 등을 의미한다. 개인은 이러한 미시체계와 직접적 상호작용하며, 그 과정에서 개인과 미시체계는 서로 영향을 주고받는다. 이러한 미시체계는 개인의 특성과 발달단계에 따라 달라지는데 일반적으로 미시체계는 점차 확대되어 가지만, 노년기에는 접촉하는 미시체계의 범위가 축소되게 된다.

중간체계(mesosystem)는 서로 상호작용하는 두 가지 이상의 미시체계의 관계망을 말한다. 중간체계의 예로서 가족 미시체계와 학교 미시체계의 상호작용과 같은 두 가지 이상의 미시체계 간의 관계를 들 수 있다. 한 개인은 가족 내에서 자녀의 지위와 역할을 수행하지만 학교에서는 학생으로서의 지위와 역할을 동시에 갖게 된다. 이와 같이 개인이 서로 다른 미시체계 내에서 서로 다른 지위와 역할을 갖게 되므로 각각의 미시체계로부터 긍정적 영향이나 부정적 영향을 받지만, 두 미시체계가 동시에 작용하여 만들어 내는 상승적 효과로 인한 영향도 받게 된다. 만약 가족체계 내의 부모는 학업적 성취를 중시하지 않는 가치관을 가지고 있는 반면 학교체계의 교사는 학생들의 학업적 성취를 무엇보다도 중시하게 된다면, 자녀이자 학생인 개인은 두 체계 사이의 상호작용 과정으로 인해 혼란을 경험하게 될 것이며, 가족, 학교, 더 나아가서 지역사회에서 부적응적 행동을 보일 가능성이 높아지게 된다. 그와는 반대로 부모와 교사의 가치관이 일치하고 효과적인 의사소통 채널을 갖게 되면 학생들은 학교생활에 잘 적응해 갈 수 있게 될 것이다.

외적체계(exosystem)는 개인이 직접 참여하거나 관여하지는 않지만 개인에게 영향을 미치는 생태체계로서 부모의 직장, 정부, 사회복지기관, 대중매체 등이 포함된다. 예를 들어, 부모의 직장 고용주는 개인의 부모를 조기 퇴직시킬 수 있고, 정부는 개인이 살고 있는 재산이나 소득에 대해 부과하던 세금을 인상할 수 있으며, 사회복지기관은 국민기초생활보장 수급권자가 아니라는 이유로 개인이 이용하고 싶어 하는 서비스를 제공하지 않을 수 있으며, 대중매체에서는 가족들이 함께 시청하는 시간대에 아동이나 청소년들이 보기에 부적절한 프로그램을 방영할 수도 있다. 또는 그와 반대로 부모의 직장 고용주는 부모를 승진시킬 수 있고, 정부는 주택 및 소득 관련 세금을 인하해 줄 수도 있으며, 사회복지기관은 개인이 원하는 서비스를 이용할 자격을 줄 뿐만 아니라 다른 서비스도 추가로 제공할 수 있고, 대중매체는 모든 연령층에게 유익한 교양 프로그램을 방영할 수도 있다. 이와 같이 개인이 직접 참여하거나 관여하지는 않지만 개인의 외적 체계는 개인의 삶에 긍정 또는 부정적 영향을 미치게 된다.

거시체계(macrosystem)는 미시체계, 중간체계, 외적체계에 포함된 모든 요소에 정치, 경제, 종교, 교육, 윤리와 가치, 신념, 관습, 문화 등의 광범위한 사회적 맥락을 의미한다. 이러한 거시체계는 다른 체계보다 안정적인 특성을 지니고 있지만, 산업화, 민주화, 도시화, 전쟁이나 경기침체 등의 사회 변화에 따라 근본적인 변화가 이루어지기도 한다. 거시체계가 개인의 삶에 직접 관여하지는 않지만, 전체적으로 보면 간접적 방식으로 개인의 삶에 강력한 영향을 미친다.

시간체계(chronosystem)는 개인의 전 생애에 걸쳐 일어나는 변화와 역사적인 환경을 포함하는 체계로, 개인의 발달에 결정적인 영향을 미친다. 개인은 시간의 흐름, 즉 성장함에 따라 다양한 생활사건을 경험하게 된다. 이러한 생활사건은 특정 시점에 국한된 것이 아니며, 사전기간, 진행기간, 사후기간이라는 서로 연결된 시간 속에서 발생한다. 개인은 단일 생활사건으로부터 영향을 받기도 하지만, 사건이 누적되거나 여러 가지 생활 사건들이 복합적으로 작용하여 개인에게 영향을 미친다.

저메인과 기터만(Germain & Gitterman, 1996)은 생태체계이론의 기본적인 주요 개념을 다음과 같이 열거하고 있다.

① 교환 혹은 교류

개인과 그를 둘러싼 환경 간의 지속적인 교류작용으로서 교환이 일어나게 된다. 교환이 일어나는 시간이 경과될수록 사람과 환경은 서로 형성되며, 이들은 긍정적, 부정적 혹은 중립적일 수 있다.

② **개인과 환경 간의 적합성**(person : environment)

개인의 욕구, 능력, 권리, 열망 등이 환경과 적절하게 융화되지 못할 때, 개인적 발전과 기능은 저해될 수 있으며 환경 또한 손상된다. 개인과 환경이 서로 적합성을 지닐 때 시너지 효과가 발생하게 된다. 환경이 개인에게 바람직한 수준의 생물적, 인지적, 감각적, 정서적, 사회적 발달 및 기능을 위한 자원과 경험을 제공함으로써 '적응성(adaptedness)'이 향상된다.

③ **스트레스와 대처**

생태체계이론에서는 개인과 환경 간의 지속적인 관계를 탐색함으로써 스트레스와 대처과정을 이해한다(Lazarus, 1980). 스트레스(stress)는 개인이 지각한 요구에 있어서 이를 충족시킬 수 있는 자원을 활용할 수 있는 능력 사이의 불균형 상태라 할 수 있다(Germain & Gitterman, 1986). 개인이 가진 능력의 부분과 환경적 상황의 불균형이 발생할 때에도 스트레스를 경험하게 된다. 흔히 시험을 앞두고 누구나가 좋은 성적을 상상하지만, 공부를 더 열심히 한 사람의 성적이 일반적으로 좋게 나오는 것을 생각해 볼 수 있을 것이다. 내가 생각하는 수준의 결과가 나오지 않을 때 흔히 '스트레스 받는다'는 표현을 쓰듯이 결과를 산출하는 과정에서 환경이 어떠했는가에 따라 달라질 수 있다.

스트레스의 경험은 이를 대처해야 하는 전략을 갖게 한다. 대처기술(coping skill)은 고통을 완화하기 위해 자연적으로 발생하는 것으로 설명된다. 대처능력을 갖추기 위해서는 내적 자원과 외적 자원이 필요하다.

내적 자원은 자존감과 문제해결 기술이 포함되며, 외적 자원으로는 가족, 사회적 관계망 그리고 조직의 지원 등이 포함된다(김동배 외, 1998). 어떤 학자들은 스트레스 자체가 좋고 나쁜 것이 아니라 그 스트레스에 대한 개인의 반응과 대처에 따라 그 결과가 달라진다고 설명하면서 스트레스를 다시 정의하기도 한다.

이 경우에 정적 스트레스란 개인이 스트레스에 대하여 효율적으로 받아들이고 대처하여 좋은 결과가 발생하는 것을 말하며 부적 스트레스는 반대의 경우를 말한다. 인간은 스트레스에 대해서 좀 더 향상된 대처기술을 사용하도록 발달된다. 때때로 대처기술이 알코올중독과 같은 역기능적 방법으로 대체되기도 하지만, 개인의 특성에 맞는 긍정적 대처기술의 향상을 위한 정보제공 역시 사회복지실천에 있어서 중요한 역할을 제공한다.

④ 관련성, 능력, 자긍심 및 자기방향성

개인과 환경 간의 적응적 관계로부터 나오는 결과물들로 속성들 간에 상호의존성을 지닌다. 그중 관련성은 가장 중심적 요소로 보울비(Bowlby)의 애착이론에 기반을 두고 인간이 생존을 위해 타고난 능력을 일컫는다.

능력은 생물학적-심리적 개념으로 모든 생명체들이 생존을 위해 선천적으로 자신의 환경에 영향을 미치도록 동기화되었으며, 이러한 동기는 고도로 발달되었다고 설명한다.

자긍심은 개인이 스스로를 유능하고 중요하며 영향력을 미칠 수 있는 존재라고 느끼는 정도를 말한다. 이는 자기존중감을 반영하는 것으로 자긍심과 자신감은 구분된다. 자신감이 자긍심의 형성에 영향을 줄 수는 있지만 동일한 것이라고 할 수 없다.

자기방향성은 자신의 인생에 대해 어느 정도의 통제를 지니면서 결정과 행동에서 책임을 느끼는 것을 의미한다. 의사결정과 행동을 위해 나이, 신체, 심리적·환경적 조건들에 부합하는 적절한 기회를 개인이 획득함으로써 자기방향성을 향상시킬 수 있게 되고, 이는 자긍심과 능력을 유지하는 데 도움이 된다.

⑤ 사회·물리적 환경 및 공간과 시간적 리듬

생태체계이론에서는 생활을 영위하고 있는 사회적·물리적 환경뿐만 아니라 문화적 환경에도 관심을 갖는다. 이러한 환경체계들이 상호 영향을 미치면서 인간의 행동을 결정하게 된다는 것이다.

사회적 환경에 속하는 것은 일반적인 사회적 관계망(social network), 즉 가족, 친척, 친구, 이웃 그리고 직장동료 등을 포함한 주요 타인 간의 관계체계이다. 사회적 관계망은 타인과 관계를 맺고 자원과 사회적 지지를 상호 교환할 수 있는 기회를 제공하기 때문에 성장과 적응에 상당한 기여를 한다. 사회적 관계망은 개인의 행동에 영향을 미치는 일련의 관계상의 연결성이며 의사소통 통로이기도 하다(Gitterman & Germain, 1981).

물리적 환경은 자연적 환경과 인위적 환경으로 구성된다. 자연적 환경에는 기후와 지리적 조건 등이 포함되며, 인위적 환경에는 건물, 대중매체, 교통편의 체계 등과 같은 자연적 환경 내에 인간이 인위적으로 배치한 것들이 포함된다.

공간은 개인의 안녕상태에 중요한 영향을 미치는 환경적 공간(space)을 말한다. 산업기술의 발달로 인간의 생활은 편리해졌지만, 차에서 내뿜는 이산화탄소는 인간에게 부정적인 영향을 미칠 수 있다. 시간적 리듬은 속도, 기간과 같은 요인이 적응과 밀접한 관련성이 있다고 보는 것을 말한다.

⑥ 거주환경(habitat)과 생활영역(niche)

거주환경과 생활영역이란 용어는 인간의 문화적 환경을 설명하기 위해 생태학에서 차용한 것이다. 거주환경은 개인의 문화적 맥락 내에 존재하는 물리적 및 사회적 환경과 관련된 개념이며, 생활영역은 지역사회 성원들이 차지하고 있는 직접적 환경이나 지위들을 말한다(Germain & Gitterman, 1987). 브론펜브레너(Bronfenbrenner, 1989)는 생태학적 생활영역을 특별한 개인적 특성을 지닌 개인의 발달을 촉진 또는 방해하는 환경 내의 영역이라고 표현하였다. 생태체계이론에서는 이러한 생태학적 생활영역의 개념에 따라 개인적 발달의 결과는 문화나 하위문화 그리고 시대에 따라 다르다고 보고 있다. 생활영역의 개념은 개인-환경단위 내에서 일어나는 과정을 이해하기 위한 수단이다(김동배 외, 1998).

4. 사회복지실천과의 연관성

사회복지실천의 초점은 체계와 사회 간의 부적응을 파악하고, 이들의 환경과 체계들 간의 적응을 돕는 데 있다. 이를 위해 체계들이 원활히 상호작용할 수 있도록 지원하여 체계가 일반사회 체계 속에서 적응할 수 있도록 정보와 서비스를 제공한다.

핀커스와 미나한(Pincus & Minahan, 1973; 문인숙 외, 1995)은 물질적 · 정서적 · 사회적 서비스의 기회 획득을 위한 체계를 제시하였다. 먼저 비공식적 체계(informal system)는 가족, 친구, 이웃, 배달부, 동료 사회복지사 등이다. 공식체계(formal system)는 지역사회의 집단들, 회원제 조직들, 노조 등이다. 사회체계(social system)는 병원, 학교, 관공서, 직장, 사회보장 프로그램 등이다. 이들 체계들은 하나의 체계만 상호작용하는 것이 아니라 동시에 다양한 체계와 상호작용하기도 한다.

사회복지실천현장에서 사용되는 사회체계이론의 방법으로는 생태도, 가계도, 사회적 관계망을 활용한 사정과 평가의 과정을 거쳐 개입에 활용된다. 생태도(ecomap)는 개인이나 가족을 포함하는 클라이언트 체계가 외부환경 체계들과 어떻게 관련되어 있는지를 그림으로 나타내는 것이다. 클라이언트 체계와 외부체계 혹은 외부자원과 관련성은 주위에 얼마나 다양한 체계들이 존재하는지의 구조적인 부분과 함께 외부체계들이 어떻게 작용하는지의 기능적인 부분도 파악한다. 가계도(genogram)는 사회체계의 한 부분으로서 가족체계를 사정하는 방법이다. 보통 2～3세대 이상에 걸친 가족구성원에 대한 정보와 관계를 도표로 나타낸 것이다. 가계도에서는 가족에 대한 정보를 도식화함으로써 복잡한 가족유형의 형태를 한눈에 파악할 수 있다. 또한 가족의 문제가 어떻게 기능해 왔는지를 파악함으로써 사회복지실천에 있어서 중요한 단서를 인식할 수 있다. 사회적 관계망(social network)은 단순한 사람들의 집합이 아니라 구성원들 간의 연결이 개인의 행동에 영향을 미치는 하나의 관계체계이며, 현실생활에서 관심과 유대의 결과로서 가족의 생활공간에서 발생하는 친척, 친구, 이웃, 자조집단 등을 포함하는 개념으로 이해할 수 있다(최옥채 외, 2002).

사회체계이론은 특정 개입방법이나 기술을 제시해 주는 실천모델이 아니라 문제현상을 사정하고 평가하는 이론적 준거 틀로서 인식되고 있다. 이 준거 틀은 기존의 다양한 전통적 방법론들을 통합적으로 적용할 수 있는 관점이라고 설명할 수 있다. 즉, 기존의 실천모델을 적용하기 전에 문제를 정확히 파악하여 문제해결을 위해 어떤 모델이 가장 적합할 것인지 판단하고 선택할 수 있게 도와준다(장인협, 1989). 사회체계이론이 사회복지실천에 있어서 유용성은 다음과 같다.

첫째, 적응과 부적응의 관점에 대한 통합적 시각의 제공이다. 환경적 요구에 의해 체계 내부에서는 구조적 변화를 야기하는 긴장이 발생한다. 체계는 안정을 위해 구조화하고, 구조를 해체시키고, 재구조화함으로써 환경적 요구에 대처하게 되는 것이다. 체계의 반응은 자신들이 안정감을 느끼는 데로 표출하게 되는데, 사회복지실천에서 만나는 클라이언트들은 역기능적인 반응을 보이는 대상들과 마주하게 된다. 이를 병리적 관점으로만 해석할 것이 아니라 그들이 왜 그렇게 적응하였는가를 사회체계이론은 이해할 수 있도록 정보를 제공해 준다는 면에서 중요하다.

둘째, 사회체계이론은 단일한 이론을 주장하지 않는다. 정신분석이론가가 정신분석만으로 모든 문제를 해결해 줄 수 있다는 마술적 사고는 자칫 클라이언트의 문제보다 이론 중심의 개입으로 실제적인 개입이 이루어지지 않게 될 수도 있다. 사회복지실천은 개인, 가족, 집단, 사회적 관계망, 지역사회, 물리적 환경, 조직체 그리고 정책 등의 양식들 내에서 상황적 요구에 맞게 준비하고 기술적으로 이동하며, 클라이언트의 합의를 얻어 효과적으로 개입할 준비해야 한다. 이러한 구성들은 개인뿐만 아니라 개인을 둘러싸고 있는 환경을 입체적으로 사정하고 평가하는 역할을 포함하고 있다. 그리고 상황에 따라 사회복지사의 역할도 다양할 수 있어야 한다. 통합적 관점의 사정과 평가는 클라이언트의 문제를 입체적으로 조망할 수 있게 한다.

셋째, 사회체계이론은 클라이언트의 행동과 의사결정에 초점을 둔다. 사회복지사는 개인, 가족, 집단이 자신의 동기를 강화시키고 행동으로 표현되도록 돕는다. 때때로 전문가가 생각하는 우선순위와 표적체계가 생각하는 우선순위가 상이할 때가 있다. 이와 같은 상황에서도 클라이언트가 선택한 목표를 존중해야 한다. 왜냐하면 그를 둘러싸고 있는 환경에 대한 사정과 평가는 클라이언트가 가장 잘 알고 있기 때문이다. 사회체계이론은 클라이언트가 상황에 대한 결정을 하고 이익을 위해 행동할 기회를 그들에게 준다.

넷째, 사회체계이론은 사회적·물리적 환경 및 문화의 중요성을 강조한다. 클라이언트가 속해 있는 문화와 가풍, 지리적 풍토, 종교, 지역사회의 특징, 주거상황, 사회적 관계망 등은 클라이언트를 통합적으로 조망하는 데 도움을 준다. 이러한 요소들과의 상호작용 흐름이 어떤 식으로 투입과 산출로 표출되는가는 표적체계의 부적응을 이해하는 근거를 제공해 줄 수 있다. 또한 표적체계의 스트레스를 분석하는 데 있어서도 유용하다.

사례

적용연습을 위한 케이스

알코올상담센터에 의뢰된 50대 초반의 K씨는 자영업을 하는 부인과 대학생인 두 딸과 함께 살고 있다. 알코올중독 문제를 갖고 있는 K씨는 30대 초반에 직장을 그만두고 자영업을 시작했지만 최근 술로 인한 여러 가지 문제 때문에 부인이 가게를 도맡아 운영하고 있다. 클라이언트는 자신이 알코올중독자라는 사실을 인정하고는 있지만, 가족들과 단절된 의사소통과 사소한 문제로 인한 다툼이 잦아 거의 대화를 회피하면서 지내고 있다고 하였다. 또한 근래에는 스트레스가 쌓이면 술이 아닌 다른 해결방법의 일환으로 며칠씩 장거리 여행을 혼자 다녀오곤 하며, 과거 위암의 경력이 있어 위암 자조모임에 참석하고 있다고 하였다.

- 이 사례를 생태체계이론을 적용하여 사정하고 어떻게 도울 수 있는지 논하시오.

1. 가 족

사회복지사의 개입대상인 인간의 행동은 그가 속한 사회와 문화의 영향을 받을 수밖에 없으며, 특히 가족은 한 인간이 태어나서 자라고 의식을 형성하는 가장 중요하고 많은 영향을 끼치는 기초적 사회이다. 인간의 기본 욕구 역시 일차적으로 가족의 테두리 안에서 충족된다. 그러나 사회의 발전과 변화에 따라 가족의 기능이 점점 사회로 이양되고 있으며, 가족 크기의 축소, 통제기능과 능력의 약화, 정서적 지지 기능의 약화와 같은 문제로 인하여 가족 및 가족구성원들은 다양한 어려움을 겪고 있으므로 이러한 가족을 지원하고 개입하는 사회복지사의 역할의 중요성이 증가하고 있다. 따라서 사회복지사들에게 있어서 가족에 대한 이해는 필수적인 요소라고 할 수 있을 것이다.

1) 가족의 정의

가족은 인간의 출생과 더불어 존재하는 일차적 집단으로 가족을 떠난 인간의 생활은 생각할 수 없으며, 가족은 사회의 안정과 개인의 성장·발달의 기초가 되는 핵심단위이다. 협의의 가족은 서로에 대한 의무를 가지고 함께 거주하는 사람으로 구성된 일차집단을 말하며, 광의의 가족은 그들 스스로를 가족이라 정의하고 지속적으로 서로에게 가족체계의 핵심적 요소로 간주되는 의무감을 주는 둘 이상의 개인으로 구성된 집단을 말한다. 그러나 최근 다양한 가족형태의 등장으로 가족을 정의하기는 점점 더 어렵고 복잡해지는 경향을 나타내고 있다. 가족에 대한 정의와 관련하여 주요 학자들의 견해를 살펴보면 다음과 같다.

① 머독(Murdock, 1949) : 가족이란 공동거주, 경제적 협력, 생식의 특성을 갖는 사회집단이다. 그리고 가족은 성관계가 허용되는 성인, 남녀, 출산한 자녀나 입양한 자녀로 구성된다.

② 레비 스트라우스(Levy Strauss, 1956) : 가족은 결혼에 의해 출발하며, 가족 구성은 부부와 자녀 그리고 다른 근친자가 포함될 수 있다. 가족구성원은 법적 유대, 경제적 그리고 성적 의무와 권리, 존경 및 애정 등과 같은 다양한 심리적 감정으로 통합되어 있다.

③ 버제스(Burgess, 1971) : 가족은 사회의 존재를 위하여 가장 기초적이고 필수적인 기능을 수행하는 제도이다. 가족은 성적 행위, 새로운 가족구성원의 출산, 부양자녀의 보호, 사회적 관계의 유지 등과 관련된 문제를 해결한다.

④ 골덴버그(Goldenberg, 2000) : 가족은 물리적 · 심리적 공간을 점유하는 개인들의 집합체 이상으로 고유한 특성을 가지고 있으며, 특정한 규칙, 역할, 세력, 구조, 의사소통의 유형을 공유, 발전시켜 온 사회적 체계이다.

⑤ 이광규(1981) : 가족이란 가족구성원, 동고동락의 생활공동체이며 집과 집안의 품격과 집의 가풍을 포함하는 폭넓은 개념으로서 문화집단이다.

⑥ 최재석(1982) : 가족은 가계를 공동으로 하는 친족집단이며, 거주와 가계를 같이하는 자나, 독신으로서 주거를 가지고 단독생활을 영위하는 형태는 가구로 간주하였다. 또한 가족집단은 친족 중에도 가장 근친관계에 있는 성원으로 구성되어 있으며, 가족의 구성원은 대체로 부부, 부모, 자녀, 형제, 손자녀 및 이들과 근친관계에 있는 성원으로 규정하였다.

2) 가족의 구조와 기능

(1) 가족의 구조

구조적 차원에서 가족은 결혼, 혈연, 입양에 의해 맺어진 친밀한 관계로 그 관계는 법적으로 보호를 받으며 영속적이다. 또한 가족은 성별, 연령에 따라 각 구성원들의 지위와 위치가 배정되고 그것에 따라 역할이 배분된다. 일반적으로 남성이 여성보다 높은 지위와 권위를 갖고 있으나 가족은 법적 유대, 경제적 협조, 부부간의 성적 욕구 충족, 정서적 상호협조 등으로 통합되어 있다. 가족은 폐쇄성을 가지고 있으나 구조에 있어서는 가족 생활주기에 따라 신축성 있게 변화한다. 한국의 가족은 수직적인 연속선상의 한 부분을 차지하고, 서구의 가족은 결혼과 함께 시작하여 부부가 늙어 사망함으로써 끝이 난다. 가족구성원들은 대부분 동고동락하는 공동운명체의 사회집단으로 다른 사회집단보다도 구성원 간의 유대관계가 밀접하다. 가족은 자연발생적인 혈연관계를 중심으로 하는 소집단으로서 가족구성원들의 선택이나 이탈이 자유롭지 못하다. 가출, 별거, 이혼, 사망 등 혈연관계는 단절할 수 없으므로 완전히 인연을 끊을 수는 없다. 따라서 가족관계는 비교적 고정된 조직체이며, 장기적 혹은 영구적으로 지속되는 집단이다.

(2) 가족의 기능

기능적 차원에서 가족은 공동생활체로서 집, 가풍, 조상, 가문 등을 포함하는 넓은 의미의 개념을 갖고 있는 문화집단이고 대를 이어 문화를 전수한다. 또한 가족을 통해 개인 생활의 기본적인 욕구와 영양, 휴식, 애정, 안정감, 자기해방 등의 욕구가 충족된다. 가족 내의 노동은 분업되어 있으며, 주로 남자는 대외적인 경제활동을 그리고 여자는 대내적인 자녀양육 및 정서적인 기능을 담당한다. 가족구성원 간에는 분업관계, 권리 및 의무 관계, 일상생활에 수반하는 행동유형이 있어 각 가족들은 개별성을 가지고 있다. 공동생활을 하는 공동운명체적 가족집단은 소속감과 결속감이 어느 다른 사회집단보다 강하고, 가족구성원들은 경제적・심리적・정서적으로 상호 의존적이고 상호 부조적이며, 특히 어린아이, 노인, 약자에 대하여는 가족 전체가 거의 무제한의 책임을 진다. 가족은 자녀에게 인격 형성과 사회화 교육을 시켜주는 훈련장이며, 사회와 교량역할을 해주는 사회집단이다.

이러한 가족의 기능은 성・자녀출산 기능, 자녀양육과 사회화 기능, 경제적 기능, 보호기능, 종교적 기능, 휴식기능, 오락기능과 같은 가족 내 기능과 성을 통제하는 기능, 사회구성원을 충원하는 기능, 노동력을 제공하고 생활을 보장하는 기능, 사회의 전통・문화를 계승하는 기능, 사회안정화 기능과 같은 대사회적 기능으로 구분하여 볼 수 있다. 그런데 이러한 가족의 기능은 시대의 변화에 따라 여러 기능이 전문기관에 이전되고 점차 그 기능이 쇠퇴되어 가고 있기는 하지만 가족의 쇠퇴를 의미하는 것은 아니며, 자녀를 출산, 양육하는 기능, 가정적인 따뜻한 분위기를 제공하는 기능은 점점 더 중요해지고 있다.

특히 가족관계는 가족구성원 간의 인간관계로서 가족구조 내에는 부부관계, 부모와 자녀 관계, 부모와 딸 관계, 부와 딸의 관계, 모와 딸의 관계 등과 같은 많은 가족관계선이 존재한다. 이러한 다양한 가족관계는 각 사회, 문화, 시간, 지역, 가족 생활주기, 개인의 인생주기 등에 따라 달라진다. 이처럼 가족은 역사적으로, 사회구조와 문화에 따라 매우 다양하고, 가변성을 가지고 있다. 따라서 변화하는 현대 가족의 바람직한 기능은 가족 간의 애정 도모, 안정감 부여와 수용, 만족감과 목적의식 부여, 지속적 동료감의 유지, 사회적 지위 부여와 사회화, 통제력과 정의감의 확립 등이라고 볼 수 있을 것이다.

3) 가족의 유형

과거 농업사회에서의 가족은 구성원의 수도 많았으며, 대부분 3세대로 구성되는 확대가족의 형태이었다면 산업사회로 접어들면서 가족은 핵가족으로 규모가 축소되었다. 그러나 현대에 이르러서는 복잡한 사회문화의 영향으로 인하여 전통적인 가족의 형태 이외에 한부모가족, 노인가족, 재혼가족 등 다양한 가족형태가 등장하고 있다.

(1) 핵가족

핵가족은 부부와 미혼인 직계자녀로 구성된 가족을 뜻하며 현대사회의 가장 보편적인 가족형태이다. 이는 현대의 사회경제적 구조에 적합하면서도 직장에 따른 지역적 이동, 주택형태, 독립된 생활형태의 선호 등의 이유로 핵가족이 지배적인 가족형태로 자리 잡게 된 것이다. 3, 4세대로 이루어진 확대가족에서 1, 2세대의 핵가족화로 변화됨에 따라 가족구성원의 가족의 보호 및 부양 기능이 약화되었다. 부부중심의 핵가족이 갖는 가정 내외의 문제점을 살펴보면 가족기능의 축소, 가족결합의 약화, 가족구성원 생활태도의 개성과 가족구성원 상호간의 사회적 관심과 생활태도에서의 차이로 인한 갈등의 증가가 두드러지며, 사회문화적 배경이 다른 배우자 선택으로 인하여 가족의 성립조건이 불안정하고 주위 친족 및 지역사회에서의 지원이 없으므로 위기 시 가족이 쉽게 해체되어 버리는 점이다(최재율, 1983).

(2) 확대가족

확대가족이란 한 집에서 여러 세대가 사는 가족형태로서 부부와 기혼인 자녀, 기혼 자녀의 자녀들로 구성되어 있다. 종적으로 확대된 직계가족은 장남이 본가에 남아 부모를 모시면서 가계를 계승하고 차남부터는 분가하는 가족형태이다. 횡적으로 확대된 방계가족은 같은 세대의 형제들이 결혼한 후에 부모와 다 같이 동거하는 가족형태이다. 전통적으로 우리나라는 가부장제도에 근거한 확대가족이 이상적인 가족형태였으나 핵가족의 증가와 반비례로 확대가족은 우리나라에서 점점 감소하고 있다. 그러나 우리나라의 경우 전통적인 부계친족제도의 영향이 아직까지 강해 구조상으로는 핵가족의 형태라 하더라도, 특히 장남가족의 경우 가계계승의 직계가족 의식이 강하게 남아 있어 정서적으로는 3세대 가족체계라고 볼 수 있다.

현대사회에서 확대가족이 개인에게 미치는 영향은 전통적으로 이상적이라고 여겼던 것처럼 바람직하다고 볼 수는 없을 것이다. 마찬가지로 핵가족이 현대사회에서 가장 적합한 가족형태라고는 하지만 핵가족의 기능으로 인간의 모든 욕구충족은 충분하지 못하다. 핵가족의 기능이 욕구를 충족시키기에 미흡하다 해서 전통적인 확대가족 형태를 취하기에는 현대사회의 제 여건을 감안할 때 어려움이 많기 때문에 나온 개념이 수정확대가족이다. 수정확대가족은 비록 지리적으로 떨어져 살고 자율적이지만 핵가족 외의 친족관계를 중요하게 여기며 유지하고자 하는 친족관계를 의미한다(Skolnick, 1983).

(3) 노인가족

산업화에 의한 사회구조와 가치관의 변화에서 비롯된 핵가족화 경향은 노인만으로 구성된 가족의 증가를 가져오게 되었다(김양희, 1992 : 276). 전반적인 노인인구의 급증과 자녀와의 동거를 원하지 않는 노인 및 부모와의 동거를 원하지 않는 자녀의 증가로 노인가족이 늘어나는 것이다. 노인의 자녀와의 별거 선호율은 점점 높아지고 있어 앞으로 노인가족은 점점 더 늘 것으로 전망되고 있다.

(4) 한부모가족

한부모가족은 이혼, 별거, 사망, 유기 등 여러 가지 사유로 양친 중의 한쪽과 그 자녀로 이루어진 가족을 말한다. 자녀의 보호를 누가 맡느냐에 따라 모가 주 양육자일 때 여성 한부모가족으로, 부가 주 양육자이면 남성 한부모가족으로 칭하고 있다. 또한 남편이 있다 하더라도 여러 가지 사유로 인하여 여성이 가계의 실질적인 주 부양자 역할을 하는 가족의 경우도 정책적인 면에서 한부모가족의 범주에 포함시키고 있다. 한부모가족은 점점 늘고 있는 가족형태이다. 한부모가족의 규모 및 변화 추이를 보면 전체 가구 중 한부모가구가 차지하는 비율은

2000년 인구센서스 결과 6.1%이며 여성가구주 가족이 전체의 80%를 차지하고 있다.

이전 한부모가족에 대한 명칭은 편부모가족이라고도 불렀으나 이러한 명칭은 마치 한쪽 부모만을 가진 가족의 경우 결함이 있는 가족이라는 부정적 의미를 담고 있어서 한부모가족으로 명칭을 변경하였다. 한부모가족은 복잡한 현대사회의 사회구조적 영향으로 인하여 나타난 가족형태로 과거 사별이나 이혼으로 인한 원인뿐만 아니라, 최근에는 자녀의 교육으로 인해 부부가 떨어져 사는 경우도 흔하게 보이고 있다. 한부모가족의 원인이 이혼인 경우 친척과의 관계에 큰 변화가 초래되어 사별과는 또 다른 적응상의 문제가 야기된다. 이혼한 한부모는 이혼 초기에 환경의 변화를 받아들이고 자원이 제한된 상황에서 새로운 역할을 배워야 하는 심한 압박감을 느끼거나 방향감을 상실할 수 있다. 현대사회에서는 친척간의 상부상조 기능의 약화로 경제적 원조를 받기가 어렵다. 일반적으로 모자가족의 경제적 문제가 부자가족보다 심각하나 편부가족도 가사 및 육아에서 다른 사람의 도움을 받아야 하므로 새로운 가계지출로 인해 경제적 문제에 부딪힐 수 있다.

(5) 재혼가족 혹은 계부모가족

재혼가족은 이혼 후 다시 결혼과 동시에 전 배우자와의 사이에서 출생한 자녀와 새로운 배우자 또는 배우자 및 그 자녀들로 구성된 가족형태이다. 자녀가 없는 사람들이 재혼하는 경우는 구조적으로 일반적인 핵가족과 차이가 없다. 그러나 일반적으로 재혼가족에는 이전 배우자와의 사이에서 출생한 자녀가 포함되며, 가족관계에서 초기 적응에 다소 어려움을 겪는다.

재혼가족의 부부는 계부모로서의 기능, 자녀양육의 태도, 금전관리에 대한 계획을 미리 고려해야 한다(Messinger, 1984). 이러한 영역들에서 재혼한 부부와 그 자녀들이 가치의 차이를 좁히지 못하면 일상생활이 어렵게 된다. 재혼가족은 갈등을 일으키는 많은 요구와 제한된 자원이라는 어려운 상황을 낳기 쉽다.

우리나라는 이혼율의 급격한 증가로 재혼가족이 증가하는 추세이다. 남녀를 불문하고 이혼자의 90% 이상이 재혼을 원하고 있으며, 많은 한부모가족이 언젠가는 재혼가족이 된다(윤영효, 1993 : 201). 재혼가족은 복잡한 가족관계, 자녀문제와 관련된 전 배우자의 개입, 여자의 재혼에 대한 우리 사회의 이중기준 등으로 인해 가족구성원이 되는 개인에게 적응에 어려움을 줄 수 있는 가족형태이다.

(6) 기타 가족유형

기타 가족유형으로는 인척이나 혹은 인척이 아닌 사람들이 함께 동거하면서 전통적인 가족 역할을 수행하는 혼합가족(blended family), 이성 혹은 동성인 부부로 구성된 가족으로 성관계 혹은 인공수정이나 대리모와 같은 보조적인 생식기술을 통해 형성된 생식가족, 일정 기간 동안 다른 사람의 자녀를 양육하는 위탁가족(foster family), 국제결혼이나 입양 등에 의해 가족구성원 간에 여러 문화가 존재하는 다문화가족 등을 들 수 있다.

4) 사회체계로서의 가족

가족은 일련의 상호 관련된 체계와 하위체계로 이루어진 복잡한 총체이므로 가족구성원들의 문제는 개인과 상호작용하는 가족체계적 관점에서 이해될 수 있으며, 가족원들의 지적 체계와 정서체계가 분화되지 못한 경우 발생한다.

로즈(Rhodes)는 가족을 다음 네 가지 특징을 가지고 있는 사회체계로서 이해할 필요가 있다고 보았다(Rhodes, 1997). 첫째, 가족구성원들은 상호 의존의 상태에서 여러 가지의 위치를 차지한다. 위치, 지위, 행동 혹은 한 성원의 역할 변화는 다른 성원들의 행동 변화를 초래한다. 둘째, 가족은 가족체계의 안과 밖, 즉 가족과 외부세계를 규정하는 적절한 강도와 침투성을 가진 경계를 유지하여야 한다. 그런데 이러한 경계의 정도는 문화에 따라 달라진다. 또한 생애주기 혹은 가족주기의 변화에 따라 경계에도 변화가 생기고 가족의 구성원이 바뀌기도 한다. 셋째,

가족은 지속적으로 반복되는 상호작용의 패턴으로 적응하고 평형상태를 추구하는 단위이다. 넷째, 가족은 사회를 대표하는 외부의 요구와 가족 내의 욕구와 각 구성원들의 요구 모두에 응해야 하는 과업수행 단위이다. 가족구성원들의 사회화는 개인의 사회적 욕구와 가족 간의 상호성에 의하여 이루어진다.

최근 가족의 중요성에 대한 학자들의 의견은 긍정적 관점과 비판적 관점으로 나뉜다.

① 긍정적 관점 : 주로 구조기능론자들의 관점으로 인간은 가족이라는 장에서 태어나 기존의 가족관계를 학습하여 나름의 적응행태를 발전시키고, 이러한 개인들이 모여 사회문화적 특성을 만들고 유지해 나간다. 따라서 가족문화는 사회문화의 근간이 되는 것으로, 가족이 깨지면 사회가 불안해지므로 가족을 유지하거나 손상된 가족을 회복하는 일, 대안 가족을 만드는 일이 중요하다. 인간은 개별 존재일 뿐만 아니라 동시에 사회적 존재이고, 자신의 정신적 존재를 문화 속에서 또 문화를 통해서 발전시키므로 가족은 중요하다.

② 비판적 관점 : 이혼, 폭력, 빈곤 등 문제가족이 증가하고 과거 가정 내에서 행해지던 많은 일들과 기능들이 자본주의 사회에서 새로운 직업과 돈 버는 내용으로 창출되고 있다. 따라서 가족의 기능이 사회로 이관됨에 따라 가족은 더 이상 특별한 기능이 없는 제도로 변화하게 되었다고 본다. 예를 들어, 마르크스주의자들과 같은 갈등론자들은 가족을 자본주의를 위한 노동력과 자본주의적 가치와 관계를 재생하는 단위로 파악하여 자본주의 사회에서 가족을 통하여 부익부 빈익빈의 현상이 재생산, 유지된다고 비판한다. 또한 여성주의자들은 가족을 가부장적 사회질서를 재생산하는 단위로 언급하여 가족이 성의 갈등과 착취에 기여한다고 비판한다.

2. 집 단

1) 집단의 정의

집단은 사회가 형성될 수 있는 공식적 또는 비공식적 구조를 제공해 주는 사회의 기본적 구성단위로서 공동의 목적과 관심을 공유하며 상호작용하는 하나의 체계이다. 베르트랑(Bertrand, 1972)에 의하면, 사회학적으로 집단은 밀접한 관계를 갖는 구성원들로 구성된 일차적 구조를 말하며 이것은 정서적 관계를 배제한 기능적 수준의 관계를 형성하는 이차적 구조 내에 존재한다(Koh & Twemlow, 2014). 이러한 집단 속에서 개인은 주요 타인과의 관계를 형성・유지할 수 있는 수단을 제공받게 되며 바람직한 사회행동의 규범을 학습하고, 사회적 관계를 만족스럽게 유지할 수 있으며, 개인이 성취하고자 하는 목적을 달성할 수 있을 뿐 아니라 고통스러운 시기에 지지를 받을 수 있는 기회를 갖게 되는 등 다양한 혜택을 얻을 수 있다. 따라서 인간은 일생 동안 집단을 떠나서는 생존해 갈 수 없으며, 집단생활을 통하여 발달・성장해 나간다. 비록 집단의 주변에서 고립된 채로 살아갈 수는 있지만 이를 건전하다거나 바람직한 생활양식이라고는 할 수 없다.

2) 집단의 유형

집단의 유형은 집단의 크기, 성원 간의 상호작용과 정서적 결속 정도, 집단구성 방법 그리고 집단이 성취하고자 하는 목적에 따라 다양하게 분류할 수 있다. 집단의 크기에 따른 분류는 대개 대집단과 소집단으로 분류하며, 집단의 상호작용 유형에 따라 1차 집단과 2차 집단으로 구분한다. 또한 집단구성 방법에 따라 자연집단과 형성집단으로 구분할 수 있다. 이 절에서는 쿨리(Cooley, 1909)의 전통적인 집단분류 방법, 그리고 집단의 구성동기에 따른 분류방법, 구성원의 가입과 탈퇴의 자율성 여부에 따른 분류방법, 집단의 목적에 따른 분류방법, 그리고 마지막으로 코와 트웸로(Koh & Twemlow, 2014)의 정신분석적 관점에 따른 집단의 유형을 살펴볼 것이다.

(1) 1차 집단(Primary Group)과 2차 집단(Secondary Group)

1차 집단은 혈연과 지연을 바탕으로 자연발생적으로 이루어진 집단을 말하며, 2차 집단은 목적달성을 위해 인위적인 계약에 의해 만들어진 집단을 말한다(최옥채 외, 2015). 특히 상호작용의 측면에서 1차 집단은 직접적인 상호작용을 통한 관계를 맺는 소규모의 집단을 말하며 직접적·대면적 상호작용이 이루어지기 어려운 대규모 집단과 비교할 수 있다. 이러한 소규모의 집단의 예로는 가족, 친구 그리고 또래집단 등이 있다. 이 집단은 결속력과 상호 정체감을 가지며, 사회화, 도덕적 규범의 발달, 행동 형성과 변화에 영향을 미치는 특징을 갖는다.

2차 집단은 정서적 결속력이 미약하고 특별한 목적의 성취를 위하여 상호작용한다. 이 집단에서는 개인 자체보다는 집단 내에서 수행하는 개인의 기능과 역할을 중시하며, 집단구성원의 역할이 세분화되어 있어 성원 간에 상대방의 역할에 대해 잘 알지 못한다. 집단구성원 간의 관계는 단지 작업이나 노동활동에 근거를 둔 수단적 관계로 이루어지며 효율성 합리성 등이 강조된다. 2차 집단의 의사소통 방식은 직접적인 특성을 갖는 1차 집단에 비하여 문서, 전화 등의 간접적 방식으로 이루어진다.

(2) 자연집단(Natural Group)과 형성집단(Formed Group)

자연집단은 자연발생적으로 일어난 사건, 대인관계상의 매력 또는 구성원의 상호 욕구 등에 근거하여 자연발생적으로 구성된 집단으로 공식적인 후원체계가 없는 것이 그 특징이다. 이러한 집단에는 가족집단, 동년배 집단, 친구집단, 갱집단(street gang) 등이 포함된다. 이 집단은 쿨리(Cooley)의 1차적 집단과 유사한 성격을 지닌다.

반면 형성집단은 외부의 영향력이나 전문가의 개입을 통하여 구성된 집단으로 특별한 목적을 위하여 소집, 구성되는데, 쿨리(Cooley)의 2차 집단과 유사한 성격을 지닌다. 다시 추구하는 목적에 따라 치료집단과 과업집단으로 분류되기도 하는데 이것을 세부적으로 살펴보면 다음과 같다.

(3) 치료집단(Treatment Group)과 과업집단(Task Group)

치료집단은 구성원들의 교육과 성장, 행동 변화 또는 사회화에 대한 욕구를 충족시키기 위해 구성되는 반면, 과업집단은 의무사항의 이행, 조직 또는 집단의 과업 성취를 위해 구성된 집단을 말한다(Toseland & Rivas, 1984).

① 치료집단

치료집단은 다시 지지집단, 교육집단, 성장집단, 치유집단 그리고 사회화집단으로 구별할 수 있다.

가. 지지집단(support group)

지지집단은 삶의 사건에 보다 효과적으로 적응하기 위한 대처기술을 발전시킴으로써 성원들이 삶의 위기에 대처하도록 돕는 집단을 말하는데 대부분의 성공적인 치료집단은 지지집단으로서의 특성을 갖고 있다. 이 집단은 대개 비슷한 문제를 경험한 사람들로 구성되므로 유대감 형성이 쉽고 자기개방 수준도 높다. 사회복지사는 집단지도자로서 구성원들이 상호 원조하면서 지지와 정보를 제공하고 대처기술을 향상할 수 있도록 동기화시키며 경우에 따라서는 자문을 주는 형태의 간접적인 원조를 제공한다. 이러한 집단의 예로는 이혼한 부부의 자녀집단, 암 환자와 그 가족으로 구성된 집단, 아동양육의 고충을 나누는 한부모집단, 병원 퇴원 후 지역사회 적응을 위한 정신장애인 집단 등이 있다.

나. 교육집단(educational group)

교육집단은 지식, 정보 및 기술 향상을 목적으로 하는데 구성원들이 자기 자신과 자신이 속한 사회를 이해할 수 있도록 원조하는 것을 말한다. 이러한 집단은 병원, 학교, 교정기관 등에서 많이 활용되고 있는데, 예를 들면 청소년 성교육집단, 부모역할 훈련집단, 대리모집단 등이 있다.

교육집단의 성원들은 배우고자 하는 공동의 관심사를 가지고 있으며, 성원들의 일반적 속성도 유사한 것이 특징이다. 교육집단은 대체로 소집단이며, 사회복지사는 교사와 같은 기능을 하고 집단 상호작용이나 토론 등을 장려한다. 성원들이 자신을 표현하는 자기개방(self-disclosure) 정도는 낮거나 보통 수준 이하이다.

다. 성장집단(growth group)

성장집단은 성원들의 자기인식을 증진시키고, 자신의 사고를 변화시켜 성원들이 자신의 능력을 최대한 발휘하도록 돕는 것을 목적으로 하며, 이를 통한 자아성장을 도모한다. 이러한 집단에서의 초점은 사회정서적 질병의 치료보다는 사회정서적 건강에 있으며 집단은 구성원들의 성장기회의 수단이 된다. 집단의 구성은 이질적 속성을 가진 구성원들로 구성되는 경우도 많으며 부부를 위한 참만남집단(encounter group), 청소년을 위한 가치명료화 집단, 잠재력 개발 집단(human potential movement), 퇴직준비집단 등이 여기에 속한다. 이 집단은 개별성원들이 통찰을 얻을 수 있는 지지적인 분위기를 조성해 주고 새로운 행동을 실험하고, 환류(feedback)과정을 통해 성원의 성장을 돕는다. 성장집단은 성원 상호 간의 감정이입과 상호 원조기능이 타 집단보다 높기 때문에 성원들의 자기개방 정도가 높다.

라. 치유집단(therapy group)

성원들의 행동 변화와 개인적 문제의 완화나 제거, 재활을 원조하는 것을 목적으로 하며, 환자나 역기능적 문제를 가진 개인을 치료 또는 치유하는 데 강조점을 둔 의료적 모델에 근거하고 있다. 일반적으로 다소 심한 정서적 및 개인적 문제를 가진 성원들로 구성되며 개개인의 증상이나 문제가 다르므로 개인마다 서로 상이한 목적을 갖게 된다. 사회사업가는 전문가, 권위적 인물 또는 변화대리인의 역할을 수행하며 구성원들의 자기개방의 정도는 비교적 높은 편이다. 치유집단의 예로는 정신역동 치유집단, 외상 후 스트레스 장애 치유집단, 금연집단, 약물중독자 집단 등을 들 수 있다.

마. 사회화집단(socialization group)

사회적 관계에 어려움을 갖고 있는 구성원들이 사회적 기술을 습득하고, 사회적으로 수용되는 행동유형을 학습함으로써 지역사회의 생활에서 효과적으로 기능할 수 있도록 원조하기 위한 집단으로 주로 게임, 역할극, 야외활동 등과 같은 프로그램을 활용한다. 사회화집단은 다시 사회기술 훈련집단, 자치집단, 그리고 여가집단으로 구분된다. 사회기술 훈련집단의 예로는 주의력결핍 과잉행동장애를 가진 아동(ADHD : Attention Deficit-Hyperactivity Disorder)을 대상으로 한 활동집단, 자기주장 훈련집단, 퇴원 정신질환자를 위한 사회클럽을 들 수 있으며, 자치집단의 예로는 병원이나 시설 입소자의 자치집단, 여가집단으로는 독신자를 대상으로 한 사회적 활동을 하는 집단, 스카우트 활동 등을 들 수 있다.

② 과업집단

과업집단은 조직과 기관의 문제에 대한 해결책 모색, 새로운 아이디어 개발, 의사결정 등을 목적으로 한다. 이 집단은 같은 과제에 대한 관심사를 가진 사람이나 특별한 재능을 가진 사람들로 구성되며 과제가 수행되고 나면 해체된다. 이러한 집단으로는 위원회, 행정집단, 협의체가 속한다. 또 다른 과업집단의 유형은 내담자의 욕구충족을 목적으로 하는 것으로 팀, 치료회의, 사회행동집단이 속한다.

가. 위원회

과업집단 중 가장 보편적인 형태로 다양한 과업 성취가 목적이며 임시적일 수도 있고 영구적일 수도 있다. 위원회는 자기표출의 수준이 매우 낮고, 위원회에는 이미 정해진 작업절차나 자신들이 설정한 규칙과 절차에 따라 업무를 수행한다.

나. 행정집단

이 집단은 기관이 조직의 목표를 수행할 수 있도록 원조하며, 가장 일반적인 형태는 이사회(board)이다. 이들은 기관이나 조직에 대해 법적으로 책임을 지우며, 기관의 모든 정책은 이사회의 승인을 얻어야 한다.

다. 협의체

협의체는 협의회보다 소규모의 조직 또는 집단으로, 구성원은 후원기관에 의해 임명되거나 선출된다. 협의체의 성원들은 후원기관의 이익을 대변하며, 기관 간의 의사소통과 협력방안을 모색하고, 사회문제를 조사하고, 집단적 사회행동을 하기도 한다. 협의체의 주요 기능은 기관 간 또는 부서 간의 효과적인 의사소통을 가능하게 하는 장이 되며, 일반적으로 대다수의 기관에 영향을 미치는 광범위한 문제나 기관들의 공동 관심사에 관심을 갖는다.

라. 팀

팀은 각자 독특한 지식과 기술을 갖추고 있는 요원들이 모여 특별한 목적을 발휘하기 위하여 자신이 가진 전문성을 타 성원들과 공유하는 집단을 의미한다. 팀 성원들은 특별한 내담자를 위하여 업무를 조정하고 공동으로 업무를 수행한다. 팀 성원들은 집단으로서의 업무 수행에 대하여 토론한다.

마. 치료회의

이 집단의 목적은 특별한 내담자나 내담자 체계에 대해 토론하는 것이 주요 목적이며, 참여자들은 한 번에 한 명의 내담자에 초점을 두며, 내담자와 가장 친밀한 성원은 내담자에 대한 정보를 제공한다. 집단은 내담자의 전반적 상황에 대하여 토론을 하고, 내담자에게 가장 유익한 행동노선을 계획하고 결정한다. 치료회의의 주요 활동은 의사결정, 문제해결 및 성원 간의 행동 조정이며, 초점은 치료회의의 성원보다는 내담자의 욕구에 둔다.

바. 사회행동집단

사회행동집단은 사회적·물리적 환경의 변화를 꾀하기 위하여 모인 집단으로 이들의 구성은 변화대상과 환경의 특성에 따라 달라지며, 집단사회사업가가 주축이 되어 집단을 형성하기도 하지만 '풀뿌리'에서부터 집단이 형성되는 경우도 있다. 사회행동집단의 의사소통 유형은 공개적이므로 전체 성원의 활발한 참여가 이루어지며, 집단사회사업가는 지역사회와의 의사소통 연결고리를 만들어 놓음으로써 지역사회의 오해의 소지를 줄이고 지원을 받을 수 있는 가능성을 높여야 한다.

(4) 자조집단(Self-help Group)

자조집단은 유사한 어려움이나 관심사를 가진 구성원들이 자발적으로 집단을 만들어 동료끼리 경험을 나누며 바람직한 변화를 위해 노력하는 상호 원조집단이다. 따라서 이 집단의 리더는 구성원들 중에서 선정되며, 사회복지사는 지지, 연결, 자문 등의 기능을 할 수 있다. 이 집단의 장점은 구성원 간 서로 도움을 주고받음으로써 자존감이 향상되고 적극적인 행동이 증진된다. 이러한 집단의 예로는 대표적으로 단주모임(AA : Alcoholics Anonymous)을 들 수 있다.

(5) 개방집단(Open Group)과 폐쇄집단(Closed Group)

마지막으로 집단은 구성원의 가입과 탈퇴의 자율성 여부에 따라 개방집단과 폐쇄집단으로 구분할 수 있다. 언제든 새로운 구성원이 참여할 수 있는 개방집단의 장점은 새로운 구성원에 의한 새로운 생각과 신념, 가치관이 유입될 수 있고 자연스러운 집단구성원 수의 감소로 인한 집단의 소멸이 방지될 수 있다. 그러나 단점으로는 새로운 집단구성원이 유입될 때마다 집단의 발달단계가 처음으로 돌아가서 다시 시작되어야 하는 어려움과 성장의 정체와 이에 따른 불안이 유발될 수 있다. 따라서 심도 깊은 목표 달성이나 구성원의 개별화를 이루는 데에 한계가 있을 수 있다.

반면 폐쇄집단은 구성원의 자격을 명확히 설정하고 새로운 구성원의 유입 없이 일정 기간 동안 일정하게 운영되므로 집단응집력이 높고, 집단의 공동목표와 개별목표를 효과적으로 달성할 수 있다. 이 집단의 단점은 구성원들의 중도 탈락이 발생하여 집단의 기능이나 집단 자체가 소멸될 수 있다.

(6) 코와 트웸로(Koh & Twemlow, 2014)의 정신분석적 관점에서의 집단유형

정신분석학적 관점에서 집단은 그 크기를 기준으로 소집단, 대집단, 거대집단으로 분류된다. 첫째, 소집단(small group)은 일반적으로 12명 이하로 구성된 것으로 개인들의 정신 내적 세계에 강조점이 주어진다. 둘째, 대집단(large group)은 주로 100명 정도까지의 규모로 이러한 집단에서의 역동은 각 공동체와 사회를 반영하는 사회문화적 맥락에 보다 많은 영향을 받는다. 또한 이 크기의 집단은 소집단에서보다 훨씬 강한 리더십이 작용하며, 개인이 자신의 의견을 이야기할 기회가 보다 적으며, 보다 많은 위협을 느낄 수 있고, 감정적으로 연결되어 있다는 망상과 하위집단들이 형성될 가능성 높으며, 개인들 간의 친밀감이 감소하고 강한 편견이 작용한다. 특히 다양한 층의 관계들 속에서 정확한 현실검증이 어려우므로, 투사와 개성이 침범되는 현상이 검증되지 않았고 검증 불가능한 상상들과 함께 광범위하게 발생할 수 있다.

셋째, 거대집단(very large group)은 소집단과는 매우 다른 역동이 발생하며 대부분의 경우에 평생 서로 만나지 않는 수천 혹은 수만 명의 사람들로 구성된다. 인종집단을 이러한 집단의 그 예로 들 수 있으며 스트레스 상황에서는 집단의 정체성의 유지가 특히 강조된다.

3) 집단 무의식

최근 프로이트로부터 시작된 무의식에 대한 개념은 심리학과 사회학에 걸쳐 융(Jung), 레비 스트라우스(Levy Strauss), 프롬(Fromm) 등의 학자들의 연구에 의해 집단과 사회로 확장되어 설명되고 있다. 로렌스(Gordon Lawrence)[1]는 '사회적 꿈'에 대해서 설명하면서 집단 무의식의 존재를 설명하였다. 그가 제시한 사회적 꿈의 예로는 성경에 등장하는 요셉이 해석한 당시의 사회·경제적 실재에 대한 이집트 파라오의 꿈과 기자인 샤를로테 버라트(Charlotte Beradt)가 수집한 독일 나치통치하의 독일인들의 사회적이고 정치적인 사건과 20세기의 전체주의 통치하에서 왜곡된 인간관계를 설명하는 꿈들을 들 수 있다. 또한 그는 이러한 사회적 꿈을 집단상담을 통하여 해석하고 치료하려고 시도하였다.

여기서는 이 책의 정신역동이론 편에서 살펴본 프로이트와 융의 무의식 개념에 대한 설명을 바탕으로 보다 확대된 무의식의 개념에 대해 살펴볼 것이다.

(1) 프로이트의 집단심리(Group Mind; Freud, 1921)

집단심리에 대하여 관심을 가진 프로이트는 집단 속에서 사람들은 개별적으로 존재할 때와는 다른 독특한 특성을 갖는 하나의 군중(crowd)을 이룬다고 설명하였다. 그는 사람들이 군중을 형성하게 되면 그들은 무의식적 억압을 벗어던질 수 있으며 하나의 전체로서 충동적이며 변덕스럽고 흥분하기 쉬운 특성을 갖게

1) Gordon Lawrence 재단의 홈페이지 참조. http://www.socialdreaming.com/

된다고 하였다.

(2) 융의 집단 무의식(또는 집합 무의식, Collective Unconscious)

전 세계에 걸쳐 인간은 모두 꿈을 꾸며 이러한 꿈속에서 인간은 삶의 즐거움, 재난, 기적과 놀라움 등을 경험한다. 이러한 꿈들은 그들이 속한 문화에 따라 서로 다른 모습으로 나타날 수 있지만 그러한 이미지나 상징들이 말하는 것은 모든 인간이 상상하는 보편적이며 공통적인 것이다(Noack, 2010). 이러한 상징과 이미지 그리고 에너지가 존재하는 무의식의 층을 집단 무의식이라고 한다(Noack, 2010).

무의식의 개념을 집단으로 확대한 최초의 학자는 융이다. 그의 집단 무의식 개념은 역사적 특성을 갖는 원형적 이미지에서 비롯된 것이며 보다 발전되고 정교화된 원형의 구조는 콤플렉스를 형성한다. 집단 무의식은 일차적이고 관찰될 수 없으며 다른 형태로 바꿀 수 없는 요소인 원형에 의해 계통발생적인 질서와 역동적인 구조를 갖는 것으로 설명된다(Iurato, 2015). 원형이 그 자체로 영적인 차원과 관련되어 있으므로 집단 무의식은 전혀 눈으로 확인할 수 없고 무의식적이며 지식보다 더 우선적이며 초월적인 차원을 갖는다(Iurato, 2015). 또한 이것은 문화적이고 전통적인 맥락을 가지고 개인적 무의식에 영향을 미치며 보편적인 과거의 경험으로 이루어진 목적적이고 구조적인 실체이다. 융에 의하면, 이러한 집단 무의식은 삶의 불안에 대처하기 위한 인간의 일차적이고 생물학적인 필요에 의한 합목적적 적응의 결과이다.

(3) 사회적 무의식(Koh & Twemlow, 2014; Noack, 2010)

사회적 무의식(social unconscious)의 개념은 파울크스(Foulkes), 프롬(Fromm), 달라(Dala), 그리고 호퍼(Hopper) 등에 의해 논의되어 왔다. 사회적 무의식은 셋 이상의 사람들이 그들의 개인적 무의식을 통해 관계를 맺을 때 존재하게 되며 따라서 이러한 관계 속에서 그들의 개인적 무의식의 가능성을 넘는 그 이상의 특성이 발견된다. 또한 프롬에 의하면, 무의식의 일부는 사회적으로 결정되고 형성된다고 설명하였으며, 달라는 사회의 규칙과 제약들 그리고 그 속에 담겨있는 권력이 바로 사회적 무의식의 구성요소라는 점을 강조하여 사회적 무의식의 중요성을 주장하였다.

이러한 사회적 무의식과 집단 무의식을 비교한 <표 8-1>에서와 같이 그 개념의 배경 및 적용에 있어서 집단 무의식은 심리학적인 배경을 갖고 있으며 주로 개인의 치료에 적용되는 것에 반해, 사회적 무의식은 사회학적 배경에서 출발하여 조직이나 그룹에 대한 분석에 적용되고 있다. 또한 그 개념이 설명하는 영역과 특징을 살펴보면 사회적 무의식은 병원이나 기타 조직과 같은 특정한 사회체계를 설명하고 있으며 사회적 꿈꾸기 매트릭스, 즉 집단적 꿈의 분석을 통하여 집단 무의식에 이르는 경우까지 살펴볼 수 있다. 한편 집단 무의식은 세상 전체에 대한 설명으로 원형과 신화에 그 기원이 있으며 종종 유사종교로 나타나기도 한다.

〈표 8-1〉 사회적 무의식과 집단 무의식의 비교

	사회적 무의식	집단 무의식
배 경	사회학	융의 심리학, 꿈과 환상으로 이루어진 신화의 비교
적용범위	조직과 그룹 분석에 적용	개인의 치료에 적용
영 역	특정한 사회체계(예 병원, 기타 조직)	세상
특 징	사회적 꿈꾸기 매트릭스에서 집단 무의식으로까지 들어가는 경우도 있다.	원형과 신화에 기원, 유사종교 구조로 나타남

이러한 사회적 무의식과 집단 무의식은 동시발생의 원리를 통해 의식으로 연결된다는 공통점을 가진다. 한편 로렌스(Lawrence, 2005)는 무의식적 매트릭스 속에서 모든 사람들은 연결되어 있으므로 꿈은 사건들과 동시에 발생한다고 주장하였고, 융(1974)은 물리적인 것뿐 아니라 모든 존재의 영원한 기초를 설명하는

심리적 측면을 아우르는 하나의 보편적 세계(the unus mundus)가 존재한다고 하며 확장된 무의식의 개념들을 뒷받침하였다.

(4) 확장된 마음의 구조

지금까지 살펴본 바에 따르면 아래의 |그림 8-1| 의식과 무의식의 구조와 같이 우리는 프로이트로부터 출발한 무의식의 개념이 집단과 사회의 영역으로 확장되어 온 것을 알 수 있을 것이다. 인간의 마음은 기본적으로 의식과 무의식으로 나눌 수 있으며, 우리가 알 수 있는 영역인 의식은 우리가 알 수 없는 광범위한 무의식을 그 바탕으로 하고 있다. 그림에서 의식과 무의식 사이를 점선으로 표현한 것은 투과성을 의미한다. 우리가 경험한 것들은 의식에서 처리하기 어렵거나 불가능한 경우 무의식으로 이동될 수 있으며, 무의식에 담겨있던 것들이 다시 의식으로 올라와 처리가 가능해질 수도 있다는 것을 나타낸다. 이렇게 마음 속의 내용을 무의식에 담아두거나 경계를 넘어 교환이 이루어질 때 많은 에너지가 필요하며 카텍시스가 작용한다.

최근 이러한 무의식은 다시 개인 무의식과 집단 무의식 그리고 사회적 무의식으로 구분된다. 개인 무의식은 집단 무의식과 사회적 무의식 모두에 영향을 받는다. 그런데 개인 무의식과 사회적 무의식은 모두 인류의 최초 원시적 경험에서 출발하며 신화를 통해 인지될 수 있는 집단 무의식에 그 뿌리를 두고 있다. 한편 사회적 무의식은 개인들이 모여 형성한 매트릭스를 통해 알 수 있다.

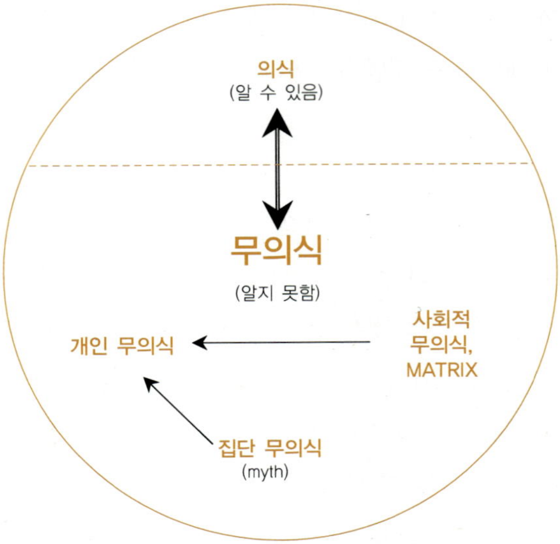

|그림 8-1| 의식과 무의식의 구조

CHAPTER 09 **조직과 공동체**

1. 조 직

1) 조직의 개념

얼마나 많은 조직(organization)이 우리의 삶에 영향을 미치고 있는지 생각해 보면 아마도 셀 수도 없이 많은 조직들이 우리의 삶에 연관되어 있다는 것을 알 수 있을 것이다. 그러면 조직이란 무엇을 말하는가? 바커(Barker, 1999)에 의하면, 조직은 제도화된 전략을 통해 이미 결정된 목적을 달성하기 위하여 함께 모인 사람들과 도구 그리고 자원이 공식적으로 구조화된 것이며, 버나드(Barnard)[1]에 의하면 둘 이상의 사람의 의식적으로 조정된 행동이나 노력의 체계로 정의된다. 조직이란 단어는 도구(tool)라는 뜻을 지닌 organcn이라는 단어가 그 어원이며, 사회학에서 조직은 공통의 유형 또는 무형의 목적을 위해서 인간의 계획된, 협력된 그리고 목적적인 행동으로 이해된다. 이러한 조직은 서로 다른 구성원들과 행동 사이의 관계를 결정하는 운영구조를 가지며 하위조직과 서로 다른 과업을 수행하기 위한 각각의 역할과 책임 그리고 권위를 갖는다.[2] 이러한 조직은 조직 내의 일정한 규칙에 따라서 운용되며 조직 내의 의사소통과 자율성의 정도 그리고 리더십이 매우 중요한 요소로 간주되며, 조직마다 독특한 문화를 갖고 있으므로 이러한 조직에 대한 이해가 조직 속에서 또한 여러 조직들과 함께 일을 해야 하는 사회복지사들에게 꼭 필요할 것이다.

1) https://www.deanza.edu/faculty/abrahamsmatt/pdf/WhatisanOrganization.pdf 참조.

2) http://www.businessdictionary.com/definition/organization.html 참조.

2) 휴먼서비스 조직

휴먼서비스 조직(human service organizations)은 그들이 서비스를 제공하는 사람들의 복지를 보호, 유지, 증진하는 기능을 하는 조직을 말하며(Hasenfeld, 1983) 종종 기관(agencies)으로 불린다. 휴먼서비스 조직은 <표 9－1>에서와 같이 하젠펠트(Hasenfeld)에 의하면, 클라이언트의 유형에 따라서 순기능 클라이언트와 역기능 클라이언트를 위한 조직으로 두 가지의 차원으로 구분되며, 클라이언트와 함께 일하는 데에 사용되는 기술에 따라서 과정형, 유지형, 변화형이라는 세 가지 카테고리로 다시 구분될 수 있다.

과정형은 심장질환이나 정서장애로부터 고통받는 사람들과 같은 경우에 사회적으로 인정되는 공식적인 명칭을 부여하는 것을 목적으로 하는 기술을 말하며, 유지형은 노인을 돌보는 시설이나 소득 유지 프로그램과 같이 건강이나 안녕의 유지나 퇴보를 방지를 목적으로 하는 기술을 말하며, 변화형은 의료적 치료, 교육, 심리치료와 같은 사람의 안녕을 증진하거나 클라이언트의 개인적인 특성을 변화시키고자 하는 기술을 말한다.

〈표 9－1〉 휴먼서비스 조직의 형태(Hasenfeld, 1983)

클라이언트 유형	과정형	유지형	변화형
순기능	유형1 대학입학사무소 신용관리위원회	유형3 사회보장조직 양로시설	유형5 공립학교 YMCA
역기능	유형2 청소년 법원 진단 클리닉	유형4 공공부조조직 요양시설	유형6 병원 입원치료센터

휴먼서비스 조직은 또한 공적 조직과 비공적 또는 자발적 조직 그리고 영리조직으로 구분되기도 한다(Queralt, 1996). 공적 조직은 정부조직에 의해서 기금이 제공되고 운용되며 법적 조항에 따라서 서비스가 제공된다. 비공적 또는 자발적 조직은 의무에 의해서 설립된 것이 아니라 공동체 내의 클라이언트들에게 필요

한 사회적 서비스를 지속적으로 제공하기 위해서 자발적으로 설립된 조직으로 자발적으로 구성된 위원회에 의해서 운영되며 공적 혹은 사적 기금에 의존한다. 영리조직은 영리를 목적으로 사적으로 운영되는 조직을 말한다.

2. 공동체

1) 공동체의 개념

생물학적으로 공동체(community)란 같은 환경을 공유하고 상호작용하는 유기체들로 이루어진 집단으로 정의되며, 인간에게 있어서 공동체는 소속감과 일체감에 영향을 주는 의도, 신념, 자원, 선호, 욕구, 위험 그리고 여러 다른 조건들을 공통적으로 갖고 있는 집단을 말한다(위키피디아 백과사전). 한편 사회학적으로는 같은 지역에서 살면서 상호작용하는 사람들의 집단으로 정의된다. 따라서 이 말은 종종 지역 공동체와 같은 뜻으로 사용된다. 1988년 웰먼(Wellman)은 공동체를 사회네트워크(social network)로 정의하였다. 이것은 같은 지역에 사느냐 여부와 상관없이 사회적 이슈에 관한 공통적인 관심사나 개인적인 특성을 공유하고 조직적 결속력을 가진 모든 집단을 공동체로 간주하는 것이다. 한편 코와 트웸로(Koh & Twemlow, 2014)에 의하면, 공동체의 세 가지 구성요소는 첫째, 서로에 대한 관심이나 도움과 같은 구성원들의 다양한 형태의 사회적 상호작용에의 참여, 둘째, 특히 인터넷 공동체에서 잘 나타나는 참여자들의 의식적이고 무의식적으로 공유된 가치체계, 셋째, 공유된 상징체계를 들 수 있다.

우리나라의 사회복지실천현장과 학계에서는 주로 지역사회로 이 말을 이해하고 있으며, 최옥채(2005)에 의하면 “다양한 욕구나 문제를 가지고 있으며, 일정한 규모의 지리적 공간 안에서 지역사회 주민의 상호작용이 활발하게 이루어지고, 지역사회의 욕구나 문제를 해결하기 위해 사회복지실천이 가능한 일정 규모의 장(field)"으로 정의하고 있으며, 최근 공동체라는 단어 또한 활발히 사용되고 있다.

이러한 공동체를 심리분석적 차원에서 사회와 어떠한 차이가 있는지를 <표 9-2>에서와 같이 살펴보면, 사회는 서로 다른 가치와 역동 그리고 아젠다를 갖고 있으나 공동체는 일치성과 공통성을 그 특징으로 하며, 사회가 그 구성원의 수가 너무 많아 비개인적인 반면 공동체는 개인적인 의미를 갖는 어느 정도의 사회적 상호작용이 이루어질 수 있다. 집단의식에 있어서 사회는 제한적이며 이차적이나 공동체의 경우에는 통합된 전체로서의 공유성과 응집성을 강조하므로 사회화의 질적으로 다른 차원의 공동체적 무의식을 예측할 수 있다. 마지막으로 사회는 상징적 기능이 작용하지 않으나 공동체 내에서는 상징으로 표현되는 추상적 차원이 존재하며, 상징적 기능은 그들 자신을 정의하고 그들이 공유한 경험으로부터 의미를 창조한다. 이러한 예로는 종교 공동체의 경우 기독교인들의 십자가 그리고 신학적 언어와 같은 상징적 언어의 공유를 들 수 있다.

〈표 9-2〉 공동체와 사회의 심리분석적 차원에서의 차이

	공동체(community)	사회(society)
공통성	일치성, 공통성	서로 다른 가치, 역동, 그리고 아젠다
사회적 상호작용의 정도	개인적인 의미를 갖는 어느 정도의 사회적 상호작용	구성원의 수가 너무 많아 비개인적
집단의식	통합된 전체로서의 공유성과 응집성을 강조, 사회화의 질적으로 다른 차원의 공동체의 무의식을 예측	제한적이며 이차적인 공유성
상징적 기능	상징으로 표현되는 추상적 차원을 가짐, 상징적 기능은 그들 자신을 정의하고 그들이 공유한 경험으로부터 의미를 창조함 예 종교 공동체의 경우, 기독교인들의 십자가 그리고 신학적 언어와 같은 상징적 언어의 공유	상징이 존재하지 않음

2) 공동체의 형태

공동체는 여러 가지로 분류되지만 세 가지로 살펴보면(위키피디아 백과사전), 첫째는, 지역 공동체(geographic communities)로 이웃, 마을, 소도시, 대도시, 국가 혹은 크게 지구 등의 지역에 걸쳐서 이루어지는 공동체를 말한다. 둘째는, 하위문화, 인종집단, 종교집단 등으로 이루어진 문화 공동체(communities of culture)로 장애인 집단, 노인집단 등과 같은 욕구나 정체성을 기준으로 한 집단도 포함될 수 있다. 마지막으로는 가족관계망과 같은 비공식적인 것에서부터 보다 공식적인 협력조직, 정치조직, 경제조직, 직능조직 등의 조직들을 포함하는 공동체 조직(community organization)으로 분류할 수 있다. 또한 한 공동체는 다른 종류의 공동체를 포함하기도 한다.

한편 사회복지적 관점에서 관심의 대상이 되는 공동체로 일시적 공동체(transient community; Koh & Twemalow, 2014)가 대표적인데 이것은 다수의 사람들이 개인적인 관심을 넘어서는 더 큰 목적이나 선을 위해 모여 공동체 정신 혹은 연대성을 나누는 것을 말한다. 이러한 일시적 공동체의 예로는 애도 공동체를 들 수 있다. 세월호 피해자를 추모하는 애도 공동체나 영국의 다이애나 비의 죽음을 추모하는 사람들과 같이 유명하거나 의미 있는 사람의 죽음을 애도하기 위해 많은 사람들이 모이기도 한다. 이러한 사람들의 모임과 그들 속에 존재하는 공동체 의식은 일시적이거나 심지어는 금방 사라지고 말지만 집합적인 애도를 위한 중요한 기회를 제공한다.

또한 사회복지사들의 관심이 되는 최근의 사회적 변화를 반영하는 공동체로는 사이버 공간상에서 자신들의 경험을 공유하는 사이버 공동체(the cyber community)를 들 수 있다. 사이버 공동체의 특징을 살펴보면, 우선 면대면 공동체와 공통적인 것으로 정기적인 상호작용과 친밀감의 형성, 소집단에서 관찰할 수 있는 것과 비슷한 정도의 역동의 발생을 나타낸다. 반면 면대면 공동체와 다른 점으로는 첫째, 이러한 상호작용에서는 환상과 투사가 일어날 가능성이 높으므로 사이버 공간에서의 상호작용이 얼마나 실제적인지에 대한 의문을 가질 수 있다. 둘째, 보다 많은 정보에 대한 공유와 공통의 관심을 특징으로 하며, 셋째, 따라서 보다 높은 공동체 의식을 가질 수 있다. 넷째, 구성원들 사이의 상호작용이 보다 간편하므로 더 높은 수준의 공동체에 대한 정체성을 가질 수 있다.

3) 공동체의 해체 현상

공동체에 대해서 논할 때 도시화, 산업화, 계층화 등의 개념들이 주로 언급되며 이러한 현상들이 "잃어버린 공동체"라고 표현되기도 하는 공동체가 해체되는 현상을 설명해 주고 있다(Queralt, 1996). 이러한 현상은 우리나라에도 마찬가지로 적용될 것이다. 특히 퇴니스(Tonnies, 1887)는 도시화 현상으로 인해서 공동체 의식이 줄어들면서 인간관계가 게마인샤프트(gemeinschaft : 오랜 기간 동안 형성되며 헌신과 신뢰 그리고 상호성의 특징을 갖는 밀접한 일대일 상호작용)로부터 게젤샤프트(gesell-schaft : 보다 비인간적이며 단절되고 피상적이며 계약적인 관계)로 변하고 있다고 지적하였으며, 짐멜(Simmel, 1950)은 사람들이 지속적으로 시끄럽고 지나치게 밀집되며 낯선 사람들과 부딪히는 도시환경 때문에 타인에게 무관심하고 무감하게 된다고 하며 공동체의 붕괴에 대해서 지적하였다. 또한 린드와 린드(Lynd & Lynd, 1937)는 중소도시나 외곽지역에 사는 사람들은 산업화와 계층화 현상에 밀려서 영향력을 상실하고 소외되며 공동체 의식이 약화된다고 설명하였다.

그러나 이와는 반대로 아직도 많은 학자들은 지역사회에서 또는 사이버 공간을 통해서 친구, 친척 또는 같은 관심사를 갖는 사람들끼리 공동체를 형성하여 서로 지지하며 밀접한 관계를 형성하고 있다는 의견이 제기되어 잃어버린 공동체 개념을 반박하였으며, 보다 최근에 그리어(Greer, 1962), 헌터(Hunter, 1978)와 같은 학자들은 제한적 공동체(community of limited liability)라는 개념을 설명하면서 공동체는 아직도 어떤 사람들에게 있어서 그리고 특정한 시간에 있어서 중요한 역할을 하지만 제한적인 정도의 기능만을 수행하고 있다고 하였다.

이러한 공동체에 대한 이해를 바탕으로 사회복지실천현장에서는 공동체가 그 기능을 보다 잘 수행하여 구성원들의 복지를 향상시킬 수 있도록 도우려는 노력이 필요할 것이다.

4) 사회관계망

현대사회에서는 직업별 관계망, 취미별 관계망 등이 교통수단과 인터넷과 같은 과학기술의 발달로 인해서 많은 공동체가 특정한 지역에 한정되지 않고 형성되기도 한다. 이러한 사회관계망(social networks)들은 다양한 사람들과 다양한 관심사를 가지고 서로에게 필요한 지지, 기회, 정보, 드움 등을 제공한다. 비교적 최근에 등장한 사회관계망이론은 사람들이 서로 연결되는 양상과 법칙에 대해서 연구하며 이러한 관계망에서의 결속력의 강도와 밀도는 다양할 것이다. 일반적으로 부유한 사람들이 빈곤한 사람들보다 많은 사회적인 관계망을 갖는 것으로 보인다(Fischer, 1982). 사회복지실천에서 이러한 사회관계망을 형성하고 그 결속력을 강화함으로써 클라이언트를 돕기 위한 노력이 필요할 것이다.

5) 이 웃

이웃(neighborhoods)은 공동체의 하위집합으로 그들 사이에 존재하는 지리적 경계와 사회적 네트워크로 정의된다(Koh & Twemalow, 2014). 이러한 이웃은 일반적으로 걸어서 갈 수 있는 거리 정도에 살아서 서로 알고 지내는 사람들을 칭하며, 이웃은 서로 비공식적인 상호작용을 하고, 집을 왕래하기도 하며, 음식을 나누어 먹기도 하고, 신문이나 잡지를 나누어 보기도 하며, 서로 정보를 나누기도 하고, 어려울 때 아이를 돌보아 주거나 하는 도움을 제공하며, 친목모임 등을 하기도 한다. 공동체와는 다른 이웃의 특성으로는 이웃은 공동체보다 이상화된 환상의 영향을 적게 받으며 우리는 좋은 이웃이라는 말보다 나쁜 이웃이라는 말을 더 자주 듣게 되지만 공통의 목적이 있을 때에는 공동체의 특징을 나타낸다. 또한 이웃은 서로 공통점이 존재하지 않는 이종집단과 사회경제적 · 인종적 · 혈연적 특성을 갖는 여러 하위집단으로 구성된다.

사회복지사들은 가끔 이웃 주민들의 모임에 동참하여 그들이 더 잘 기능하여 서로의 욕구를 충족할 수 있도록 돕는다. 그렇게 하기 위해서 사회복지사는 그들의 강점과 약점과 다양한 이웃의 형태를 잘 이해할 필요가 있다. 워런과 워런(Warren & Warren, 1977)은 이웃의 여러 가지 형태를 모두 여섯 가지의 형태로 구분하여 설명하였으며 이웃은 한 형태에서 다른 형태로 변화하기도 한다.

① 통합적 이웃(integral neighborhood) : 가장 효과적인 이웃의 형태이다. 통합적 이웃은 서로 밀접한 관계를 맺으며 많은 관심사를 함께 나누고 더 큰 공동체의 활동에 참여하며 활발히 상호작용한다.

② 교구적 이웃(parochial neighborhood) : 강한 유대감을 가지며 동일한 특성을 가진 사람들끼리의 모임이며, 더 큰 공동체에 독립성을 유지하며 자신의 규범에 맞지 않는 사람들에게 배타적이다. 이 형태의 이웃은 내부적으로 잘 기능하며 강한 충성심과 사회성을 가지며 활발한 참여가 이루어진다.

③ 분산적 이웃(diffuse neighborhood) : 새로 형성된 거주지나 도심 거주지에 주로 형성되며 서로 많은 공통점을 가지고 있지만 적극적인 활동은 없으며 더 큰 공동체와 연계되지도 않는다. 그들은 자신의 가정에 상당한 자부심을 갖고 있지만 그들의 사회적 관계망은 이웃과 지역사회를 벗어난 외부에 있으며 그들의 사회생활에 있어서 이웃이 그 중심이 되지는 않는다. 그러나 이웃에 어떤 문제가 생기거나 위협을 느끼면 그들은 내적으로 조직되고 외부적으로 서로 급속히 연계될 수 있는 잠재성을 갖고 있다.

④ 발판적 이웃(stepping-stone neighborhood) : 직업적 · 사회적 · 거주적으로 매우 유동적이다. 그들은 그들의 성공이나 목표 달성을 위해서 서로 활발히 상호작용하며 외부 공동체와도 긴밀히 연계되지만 신속히 비슷한 다른 것으로 대체되기도 한다.

⑤ 일시적 이웃(transitory neighborhood) : 인구 이동이 많거나 발생 중인 경우로 종종 더 작은 사람들의 집단으로 분절되며 “오래된 사람”들과 “새로운 사람”들로 분리된다. 집단적인 활동이나 조직화가 거의 이루어지지 않는다.

⑥ 아노미적 이웃(anomie neighborhood) : 어떤 일 때문에 모인 경우로 리더십의 구조가 불분명하다. 이웃에 대해서 관심을 갖는 사람들이 거의 없고 응집력이 없으며 서로 매우 멀게 느끼고 외부의 변화에 무방비 상태이므로 가장 어려운 경우이며 집단적인 활동력이 거의 없어서 이웃이라고 할 수 없다.

3. 사회복지실천에의 적용

사회복지실천에서 조직과 공동체는 클라이언트에게는 그들의 삶에 밀접한 영향을 미치며 살아가는 환경으로 사회복지사에게 있어서는 중시 및 거시적 실천의 장이자 자원이며 경우에 따라서는 실천의 대상이 된다. 또한 사회의 발전에 따라 점점 더 빠르게 변화하고 있어 지속적인 적응이 필요한 분야이다. 따라서 사회복지사들은 클라이언트의 삶의 질을 향상시키기 위해서 조직과 공동체의 특성을 잘 파악하여 각 조직과 공동체를 조직하거나 기능을 향상시키기 위한 노력을 하여야 할 것이다. 이러한 중시 및 거시적 대상을 이해하기 위한 대표적인 이론으로는 이 책의 7장에서 다루고 있는 생태체계이론과 8장에서 부분적으로 다루고 있는 집단 무의식에 대한 이론들을 들 수 있다. 사회복지사들은 생태체계이론을 조직과 공동체에 적용하여 해당 체계의 경계, 의사소통, 규칙, 엔트로피, 항상성 등과 같은 구조와 특성을 파악할 수 있으며, 집단 무의식 이론을 바탕으로 집단의 역동성을 이해하여야 한다. 이것을 통하여 왜곡을 바로 잡으며 균형을 회복하고 필요한 변화를 위한 도움과 에너지를 줄 수 있을 것이다. 또한 체계가 변화하는 환경에 적응할 수 있도록 지원하여야 한다. 조직과 공동체에 대한 보다 구체적인 내용은 사회복지행정론과 지역사회복지론에서 더 자세히 배우게 될 것이다.

한편 우리는 개인의 삶 속에서 희망보다 두려움이 우세한 경우를 종종 발견한다. 이러한 개인적 감정은 사회적으로 공유되어 사회적 무의식으로 작용하며 한 사회와 공동체의 잘못된 신념이 되어 모든 것을 잠식해 버리고 경우에 따라서 두려움과 미움, 편견, 외부인을 배제하는 인종주의 등이 우세한 문화를 형성하기도 한다(Jarymowicz & Bar-Tal, 2006). 이러한 현상은 대표적으로 이스라엘의 민족주의에서 살펴볼 수 있으며 분단국가인 우리나라에서도 어렵지 않게 확인할 수 있다. 이렇게 두려움이 개인과 공동체의 삶의 점령해 버려 모든 것을 얼어붙게 하는 현상은 사회복지사에게 큰 도전으로 다가올 것이다. 두려움은 인간의 가장 일차적인 감정이며 과거의 기억에 기초하여 현재의 경험에 영향을 미치며 의식과 무의식 모두에 작용하여 우리의 삶을 얼어붙게 하고 더 이상 앞으로 나아가지 못하게 한다. 또한 이것은 우리의 공격성을 부추겨 개인과 공동체의 다툼과 분쟁을 일으키는 가장 큰 원인이 된다.

자리오윅즈와 바탈(Jarymowicz & Bar-Tal, 2006)에 의하면, 이러한 두려움이 희망보다 우세한 이유는 첫째, 두려움은 인간의 생존을 위한 일차적 감정반응으로 무의식적으로 매우 빠르게 작용하는 반면, 희망은 창의성과 융통성을 바탕으로 앞날을 예측하고 새로운 아이디어를 발견할 수 있는 인지적 작용을 거쳐야 하므로 많은 시간과 노력이 필요한 감정이기 때문이다. 둘째, 학습의 관점에서 과거의 충격적인 기억은 무의식 속에 강하게 각인되어 작은 일에도 즉각적이고 강한 무의식적 반응을 일으켜 인지적인 통제와 합리성 그리고 논리를 압도하여 오류를 일으키기 쉽다. 특히 두려움과 희망은 집합적인 감정으로 작용하여 어려운 상황에 대처하는 사회의 기능에 영향을 미치고 사회의 변화와 성장 그리고 사회의 평화를 유지하는 데에 장애물로 작용한다.

따라서 사회복지사들은 개인뿐 아니라 보다 거시적인 차원에서 두려움과 희망을 이해하고, 개인과 공동체가 합리적인 정보와 지식을 통한 합리적 가치와 신념을 형성하고, 이를 바탕으로 한 인지적 대처를 통해 편견과 두려움을 이기고 희망과 평화 그리고 성장을 향하여 나아가도록 노력해야 할 것이다.

1. 문화의 개념

문화는 행위나 행동을 기술하거나 한 집단의 유산이나 전통을 지칭하는 경우, 집단의 조직을 정의하거나 집단의 기원을 지칭하는 경우 등에서 사용된다(Berry, 1992). 또한 문화라는 말은 의식주나, 경제, 개인과 가족의 활동, 복지와 종교, 삶의 주기 등에 대한 보편적 특성을 지칭할 때 쓰인다. 즉, 문화는 우리 삶이 이루어지는 광범위한 영역을 기술하고 설명하는 데 사용되는 개념이다.

윌리엄스(Williams, 1961)는 문화를 가장 까다로운 단어 중 하나로 꼽으면서 세 가지 차원을 구분하였다. 첫째, 한 개인이나 집단의 지적·정신적 발전을 표현하는 것, 둘째, 지적·예술적 활동의 실천이나 성과를 의미하는 것, 셋째, 어떤 지역의 주민이나 집단의 특정한 생활양식을 뜻하는 것이다. 문화의 의미는 타일러(Tylor)의 고전적 정의에서 발견할 수 있다.

문화란 지식, 신념, 체계, 예술, 도덕, 법 그리고 관습을 비롯해 사람들이 사회의 성원으로 살아가면서 획득하는 능력 및 습관을 포함하는 복합적 총체이다(Tylor, 1871, 한성열 외, 2015 재인용).

문화란 복합적 총체라는 것에 우리는 주목할 필요가 있다. 총체적 문화의 개념은 하부구조로서 문화와 상부구조로서 문화를 포괄한다. 하부구조로서 문화는 물질적인 것으로 구성된 문화로서 인간이 환경이나 생태를 이용하고 적응해 나가는 방식과 기술 등을 포함한다. 반면 상부구조로서 문화는 인간이 이루어 낸 정신적인 부분, 즉 사상이나 철학 등을 의미한다.

즉, 문화는 한 사회 내에서 생산되어 공유되는 생활방식을 비롯한 상징 및 의미체계를 포괄하며, 학습을 통해 전승되고 인간의 신념, 가치관, 행동을 통제하는 객관적·주관적 환경이라 이해할 수 있다.

2. 문화의 특성

1) 공유성

한 사회구성원들의 행위에는 다른 집단의 것과 구별될 만한 어떤 공통적인 경향이 존재한다. 문화란 구성원 개인의 독특한 취향이나 버릇이 아닌, 구성원 간에 공유되는 행위양식이며, 이를 바탕으로 문화 내 의사소통이 가능해진다. 우리는 사회의 다른 구성원들과 함께 공유하고 있는 언어로 의사소통을 할 수 있고, 특정 상황에서 상대방이 어떻게 행동할 것인지, 그리고 그들이 우리로부터 무엇을 기대하고 있는지 예측할 수 있기 때문에 사회생활이 가능하다. 따라서 문화는 전형성과 대표성을 갖는다. 개인의 행위는 편차가 크기 때문에 어떠한 문화가 존재한다고 해도 그 문화에 동의하지 않는 개인이 존재하기 마련이다. 하지만 일부 사람이 공유하지 않아도 그 행위가 해당 집단 내에서 대다수 구성원에게 거부감 없이 용인된다면 그 행위는 그 집단의 문화라 할 수 있다. 그러한 행위나 습관이 공유되는 범위에 따라 전반적인 문화현상이 되기도 하고 특정 집단만 가지고 있는 하위문화가 되기도 한다.

2) 학습성 및 축적성

인간이 집단을 이루고 살게 되면서 집단 유지에 필요한 여러 일이 발생되고 그에 따르는 가치들이 파생되게 되었다. 사회가 점점 복잡해지면서 인류는 사회를 유지하기 위해 많은 제도와 규칙, 관습 등을 만들었고, 복잡해진 사회를 유지하기 위해 사람들은 후속 세대에게 그것들을 가르쳐야 했다. 문화는 학습에 의해 축적되고 또 후대로 전승된다.

3) 초유기체성

문화는 인간의 행동에 영향을 미칠 뿐 아니라 행위를 위한 지침이 된다. 문화 요소로서의 관념, 태도, 감정, 사상 등은 모두 인간의 생물학적인 구조에 기원한 것이며 또한 거기에 기초하여 나타났고 유지되고 있다. 즉, 상징행위를 할 수 있는 인간의 능력과 지능이 아니었다면 문화는 존재할 수 없었을 것이다. 그러나 그런 요소들이 일단 등장하여 하나의 문화전통으로 정립되고 난 뒤에는 마치 그것이 '비생물학적인 성격'의 것인 양 인간과 독립적으로 존재하면서 영향력을 미치게 된다. 개인은 문화를 가지고 태어나는 것이 아니라 기존에 있던 문화적 전통 속에서 태어나는 것이다. 생활양식으로서 문화는 행위자에게 내면화되어 있기 때문에 반드시 유기체 바깥에 위치하고 있는 것은 아니지만 앞에서 논의한 바와 같은 의미에서 문화전통은 유기체 외적 성격을 가지고 있다는 것이다.

4) 총체성

문화는 각 부분이 서로 잘 조화를 이루고 통합적으로 연결되어 있다. 그렇기 때문에 문화의 한 부분에 변화가 생기면 겉으로는 상관 없어 보이는 다른 부분까지 영향을 받아 변화하거나 수정된다. 경제구조의 변화에 따라 새로운 계층과 새로운 삶의 방식, 새로운 가치관, 새로운 갈등의 형태가 나타나게 된 것이다. 이렇게 문화는 다양한 구조가 서로 총체적으로 얽혀 있다. 결국 문화를 이해할 때는 어떤 한 부분에 초점을 맞추는 것으로는 부족하고 그 부분이 유기적 관련을 맺고 있는 다른 모든 부분까지 고려해야 한다는 것이다.

5) 보편성과 상대성

문화는 인간이 발전시킨 삶의 방식들로 본질적 기능은 같지만 내용은 대단히 다양하다. 예를 들어, 결혼제도를 보면 모든 문화는 사회구성원들의 결속와 인구 유지를 위한 결혼제도를 가지고 있다는 보편성을 띤다. 하지만 결혼제도는 문화에 따라 상당한 다양성을 보인다.

6) 가변성

사람들은 살아가면서 수많은 문제에 부딪히고 그것들을 해결하고자 다양한 노력을 한다. 이러한 과정 속에서 문화는 변화한다. 물론 외부의 영향에 의해 문화가 변화하는 경우도 있다. 문화가 다른 문화와 장기간 접촉하여 한쪽 또는 양쪽의 문화가 변하는 현상을 문화변용이라고 한다. 문화는 사회의 유지체계로 기능하기 때문에 모든 문화는 연속성과 지속성을 갖는다. 그러나 문화구성원들의 필요나 외부로부터의 요구에 의해 문화는 변화한다.

(1) 문화변용(Acculturation)

서로 다른 문화전통을 가진 여러 사회가 접촉할 때 일어나는 문화의 변화과정과 그 결과를 말한다. 문화변동이 일어나는 상황에 따라 두 가지 주요 유형으로 구별된다. 첫째, 군사적·정치적 지배관계에 있지 않은 두 문화가 상호 교류를 지속할 때 문화요소들의 자유로운 차용과 수정이 일어날 수 있다. 새로운 문화요소들은 통합과정을 거쳐 현존하는 문화체계 속으로 흡수된다.

백인에게 정복되지 않은 나바호 인디언들은 18세기 스페인 식민주의자들과의 빈번하고 다양한 접촉을 통해 의복과 금속세공술 같은 스페인 문화의 여러 요소를 받아들여 그들 고유의 문화 속에 독자적인 방식으로 통합했다. 둘째, 규제된 문화변동으로 한 민족이 다른 민족을 군사적·정치적으로 지배할 때 일어난다.

지중해 지역과 서부유럽에 대한 로마의 정복, 북아메리카 인디언들에 대한 백인의 정복, 아프리카에 대한 유럽의 지배를 비롯한 수많은 정치적 팽창과정에서 규제된 문화변동의 특성을 찾아볼 수 있다.

(2) 문화동화(Assimilation)

동화란 개인인 집단이 다른 전통을 갖고 있는 사회의 지배적인 문화에 통합되는 과정을 말한다. 대개 이주자들이나 고립된 소수집단이 이런 과정을 거치게 된다. 이들은 더 큰 문화에 접촉하고 참여하면서 새로운 문화를 받아들이고, 점차 자신들이 과거에 가졌던 문화적 특성들 대부분을 잃게 되어 다른 사회구성원들과 비슷해지게 된다. 완전한 형태의 동화는 거의 불가능하다.

여러 세기 동안 정복과 권력 재통합이 반복되었는데도 유럽에 지역단위 문화의 다양성이 유지되는 것이 한 가지 예가 된다. 반면 미국은 동화가 두드러지게 일어난 드문 경우이다. 미국으로 이민 간 수많은 유럽인들은 미국의 공립학교 교육을 받고 생활하면서 여러 가지 새로운 관습들을 익혀 2~3세대가 지나는 동안 거의 완전히 미국문화에 동화되었다.

(3) 문화통합

그 사람의 문화적 정체성이나 특징을 가지며, 상대 문화집단과의 관계와 유지가 되는 것을 말한다.

(4) 문화분리

그 사람의 문화적 정체성이나 특징이 있지만 상대 문화집단과 관계가 유지되지 않은 상태이다.

(5) 문화경계화

그 사람의 정체성이나 특징을 갖지 못하며 한편 상대 문화집단과의 관계도 유지되지 않은 상태이다.

7) 외재적 문화와 내재적 문화

외재적 문화란 법, 제도 등과 같이 외현적으로 드러나는 현상 같은 것들이고, 내재적 문화는 사람들이 당연하게 받아들이고 있지만 의식적으로 구체화해서 인식하지 못하고 있는 부분을 의미한다. 문화의 외재적 부분은 내적적 부분과 기타 요인들의 상호작용에 의해 다양한 형태로 변형되어 나타날 수 있다.

예를 들어, 한국의 음주문화는 부정적 측면을 많이 드러내고 있다. 그러나 과도한 음주를 근절하기 위한 다양한 노력에도 불구하고 한국인의 술 소비량은 여전하다. 그렇다면 한국인의 음주행위에는 겉으로 드러나지 않는 내재적 이유가 존재한다고 볼 수 있다는 것이다. 이 부분을 이해하지 못하고 한국인의 음주행위를 이해하기는 어려움이 있다. 따라서 문화현상, 특히 문화와 관련된 인간행동을 해석할 때는 겉으로 드러난 부분 이면에 있는 내재적이고 본질적인 부분에 더 많은 주의를 기울일 필요가 있다.

8) 다문화 관점

다문화 수용성은 자신의 인종과 문화가 다른 집단을 편견 없이 동등하게 사회의 구성원으로 수용하는 태도로 정의하며, 특히 청소년기를 중요하게 생각한다(이택호 · 이석영 · 한윤선, 2016). 2015 국민 다문화 수용성 조사에서는 다문화 인식은 4년 전보다 개선되고 젊은 층일수록 수용적이라는 결과와 다문화 교육과 활동경험, 접촉, 교류 여부에 따라 수용성에 차이를 보인다.

청소년기는 가치관을 확립하는 시기이며 편견이나 고정관념에 쉽게 영향을 받는 시기이다. 이처럼 청소년기의 다문화 수용성 확립은 중요한 쟁점이지만 그럼에도 불구하고 우리나라 청소년의 다문화 수용성은 낮은 것으로 보고된다. 중등학교 학생들의 다문화가정에 대한 인식은 대체적으로 호의적이거나 중립적이었지만 다문화 수용도는 가장 낮은 점수를 보였다. 특히 청소년들은 동남아 및 북한이탈주민에게 사회적 거리감을 느꼈다(서종남, 2010). 다문화 수용성에 유의한 영향을 미치는 변수 중 상대적 영향력을 보면 단일민족정체성이 가장 영향력이 큰 것으로 나타났으며, 다음으로 다문화 관심, 사회적 거리감, 자아존중감, 자국민지향성, 사회적 지지 순으로 영향력을 가진다(박영주 · 이주은, 2013).

3. 사회복지실천과 연관성

문화와 사회복지실천과의 연관성을 살펴보면 첫 번째로 급변하는 다문화 환경에서 다문화의 포용성을 생각할 수 있다. 결혼이민자들과 북한이탈주민 등 여러 다양한 문화에서 온 사람들에게 그들이 필요로 하는 서비스를 제공해 주고, 사회복지실천 개입을 하는데 기초 지식과 이해를 넓히는 데 필요하다.

두 번째로 현재 활발히 진행되고 있는 '마을 만들기'를 살펴볼 수 있다. 마을 만들기란 도시화의 흐름 속에서 지역주민들이 스스로의 고유한 방식으로 개성 있게 자신의 공동체를 가꿔나가는 운동이다. 이 점에서 마을 만들기는 문화마을 만들기라고 할 수 있다. 문화마을은 문화도시의 근본이다. 따라서 지역이 지켜내고 실현해야 할 문화적 가치들을 지역의 건강한 성장과 더불어 결합하는 방식으로 진행되어야 할 것이다. 현재 지역의 마을 만들기는 부산의 산복도로 1번지 프로젝트, 꽃마을 자연예술제 등으로 나타났고, 시민 차원의 마을 만들기가 좀 더 넓은 범위로 확장되기 위해 하천 살리기, 공동육아, 생활문화의 변화를 통해 가능한 조직과 소통의 중요성도 제기되고 있다.

세 번째로 문화와 공공예술을 사회복지실천에 적용할 수 있다. 공공예술(public

art)은 말 그대로 일반 대중을 위한, 그리고 그들을 향한 예술이라고 할 수 있다. 예술가의 개인 작업, 그리고 이를 향유하는 일부 계층의 소비자들이라는 기존 예술의 틀에서 생산자와 소비자의 개념이 좀 더 확장된 형태라 할 수 있다. 생산자는 대중 속에서 예술의 본연을 찾으며, 특히 소비자의 범위는 특정 소수 상위 계층에서 점차 아래로 확산된다. 그런 의미에서 공공예술은 '문화민주주의'이면서 '문화복지'라 표현할 수도 있겠다.

공공예술은 포괄적 의미로 문화복지의 개념을 포함한다고 볼 수 있다. 그리고 지역사회의 축제 또한 사회복지실천에서 지역과 개인을 연계하는 과정에서 많이 활용되고 있다. 급변하는 사회변화와 세계화 속에서 지역의 축제는 인류 문명을 발전시키고 있다. 오늘날 축제는 문화적 의미를 비롯해 사회·경제적인 의미를 포괄한다. 한 지역의 전통에 바탕을 둔 역사적인 행사인 동시에 자연환경에서 도시문화까지, 고급예술에서 대중예술까지, 지역시민의 고유한 추억과 체험의 재현에서 관광객을 위한 볼거리까지, 문화적 향유를 통한 공동체성의 회복에서 경제적인 파급효과에 이르기까지 실로 문화도시가 누려야 할 요소들을 특정한 시공간에 압축해서 담아낸다.

네 번째로 생태문화적 부분이다. 근래 사회복지실천은 생태체계 모델과 더불어 인간과 환경의 상호작용을 더욱 중요시하고 있고 자연과 생태계의 환경 또한 인간의 삶의 질 향상에 큰 영향을 준다고 느끼고 있다. 다수의 사람들과 사회복지사들의 미래 공통 관심사는 환경생태계를 살려 인류복지에 기여하는 것이 될 것이다.

현대사회는 산업적 가치를 제일 중요하게 생각하고 나머지 부분은 부수적인 부분으로 여겨왔다. 하지만 생태영역이 인류의 건강과 생존이라는 측면에서 불가피하게 보호해야 할 영역으로 여겨지고 문화의 가치에 눈뜨기 시작하면서 인간의 생존이라는 관점으로 문화와 생태 영역을 바라보기 시작했다. 이에 따라 문화도시는 랜드마크와 가로재생, 관광, 축제를 중요시하는 체험형 문화도시와 도시 내 사람들 사이의 관계를 중요시하는 네트워크형 문화도시, 스토리 소재나 스토리텔링을 중요시하는 스토리 지향형 문화도시, 창조적 환경을 중요시하는 창조도시형 문화도시, 지역발전을 위한 신산업구조화를 중요시하는 도시재생형 문화도시 네 가지로 구분하고 있다. 문화의 사회복지실천에 대한 활용은 이러한 미래 문화생태 환경에 적절하게 적용될 수 있을 것이다.

PART 03 생애주기에 따른 인간발달에 관한 이해

1. 인간발달의 전 생애 관점

발달은 인간의 전 생애에 걸쳐 일어나며 다차원성(multi-dimension), 다방향성(multi-direction), 유연성(plasticity)을 지니고 다학제적(multi-disciplinary), 맥락적(contextual)으로 연구된다. 또한 발달은 성장, 유지 및 상실 조정의 세 가지 과정을 포함하는 한편, 생물학적 요인과 사회문화적 요인 및 개인적인 요인의 복합적인 상호작용을 통해 이루어진다. 1980년대부터 인간의 기대수명이 점차 늘어남에 따라 전 생애 관점이 인간을 다루는 다양한 분야의 학자들의 관심을 끌게 되면서 발달은 수태의 순간부터 죽음에 이르기까지의 전 생애를 통해 일어나는 지속적인 변화과정으로 받아들여지고 있다. 따라서 전 생애 관점에서는 생의 초기부터 청년기까지의 초기단계에서 보편적으로 나타나는 양적인 증가나 기능적인 효율성의 증가 등 긍정적인 변화는 물론 성인기 이후에 나타나는 긍정적인 발달적 변화 양상과 함께 양적인 감소나 효율성의 감소 등 부정적인 변화 역시 발달에 포함한다.

전 생애 발달의 독자적인 특성들은 다음과 같다.

① 발달은 전 생애에 걸쳐 일어난다.

② 발달은 다차원적 · 다방향적으로 일어난다. 즉, 발달은 신체적 · 인지적 · 정서적 · 사회적 발달 등 각 측면에서 일어나게 되며 각 측면의 발달과정은 서로 영향을 주고받는 복합적인 관계에 있다.

③ 발달은 유연성이 있다. 즉, 발달적인 변화와 가능성을 뜻한다.

④ 인간발달은 다학제적으로 연구된다. 사회복지학자, 심리학자, 사회학자, 유전학자, 인류학자, 신경과학자 등 다양한 학문분야의 학자들 간의 공동노력으로 연구가 진행된다.

⑤ 발달은 다양한 맥락 내에서 이루어진다. 맥락은 발달이 이루어지는 환경을 뜻하며 인간의 발달은 여러 맥락 내에서 이루어진다. 발달과 관련된 환경인 맥락은 역사적 · 경제적 · 사회적 · 문화적인 요인에 의해 변화하게 되며 맥락적 변화는 개인 발달에 영향을 미친다.

⑥ 발달에는 성장, 유지, 상실 조정의 세 가지 과정이 포함된다. 인간발달의 세 가지 목표를 성장, 유지, 상실 조정에 두는데 태아기부터 청소년기까지 발달은 성장이 주를 이루나, 성인기에 접어들면 인간은 성장하고자 하는 목표 대신 발달을 유지하고 상실을 조정하려는 목표를 지니게 된다. 노년기에는 상실을 다소 늦출 수 있는 방법을 찾거나 다른 사람에게 의지하지 않고 자립적인 생활을 해나갈 수 있는 적응방법을 찾는 데 목표를 두고 생활한다.

⑦ 발달은 생물학적・사회문화적・개인적 요인 간의 상호작용을 통해 이루어진다. 인간은 타고난 두뇌능력으로 문화를 이루어가는 한편, 문화에 의해 인간의 두뇌는 발달하고 변화한다. 또한 개인은 여러 환경적 요인으로부터 자신의 발달을 최적화할 수 있는 요소들을 선택함으로써 발달을 이루어 가기 때문에 인간의 발달은 생물학적 요인과 문화적 요인, 개인적 요인의 복합적인 상호작용의 산물이라고 할 수 있다.

CHAPTER 11 유아기

11장에서는 태내기에 대한 정보를 먼저 살펴보고 부모가 임신을 계획하고 임신했을 때 주의해야 할 점을 고민해 보고자 한다. 그리고 영아기(생후 1년 내지 만 2세까지)와 유아기(3~6세)에서 사회복지사가 특히 알아두어야 하는 특징적인 부분을 살펴보고자 한다. 영아기는 신체적·정서적 보살핌이 매우 중요한 시기로서 이 시기의 발달은 이후 발달에 매우 중요한 영향을 미친다. 유아기는 아동초기 또는 학령전기로도 일컬어지며, 이때의 특징적인 발달은 기본적인 생활습관을 형성하여 자기 스스로 일상적인 일을 처리할 수 있고 의사소통능력이 급속히 이루어진다는 것이다. 이와 더불어 개인차는 있지만 자기의 요구나 감정을 조절할 수 있는 자아통제력이 발달한다. 또한 다른 아동이나 가족 외의 환경에 대한 이해와 관심이 증가하며 상상력과 창의력이 두드러지는 시기이다.

1. 태내기

배아로부터 태아로의 전이는 8주에 일어나는데 임신한 여성이 자신의 임신을 인식하기 전이다. 이 시점에서 배아의 모든 중기관들이 형성된다. 태내기의 나머지는 성장의 시기로서, 기능이 발달하고 이미 존재하는 기관과 구조들이 정교해진다. 이것은 여성이 자신이 임신했다는 것을 알아채기도 전에 이미 임신의 가장 결정적인 시기를 지나가게 된다는 것이다. 비록 여성이 금주를 하거나 영양가 높은 섭식을 하는 것과 같은 행동이 유익하다는 것을 인식할지라도, 행동을 바꿔야 할 이유를 알기도 전에 위험할 수 있다는 것이다. 이 시기의 어머니와 아버지의 행동은 저체중 출산, 인지적 결핍 또는 출산에서의 위험과 같은 부정적인 영향을 가져올 수 있고, 건강한 신생아와 성숙한 아동을 위한 긍정적인 결과를 가져올 수도 있다. 하지만 꼭 그렇다고 볼 수 없는 것은 연령이 많은 어머니, 임신 동안의 음주 모두 신생아의 인지적 결함과 연관되지만 임신을 기다리고 임신기간 동안 음주를 한 많은 여성이나 노령 출산자도 완벽하게 건강하고 똑똑한 신생아를 낳는다. 또한 좋은 영양, 적절한 수면, 아기의 아버지의 지원이 신생아의 긍정적인 결과와 연계되어 있더라도 배우자나 파트너로부터 정서적·행동적 지원을 모두 받은 건강한 생활방식의 젊은 여성이 출산의 위험, 지능이 낮은 신생아를 낳을 수도 있다. 유아기에서는 태내기에서부터 유아기까지 여러 발달 관련 지식을 공부하면서 사회복지사로서 많은 가족과 여성, 아동을 만날 때 건강한 태내발달을 제공하는 생활방식에 대한 조언과 정보 제공, 감정 공유에 대한 지식과 간접경험을 풍부히 할 수 있도록 고민해 보도록 하자.

1) 태아의 발달

태내발달은 정자와 난자가 만나는 수정의 순간부터 시작된다. 하나의 세포로 이루어진 수정체가 어머니의 자궁 안에서 약 9개월 동안 지속적인 변화를 통해 수조 개의 세포로 이루어진 하나의 개체가 되는 태내발달의 과정은 크게 다음의 세 단계로 나눌 수 있다.

(1) 배종기

배종기는 수정 후 대략 2주까지의 기간을 말한다. 이 기간에 수정된 정자와

난자는 접합체를 형성하고 세포분열을 거치면서 자궁 내막에 착상한다. 착상이 이루어진 후 자궁의 융모돌기가 자궁벽을 파고들면서 태반이 형성되기 시작하며 태반은 탯줄을 통해 수정체와 연결된다. 태반은 태아에게 산소와 영양분을 공급하며 모체 내 호르몬 합성 등에 관계하여 임신을 유지하게 하는 기능을 한다. 따라서 태반형성 과정에서 이상이 있을 경우 유산이나 태아사망, 임신중독증 등의 합병증이 발생할 수 있다.

(2) 배아기

착상으로부터 8주까지의 기간을 배아기라 부르며, 이 시기의 수정체를 배아라고 한다. 이 6주의 기간에 모든 신체적인 구조와 체계의 기초가 형성되기 때문에 태내발달 중 가장 바르고 극적인 변화가 일어나는 시기이다. 이 시기의 배아는 내배엽, 중배엽, 외배엽의 3개 층으로 이루어져 있다. 그중 내배엽은 소화기관과 호흡기관으로 발달하고, 중배엽은 순환기관과 생식기관 및 배설기관으로 발달하며, 외배엽은 감각기관과 신경계 조직 및 피부조직으로 발달한다.

(3) 태아기

임신 8주 이후부터 출산 전까지의 기간을 태아기라 한다. 이 기간에 태아는 양적인 성장을 하게 되는데, 특히 9~20주의 기간에는 태아의 크기가 엄청난 비율로 자란다. 태아기는 다시 세 단계로 구분할 수 있는데 첫 번째 단계는 3개월까지의 기간에 해당한다. 이 단계에는 태아의 기관, 근육, 신경체계들이 조직화되고 서로 연결되기 시작한다. 또 외부 생식기가 정교화되어 약 12주경에는 태아의 성별을 알 수 있게 된다. 이 밖에도 손발톱과 머리카락이 생기는 등 신체의 모든 부분이 형성된다. 두 번째 단계는 4~6개월의 기간이다. 이 단계 중 16~20주경이 되면 산모가 태아의 움직임을 느낄 수 있을 정도로 태아의 크기가 자라게 되며, 5개월경 태아의 크기는 신장 25cm, 무게 400~450g으로 신생아의 절반 정도에 이르게 된다. 두 번째 단계부터 이전에 생긴 신체의 모든 부분이 성숙되어

가는 과정이라 할 수 있다. 따라서 비록 모든 기관을 갖추고는 있으나 이 시기에 태아가 조산이 되면 폐와 중앙신경 체계의 미성숙으로 생존가능성이 희박하다.

세 번째 단계는 이전의 6개월과 달리 이 시기에 태아가 조산될 경우 생존가능성이 점차 증가하게 된다. 이 단계는 이전에 형성된 신체기관의 성숙 및 신체크기의 양적인 증가와 함께, 특히 출생 후 적응에 필요한 발달이 이루어지는 시기이다. 예를 들어, 바깥 환경에 맞는 체온조절능력을 위해 피하지방이 생기며, 9개월에는 모체의 혈액으로부터 다양한 종류의 면역력을 얻어 바깥세상에 적응할 수 있는 상태를 갖추게 된다. 또한 출산을 준비하는 단계로 마지막 몇 주 동안 대부분의 태아는 머리를 아래로 두고 다리를 위에 두는 자세를 취하게 된다.

2) 태내환경과 영향요인

태내발달 단계에서 태아는 그 발달에 장단기 영향을 미치는 다양한 환경적 요인에 노출된다. 태내발달에 영향을 미치는 환경적 요인은 대개 모체의 특성과 직접적인 관계를 갖는다. 어머니의 연령과 건강상태, 감염성 질병뿐 아니라 임신 중의 영양, 어머니의 정서상태 등도 태아 발달에 영향을 미치는 주요 요인이다. 어머니의 영향력과 더불어 아버지의 특성 또한 태아의 발달에 영향을 미친다.

(1) 어머니의 영양

임신 중 어머니는 평소보다 300~500칼로리의 영양분을 더 섭취해야 한다. 태아는 발달에 필요한 영양분을 모체에 전적으로 의존하기 때문에 임신부는 영양의 양적인 면뿐 아니라 질적인 면도 고려하여 식품을 섭취해야 한다. 예를 들어, 임신부는 단백질 식품을 충분히 섭취해야 하고, 특히 엽산의 섭취를 늘려야 한다. 엽산의 결핍은 태아의 신경관 손상이나 이분척추증을 야기할 수 있어 그 중요성이 더욱 강조되고 있다. 임신 중 충분한 영향을 섭취하지 못해 생기는 영양결핍은 태아의 성장에 장기간의 영향을 미치게 된다. 특히 임신 초기인 3개월

이내에 생기는 영양결핍은 태아의 두뇌 발달에 영향을 미쳐 이후 청소년기에 반사회적 성격장애가 나타날 가능성을 증가시킨다.

(2) 어머니의 건강

평소에 건강상 문제를 가진 어머니는 태아의 발달에 부정적 영향을 미칠 수 있다. 임신 전부터 당뇨병, 단백질 신진대사 이상인 페닐케톤뇨증, 갑상선 이상 등의 증세를 가진 어머니는 선천성 기형이나 정신지체를 가진 아이를 낳을 확률이 정상인보다 높으며, B형 간염에 걸린 어머니의 자녀 역시 만성 B형 간염 보균자가 될 가능성이 크기 때문에 이에 대한 주의를 기울여야 한다. 예를 들어, 인슐린 의존성 당뇨병의 경우, 태아의 신체기관이 형성되는 임신 초기 3개월 동안 혈당수치를 조절한다면 이러한 선천성 기형을 예방할 수 있다. 그러므로 건강상 문제가 있는 여성은 임신 전부터 주기적인 의학적 검진을 받는 것이 바람직하다.

그리고 임신 중에 새로 걸릴 수 있는 질병 역시 태아의 발달에 치명적인 영향을 줄 수 있다. 따라서 임신기간에는 단순한 감기부터 성병까지 모든 종류의 감염성 질환에 걸리지 않도록 주의해야 한다. 치명적인 결과를 초래하는 감염성 질환들 중 대표적인 예로 풍진을 들 수 있다. 감염균은 고양이의 장이나 양과 돼지에 기생하는데, 임신 중에 감염될 경우 모체에는 심각한 영향을 주진 않지만 태아는 뇌 손상과 시각장애를 일으킬 수 있고 사산, 유산과 같은 태아 사망의 원인이 되기도 한다. 특히 고양이를 키우는 집에서는 고양이의 배설물을 만지지 않도록 한다. 성적인 접촉을 통해 감염되는 매독은 태아에게 시각장애나 피부손상과 같은 결함을 야기할 수 있다. 특히 매독균은 임신 초기보다 중기 이후에 감염될 때 더 치명적인 영향을 미친다.

(3) 약물과 화학물질

① 의약품

일부 의약품의 경우 임신부가 섭취하면 태아의 발달에 즉각적인 영향을 미치는 것은 물론 출산 이후의 발달에까지 치명적인 영향을 미칠 수 있다. 태아의 기형을 유발하는 의약품으로는 탈리도마이드, 항생제, 수면제, 마취제, 항암제 뿐 아니라 여드름치료제, 아스피린, 진통제 등의 약품이 있다. 임신 중에는 가능한 의약품의 복용을 삼가야 하며 필요시 의사와 상담을 통해 소량 복용을 권장한다.

② 술

임신 중 과도한 알코올 섭취는 태아에게 직간접 영향을 미친다. 치명적인 결과로 나타나는 것은 태아 알코올 증후군을 들 수 있다. 태아 알코올 증후군을 가진 아기는 소두증과 얼굴 및 사지 결함, 심장기형, 관절이상 등의 신체적 결함은 물론 발작, 정신지체, 과잉행동장애 같은 특성을 보이기도 한다. 또한 출생 후 발달에 있어서도 이들 중 약 90%는 청소년기 및 성인 초기에 적응상에 문제를 보인다는 연구결과도 있다.

③ 흡연

임신기간 동안 흡연은 니코틴과 탄소산화물을 어머니와 태아 모두의 혈류 속으로 전달하고, 이것은 태반의 기능, 특히 산소의 교환과 영양분을 태아에게 전달하는 기능을 손상시킨다. 니코틴은 태반을 통해 급속하게 확산된다. 임신기간 동안 흡연을 한 어머니의 자녀들 혹은 그들이 태어난 후에 계속해서 흡연을 한 부모의 자녀들은 비흡연자 자녀들에 비해 아동 초기에 평균적으로 더 작고, 호흡기 감염이 더 쉽게 되고, 인지 수행이 약간 더 낮다는 것으로 조사되었다. 그리고 학교 과제들에 가장 취약했고 주의력 결핍장애, ADHD 관련 장애와 행동장애에도 영향을 미치는 것으로 나타났다.

④ 카페인 및 마약, 환경호르몬, 방사선 등 기타 화학물질

임신 중 소량의 카페인은 태아의 발달에 큰 영향을 미치지 않는다고 알려져 있으나 하루 5잔 이상의 커피를 지속적으로 마시는 등 다량의 카페인에 노출되면 자연유산의 위험이 증가하고 출생 직후 영아급사증후군의 가능성이 높아진다. 그러므로 임산부는 커피, 차, 초콜릿, 탄산음료 등 카페인 섭취를 조절할 필요가 있다.

임신 중 마리화나, 코카인 같은 환각제 복용은 임산부와 태아 모두에게 치명적 영향을 준다. 코카인의 경우 모체와 태아의 혈관에 작용하여 혈압을 상승시킬 뿐 아니라 태반을 통해 영양분과 산소가 공급되는 것을 차단함으로써 태아가 유산되거나 조산될 수 있다. 또한 아기의 두뇌와 인지 발달 영역에서 출생 후까지 악영향을 미치며 안정된 유대감이 어려움을 보이는 등 정서적 문제를 보여 발달적 적응 면에서 위험요인으로 나타난다.

일상생활에서의 화학물질과 환경호르몬은 잠재적 독성으로 치명적인 영향을 줄 수 있다. 식품첨가물, 화장품, 인공감미료, 중금속 살균제, 방사선, 오염물질 등은 저체중아, 사산, 선천성 결함, 정신과 운동 발달 장애, 불임 등의 여러 좋지 않은 영향을 줄 수 있다.

(4) 연령

10대 소녀의 임신은 임산부의 빈혈, 태아성장제한, 조산, 높은 영아사망률과 관계가 있으며, 임신기간에도 성매개 질환의 발생이 높다. 그리고 현대사회에는 10대 임신이 환영받지 못하며 대부분 계획 없이 이루어져 어머니의 정서에도 부정적인 영향을 미치고 사회적 지지가 부족하다. 이러한 사회관계망 축소는 임신 유지나 출산 이후 자녀 양육을 위한 정보 습득과 지원체계의 어려움을 야기할 수 있어 2차적인 문제를 가진다.

만 35세를 기준으로 하는 고령임신 역시 태아발달에 영향을 미치는 요인이다.

고령임신은 낮은 연령대의 임신보다 임신성 당뇨병이나 임신성 고혈압, 전치태반, 태반조기박리 등의 발생가능성이 더 크다. 또한 태아의 발달에도 직접적인 영향을 미쳐서 고혈압과 당뇨에 의한 조산이나 사산, 다태임신에 의한 태아성장장애, 태아의 염색체 이상 등이 증가한다. 다운증후군의 염색체 이상 역시 어머니의 연령이 높을수록 그 비율이 급격히 증가한다. 하지만 최근 고령임신의 비율이 증가함에 따라 사전 의학적 검사를 권장하고 있으며 그 결과 결함 있는 아기의 출생비율은 감소하고 있는 추세이다.

(5) 정서상태

임산부의 정서적 안정은 건강한 태아발달을 위해 중요하다. 임신 중 다양한 경험은 임산부의 정서상태에 영향을 미치는데 이는 호르몬 작용을 통해 태아발달에 영향을 주기 때문이다. 특히 아드레날린 같은 호르몬은 태반벽을 통해 태아의 혈류에 전달되어 태아의 활동성을 증가시킬 뿐 아니라 자궁으로 유입되는 혈류를 제한하고 산소가 태아에게 공급하는 것을 방해하기 때문에 임산부는 부정적 정서적 경험을 줄이도록 노력해야 한다. 한편 임산부가 느끼는 스트레스는 오히려 태아의 활동성을 감소시키고 심장의 불규칙한 운동을 증가시킴으로써 부정적인 영향을 미친다. 임산부의 스트레스는 태아 발달뿐 아니라 출생 후까지도 영향을 미치는데, 임신 12~22주에 심한 스트레스를 경험한 임신부의 아기는 아동기에 ADHD나 외향적 문제행동, 불안 등의 문제를 보일 가능성이 있다.

(6) 아버지와 관련된 영향요인

아버지가 납이나 농약에 자주 노출되거나 마약, 담배, 알코올을 과량 섭취할 경우 비정상적이거나 활동성이 낮은 정자 생산으로 태아 발달에 부정적 영향을 줄 수 있다. 아버지의 연령 또한 중요한 요인인데 30대 후반 이후 자녀를 갖게 되는 경우 왜소증이나 다운증후군의 아기를 출산할 확률이 높아진다. 이는 나이가 증가함에 따라 남성세포의 돌연변이가 증가하기 때문이다.

3) 출 산

출산은 성숙한 태아가 분만의 단계를 거쳐 바깥세상으로 나오는 과정이다. 출산의 과정은 분만 시 임산부가 느끼는 진통과 밀접한 관계가 있는데 진통은 자궁수축을 통해 태아가 나오는 과정을 돕는다. 현대 의학은 이러한 진통의 기제를 크게 두 가지 가설로 설명한다. 즉, 출산이 가까워지면 태아로부터 전달된 신호가 이완상태에 있던 자궁을 긴장시켜 진통이 일어난다는 가설이 있으며, 다른 견해에서는 자궁수축 물질의 영향으로 진통이 일어난다고 설명하기도 한다. 출산은 실제로 부모 역할이 시작되는 시점을 의미한다. 첫 자녀의 출산을 가족 생활주기 변화의 주요한 기준으로 삼는 것은 자녀의 존재로 말미암아 변화되는 생활패턴과 가족생활 가치와 방식 때문이다.

2. 영유아기

1) 발달적 특성

(1) 신체와 운동기능의 발달

영아의 운동기술은 근육과 신경조직 그리고 골격의 성숙에 기초하여 발달하게 되고 이러한 기술은 태내기의 신체적 성장 모습과 비슷한 순서로 발달한다. 운동능력은 머리로부터 발끝을 향해 발달하며 정밀한 운동기술은 처음에 빨기와 눈의 움직임에서 나타나고, 그 이후 걷기에서 나타난다. 걸음마기 아동은 의도적으로 적절하게 움직이는 능력인 운동조절이 가능해진다. 운동조절은 영아가 의식적으로 특정 신체부분을 사용하기 시작하면서 생후 첫 3년 동안 급속도로 지속적인 발달을 한다. 영아기의 급격한 신체의 성장속도에 비해서 유아기의 신체 성장속도는 느린 편이다. 신장과 체중의 꾸준한 증가는 신체비율의 변화를 가져와 영아기 때 보이던 큰 머리, 볼록 나온 배, 짧은 팔다리의 모습에서 길고 홀쭉한 모습으로 변화한다. 또한 신체 각 부분의 다른 성장속도는 유아의 신체비율을 변화시키는 원인이 된다. 대체로 여아는 남아보다 지방조직이 많고 남아는 여아보다 근육조직이 많아지게 된다. 이 시기는 신체 크기에서의 개인차가 영아기나 걸음마기보다 현저하게 나타난다. 유아의 신체적 성장이나 건강은 영양상태나 수면습관에 의해 영향을 받는다. 그리고 정서적 안정감이나 스트레스 정도에 따라 신체 성장에 영향을 미쳐 부모의 불화나 이혼, 경제적 빈곤으로 인한 심한 스트레스 상황은 유아의 성장호르몬의 생성을 방해하여 심리사회적 왜소증을 초래할 수 있다. 이 왜소증은 신장이 아주 작고 호르몬 분비가 감소하고 연령에 비해 골격이 미성숙하고 적응에 문제를 갖는 증상을 보인다. 유아는 그동안 발달된 단순한 동작들을 기초로 보다 복잡하고 다양한 역동적인 운동능력들을 발달시키게 된다. 안정된 달리기, 뛰어오르기, 뛰어내리기, 깡충깡충 뛰기뿐 아니라 공 던지고 받기, 세발자전거 조종하기, 그네 타기 등을 할 수 있게 된다. 영아기에는 자신의 신체적 움직임 자체를 발달시켰다면, 유아기에는 그러한 움직임을 정교화하면서 다른 물체와 신체적 움직임 간의 관계와 관련된 기술들을 발달시킨다. 블록 쌓기, 퍼즐 맞추기, 자르고 붙이기, 그림 그리기, 구슬 꿰기 등의 세밀한 활동을 할 수 있다.

(2) 인지적 발달

영아의 발달적 변화를 이해하기 위해서는 적응과 평형이라는 두 가지 개념을 알아야 한다. 태어난 직후 영아는 타고난 자동적 반응인 빨기 반사를 적용하여 젖꼭지를 빨게 된다. 시간이 흘러 손가락, 손, 장난감 등과 같은 다양한 물체가 곁에 있을 때 아동은 자신의 빨기 전략을 변형시켜 여러 크기와 모양에 맞추는 것을 알게 된다. 조절은 영아가 세상을 계속해서 성공적으로 다루기 위해 이러한 변형을 하는 과정이다. 조절을 통해 영아는 점차 자신의 유전적으로 주어진 빨기 반사를 여러 물체의 크기와 모양에 따라 세련된 빨기의 양식으로 적절하게 변형시킨다. 영아의 사고과정에 대한 이해를 위해서는 지향행동과 습관화, 대상영속성, 상징, 감각운동적 지능 및 기억능력에 대해 살펴볼 필요가 있다.

① 지향행동과 습관화

지향행동은 갑자기 주어진 자극이 있는 쪽으로 향하는 행동을 말한다. 예를 들면, 갑자기 믹서 돌리는 소리가 크게 나면 그 소리가 나는 방향으로 고개를 돌려서 보는 행동을 하는 것이 지향반응이다. 그러나 이 새로운 자극이 계속 반복되어 익숙해지면 지향행동은 점차 줄어들다가 사라지게 되는데 이것을 습관화라고 한다.

② 대상영속성 개념

눈앞에 보이던 사물이 어떤 것에 가려져 보이지 않더라도 그 사물이 사라지지 않고 지속적으로 존재하고 있다고 인식하는 것으로 12개월까지 이 개념이 없다가 이후 점차 발달하게 된다. 24개월이 되면 물체를 보이지 않게 이동해도 그 위치 이동을 이해할 수 있게 된다.

③ 상징 사용

걸음마기인 18개월 정도 되면 대부분의 영아는 말을 하거나 몸짓으로 자신의 생각을 표현할 수 있다. 우유를 마시고 싶을 때 우유병을 들고 먹는 모양을 보이거나 찡그린 표정, 고개 젓는 행동 등이다.

④ 감각운동적 지능

주변 환경과의 상호작용을 통해 지능이 발달하게 되는데 반사행동을 통해 환경을 알아가고 이 과정에서 경험이 반복되면서 다양한 반사행동을 통합하여 의도적으로 세상을 알기 위한 행동을 한다. 12개월경에는 새로운 물건을 보면 입에 넣고 만져보는 도구적인 행동으로 탐색하면서 세상을 알아간다.

⑤ 기억

기억으로부터 정보를 산출해 내는 회상능력은 유아기에 나타난다. 친숙하고 반복적인 사건에 대한 일반적인 기억인 일상적 기억은 2세경에 시작되며, 특별한 인상적인 상황에 대해 상세한 시간과 장소를 기억하는 상황적 기억은 유아기에 지속되는 형태로 나타난다.

걸음마기는 사물에 대한 집중도가 더 높아지고 이전보다 더 다양한 방법으로 문제를 해결할 만큼 인지발달이 성장해 있다. 그리고 언어발달이 가장 두드러지게 나타나며 이야기를 기억하고 말할 수 있고 끊임없이 '왜'라는 질문을 통해 정보를 알아간다.

사례 언어발달상 문제가 있는 것으로 의심되는 아동

- 어느 정도 말을 기대할 연령에서 전혀 말을 하지 않는 아이
- 자기 연령에 비해 언어의 내용이 부적절한 아이
- 어느 정도 말을 했으나 일시적으로 또는 영구히 말을 잊어버린 아이

유아기에 들어서는 창조적이고 자유롭고 기발한 아이디어를 가지며 상징적 사고력 발달로 가상놀이를 많이 한다. 그리고 전에 본 것을 기억했다가 나중에 모방하는 지연모방이 나타난다. 자기중심적 사고와 무생물에도 생명이 있다고 믿는 '물활론적 사고'를 가지며 비논리적 사고를 가진다. 또한 보존개념 이해가 제한되는데 자기중심화 경향과 외향과 실체의 구별이 아직 힘들고, 변환이 이루어지는 과정보다는 변환된 마지막 상태나 결과에만 관심을 두는 전조작적 사고기의 특징에 기인하기 때문이다. 그리고 위계적 분류 능력의 제한성과 외양과 실체 구별 능력의 제한성을 가지게 된다.

(3) 정서사회 발달

① 정서 발달

영아기의 정서는 일차정서와 이차정서로 구분되는데 일차정서는 선천적인 정서로서 생의 초기에 나타나고 얼굴 표정만으로도 정서상태를 쉽게 알 수 있다. 주로 기쁨, 분노, 슬픔, 공포, 분노, 놀람 등이 일차정서에 포한된다. 이러한 일차정서는 기본 정서라고 한다. 이차정서는 좀 더 복잡한 인지능력을 필요로 하기 때문에 일차정서보다 늦게 생후 12개월 정도 지나서 나타난다. 이차정서는 자아에 대한 인식이 필수적이며, 또한 이 외에도 자신의 행동을 평가하는 능력도 필요하므로 이차정서를 자기의식적 정서라고 한다. 이러한 자아인식은 죄책감, 자랑스러움, 당황, 수치, 질투, 자긍심을 동반하게 된다.

걸음마기는 양육자와의 분리를 서서히 시작한다는 것이다. 신체적인 접촉보다 양육자와 심리적인 접촉이 필요한 시기로 나타난다. 유아기에는 정서표현 어휘가 급격히 발달하여 자신과 타인의 감정의 원인과 결과를 이해하거나 표현한다. 특히 유아기 초기에는 정서의 원인, 결과, 행동적 신호에 주의를 기울이고 이는 시간이 지나면서 더욱 정확하고 복잡해진다. 자아개념이 발달함에 따라 유아는 칭찬이나 벌에 민감해진다. 그리고 정서조절능력을 갖게 되며 감정이입과 공감의 능력을 갖게 되어 "엄마 힘드시죠?" 등 다른 사람을 배려할 수 있게 된다.

② 사회 발달

사회적 발달은 자아개념이 생기며 자신의 가치감에 대한 판단 및 이와 관련된 자아존중감이 발달한다. 부모는 유아의 노력을 긍정적으로 강화해 주고, 유아로 하여금 기술을 증진할 수 있도록 도와주는 것이 필요하다. 또래관계 역시 이 시기의 특징적인 발달 부분이다. 또래관계를 통해 수줍음과 행동 억제, 놀이에 대한 사회적 특성이 발달된다.

그리고 성역할 발달로 자신의 성을 일관성 있게 구분하기 전에 성차와 성 고정관념에 관심을 기울이며 성 유형화를 시키려 한다. 18~30개월의 유아는 '남자', '여자'란 단어를 사용하며 자신이 성과 다른 성을 분류하기 시작한다. 이런 분류가 시작되면 유아는 빠르게 장난감, 옷, 도구, 가사도구, 놀이, 작업, 색을 성과 관련짓는다. 유아기 동안 이런 성차는 사회화 과정을 통해 여자 또는 남자로서의 인식인 성정체감을 형성하게 된다.

③ 도덕성 발달

도덕성이란 인간으로서 당연히 해야만 하는 어떤 규칙이나 가치에 대한 생각이나 행동, 정서를 포함하는 개념이다. 가정에서 집 밖으로 생활범위가 넓어지는 유아기에 도덕성은 다른 사람과 함께 조화를 이루는 데 관련된 중요한 영역이다. 3세까지 나타나는 감정이입, 수치심, 죄책감 등의 정서는 도덕성 발달의 기초가 된다. 감정이입은 다른 사람과 비슷한 감정상태로 반응하는 것으로 친사회적 행동의 기초가 된다. 부모의 애정적인 반응이나 일관성 있는 행동은 상호 신뢰 있는 부모-자녀 관계를 형성하게 하고, 자녀에게 양심이나 순종 등 도덕적 행동을 발달시키게 한다. 유아가 부모와 협력적 관계를 형성할 때 책임감, 공정, 다른 사람의 행복에도 관심을 기울이게 되고 양심이 더 확고히 발달한다. 그러므로 부모-자녀 간의 상호 존중이나 애정적 유대에 기초한 긍정적 훈육방법은 도덕적 행동발달에 중요한 요소가 된다.

한편 어떤 방식으로라도 처벌이 자주 사용되면 즉각적 맹종은 나타나지만 행동의 지속적 변화는 나타나지 않는다. 가혹한 처벌은 유아기와 청소년기에 도덕적 규칙의 내면화가 불충분하고 억압, 공격성, 반사회적 행동, 낮은 학문적 수행 등의 문제를 초래하며, 성인이 되면 범죄행위, 우울증 및 알코올중독, 배우자와 자녀학대 등의 문제를 초래하는 결과를 가져올 수 있다. 이런 이유로 유아에게 잘못된 행동을 상기시키고 앞으로 어떻게 행동해야 할지 설명해 주는 훈육이 필요하다.

2) 애착이론

비록 아기들이 처음부터 자신의 많은 감정들을 의사소통할 수 있을지라도 그들의 사회적 삶은 정서적으로 양육자에게 애착되면서 다소 극적으로 변한다. 정서적 애착이란 삶에서 특정한 사람에게 느끼는 강력한 정서적 결속을 나타내는 것이라고 보울비(Bowlby)는 설명했다.

쉐퍼와 에머슨(Schaffer & Emerson)은 다음 단계를 거쳐 영아가 양육자와 긴밀한 결속을 발달시킴을 알게 되었다.

- 비사회적 단계(출생~6주)

매우 어린 영아는 많은 사회적이거나 비사회적 자극에 호의적인 반응을 보이고 거의 어떤 저항도 보이지 않는다는 점에서 '비사회적'이다. 이 시기 말경 영아는 미소 띤 얼굴과 같은 사회적 자극에 선호를 보이기 시작한다.

- 비변별적 애착 단계(약 6주~6, 7개월)

영아는 분명하게 인간 동료를 좋아하지만 다소 비변별적이다. 말하는 인형처럼 생명이 있는 듯이 보이는 대상보다 사람들을 향해 더 많이 미소 짓는다. 친숙한 동반자에게 더 큰 웃음을 보여주고 정규 양육자에 의해 더 빨리 달래짐에도 불구하고 낯선 사람을 포함해서 단지 누군가로부터 주목받는 것을 즐기는 듯 보인다.

- 특정인 애착 단계(약 7~9개월)

특정한 한 개인으로부터 분리되었을 때만 저항하기 시작한다. 그 대상은 대개 어머니이다. 이제 길 수 있게 된 영아는 어머니 가까이 있으려고 어머니 뒤를 따라다니고 어머니가 돌아오면 따뜻하게 맞이한다. 또한 낯선 사람들을 다소 경계한다. 처음으로 진정한 애착을 형성한다. 안전애착의 형성에는 중요한 결과가 있는데 이것은 탐색적 행동의 발달을 촉진한다. 애착대상이 탐색의 안전기지임을 강조한다. 영아가 자유롭게 탐험을 떠날 수 있다고 느낄 수 있는 안전한 장소이다.

- 다인수 애착 단계(9~18개월)

초기 애착을 형성한 후 몇 주 내에 타인들에게 애착되었다. 18개월이면 아주 소수의 영아만이 단지 한 사람에게 애착되고 몇몇은 다섯 사람 이상에게 애착되었다.

(1) 정신분석적 관점에서의 애착

프로이트는 출생 후 1년 이내 영아는 빠는 것과 구강의 활동을 통해 만족을 추구한다고 보았으며 이러한 구강 만족을 주는 사람에게 애착을 느끼게 된다고 보았다. 즉, 영아는 자신의 수유욕구를 충족시켜 주는 어머니에게 의존하며 애착을 느끼게 된다. 어머니가 수유욕구를 충족시켜 줄 때 영아는 어머니를 자신의 안전과 애정의 대상으로 인식하며 신뢰감을 발달시킨다. 에릭슨 또한 어머니가 영아의 수유욕구 및 기본적 욕구를 충족시켜 주는 일은 영아기의 안정된 애착 및 신뢰감 형성에 바탕이 된다고 보았다.

(2) 학습이론적 관점에서의 애착

학습이론에서도 수유를 애착발달에 중요한 요인으로 보고 있으나 학습경험에 의해 애착이 획득되는 것으로 설명한다. 즉, 어머니는 수유를 통해 영아의 배고픔을 해결해 주고, 수유 동안의 접촉과 평온함, 따스함 등의 정서적 자극도 제공해 준다. 이러한 과정이 반복되면서 영아는 어머니와 즐거운 감정을 연합시키며, 어머니는 영아에게 이차적 강화원(secondary reinforcer)이 된다. 이차적 강화원이란 처음에는 중립적이었으나 다른 강화물과 반복적으로 연합됨으로써 일차적 강화물의 지위를 갖게 되는 것을 말한다. 이와 같이 어머니가 이차적 강화원의 역할을 하기 시작하면서 영아는 어머니의 관심을 끌고 가까이 있기 위해 미소 짓기, 옹알이, 울기 등 필요하다고 생각되는 행동들을 보이게 된다. 즉, 영아의 행동은 어머니의 일관성 있는 강화에 의해 자극을 받아 강한 애착관계를 형성하게 된다는 것이다.

(3) 인지발달이론적 관점에서의 애착

인지발달이론에서는 애착형성을 영아의 기본적인 인지적 발달에 기반을 두고 설명한다. 즉, 기본적인 영아의 지적 발달이 이루어진 다음에 애착 형성이 가능하다고 본다. 애착을 형성하기 전에 영아는 우선 낯선 사람과 친숙한 사람을 구별할 수 있어야 하며, 대상영속성의 개념을 획득해야 한다. 대상영속성의 개념이 획득되지 않은 영아는 애착대상이 시야에서 사라지고 없으면 그 대상이 더 이상 존재하지 않는 것으로 생각하기 때문에 애착대상과 안정된 관계를 형성할 수 없다. 7~9개월이 되어 대상영속성 개념을 획득하면 영아는 비로소 애착현상을 보인다. 이와 같이 첫 애착의 시기는 영아의 대상영속성 개념을 획득하는 시기에 의존하게 된다.

(4) 동물행동학 이론적 관점에서의 애착

오늘날까지 가장 널리 받아들여지고 있는 애착이론이다. 이 이론은 로렌츠(Lorenz)의 각인(imprinting) 연구에서 처음 시작되어 보울비(Bowlby)의 애착이론의 토대가 되었다. 로렌츠는 어미를 따라다니는 새끼 오리의 행동을 관찰함으로써 각인은 학습하지 않고 저절로 일어난 행동이며, 이러한 각인현상은 어린 새끼들이 어미 옆에 있음으로 생존을 보호받고자 하는 선천적 특성이라고 설명하였다. 오리들이 생존을 위해 어미를 따라다니는 일련의 선천적 행동 특성을 가지고 있는 것처럼 영아의 경우도 미소 짓기, 매달리기, 울기 등의 행동을 통해 양육자의 보살핌과 보호를 이끌어 낸다. 이러한 영아와 양육자 간의 사회적 상호작용을 통해 애착은 형성되고 발달되어 가는 것이다. 따라서 양육자가 영아들의 반응에 적절하게 반응하지 않는 경우, 영아의 선천적 행동들은 약해지고 결국 애착 형성에도 문제가 생길 수 있다. 따라서 보울비는 안정된 애착 형성을 위해서 영아와 양육자 모두 적절하게 반응하는 것을 학습해야 한다고 한다. 사회적 상호작용을 강조한 보울비의 애착이론은 할로(Harlow)의 유명한 원숭이 실험 결과를 토대로 애착

형성에 있어 수유보다 정서적 유대와 접촉의 중요성을 강조한다.

사례

할로(Harlow) 원숭이 대리모 실험

할로와 지머맨(Harlow & Zimmerman, 1959)의 실험은 원숭이를 대상으로 애착발달에 있어 수유와 접촉의 중요성을 비교하였다. 태어나자마자 새끼 원숭이들을 어미 원숭이와 격리시키고 대신 두 대리모 원숭이들이 키우도록 하였다. 그리고 새끼 원숭이들이 부드러운 천으로 된 대리모 원숭이와 철사 줄로 된 대리모 원숭이 중 어느 대리모 원숭이에게 자주 가는지 살펴보았다. 그 결과 우유를 제공하는 철사 대리모보다 접촉을 통해 안정감을 주는 천으로 된 대리모 원숭이를 선호하여 더 많은 시간을 보내는 것을 보여주었다. 이러한 연구 결과는 새끼 원숭이들이 어미 원숭이를 통해 단순히 배고픔을 해결하기보다는 신체적 접촉을 통해 안정감을 얻고자 하는 욕구가 더 크다는 것을 보여주는 것으로, 수유가 양육자에 대한 영아의 애착에 결정적 요인이 아님을 시사해 준다.

(5) 기질가설적 관점에서의 애착

기질가설에서는 애착이 어머니의 양육행동보다 영아의 기질과 밀접하게 관련된다고 주장한다. 예를 들어, 낯선 상황에서 까다로운 기질의 아기는 순한 기질의 아기에 비해 격리불안을 강하게 표출하므로 애착형성이 불안정한 것으로 인지되기 쉽다. 마찬가지로 더딘 아이는 애착대상을 회피하는 반응행동을 보일 확률이 높다.

이와 같이 볼 때 어머니의 아기에 대한 반응의 민감성과 신속성, 어머니와 아기의 접촉의 양이 애착형성의 중요한 요인이라는 사실을 확인할 수 있다.

보울비(John Bowlby, 1969)는 아이가 양육자에게 애착하는 행동이 생물학적인 진화에 필요하다는 것을 인식했다. 동기체계로서 애착의 근본적 속성은 양육자와 물리적인 근접성을 유지하려는 유아의 절대적인 필요에 기초한 것으로, 이것은 단지 정서적인 안전을 증진하는 것만이 아니라, 사실상 유아의 생존을 확보하기 위한 것으로 이해했다. 즉, 애착행동 체계(attachment behavioral system)는 생존과 재생산의 성공가능성을 높이기 위해서 진화에 의해 고안된 것이다. 이처럼 애착체계는 젖을 먹이고 짝짓기를 하는 것과 같이 인간 유전 프로그램의 한 요소라고 하였다. 위험과 불안정에 처했을 때 나타나는, 선천적이면서 본능에 의해 유도되는 반응들의 이런 집합은 다음 세 유형의 행동에서 분명히 드러난다.

- 보호해 주는 애착대상을 찾고 살피며 근접성을 유지하려고 애쓰기
- 낯선 상황과 경험의 탐험을 가능하게 하는 '안전기지'로 애착대상 활용
- 위험한 상황과 놀란 순간에 '안전한 피난처'로서 애착대상에게 달려가기

애착행동의 목표는 현재 위험에서 보호받는 것뿐 아니라 양육자의 지속적인 가용성에 대한 확인이기도 하다. 또한 양육자가 물리적으로는 접근 가능하지만 감정적으로 부재할 수 있다는 점을 감안하여, 보울비는 애착대상의 '가용성'을 그저 접근가능성의 문제가 아니라 감정적인 반응성의 문제로도 정의했다.

그는 마침내 애착에 대한 이런 확장된 이해에 명백하게 내적인 차원을 추가하여 애착에서 결정적으로 중요한 것은 양육자의 가용성에 대한 아이의 평가이며, 현재 시점에서의 평가는 주로 아이가 과거에 양육자의 가용성에 대해 어떤 경험을 했는가에 달려 있다고 역설했다. 보울비가 처음에는 유아와 어린 아동의 행동에 초점을 두었지만, 결국 애착을 형성하고자 하는 생물학적인 욕구의 발현은 전 생애에 걸쳐 중요하다고 믿게 되었다는 사실을 우리는 염두에 두어야 한다. 통계자료와 일상의 경험은 그의 이런 신념을 암시적으로 뒷받침한다. 보편적인 경험자료에 의하면, 2001년 9월 11일에 일어난 사태와 같은 위협의 순간에 사람들은 가까운 사람들을 찾는다는 사실을 알 수 있다. 신체적 친밀함은 유아의 생존에 필수적인 요소인데 이것은 좀 더 연령이 높은 아동과 성인에게도 감정적으로 반드시 필요한 요소로 흔히 경험될 수 있음이 분명하다.

사람들은 전 생애에 걸쳐 자신이 가장 애착되어 있는 대상의 신체적・감정적인 행방, 즉 가용성과 반응성을 점검하는 경향이 있다. 그러므로 애착의 정해진 목표로서 근접성에 안전의 느낌이 추가된 이상, 애착은 우리가 성장하면서 탈피하는 유치한 의존성이 아니라 지속적인 인간의 욕구로 간주되어야 한다.

3. 사회복지실천에의 적용

인간발달 중 유아기는 유아 당사자나 부모에게 여러 가지로 중요한 시기이며 인생주기에서 중요한 의미를 부여한다. 이러한 이유로 사회복지실천에서 적용시킬 수 있는 핵심적인 사항은 다음과 같다.

첫째, 임산부의 영양과 건강이 엄마와 아기 모두에게 큰 영향을 미친다. 태아와 임산부에게 부정적인 영향을 미칠 수 있는 상태인지 점검하고 그에 맞는 영향과 건강에 대한 전문적 개입이 이루어져야 한다. 특히 사회복지사가 임산부를 만나게 될 경우 임신에 대한 불안이 심하거나 원하지 않는 임신이라고 생각할 때, 연령이 높거나, 약물을 복용한 경우, 유전적 질병이나 만성적 질병이 있는 경우 의료적 조치와 함께 심리적・정서적 상담을 통해 가능한 부정적 영향을 최소화하는 노력을 해야 한다. 이때 미혼모나 여러 상황으로 낙태를 해야 하거나, 혼자 아이를 키워야 할 때 필요한 정보와 기관 연계 그리고 입양에 대한 상담과 결정을 도울 수 있으며, 개인 상담 시 필요한 정보와 대안, 서비스를 제시하되 당사자 스스로 결정하고 책임을 갖게 도와야 한다. 그리고 현대사회에서 증가하고 있는 불임부부의 심리사회적 개입과 상담, 입양 연계에 대한 역할이 중요해지고 있다.

둘째, 부모의 태아에 대한 기대와 사랑, 계획이 임산부와 유아의 건강과 영양, 심리정서적 안정 등 인간 발달에 중요한 영향을 미치게 되므로 학교와 군대에서의 미성년의 성교육과 유아기의 정보, 미혼모의 물질 및 정서적 지원이 필요하다. 이러한 핵심적인 주제에 맞는 여러 프로그램 개발과 시행이 사회복지실천에 적용되어야 한다.

셋째, 유아에게 발견되는 다양한 유전적 · 선천성 질환, 다운증후군, 정신지체, 자폐증 정서장애, 소아정신질환, 야뇨증, 정신지체 이외에도 시각장애, 청각장애, 언어장애 등에 대해서도 조기에 전문적인 치료를 받을 수 있도록 적절한 개입을 해야 하며, 이러한 전문적인 치료와 상담, 부모교육 등의 서비스 정보를 쉽게 접하고 이용할 수 있는 시스템이 이루어져야 한다.

넷째, 아동학대에 대한 부모교육이 제대로 이루어져야 한다. 어머니의 양육태도와 애착관계가 유아기와 그 이후의 발달에 큰 영향을 준다는 것을 알 수 있었다. 부모의 따뜻하고 수용적인 양육태도와 어떤 행동은 해도 되고, 어떤 행동은 안 되는지 한계성을 알려주고, 도덕과 사회에 대해 일관성을 지켜나가야 하는 권위를 갖는 양육태도와 유아기 운동기술 발달과 자신감을 줄 수 있는 부모의 사랑과 신뢰감, 긍정적인 자아개념을 형성시켜 주는 역할이 필요하다. 그리고 다양한 경험을 할 수 있도록 다양한 장소에 데리고 가고 자녀의 교육과 교양에 관심을 가질 수 있도록 도와야 하며, 처벌적 태도나 통제적 가정분위기는 인지발달에 부정적 영향을 주기 때문에 민주적인 태도로 자녀를 학습하도록 교육시키고 지원해야 한다.

아동기는 학교사회에 적응해야 하는 새로운 과업이 아동에게 주어지는 시기이다. 아동은 학교생활을 통해 사회적 자아를 발달시키고 학업을 통해 근면성을 발달시킨다. 또한 본격적인 또래관계를 시작하면서 가족관계에서도 변화를 경험하게 된다. 가족은 아동이 가족 내적 관계뿐 아니라 가족 외 사회적 관계에 적응하도록 돕는 기능을 하게 된다. 이 시기에는 암묵적인 인지와 무의식적 사고가 발달하게 되고 학령전기 아동은 자주 여러 형태의 사고를 혼동하기도 한다. 자신이 기억하는 것과 추측하는 것의 차이를 잘 모른다. 나이가 들면서 아동은 주의를 유지하고 선택적으로 집중하게 되고, 주의집중에 대해 더 많은 것을 알게 된다.

1. 아동기 전반

아동기 자녀의 부모는 영아기와 유아기 자녀의 부모에 비해 자녀와 상호작용하는 시간이 줄어들지만 여전히 아동을 위해 정보를 제공하고 지도하는 감독자로서의 역할을 한다. 부모가 아동이 어디에서 무엇을 하는지를 알고 있는지, 아동에 대해 파악하고 있는지 여부를 부모의 감독(monitoring)이라고 한다.

부모는 아동을 통제하는 역할도 한다. 아동에 대한 행동통제는 아동의 행동을 합리적인 훈육과 감독을 통해 조절하는 것이다. 또 아동에 대한 심리적 통제는 아동의 감정을 무시하고 죄책감 또는 수치심을 불러일으키거나, 애정을 철회하는 심리적인 방법을 사용함으로써 아동의 행동에 영향을 미치려는 것이다. 부모의 행동통제는 아동이 또래와 일탈행동을 하지 못하도록 하는 데 도움이 되지만, 부모의 심리적 통제는 아동의 감정을 무시하고 죄책감 또는 수치심을 불러일으키거나, 애정을 철회하는 심리적인 방법을 사용함으로써 아동의 행동에 영향을 미치려는 것이다. 부모의 심리적 통제는 아동으로 하여금 우울, 불안, 일탈행위를 하는 또래와 어울리기 등 반사회적 행동을 불러일으킨다. 부모는 양육행동을 통해서뿐 아니라 부부관계를 통해서도 아동에게 대인관계의 모델이 되기도 하고, 부부간 문제에 따라 발생한 정서를 아동에게 투영하기도 하여 아동에게 영향을 미친다. 부모의 부부갈등이 높은 경우 아동의 분노와 수치심 및 죄책감 같은 부정적 정서와 공격성 및 비행 같은 부정적 행동이 많아진다.

2. 발달적 특성

1) 신체적 발달

영유아기에 비해 아동기에는 신체의 성장속도가 완화된다. 팔과 다리가 길어져 유아기보다 더 날씬해진다. 신체기관과 뼈와 근육의 성장으로 체중이 증가하여 남아는 11세경에 성인 체중의 절반에 이르게 되며, 여아는 9세경에 성인 체중의 절반에 이르게 된다. 아동 중기와 후기에는 근육이 증가하는데, 남아는 여아보다 근육세포가 더 많기 때문에 여아보다 근육이 강해지는 경향이 있다. 근육의 발달로 손으로 보다 정교한 작업을 할 수 있게 된다. 자신의 신체를 통제하는 능력도 증가하여 장시간 앉아서 집중할 수 있다. 6세경을 전후로 유치가 빠지기 시작하고 영구치로 대체된다. 영구치는 모두 32개이며, 건강한 치아를 유지하기 위해 양치질 습관과 규칙적인 치아관리가 중요하다.

2) 지능적 발달

중심화 경향에서 벗어나며 다양한 측면에서 사물이나 사건에 접근할 수 있다. 또한 자기중심성이 감소하고 보존개념, 가역적 사고가 가능해진다. 어떤 사물이 다른 모양으로 변하더라도 다시 원래대로 돌아갈 수 있다는 것을 알게 된다. 사물을 어떤 기준에 따라 나누거나 분류할 수 있으며 유목화, 서열화, 분류능력이 증가한다. 영아기 이후 경험하는 환경의 영향에 따라 지능이 변화할 가능성이 큰데, 대체로 아동기인 6~10세에 측정한 지능검사의 점수들은 안정적인 편이다. 지능에 영향을 미치는 요인으로는 유전과 환경이 있으며 사회계층, 부모의 역할, 학교환경, 성에 대한 것으로 알려져 있다. 피아제가 말하는 구체적 조작기 아동은 인지적 조작을 빠르게 습득하고 자신이 경험한 대상이나 사건에 대해 생각할 때 이를 적용한다. 앞서 살펴본 바와 같이 인지적 조작은 내적 정신활동으로서 아동은 이를 통해 심상이나 상징을 수정하고 재구성함으로써 논리적 결론을 내릴 수 있다. 인지적 저장고 안에 이러한 강력한 새 조작을 겸비하게 된 학령기 아동은 전조작 단계의 정적이고 자기중심적인 사고에서 벗어나 보다 빠르게 인지적 발달을 보인다. 또한 전조작 단계 아동이 가졌던 한계점들이 구체적 조작 단계에 이르러 보다 약화된다.

〈표 12-1〉 전조작 단계 사고와 구체적 조작 단계 사고의 비교

개 념	전조작 단계 사고	구체적 조작 단계 사고
자기중심성	타인도 자신과 동일한 시각을 갖고 있다고 생각	때때로 자기중심적으로 반응하기도 하지만 타인의 다양한 시각에 대해 훨씬 잘 알고 있음
물활론	스스로 움직이는 친숙하지 않은 물체는 생명체적인 특징을 갖고 있다고 생각	생명체의 생물학적 기초에 대해 좀 더 알게 되며 무생물에 대해 생명체적인 특징을 부여하지 않음
인과관계	인과관계에 대해 제한적으로만 알고 있으며 전도적 사고를 함으로써 두 개의 연달아 일어나는 사건에 인과관계가 있다고 생각	인과관계 법칙에 대해 보다 잘 이해하게 됨
지각중심의 사고/ 중심화	문제에 대한 답변을 찾을 때 지각적 외양을 근거로 판단을 내리고 상황의 단일한 측면에만 중점을 둠	문제에 대한 답변을 찾을 때 현혹적인 외양은 무시하고 상황의 하나 이상의 측면에 중점을 두게 됨
비가역성/ 가역성	자신이 목격한 행동을 정신적으로 원상태로 돌리지 못함. 물체나 상황이 변화되기 전의 상태가 어떘는지 거꾸로 돌려 생각지 못함	자신이 목격한 변화를 정신적으로 무효화하여 전후 상태를 비교할 수 있으며 상황이 어떻게 변화했는지 판단할 수 있음
논리적 사고에 대한 Piaget식 검사에서의 성취도	자기중심성, 지각중심의 사고 및 중심화로 인해 보존과제에 실패하고 물체를 범주화하는 데 어려움을 겪으며, 높이나 길이와 같은 양적 차원에 따라 물체를 정신적으로 배열하는 능력이 결여됨	자기중심성이 약화되고 가역적·인지적 조작을 습득하게 됨에 따라 보존과제를 수행하고 물체를 여러 차원에서 정확하게 범주화하고, 물체를 양적 차원에서 정신적으로 배열할 수 있게 됨. 외양보다 논리를 바탕으로 결론 내림

출처 : 송길연·장유경·이지연·정윤경(2012).

3) 정서사회적 발달

에릭슨이 제시한 아동기의 발달과업은 근면성이다. 아동기의 가장 큰 변화는 학교생활을 시작하는 것이다. 학교에서 아동은 학업과 함께 학교문화에 적응하기 위한 다양한 활동을 경험하게 되는데, 그 결과에 따라 만족하기도 하고 실망하기도 한다. 아동은 자신이 참여한 활동에서 성공하는 경험을 하면서 만족감과 성취감을 느끼게 되고, 이는 더욱 적극적으로 활동에 참여하는 근면성으로 이어지게 된다. 하지만 실패하는 경험이 반복되면 열등감이 생기게 된다.

인형을 가지고 놀면서 점차 사회성이 발달된다.

자신의 꿈과 희망을 상상화로 나타내며 모든 것이 다 이루어질 것이라는 자신감을 갖게 된다.

(1) 정서

타인에 대한 반응보다 자신에 대한 감정이 발달한다. 자신에 대한 자부심과 수치심과 같은 복잡한 정서에 대한 이해가 발달하는 것이다. 또한 부정적 정서 반응을 억제하는 조절능력이 생기며 감정을 통제하기 위한 전략을 발달시킨다. 이 시기의 아동은 친구들과 다투고 슬픈 감정이 생기더라도 부모에게 그 슬픔을 감추기도 한다.

아동기에는 스스로를 신체 특성이나 소유물 같은 외적 특성으로 정의하는 경향이 적어진다. 대신 자신이 선호하는 것이나 정서 같은 내적인 특성에 따라 정의하게 되면서 자신에 대해 보다 잘 이해하게 된다. 또한 자신을 다른 사람과 비교하거나 자신이 소속된 사회적 집단에 따라 자신을 정의하기도 한다. 이러한 사회적 비교는 연령과 더불어 증가하며 자아존중감이 유아기에 비해 아동기에 조금 더 낮아지는 것도 자신을 또래와 비교하기 시작하기 때문이다.

(2) 또래관계

또래 수용은 한 아동에 대해 다른 또래들이 받아들이고 호감을 느끼는 정도를 뜻한다. 또래 수용을 측정하기 위해서는 아동에게 자신이 좋아하거나 싫어하는 또래가 누구인지 질문하거나, 함께 놀고 싶은 정도를 평가하도록 하는 사회측정법을 주로 사용한다. 이 측정방법을 사용한 연구결과들은 또래지위를 인기아, 거부아, 고립아, 인기와 거부를 모두 경험하는 양면아 등으로 구분하고 있다. 또래 괴롭힘과 따돌림은 아동기부터 시작되는 또래관계의 역기능 중의 하나이다.

(3) 우정

또래집단과 친밀한 유대관계를 우정이라 하며 우정의 특징은 발달단계에 따라 다르게 나타난다. 유아는 일시적 놀이상대로 또래에 관심을 갖는 반면, 아동기에 접어들면서 친한 친구가 생기고 이들과 지속적인 관계를 유지한다. 우정의 형태에는 다소간의 성차가 있다. 남아는 주로 집단을 이루어 친구를 사귀며, 운동경기처럼 함께하는 활동을 통해 친밀감을 형성한다. 하지만 여아는 단짝친구와 정서적 유대감과 신뢰감을 형성하는 경향이 있으며 남아보다 소규모의 배타적인 친구망을 형성한다. 아동기 후기에는 동성친구에 대한 친밀감이 큰 반면, 이성친구에 대한 부정적 태도가 강하게 형성되기도 한다.

(4) 성취동기

자신의 일을 스스로 하는 독립성 훈련을 강조하는 부모와 그런 자기 신뢰 행동을 따뜻하게 강화하는 부모는 성취동기에 긍정적 기여를 한다고 제안했다. 협력학습과 높은 기준을 세우고 아동이 잘 하도록 격려하는 직접적인 성취훈련도 성취동기를 활발하게 한다. 아동의 성취에 따르는 칭찬, 비난 및 처벌의 패턴도 중요하다. 성취동기가 높은 아동들의 부모들의 특징은 세 가지로 나타난다. 첫째, 따뜻하고 수용적이고 아동의 성취에 대해 즉시 칭찬을 한다. 둘째, 아동이 살아가는 데 필요한 기준을 세우고 진행과정을 모니터함으로써 안내하고 통제한다. 셋째, 그들은 독립성이나 자율성을 허용한다. 즉, 아동이 스스로 성공할 수 있도록 과제에 주의 깊은 관심을 갖고 계획하게 하며 나이든 아동이 도전에 숙달하고 기대에 부응하는 방법에 대해 발언할 기회를 준다. 이런 따뜻하며 확고하고 민주적인 양육이 권위적 양육이다. 이와 반대로 어떤 개입이나 안내, 관심도 없이 지나치게 통제하고 숙제에 대해 지속적 잔소리와 좋은 성적에 대해 물질적인 보상이나 나쁜 성적에 대해 계속 같은 말만 되뇐다면 아동의 학업수행과 성공동기에 부정적인 영향을 줄 수 있다.

사례

주의력 결핍/ 과잉행동장애

학령기 아동(대부분 남자) 중 3~5%에 해당하는 주의력결핍-과잉행동장애 아동은 세 가지 주요 증상을 나타낸다.

(1) 매우 충동적이서 생각하기 전에 행동하며 마음속에 드는 생각은 무엇이든 불쑥 말한다. (2) 부주의하여 잘 듣지 않으며 과제를 끝내거나 집중하지 못한다. (3) 끊임없이 움직이거나 찡그리거나 버둥거리는 과잉행동을 나타낸다.

이러한 아동들은 선택적 주의나 요청에 응하지 않고 공격적이고 산만한 행동을 하여 또래와 교사 모두에게서 유리되어 있다. 예전에는 사춘기가 되면 과잉행동이 사라지는 것으로 믿었다. 10대가 되면 과잉행동이 줄어들고 덜 안절부절못하지만 그럼에도 불구하고 아동기에 ADHD로 진단받은 사람들은 후에도 심각한 적응문제를 계속해서 보이는 것으로 나타났다. ADHD의 주된 원인은 행동억제에서의 문제이다. 행동억제는 작업기억, 정서의 자기조절, 내면화된 언어 그리고 재구축의 능력에 매우 중요하기에 행동억제의 결함이 있는 아동들은 불리하다. 태내에서 알코올, 약물, 풍진에 노출된 아동들에게서 발병률이 더 높은 것으로 나타나며 거칠고 매우 통제적인 부모의 양육 스타일 역시 발병에 기여하거나 문제를 악화시킨다. 이 아이들은 약물을 사용하는 방법과 토큰 강화를 통한 행동치료 프로그램으로 학업 수행을 향상시킬 수 있다. 주의의 조절이 인지발달과 학업수행뿐 아니라 사회성과 정서 발달에 있어서 얼마나 중요한가를 보여준다.

3. 사회복지실천에의 적용

부모와 자녀의 인간발달 중 태아와 유아기가 생물학 및 정서적으로 중요한 시작이 되었다면, 아동기는 그 연장선에서 인지와 도덕, 정서사회 발달과 성정체성과 역할에 대한 중요도가 생활주기에서 가장 높다고 볼 수 있다. 특히 부모와 자녀의 관계가 유아기 못지않게 중요하고 학습과 사회 적응에 대한 부모의 관심과 자녀의 문제에 대한 빠른 알아챔과 그에 맞는 대응과 대안, 가정교육이 청소년기와 성인기에까지 많은 영향을 준다. 이 시기의 사회복지실천에서의 적용은 다음에 같은 상황에 주의를 기울여야 한다.

첫째, ADHD 주의력결핍 과잉행동장애가 있는 아동에 대해 빨리 알아내고 그에 맞는 상담과 행동치료가 동반되어야 한다. 대부분의 부모는 학교에 아이들을 보내고 아동들의 학교생활을 자세히 알기 어렵다. 특히 맞벌이부부 같은 경우 이러한 증상이 있는지 빨리 구별하고 알아채기 힘든 상황이 많고 이러한 이유로 저조한 학습생활과 성적에 무거운 체벌이나 엄격한 통제 등 민주주의적 권위보다는 아동의 자율성과 긍정적인 소질, 창의성을 저하시켜 가정환경으로부터 나타나게 되는 학습부적응 현상까지도 일으키게 될 수 있다. 학교와 사회복지관 등 부모보다 아동과 생활하는 시간이 많은 기관과 시설에서 이러한 학습장애와 행동장애를 알아차릴 수 있는 검사 및 선생님의 관심이 중요하며, 이에 맞는 부모의 가정교육과 대처방안에 대한 상담이 필요하다.

둘째, 아동기의 정서사회적 발달 부분에서 학교 공포, 집단 따돌림, 집단생활을 통해 사용되는 줄임말, 비속어, 욕 등 언어폭력과 성정체성 및 성교육이 이루어져야 한다. 그리고 사이버 댓글과 학교에서 나타날 수 있는 부정적인 집단화에 대한 충분한 교육과 프로그램, 교육과정이 진행되어야 한다. 여학생들의 연예인, 외모 지상주의로 인한 짙은 화장의 보편성, 물질주의와 무조건적인 돈과 권력 지향의 일그러진 사회에 대한 편견과 선입견에 대해 자신을 먼저 사랑할 수 있고 자존감을 가질 수 있는 사회의 변화가 필요하다. 경쟁 위주 교육에서 자기 자신을 사랑할 수 있는 정서순화에 도움이 되고 개인이 즐겨 할 수 있는 프로그램과 의미와 가치 확산에 도움이 되는 앱과 사이버, 학교환경을 만들어 나갈 수 있도록 도와주고 그에 대한 사회의 보상이 이루어질 수 있도록 해야 한다.

셋째, 현대사회에서 아동·청소년기의 문제에 원인이 된다고 보고되는 가정해체, 시설과 가정에서의 학대와 폭력 문제에 대한 상담과 개입이 필요하며, 음주와 흡연, 학교 중퇴로 이어질 수 있는 순환의 고리를 끊을 수 있도록 정보와 지지를 제공해야 한다. 이러한 과정에서 저소득층이나 부모의 무관심, 사회적 비관은 아동기와 부모의 무기력과 비만으로 연결될 수 있으며, 반사회적 성격과 자신을 비난하는 낮은 자존감으로 여러 문제의 악순환을 가져올 수 있다. 비공격적 환경 만들기와 창의적 수업에 정부와 사회에서 관심을 가져야 하며, 내 아이만 잘 되고 관심을 두는 이기적이고 개인적인 사회분위기에서 모든 아이들이 미래의 주역이라는 생각과 인성교육이 먼저 되어야 모든 아이들이 다 신체적으로나 정서적으로 건강하게 잘 자랄 수 있다는 인식이 먼저 될 수 있다. 이러한 아동보호와 아동복지에 대한 인식 개선과 가족이나 정서적인 기능적 결함을 대체할 수 있는 복지서비스의 일관되고 통합적인 시스템이 이루어져야 한다.

넷째, 아동기는 영유아기 연장선으로 애착관계와 자존감 형성이 중요한 시기이다. 그리고 성취감과 동기부여, 또래관계가 정체성과 자존감 형성에 큰 영향을 미친다. 이에 따라 생산적인 성취 경험들을 촉진하고 정신건강 문제, 물질남용 및 반사회적 행동을 예방하는 긍정적인 자원 연결이 필요하며, 앞에도 이야기했듯이 문제행동, 스트레스, 학업 스트레스가 아동의 정서사회적 발달에 부정적인 영향을 주지 않도록 부모와 사회에 관계를 갖는 사람들이 특별히 주의를 기울여야 한다.

CHAPTER 13 청소년기

청소년이란 용어가 등장하기 시작한 것은 그리 오래되지 않았다. 농경사회에서는 어른 아니면 아이였고 청소년이라는 개념은 존재하지도 않았다. 그러나 산업화는 교육받은 노동력을 필요로 하였으며, 특히 학교교육의 의무화는 청소년들이 교육기간 동안 노동시장에 유입되지 않고 경제활동에서 제외되는 특권을 주었는데 이러한 요인들이 본격적으로 청소년기를 인식하게 하는 계기가 되었다(홍봉선 외, 2007). 청소년기는 일반적으로 사춘기(adolescence)와 청년기(youth)를 포함하는 포괄적인 개념으로 사용된다. 사회가 발달하고 복잡해지면서 실제로 결혼과 직장이라는 두 가지 과업을 달성하여 성인기로 진입하기 전의 단계로 볼 수 있는 청소년기가 점점 길어지는 경향을 나타내고 있어 청소년기가 끝나는 경계에 대한 구분이 어려워지고 있다. 따라서 학자에 따라 초기(13~15세), 중기(16~18세), 후기(19~25세)로 구분하기도 하지만, 일반적으로 13~18세까지 신체적 변화와 특징인 청소년 전기와 18~23세까지 성인으로서 역할을 준비와 심리·사회적 정체감의 형성이 특징인 청소년 후기로 구분한다. adolescence라는 개념은 희랍어 어원 adolescere이 의미하는 바와 같이 성숙에의 접근 시기이다. 즉, 아동에서 성인으로 성장하는 과도기로 불린다. 이 장에서는 청소년 전기와 후기의 신체적·심리적·사회적 특성을 살펴보고, 각 단계에서의 발달 과업과 문제에 대한 사회복지실천 연계에 대해 알아보고자 한다.

1. 청소년 전기

1) 개 념

청소년기에는 수많은 변화가 따르는데, 이는 신체적 자아가 변화되는 것뿐만 아니라 아동기에서 성인기로의 심리적 전환이 시작되는 신호가 된다(Hopkins, 1983). 이러한 변화가 시작되는 시기는 사람마다 다르지만 '현재의 추세'에 비추어 보면 대개 남아보다 여아가 빨리 나타난다. 예를 들어, 여아의 초경은 1800년대 이후로 점점 더 빨리 나타나는 경향을 보이고 있다. 즉, 1800년대에는 만 16세를 넘어서 초경이 시작되었으나 현재는 평균 초경연령이 만 13세가 되었다. 이 시기에 일어나는 신체적·성적 변화는 청소년의 자아개념과 자기 평가에 큰 영향을 미칠 뿐 아니라 타인이 이들을 지각하는 방식도 완전히 바꾸어 놓는다.

이 시기의 성적인 생각, 느낌 또는 행동에 어떻게 대처하는가가 모든 가족구성원의 주요 과제가 된다. 청소년기는 극적인 변화의 시기이다. 사춘기가 시작되면 아동들은 신체적으로 변하며, 좀 더 추상적 형태의 사고가 가능해지면서 심리적으로 변하고 새로운 역할, 새로운 형태의 관계를 갖게 되며, 유행하는 젊은이의 문화의 일부가 되면서 사회적으로도 변한다. 이 시기의 청소년들에게는 커다란 심리적 혼란의 시기로 또는 사회적 변화의 시기로 그려지는데, 이 시기는 아동기 동안 자신들에게 부여된 성인과 가족들의 가치에 반항하는 시기이다. 사실 많은 경우에 이것은 지나친 과장으로 대부분의 청소년들은 아주 분별력이 있고 그들이 당면하게 되는 어떤 발달상의 문제도 해결할 수 있다.

청소년기 동안 부모와 또래들과 상호작용하는 데 보내는 시간의 양은 계속 변한다. 또래 외의 상호작용은 점점 더 중요해지고 또래들은 결정을 할 때와 현재의 활동과 사건들에 평가할 때 더 중요한 참여집단이 된다. 또래들과 부모 사이의 친밀성의 균형은 변하지만 친밀성은 청소년기 동안 증가한다. 청소년기가 진행되면서 여자들보다 남자들의 경우 조금 더 일찍 또래들이 친밀성과 사회적 지지의 중요한 근원으로서 부모를 능가하게 된다.

2) 발달적 특성

(1) 신체적 발달

이 시기는 성인기가 시작되는 인생의 과도기이다. 한 인간이 생물학적 · 심리적 · 사회적인 면에서 어른이 되는 준비를 하는 시기이다. 사회인의 기능을 배우는 마지막 준비단계라고 할 수 있다. 청소년 전기의 기간은 신체적 면에서 발달속도가 빠르며 성기의 변화인 일차성징과 이차성징이 뚜렷이 나타나게 된다. 근육활동 등 신체의 운동과 조절이 원활해지며 식욕이 왕성하고, 도구, 기계 사용이 자유스럽다. 질병에 대한 저항력이 강하며 마음의 불안을 발산시킬 수 있는 적극적인 운동을 필요로 한다. 이와 아울러 적당한 휴식과 영양도 필요로 한다. 16~18세 청소년 중기에는 운동과 감각기관의 조절이 더욱 발달되고 식욕이 왕성하며 자신에 대한 자신감이 생긴다. 성 기관의 성숙은 거의 완전하고, 성적인 면에서 긴장하게 되며 남녀의 구별이 확실해진다. 여자는 몸차림과 외모에 신경을 쓰게 된다. 성적인 긴장을 해소하기 위한 운동이나 여가활동이 필요하다. 19세 이후 청소년 후기에 이르면 육체적으로 완전한 성인의 단계로 성숙하게 된다(장인협 외, 1993).

가장 큰 특징으로는 호르몬 변화이다. 남자는 안드로겐(androgen)으로 어깨가 넓어지고 여자는 에스트로겐(estrogen)으로 골반 부위가 넓어지게 된다. 이러한 호르몬들은 청소년들의 신체 · 생리적 발달에 중요한 역할을 하는데, 예를 들면 남자의 경우 외부 생식기, 신장 증가, 목소리 변화 등 여자의 경우 가슴과 자궁의 발달, 뼈대의 변화 등 이차성징을 나타나게 한다. 1차적으로 남녀를 구분하는 일차성징은 청소년기 이전에 부분적으로 완성되지만 청소년기에는 성인과 같은 생식능력을 갖게 될 뿐 아니라 생식과는 직접적인 관련이 없지만 남녀를 구분하는 데 중요한 요인인 이차성징들이 발달하게 된다. 남자의 경우 음낭이 나타나고 고환이 자라면서 체모가 나타나고 사정을 하게 되며, 여자의 경우 내부의 성 기관이 성장하면서 생리(menstruation)가 시작되고 유두가 발달되고 음모가 자라게 된다. 초경은 일반적으로 12~13세에 시작되는데, 이렇게 생리는 평균 50세경 폐경이 될 때까지 여성의 삶에서 중요한 부분을 차지하게 된다. 생리는 성적인 변화보다는 위생과 관련된 문제로 주로 다루어졌다. 아이를 낳는 재생산의 의미로 이해하기보다는 단순히 한달 주기로 그들의 또 다른 여성의 표시로서 받아들여진다. 많은 소녀들은 생리에 관해 긍정적·부정적 감정을 복합적으로 갖게 된다. 보통 처음에는 배란이 되지 않으므로 초경 후 12~18개월이 지나야 임신이 가능하다. 남자의 경우 매우 급격한 신체적 성숙이 나타나게 된다. 목소리가 굵어지고 수염이 자라며 체모가 생기고 음경이 자라면서 13~14세 정도에 사정(ejaculation)을 경험하는데 일반적으로 청소년의 80% 가량이 한 달에 한번 정도 몽정을 한다(Newman & Newman, 1999). 자연적인 사정에 대한 정보는 친구들에게 듣게 되고, 첫 경험 시에는 놀라고 당황하게 된다. 이러한 경험은 성충동이 강해지고 훨씬 공격적이 되면서 성적 쾌감과 동시에 불안과 죄의식을 동반하기도 한다. 또한 청소년기는 유아기 이후 인간의 발달단계에서 가장 왕성한 신체적 발육이 일어나는 시기로서 남녀 모두 신장과 체중이 급격히 증가한다.

이러한 신체적 특성은 청소년에게 다음과 같은 영향을 미친다. 첫째, 유아기나 아동기에 비해 청소년기는 자신의 신체변화에 대해 자각을 하게 되므로 자신의 신체에 대한 관심이 많다. 둘째, 자신의 신체변화와 친구들의 변화 정도를 비교함으로써 자신의 신체 발달이 정상적인지 아닌지를 고민하게 되고, 심지어 신체적 열등감을 갖기도 한다. 이렇게 청소년이 자신의 신체를 어떻게 평가하는가는 청소년의 성격이나 자아존중감, 대인관계 형성에 중요한 변수로 작용한다. 사춘기에 일어나는 외모의 변화 때문에 자신의 신체와 외모를 받아들이는 것이 이 시기의 중요한 발달과업이다. 청소년들은 자신과 타인들의 외모를 지나치게 의식하고 또 거기에 커다란 의미를 부여한다. 외모는 청소년들의 자기개념의 중요한 요소이고 다른 사람들에 대한 자기 이행적이고 고정관념적인 기대는 청소년들의 사회적 기회와 적응에 중요한 의미를 갖는다. 신체적으로 매력적인 청소년들, 특히 여성은 그렇지 않은 청소년들에 비해 사회적으로 유리한 입장에 선다. 체격과 신체상은 많은 여자 청소년들에게 주요 관심사이다. 과다 체중(비만)이나 과체중 그리고 작은 키는 청소년들의 자기상과 사회적 기회에 중요한 영향을 미친다. 신체적 매력은 많은 문화에서 여성적 성역할과 자기개념의 중요한 일부이므로 남자 청소년들보다 여자 청소년들에게 그 중요성과 영향력이 크다. 신체적 발달에는 개인차가 크지만 남자와 달리 여자의 경우 신체적 조숙(early maturation)이 별로 인성이나 사회적 발달에 큰 도움을 주지 못한다. 즉, 또래에 비해 발달이 빠른 경우 부정적 신체상과 활동상 불편함을 느끼게 되므로 왜곡된 자기개념을 형성하기도 한다. 하지만 남자인 경우 신체적 발달은 자신의 자존심과 능력과 동등하게 생각하는 경향이 있어 발달이 빠를수록 또래들과의 관계에서 자신감을 갖게 된다. 따라서 여자와 달리 성숙이 늦는 남자 청소년의 경우 적응이 오히려 더 어렵다. 조숙한 경우 부러움의 대상이 될 뿐 아니라 더욱 능동적이게 된다.

3) 인지적 발달

청소년 전기에는 새로운 모험과 지식을 추구한다. 그러나 계획은 많이 하지만 실천성이 희박하고 자기 자신의 여가시간을 취미활동 등으로 이용하려 한다. 정확한 지식을 요구하고 부모의 권위에 대해 의문을 갖게 된다. 따라서 자기를 표현할 기회를 주어 자기 책임을 지게 하고 사색하는 습관을 길러주어야 한다.

피아제의 발달이론에 의하면, 이 시기는 형식적 조작기(formal operation)에 해당된다. 이 시기의 사고는 가설을 통한 연역적 사고를 할 수 있고, 여러 가지 가능성을 놓고 논리적 추론을 할 수 있다. 성인에 대해 의심을 가지며 반항을 느낀다. 세계의 흐름이나 미래의 사상과 변화에 대하여 탐구하고자 하며, 자기 직업에 대한 구체적인 모색을 하기 시작한다. 자기가 한 일에 대하여 자기가 책임지며 상당한 시간 동안 흥미를 계속 갖는다. 추상적인 사고의 훈련이 필요하며 사회의 문제에 관심을 갖는다. 과학적인 방법을 사용하고 지적 발달을 도모하며, 자기에 대한 책임을 갖게 해야 한다. 청소년 후기에 이르면 지적 발달이 더욱 고도화되어 학문을 할 수 있는 능력을 지니게 된다(장인협 외, 1993). 그리고 미래와 사회의 본질에 대해 사고하고 현실과는 다른 이상주의와 유토피아를 상상한다. 인지적 발달은 형식적 조작기, 자아중심성, 이상주의 유토피아를 상상하도록 하고, 도덕과 이상의 발달은 부모세대의 모순과 사회적 제도에 대한 의문을 증폭시키고 권위에 반항하는 청소년기의 특성을 표현한다.

4) 심리적 발달

청소년기는 심리적 · 사회적 발달단계상 초기 · 중기 · 말기의 3단계로 나눌 수 있다. 청소년 초기에는 급격하게 변하는 자신의 신체적 변화에 대한 적응이 필요한 시기이며, 성욕과 공격성의 증가로 인한 정서적 불안정에 안정적으로 적응하는 시기이다. 안나 프로이트는 청소년들이 성적 충동의 증가와 정서적 불안정을 극복하는 방법으로 지식화, 이상화, 금욕주의, 종교로의 귀의 등을 사용한다고 했다. 그러나 이와는 반대로 성적 행동화 및 극심한 쾌락주의로 행동화하기도 한다고 했다. 청소년 초기와 중기는 전적으로 의존했던 부모로부터 독립적인 위치를 찾으려는 노력이 나타난다. 따라서 의존－독립의 갈등(dependence-independence conflict)이 생겨서 부모에 대한 이유 없는 반항이 나타나는 시기이기도 하다. 이 시기에 부모로부터 분리－개별화가 일어나기 때문에 블로스(Blos)는 제2의 분리－개별화 시기(second separation-individuation period)라고 했다. 이 시기에는 청소년의 관심이 부모에게서 친구관계로 옮겨가고, 이성교제가 시작되어 성적 주체성이 강하게 형성된다. 정신분석학적으로는 성적 쾌감(sexuality)이 성기에 집중된다(이무석, 2003).

에릭슨에 의하면, 청년기는 격정과 긴장의 시기로서 과거의 확실성이 의문시되고 과거의 연속적 사실에 더 이상 의존하지 않게 되는 시기이다. 이 시기에 중심이 되는 문제는 정체감을 확립하는 것으로, 청년기에 처한 이들은 자신이 어떤 존재이며 사회에서의 역할이 무엇인가를 규명하려고 애쓰는 것이다. 이러한 문제 때문에 청년들은 때로는 자기 스스로의 자아관념보다 타인들이 자신을 어떻게 볼 것인가에 몰두하게 되고, 과거에 학습한 역할과 기술을 현재 통용되는 유행과 일치되게 행하는 방법에 집착하게 된다. 물론 이러한 노력들이 의식적으로 이루어지는 것만은 아니다. 그리고 동일한 행위와 관념을 속성으로 하는 동료집단을 형성함으로써 서로 닮았다는 사실에서 동질감을 느끼고 타인들과는 다른 존재라는 인식을 갖게 되는 경향이 있기도 하다. 이러한 부정적 측면에서의 구별의식을 보다 가치 있는 방향으로 유도할 필요가 있다. 다시 말해서, 이러한 집단소속감을 통해 개인의 심리적 성장을 촉진하고 발달과업을 성공적으로 수행할 수 있도록 지도해 주어야 한다는 것이다.

이 단계에서 기대되는 위험성이라면 자아산만성(self-diffusion)이다. 즉, 다양하고 갈등적인 성인생활 중에서 어떤 쪽을 선택해야 할 것인가가 모호해지는 문제인 것이다. 이러한 가운데 이와 같은 문제를 적절히 소화하여 건전하게 성장하느냐 않느냐의 여부는 이전의 성장과정에서 좋은 경험을 가졌느냐의 여부에 따라 좌우된다. 또한 청소년기에는 정서적으로 감정이 격하고 기복이 심하기 때문에 강한 수치심, 죄의식, 우울, 분노, 수줍음 등은 문제가 될 수 있다. 주요한 과제는 자신의 감정에 보다 관대해지는 것이다. 이것은 자신의 격한 감정을 받아들이고 이러한 감정상태에 과민하게 반응하지 않는 것을 말한다. 첫째, 감정의 기복이 심하고 예민하다. 사소한 일에 예민하고 쉽게 우울하며 낙담에 빠진다. 화를 잘 내기도 하고 불안정하게 보인다. 둘째, 수줍음이 많다. 지나치게 남을 의식하기 때문에 마음과 행동이 자유롭지 못하고 특히 이성 앞에서 부끄러움을 많이 느낀다. 종종 수줍음을 감추기 위해 겉으로는 과장된 행동을 보이기도 한다. 셋째, 열성적이며 호기심과 모방성이 강하다. 어떤 일에 쉽게 흥분하며 현실감을 잃고 곧 잘 열중해서 그 일에 빠진다.

사춘기 발달은 적어도 세 가지 방법으로 심리사회적 발달에 영향을 준다. 첫째, 육체적 성장은 사람의 당면한 임무수행능력을 바꾸게 한다(어린 시절보다 키가 커지고 힘도 세져 조화와 인내를 갖게 된다). 둘째, 육체적 성장은 다른 이들에 의해 인지되는 어떤 것들을 변화하게 할 수 있다(아동기 시절보다 포용이 줄어들게 되고, 많은 위협 또한 당하게 된다). 셋째, 육체적 성장은 성인기에 그들 자신을 어떻게 인지하는지 영향을 주게 된다(비만 청소년은 다이어트를 시작하게 된다)(Newman & Newman, 1999).

5) 사회적 발달

청소년 전기에는 자기 집단에 대한 충성심이 아주 강해진다. 독립심과 의존심의 갈등상태에 놓이게 되나, 이성에 대한 접촉에 공포를 느끼고 사회생활에 대한 불안을 느끼며, 성인과 같이 행동을 시도하고자 한다. 태도 면에서는 편견을 갖기 쉽고 거친 행동을 하기도 한다. 자기주장을 많이 하고 동시에 자기 고집에 대한 죄책감을 느낀다. 자기 실력 이상의 것을 하려다 실패하는 경우가 많다. 교우관계를 종전보다 현실적으로 생각하게 되며 적극성, 장기성을 띠게 된다. 특히 이 시기에는 비밀을 보유할 수 있는 환경을 조성해 주고 자기감정을 다스릴 수 있는 기회를 주어야 한다. 그리고 성적인 호기심에 대한 만족을 주어야 하며, 많은 실망과 불안을 경험하게 되는 경우 이를 지지해 주어야 한다. 이성과의 교제기회도 이해와 사랑으로 허용하는 것이 필요하다. 여자 청소년이 남자 청소년보다 정서적 · 사회적으로 조숙함이 먼저 나타난다. 자기 인격에 대하여 존중을 받고자 하며 존경할 대상을 찾고자 한다. 정서적으로 변화가 많으며 자기 집단은 강한 유대를 갖는다. 음주와 흡연을 하기도 하며, 정서적으로 불안정하다. 부모에 대한 반항이 심하며 자기 태도에 대한 주장이 강하다. 배우자에 대한 생각을 해보며 교우관계가 많아진다. 이성에 대한 관심으로 주로 집단적 데이트

(미팅)를 개별적 데이트보다 많이 하게 되는데, 이뿐 아니라 연예인이나 교사를 대상으로 이성에 대한 관심을 표명하기도 한다.

우리 사회에서는 물질만능주의가 점차 심해지고 있다. 예전과는 달리 자의로 성매매를 하는 경향도 증가하고 있다. 즉, 물질적 풍요와 삶의 질을 유지하기 위한 경제적 뒷받침과 소비욕구를 위해 쉽게 돈을 벌 수 있는 성매매로 이어지고 있는 것이다. 청소년 성매매를 기회와 비용의 측면에서 보면, 성인 남성은 비교적 적은 비용으로 미성년자와 성관계를 맺을 수 있고, 청소년들은 합법적인 노동이 제약되는 상태에서 쉽게 돈을 벌 수 있기 때문에 이러한 이해관계가 맞아 떨어지면서 거래가 성립되게 된다(장향숙, 2007). 이들에게 필요한 것은 사랑, 신뢰, 이해이며 지나친 간섭은 피하고 그들의 의견을 존중해 주는 것이 요구된다. 이성과의 교제기회를 주며, 정서적으로 독립하도록 지도하며, 경제적 독립과 돈의 가치를 알려주는 것이 필요하다(장인협 외, 1993). 청소년기의 사회적 특징은 다음과 같다.

첫째, 부모로부터 개별화되고자 한다. 개별화란 청소년이 부모와 정서적인 유대를 지속하면서 자신을 부모와는 다른 독특한 한 사람의 인격체로 인식하고 경험해 가는 심리적인 과정이다. 부모의 물리적 처벌이나 통제가 더 이상 통용되지 않고, 가치관에 대한 갈등 또한 불가피해지게 된다. 이러한 갈등은 청소년기의 본질적 문제이므로 청소년뿐 아니라 부모의 재적응도 필요하다. 둘째, 동성이나 이성친구 등 또래집단에 몰입한다. 형제자매 관계 또한 부모에 대한 애정을 놓고 경쟁하던 아동기와는 달리 형제를 인생에서 의미 있는 중요한 사람으로 생각하는 경향이 커지고 동성의 형제자매에게 더 애착을 느끼게 된다. 또한 또래 성원과의 동일시를 통해서 정체감을 형성한다. 특히 청소년기는 집단적으로 교우관계를 맺게 되는데 이는 집단구성원들을 동일시함으로써 정체감을 형성할 뿐 아니라 부모나 다른 성인과의 관계에서 발생한 갈등에 대한 보상도 얻게 된다. 또래집단은 청소년에게 소속감과 연대감, 지지와 수용 등의 긍정적 요인을 제공하고, 규범과 행동기준을 제공하며, 또한 이를 준수했을 때 청소년들은 집단으로부터 인정과 지지를 받는다. 이처럼 집단으로부터 인정받는 것이 중요해지면서 또래의 의견과 압력이 청소년 행동에 강한 영향을 미치게 된다(최옥채 외, 2006). 단체 스포츠를 많이 하게 되고 경쟁과 이기는 것에 대한 집착이 높아지고, 그 결과는 자신감에 중요한 영향을 미치게 된다. 이러한 성향은 집단 따돌림 문제와 콤플렉스 등 청소년 시기의 여러 문제에 좋지 않은 영향을 미치기도 하지만 대부분의 청소년들은 우정을 통해 타인을 이해하고 배려하며, 갈등과 친목을 통한 인간관계의 폭을 넓힐 수 있는 공동체적 정신과 관대함, 여러 사회기술 훈련을 경험하게 된다.

그리고 이 시기에는 이성친구에게 많은 관심을 갖게 되며 집단적인 성격의 이성교제(미팅)를 하는 남녀 청소년이 많아진다. 남녀 아동의 서로 다른 놀이양상은 동성 간의 놀이와 어울림으로 시작되며 더 흥미를 가진다. 4세 정도의 유아들은 이성의 또래보다 동성의 또래와 3배 정도 더 많은 시간을 보내며 6세가 되면 이 비율은 11 : 1이 된다. 초등학교 시기 동안 동성 선호는 계속되나 청소년기에 이르면 이성에 대한 관심이 오히려 증가된다(Maccoby & Jacklin, 1987). 정신적 장애가 있는 환자 중 대부분이 어릴 때 친밀한 우정을 형성하지 못했으며, 청소년기 이전에 형성되는 동성친구 간의 우정은 이후 애정관계를 형성하고 유지하는 데 필요한 강한 자기-가치감과 타인을 배려하는 다정한 태도를 발달시킨다고 한다. 또한 사춘기 이전에 친한 동성친구가 있는 청소년은 없는 청소년에 비해 성장벽을 넘어서서 이성친구와도 친밀한 관계를 맺는 경향이 있다(Gorge & Hartmann, 1996).

6) 청소년과 성

오늘날 성에 대해 무방비 상태로 노출되어 있는 청소년들은 언제든 마음만 먹으면 인터넷, 영화, 비디오, 잡지, 소설, 만화, 사진 등을 통해서 성적 매체를 쉽게 접할 수 있는 세상에 살고 있다. 하지만 청소년들은 성적 호기심을 적절한 방법으로 풀 수 있는 방안이 없으며, 이들의 호기심과 욕구를 당연한 것으로 받아들여 주는 곳도 거의 없다. 기성세대들은 청소년들이 성에 대해 순진하고 공부만 하는 어린아이인 것처럼 잘못 인식하고 청소년들의 성적 충동에 대해 적절히 대처하지 못하고 있다.

청소년기의 남녀는 신체적인 것에 관심이 높아지고 성적인 사물이나 이미지에 대한 호기심이 높아진다. 이와 같은 신체적 성숙과 이에 수반되는 감정적 변화들은 청소년들의 변화에 대한 정서적 통합성에 문제를 가져와 심리적 혼란을 초래하기도 한다. 이 시기에 증대된 성적 충동과 성 생리반응을 어떠한 상황에서 어떻게 대응할 것인가는 학습된 것으로 어떠한 개인적 학습경험을 가지느냐에 따라 개인의 성적인 행동양상은 달라지는 것이다. 이와 관련해서 청소년들은 자신의 성행동의 역할 모델을 다양한 방법으로 찾고 있으며, 가정, 학교, 대중매체 등을 통해서도 지속적인 영향을 받고 있다(민유선, 2007 : 48). 즉, 현대사회에서 건강한 청소년을 위해 필요한 성교육은, 청소년들이 살아가면서 직면하게 될 성문제를 미리 예방하고 성에 대한 자신의 의사결정이 중요함을 가르치는 것이다. 올바른 성교육으로 청소년에게 개입한다면 청소년들의 성지식은 물론이고 성에 대한 태도까지 향상되는 것으로 나타났다(이현숙, 2007 : 74). 가부장적인 성문화는 이중적인 성윤리를 제공하고 포르노그래피와 성매매를 조장하는 역할을 한다. 포르노는 여성을 성적으로 지배하는 이데올로기를 강화시키는 역할을 담당하고 있으며, 성매매는 인간의 성을 상품화하여 인격으로부터 소외시키기 때문에 문제가 된다.

여자 청소년의 성적 표현은 주로 애정과 친밀함을 표현하는 수단이다. 즉, 성적 자극이나 욕구보다는 자신이 좋아하는 남자에 대한 사랑의 표현으로 이루어진다. 여자 청소년의 경우 일시적으로 성에 대한 동성애적 관심을 보이기도 한다. 따라서 친하게 지내는 여자친구에게 다른 친구가 있으면 질투하는 행동을 보이는 경우가 있는데 이것은 이성애로 발전해 가는 전환기 시도로 볼 수 있으므로 정상적인 표현으로 본다(최옥채 외, 2006). 또한 이 시기에 성적 표현의 한 방법으로 자위행위(masturbation)를 경험하기도 한다. 최근 들어 자위행위에 대한 사회문화적 허용도가 높아지면서 경험률도 전반적으로 높아지는 추세이다. 조사자에 따라 약간의 차이는 있지만 대개 일생 동안 남성의 90% 이상이, 그리고 여성의 60% 이상이 자위행위의 경험을 가지며, 시작 연령도 점차 낮아지고 있다. 여성보다는 남성이 더 많이 그리고 자주 행하는 것으로 밝혀졌다(윤가현, 1998).

자위행위에 대한 금기는 사회의 부정적인 태도에서 비롯된 것으로 과학적인 근거는 없다. 오히려 자위행위는 남성의 경우 성기의 건전한 발육을 촉진하고 조루를 방지하며, 여성에게는 성감을 개발하고 불감증을 방지하는 데 효과적이라고 한다. 따라서 자위행위는 성에 대한 자연스러운 관심을 촉구할 수 있고, 성행위에 대한 불안과 공포를 제거해 주는 긍정적인 역할을 한다(부산여성사회교육원, 1997). 대부분의 문화에서 결혼관계 이외의 성행동, 즉 결혼 전의 성행동과 결혼관계 이외의 성행동을 인정하고 있지 않기 때문에 청소년기의 성이 특히 문제가 된다. 성에 대한 태도는 부모의 가치관, 종교, 친구들의 태도, 연애 여부, 나이 성숙의 정도에 따라 다르다. 성에 대한 태도란 성에 대한 개인이 갖고 있는 체계화되고 일관성 있는 사고, 감정 및 행동양식으로 볼 수 있다. 청소년기는 성에 대해 탐색적이고 허용적인 특성을 보이는데 이렇게 성에 대해 개방적인 성 태도는 성행동에 영향을 미칠 수 있다고 지적되고 있다.

특히 부모는 청소년기 성 태도 및 성행동에 영향을 미치는 가장 핵심적인 변인으로 주목받아 왔다. 즉, 가족의 주거형태뿐 아니라 가족의 의사소통 패턴, 양육방식도 청소년이 허용적 성 태도를 갖게 되고 육체적 성관계를 일찍 시작하는 것에 영향을 미친다는 것이다. 특히 여성 청소년의 성에 대한 태도나 행동은 가족요인에 의해 더 많은 영향을 받는다고 한다. 또한 부모의 통제가 강화될수록 여성 청소년의 성적 행동이 줄어든다고 보고하였다. 따라서 부모의 자녀에 대한 양육방식이나 태도 등이 문제가 될 것으로 생각된다. 성 허용성에 영향을 미치는 다른 가정 관련 요인으로는 부모-자녀 간의 의사소통을 들 수 있다. 부부갈등과 가족 응집력, 의사소통은 소녀 비행 중 성비행의 관계에 영향을 미치는데,

특히 부모-자녀 간의 의사소통이 잘 이루어지지 않거나 문제가 있을 때 여성 청소년들이 성비행이나 지위비행에 관여하게 되는 것을 증명해 주는 것이며, 가족의 역기능적인 의사소통과 소외감을 이성과의 성관계를 통해 해소하기 때문에 여성 청소년들의 성비행을 이끄는 역할을 한다고 하였다.

또한 사회환경 요인이 있다. 청소년기가 되면 부모의 영향력이 감소되기 시작하면서 같은 또래의 친구집단의 영향력이 커지게 된다. 청소년은 친구집단을 통하여 어른 역할을 연습하게 되는데, 다른 사람들에게 어떻게 행동할 것인지, 이성에 대해 어떻게 행동할 것인지를 서로 간의 상호작용을 통해 배우게 되며 그런 행동을 지배하는 규범 및 태도를 배우게 된다. 이러한 친구집단 내에서는 성에 대한 가치나 태도의 기준도 기존의 성규범과 다를 수 있는데, 특히 어떤 특성을 가진 친구집단의 성 태도가 개방적이고 자유스럽다면 이러한 집단의 영향을 받는 청소년의 성 허용성은 개방적일 것으로 가정할 수 있다.

이 시기에 청소년은 성과 관련된 정확한 지식이 부족하고 사회분위기에 휩쓸려 성에 대한 가치관을 확립하지 못한 채 무분별하게 성행위를 할 수 있는 가능성이 높다(김은희, 2007). 이러한 성과 관련된 문제로 청소년의 임신과 인공유산(낙태), 미혼모의 생활을 들 수 있다. 부모로부터 심리적・경제적으로 독립하지 못한 청소년들의 임신과 출산은 그들의 정상적인 발달과업을 방해하고 사회화 과정에 심각한 문제를 초래한다. 한해 인공유산(낙태)의 1/3이 청소년에 의해 이루어지고, 전체 출산의 1.4%가 청소년의 출산인 것으로 보고되고 있다. 성경험이 있는 10대 청소년 198명에 대해 조사한 결과 절반 이상(50.3%)이 피임을 하지 않고 무방비 상태로 성행위를 했으며, 응답자 중 29명(2.3%)은 임신, 그중 21명은 인공유산의 경험이 있다고 밝혔다(아하! 청소년 성문화 센터, 2005). 청소년의 임신은 무계획이나 무지에서 비롯되거나 친구들과 어울리면서 이루어지는 경우가 많고, 임신 6개월이 넘어서야 임신 사실을 아는 경우가 30%를 넘고 있다(윤혜미, 1999, 최옥채 외, 2006 재인용).

2. 청소년 후기

1) 개 념

청소년기는 인생에서 단순히 스쳐가는 하나의 과정이 아니라 독특한 요구와 도전을 함축하는 시기이기 때문에 특별한 관심을 필요로 한다. 특히 산업사회에서 기술이 고도화되고 사회구조가 복잡해질수록 직업과 사회적 역할 수행에 필요한 준비기로서 청소년 후기가 길어지게 된다. 이렇게 청소년기가 길어진다는 것은 단순히 시간의 길고 짧음의 문제로만 끝나는 것이 아니라 그로 인한 경제적 부담은 물론 청소년들로 하여금 사회역할 구조에 흡수되지 못함으로써 갖는 소외감, 사회·심리적 독립성과 자율성을 제약받음으로써 갖는 좌절감, 불만 등을 낳는 결과를 빚어낸다. 뿐만 아니라 개인별 직업과 사회적 역할이 또한 다양해지면서 이 시기 동안 겪는 청소년의 욕구와 갈등 또한 다양해지고 있다(홍봉선 외, 2007).

청소년 후기는 청소년 전기 이후부터 성인기 이전까지 대략 18~23세까지를 말한다. 청소년 후기에는 성정체성이 발달하고, 청소년 전기에 당면했던 성역할 정체감에 대한 수정과 범위를 넓혀나가는 방법을 토론한다. 청소년 후기에 이르면 독립과 자율성이 더욱 확대되고, 인생의 목적과 존재양식에 대한 깊은 고뇌와 탐색을 하게 되며, 현실세계와의 관계 속에서 고독과 소외를 느끼기도 하며, 사회에 대한 비판의식을 갖게 된다. 아울러 자신의 이상을 현실세계에서 구현할 수 있는 방법을 모색하며 실천하게 된다. 부모로부터 독립하면서 청소년 전기에 겪었던 부모와의 갈등이 해소되고 점차 부모와의 관계가 긍정적으로 회복된다. 설리반과 설리반(Sullivan & Sullival)은 부모와 청소년 후기 자녀 간의 물리적 거리가 멀수록 심리적 거리는 더 가까워지며 갈등이 감소한다고 하였다(최옥채 외, 2006).

2) 청소년 후기의 특성

(1) 심리적 발달

청소년 후기에는 자아주체성(personal identity)이 확립된다. 청소년은 이제까지의 경험과 성장·발달을 통해 얻어진 자신에 대한 이해와 사회적인 위치, 장래 문제, 인생의 목적 등을 생각하게 되고, 이러한 요소들을 종합하여 "나는 누구인가?", "내 생의 의미와 목적은 무엇인가?"에 대한 해답을 찾고 여기서 자아주체성의 확립이 이루어진다. 에릭슨은 이 자아주체성의 확립이 청소년기의 궁극적인 과제라고 했다. 그에 따르면 청소년 후기는 친밀감 대 고립감의 시기이다. 즉, 친밀한 관계를 발달시키기 않으면 고립의 감정을 겪게 된다는 것이다. 이 시기에 접어들면서 동성 또는 이성의 사람들과 인간관계를 더욱 활발히 하게 되면서 각자가 자신의 정체감과 타인들의 정체감을 융합하고자 노력하게 된다. 이러한 친밀한 협력에 의한 연대감, 성적 결합, 친밀한 우정, 타인들로부터의 감화, 자기의 깊은 체험 등을 통해 자아가 성장해 간다. 그러나 정체감을 확고히 했다고 생각하지 않는 청소년은 수치심이 일어나게 되어 대인관계로부터 벗어나게 되며 접촉을 꺼리게 된다. 이러한 상황을 두려워하거나 회피할 때는 소외감이 생겨나게 되는 것이다. 자기 확신이 크면 클수록 교제나 사랑 등을 통하여 친분관계를 더욱더 추구하게 되는 경향이 있다. 이렇게 청소년기의 발달과제는 친구와 적절한 관계를 유지하고 남성과 여성으로서의 사회적 성역할(gender role)을 배우고, 부모나 어른으로부터 정서적 독립을 성취하며 자신의 육체와 성에 자신감을 갖고 받아들여 성적 주체성을 확립하여 결혼과 가정생활을 준비하는 것이다. 직업 선택과 직업 준비를 하는 직업적 주체성도 확립하여 경제적 자립을 계획한다(이무석, 2003).

또한 여성인 경우 섭식장애가 중요한 정신적 문제가 되기도 한다. 섭식장애(eating disorder)란 최소한의 정상적 체중조차 유지하려 하지 않고 체중증가에 대해 병적인 두려움을 갖는 것으로, 강박적으로 체중을 측정하면서 절제된 식사를 하고 식사조절 외에 스스로 구토를 유발하거나 설사제나 이뇨제를 사용하는 것을 의미한다. 때로는 폭식 후 며칠을 굶거나 과도한 운동, 구토를 사용하기도 한다. 이러한 현상은 여러 원인으로 나타나지만 대부분이 아름다움의 기준이 서구화되면서 '마르고 날씬한 것'을 선호하는 사회적 분위기로 나타나고 있다. 섭식장애 여학생들은 낮은 자존감을 가지고, 타인에게 사랑과 인정을 받기 위해 순종하는 경향이 있고, 타인이 자신을 보는 것보다 자신의 신체적 이미지를 부정적으로 왜곡하는 경향이 있다. 이처럼 부정적 신체상 때문에 여자 청소년의 경우, 남자들이 자신에게 무관심하면 자신의 외모 때문이라고 생각하여 열등감을 느끼고, 반대로 남자가 외모 때문에 관심을 가지면 자신의 내면이 아닌 외모에만 관심을 갖는 것에 분노하는 등 불안정한 정서상태를 보이기도 한다. 성호르몬의 분비는 성적 욕구의 발달을 동반하며 성적 욕구는 죄의식과 충동조절의 문제를 초래한다. 작은 키 또한 큰 키를 선호하는 사회적인 분위기에 따라 자신의 외모나 신장에 자심감이 결여되는 왜곡된 자아상을 가질 수 있는 한 요소로 작용하게 된다 (Newman & Newman, 1999).

① 자아정체감

정체성이란 자신을 가장 잘 묘사하는 특징과 성격에 관한 개인적 관점을 뜻한다. 이러한 자기 구조는 보다 추상적이고 심리적인 지향을 나타내는 청소년기 동안 가장 큰 변형을 겪는다(Marcia, 1980). 과정을 이해하려는 시도는 프로이트와 에릭슨의 이론에 바탕을 둔다. 프로이트는 성충동과 한 개인이 되어가는 과정에 초점을 두었고(Blos, 1962), 에릭슨은 이 시기에 정체성 위기를 극복하면 사회정치적 개념과 관심을 갖게 된다고 주장했다. 그러나 이러한 이론들이 간과한 중요한 점은 여성과 남성을 구별하는 뚜렷한 신체적 특징처럼 양성이 자신의 정체성을 확립하는 데 기본적인 차이가 있다는 것이다. 일반적으로 여성이 남성보다 대인관계를 형성하고 유지하는 것을 더 중요시하는 반면 남성은 분리와 개성을 더 강조한다(Chodorow, 1974).

독립적이고 명확하며 긍정적인 자아상을 이루기 위한 청소년의 투쟁은 가족에게 혼란과 경직을 야기한다. 청소년은 세상에서 겪는 새로운 경험 때문에 불안, 실망, 거부감, 실패감 등을 맛보게 된다. 옷차림이나 헤어스타일에 색다른 시도를 해보고 잠깐 심취했다가는 결국 자아상을 확고히 하려는 시도에 몰입하게 된다. 이런 역할들 중 일부는 가족의 가치와 부합되지만, 대부분은 가족의 규범에 도전하는 것이다.

자아정체성을 확립하면서 청소년은 종종 부모의 생각, 믿음, 가치 등에 반대한다. 이러한 차이들이 세대 간의 갈등을 낳으며, 때때로 심화되어 규칙과 역할, 그리고 관계 전반에 관한 싸움을 일으킬 수 있다. 그리고 관계 전반에 관한 싸움을 일으킬 수 있다. 갈등이 야기되는 것을 걱정하면서 청소년은 질문을 하지 않거나 자기 생각을 밝히지 않게 되며, 그 결과 거리감과 불신을 낳게 된다. 성은 항상 자아정체성의 통합적인 측면이기 때문에 청소년기에는 동성 부모와의 관계가 성정체성에 큰 영향을 미친다. 이성부모와의 관계는 청소년의 성정체성을 확고히 하는 데도 중요하지만 미래의 이성관계를 형성하는 데 어느 정도 중요한 영향을 미친다.

에릭슨은 자아정체감을 '내적으로 축적된 확신'이라고 하면서 이는 자신에 대한 과거로부터의 내적 동일성이자 연속성인 동시에 타인과의 관계에서 자신의 존재에 대한 동일성과 연속성을 의미한다고 하였다. 즉, 자신의 과거와 현재를 연결하여 느끼는 안정감, 그리고 스스로 갖는 자기 자신에 대한 개념과 타인과 관계 속에서의 자신에 대한 일관성 있는 느낌을 의미한다. 에릭슨은 청소년기의 주요 발달과업이 자아정체감 형성이라 하면서 이것이 제대로 형성되지 않으면 정체감 혼란이 일어날 수 있다고 하였다(최옥채 외, 2006).

가. 정체감 혼란의 형태

- 책임감 있는 성인으로서의 행동이 지연
- 충분히 생각하지 않고 충동적인 행동을 함

- 성인으로서의 책임을 피하기 위해 아동기로의 퇴행이 일어남

② 역할정체감의 형성

역할정체감을 형성한다는 것은 내가 누구인가에 대한 답을 할 수 있는 것을 의미한다. 즉, '독립적인 나'로서 어떻게 행동하고 반응할 것인지 타인들이 예측할 수 있도록 일관성 있는 자신을 보여주는 것을 의미한다. 일관성 있고 동질적인 사회에서 자란 사람들은 정상적인 정체감, 즉 문화의 기대와 가치에 적합한 정체감을 형성하기 쉽지만 이질적인 사회에서는 다수의 기대에 맞지 않는 일탈된 정체감을 형성하기 쉽다. 따라서 안정적이고 일관성 있는 환경이 정체감 형성에 매우 중요한 요소이다. 또한 정체감을 형성하는 데 부모와의 관계가 중요한데 부모에 대한 적대감 때문에 부모의 기대와는 반대로 행동하려는 부정적 정체감을 형성하는 경우도 있다(최옥채 외, 2006). 청년기 자아정체성에 관한 많은 연구들은 마르시아(Marcia)의 정체성 지위(identity statuses)에 관한 연구(Marcia, 1980)의 틀 위에서 이루어졌다. 정체성 지위는 개인의 정체성 형성 과정뿐 아니라 정체성 형성 수준의 개인차를 함께 진단하고자 하는 개념이다. 정체성 지위는 정체성 탐색의 위기를 경험했는가의 여부와 주어진 과업에 관여하는가 여부의 두 개 차원의 배합에 의해 결정된다. 마르시아의 정체성 유형은 다음과 같다(김봉환 외, 2000 재인용).

가. 정체감 혼미(identity diffusion)

이 상태에 있는 청소년들은 삶의 목표와 가치를 탐색하려는 시도를 보이지 않으며, 자신의 생애를 계획하고 설계하려는 욕구가 부족하며, 관념에 대한 관심이 낮다. 이들 청소년들은 부모와의 애착관계가 없거나 부모로부터 거부당한 것으로 느끼는 경우가 많고, 자아존중감이 낮으며, 흔히 혼돈과 공허감에 빠져있다. 정체성 혼미는 청년 초기에 가장 보편적이지만 정체성 혼미는 정체성 탐색과정의 가장 낮은 단계에 속하며, 그대로 방치해 두면 부정적 정체성으로 빠져들

위험이 있다.

나. 정체감 상실(identity foreclosure)

충분한 자아정체성의 탐색 없이 지나치게 빨리 정체성 결정을 내린 상태를 지칭한다. 이 지위의 청년들은 정체성 위기를 경험하지 않았으면서 자신의 삶의 목표를 확립하고 몰입한다. 이들은 흔히 부모가 기대하거나 선택한 생애과업을 대안적 가능성의 검토 없이 수용한다. 다른 지위에 비해 사회적 인정의 욕구가 강하고, 자신이 지향하는 가치에 따라 생애의 방향을 결정하고 있으며, 부모와 긴밀한 관계를 유지한다. 부모의 과업을 물려받거나, 일찍 결혼하여 안정된 가정을 꾸려나가는 청년들에게서 가장 흔히 발견된다. 이들은 청년기를 매우 안정적으로 보내는 것 같으나, 성인기에 뒤늦게 정체성 위기를 경험하는 경우도 적지 않다.

다. 정체감 유예(identity moratorium)

삶의 목표와 가치에 대해 고민하고 대안들을 탐색하나 여전히 불확실한 상태에 머물러 구체적인 과업에 관여하지 못하는 상태를 뜻한다. 이 지위에 속하는 청년들은 가장 적극적으로 정체성을 탐색한다. 유예기의 청년들은 안정감이 없으나, 많은 경우 시간이 흐르면서 정체성을 확립하게 된다. 흔히 부모와 또래관계에 있어서 애증이 교차하며, 자신이 몸담고 있는 상황에서 긍정적인 요소보다는 부정적인 요소에 민감하고 잘 식별해 낸다. 에릭슨과 마르시아에 의하면, 정체성 유예는 정체성 성취에 도달하기 위해 필요한 과도기적 단계이므로 혼미나 상실보다는 앞선 단계이다.

라. 정체감 확립(identity achievement)

이 단계는 네 개의 정체성 지위 중 가장 앞선 단계이다. 에릭슨 이론에서 설명한 바와 같이 정체성이 성취된 청년들은 삶의 목표, 가치, 직업, 인간관계 등에서 위기를 경험하고 대안을 탐색했으므로 확고한 개인적 정체성을 갖게 된다. 부모를 포함한 인간관계에 있어서 현실적이고 안정되어 있으며, 자아존중감이 높고, 스트레스에 대한 저항력도 높다.

(2) 직업 선택

프로이트는 건강한 성인의 척도를 일과 사랑으로 보았다. 이처럼 청소년 후기에 달성해야 할 중대한 과업 중 하나가 직업 선택이다. 현재 청소년 시기에 포함되는 대학생들은 직업을 갖고 있지 않아도 원하는 직업과 관련된 전공을 선택해야 하고 미래를 준비해야 하는 과업을 가지고 있다. 직업 선택은 자신의 인생을 책임지는 중요한 일이다. 단순히 생계수단을 결정하는 것뿐 아니라 사회에 대한 공헌과 가정에 대한 책임을 포괄적으로 고민해서 잘 선택해야 한다. 자신에 대한 고민과 힘든 선택으로 결정한 직업에 대해서는 타인에 대한 자신의 자부심과 능력을 나타내는 개인의 사회적 역할을 대표하고 개인의 정체감을 표현하기 때문에 물질적인 보상보다는 보람과 자부심, 사회적 공헌에 만족감을 가질 수 있는 직업 선택이 매우 중요하다. 긴즈버그(Ginzberg)는 직업 선택을 하나의 발달과정으로 보고 있다. 직업 선택이란 이전에 내린 결정의 영향을 받게 된다. 이러한 직업 선택의 과정은 흥미, 능력, 가치관 등의 주관적 요소와 현실세계와의 타협으로 이루어진다. 타협을 선택의 본질적 측면으로 본 긴즈버그는 개인의 진로발달을 환상적 단계, 잠정적 단계, 현실적 단계의 3단계로 구분하였다.

① 환상적 선택 단계

6~11세까지 환상적 선택 단계(fantasy choice stage)라고 말하고, 이 단계에서는 현실여건, 자신의 능력이나 가능성을 고려치 않고 독단적으로 특정 직업을 택해서 그 직업에서 하는 일을 놀이활동을 통해서 표출하고자 한다고 하였다. '내가 원하는 것은 무엇이든 할 수 있다.'

② 시험적 선택 단계(잠정적 선택 단계)

11~17세까지를 잠정적 단계(tentative choice stage)라 말하고, 이때부터 외적 요인을 의식하게 되며 잠재직업을 결정해야 된다는 생각을 한다. 이 단계는 네 개의 하위단계인 흥미단계(11~12세), 능력단계(13~14세), 가치단계(15~16세), 전이단계(17세)로 구분된다.

③ 현실적 선택 단계

현실적 선택 단계(realistic choice stage)는 18세 이후를 일컫는데, 대략 18세부터 시작되는 이 단계에 이르러 현실적 선택이 이루어진다. 그래서 자신의 흥미, 능력, 가치, 기회뿐만 아니라 환경적 제한조건을 고려하고 타협해서 결정에 도달하게 된다. 이 단계는 다시 자신의 직업 선택을 위해 필요하다고 판단되는 교육이나 경험을 쌓으려고 노력하는 탐색의 단계, 직업목표를 정하고 자신의 결정에 관련된 내적・외적 요소를 종합할 수 있는 구체화 단계, 마지막으로 자신이 한 결정을 보다 구체화시키고 보다 세밀한 계획을 세우는 전문화 단계로 구분된다(김동배 외, 1998 재인용).

또한 슈퍼(Super's)의 이론은 긴즈버그(Ginzberg) 이론의 미흡성에서 보다 발전된 이론을 나타내었다. 성장기(0~14세)에서는 자아개념이 발달되는 시기이며, 탐색기(15~24세)에 이르러 자아검증과 역할 시행 그리고 직업 탐색을 거친다고 하였다. 그 다음 확립기(25~44세)에는 적극적으로 분야를 발견하고, 유지기(45~64세)에는 정해진 직업에 정체해 있으며, 은퇴기(65세~)에 이르러 은퇴를 하고 또 다른 활동을 탐색한다고 하였다(김봉환 외, 2000 재인용)

가. 적성과 직업 선택의 관계

- 신체적 활동을 좋아하고 적극적이며, 운동신경이 발달했으나, 사람들과 이야기를 나누거나 사귀는 일을 좋아하지 않음

(노동, 기계 조작, 비행사, 농부, 트럭 운전사 등)

- 일을 좋아하고 문제를 깊이 생각하고, 사물을 조직적으로 이해하고 이치를 따지기를 좋아함

(물리학자, 인류학자, 화학자, 수학자, 생물학자)

- 남을 가르치거나 치료하는 것을 좋아하며, 안정된 것을 좋아하고 대화를 즐기며, 사람들과 잘 사귐

(교사, 외교관, 목사, 상담자, 심리학자 등)

- 말이나 숫자로 이루어지는 일이나 맡겨진 일을 정확히 처리함

(출납원, 통계학자, 은행원, 행정사무원 등)

- 물건을 팔거나, 남을 이끌기 위한 말을 하는 능력이 매우 뛰어남

(판매원, 경매인, 정치가)

- 그림, 노래, 글 등을 통해서 자기의 생각을 나타내고, 사회문제를 다루는 것을 좋아함

(시인, 소설가, 음악가, 조각가, 극작가, 연출가)

나. 직업 계획을 세울 때

- 학교에서 가장 좋아하는 교과는 무엇인가요? 그리고 그 교과와 관련이 있는 직업에는 어떤 것이 있나요?
- 어떤 일에 재미를 느끼게 되면 그 일이 점차 좋아지게 되는데, 그것이 바로 흥미입니다. 흥미를 느끼는 일이 있다면 그것은 무엇입니까? 그 흥미와 관련이 있는 직업에는 어떤 것이 있나요?
- 나의 성격으로 보아 어떤 일을 하는 것이 좋겠다고 생각합니까?
- 일이나 직업을 선택하는 데 영향을 미칠 수 있는 신체적인 특성이나 장애가 있다면 무엇입니까?
- 부모님은 미래에 내가 어떤 직업을 갖기를 원합니까?

(3) 성역할 정체감

성역할 정체감이란 개인 정체감의 한 부분으로서 사회가 그 성에 적절하다고 인정하는 특성이나 태도를 동일시하는 것을 의미한다. 여성과 남성은 분명히 다른 신체조건을 가지고 태어난다. 이렇게 다른 신체조건에 의해 여성성과 남성성에 대한 개념도 전통적으로 이분화되고 있으며 한쪽 성에 적합하다는 가정에서 비롯되고 있다. 인간의 행동이나 태도가 여성성이나 남성성으로 이분화되는 현상은 실제의 성별 특성에 기인한다기보다는 그래야 한다는 믿음에 의거하고 있다. 그럼에도 불구하고 이 여성성·남성성 개념은 우리의 삶에 지대한 영향을 미치고 있으며 자신의 성별에 적합한 기대치, 즉 남성이 해야 할 일과 여성이 해야 할 일 등을 충족하지 못했을 때는 뭔가 잘못된 것으로 생각하는 경향이 있다.

성역할 고정관념에 따르면, 여성성은 부드럽고 남을 잘 돌봐주며 순종적인 특성을 지닌다. 이런 특성 때문에 여성적인 사람은 가정일에 적합하며 남에게 봉사하는 데서 기쁨을 느끼는 것으로 생각되고 있다. 한편 여성적인 사람은 감정적이고 논리적이지 못하며 의존적이므로 성취지향적인 사회활동에 부적합한 것으로 보이고 있다. 이와 반대로 남성성은 공격적이며 독립적이고 적극성과 활동성을 지니기 때문에 문제해결에 적합한 특성이며, 따라서 이 특성을 지닌 사람은 강한 지도력을 지닌 것으로 생각된다. 한편 남성성의 부정적인 측면으로 감정표현이 서툴고 거칠며 다른 사람의 입장을 고려하지 않는 점이다. 이러한 개념으로 전통적으로 여성에게는 가정일이 알맞으며 남성에게는 사회활동이 어울린다는 믿음 체계를 강화시키고 남녀 간 역할분리는 사회존속에 필수적인 요소라는 점을 정당화시켜 왔다. 성역할과 성정체성은 사회 인식과 구조에 따라 조금씩 다르고, 이는 여성 의식 향상 여부에 큰 영향을 미치게 된다. 남성의 사회활동 영역에 일하는 여성은 유리 천장의 보이지 않는 차별을 경험하기도 한다. 그리고 이러한 사회적 분위기로 인해 직업과 결혼의 선택에 대한 고민을 하게 된다.

맥카몬(McCammon)의 '정형화된 성역할이 여성에게 불리한 점'은 다음과 같다(최옥채 외, 2006 재인용).

① 여성에게 불리한 대우와 낮은 처우(같은 일을 하고도 더 낮은 임금을 받는다)

② 여성의 부정적 자기개념 형성(전통적인 성역할은 남성에 비해 더 부정적이라는 낮은 개념을 갖게 하여 직업에서의 성취를 방해하기도 한다)

③ 여성의 낮은 결혼만족도(남성보다 더 많은 시간과 에너지를 가사에 보내기 때문에 결혼만족도가 남성보다 낮다)

④ 여성 스스로 남성들의 관점에서 자신을 평가하게 함(시간이 흐름에 따라 외모의 변화와 호르몬 감소는 남성에게 여성으로서 평가를 제대로 받지 못한다는 생각으로 심한 스트레스를 받게 된다)

또한 남성에게 있어서 정형화된 성역할이 불리한 점은 다음과 같다.

① 돈을 많이 버는 것이 남성다움의 척도가 되어 압박을 받음(물질적 부가 남성의 지위와 능력을 나타내는 압박을 받게 된다)

② 감정표현에의 문제와 친밀감 형성에의 어려움(남성은 슬픔과 우울 등 여러 감정에서 강하게 보여야 한다는 고정된 인식을 갖게 된다)

③ 성취, 경쟁, 감정의 억압을 강조하는 역할로 인해서 평균수명이 여성보다 7년 정도 짧음(남성의 역할이 경쟁, 감정의 억압을 강조하고 있으며, 흡연이나 음주로 수명이 짧아진다)

자신의 생물학적 성에 대한 수용이 어렵고 반대의 성에 대한 강하고 지속적인 동일시, 즉 반대의 성이 되기를 소망하며 생물학적 성에 대하여 지속적인 불편을 느끼거나 자신의 성에 맞는 성역할에 부적절함을 느끼는 것을 성정체감 장애라고 한다. 이러한 장애는 성전환수술과 호르몬 치료를 받고 싶어 하는 욕구로 나타난다. 이들은 사회적 고립과 배척으로 사회적 적응이 매우 어렵게 된다. 따라서 사회적 성역할의 사회적 포용이 필요하다. 많은 학자들은 만일 자녀양육 태도와 가족유형이 바뀌게 되면 앞에서 언급한 남녀 간의 차이조차도 더 이상 존재하지 않게 될 것이라고 동의하고 있으며, 성역할 변화가 미래사회에 더 큰 이익을 줄 것이라 전망하고 있다(Forisha, 1978). 성역할 고정관념과 정형화는 남녀 모두에게 자유롭고 발전적인 삶의 기회를 박탈하기 때문에 문제가 된다. 성역할 변화를 통해 추구하는 것은 결국 조화로운 사회를 만드는 데 있다. 성별이 아닌 개인의 능력과 선호에 따라 적합한 역할과 일을 선택할 수 있는 사회, 그러한 사회가 바로 우리가 가꾸어야 할 사회인 것이다.

tip

콜버그(Kohlberg, 1966)의 아동 성역할 획득 과정 3단계

- 1단계 : 아동이 기초적인 성정체감을 형성하는 단계이다(약 3세경).
- 2단계 : 성 안정성 단계로 아동이 자신의 성정체감을 수용한다(4~5세경).
- 3단계 : 성 항상성 단계로 외모나 활동에 의해 성별이 변하지 않는다는 것을 인식하는 단계이다(6~7세경).

(4) 또래와의 관계

청소년 초기에는 성행동과 약물 사용과 같은 여러 문제가 되는 영역에서는 집단의 규범적 압력이 다른 많은 활동에 비해 훨씬 덜하다. 청소년 후기에 들어서면서 음주, 성, 약물 사용과 같은 활동에 참여하라는 압력이 시작되는데 이는 크게 10대들의 반항이라기보다 성인들의 가치와 행동규범에 따르는 경우이다. 청소년 동조는 시대 초기에 정점을 달하며 그 이후에 점차 감소한다. 이런 형태는 이성에 대한 관심이 증가하여 사회적 관심의 초점이 집단 바깥으로 옮겨가는 데 있다고 설명되어 왔다. 그러나 이런 경향은 청소년 후기에 동조의 수준이 일반적으로 감소하기 때문일 수도 있고, 나이든 청소년들에게는 자신의 정체감, 사회적 역할과 사회적 지위가 분명하므로 또래집단의 확인과 지지가 덜 필요하기 때문일 수도 있다. 개인에게 있어 무리의 중요성은 10대 기간 동안 점차 감소한다.

동성친구 관계는 청소년기가 되면 더 친밀하고 대체할 수 없는 것이 되며 일반적으로 높은 수준의 충성심과 헌신을 요구하게 된다. 이는 여자들의 관계에서 특히 더하다. 많은 변화의 시기임에도 불구하고, 청소년기의 중요한 특징은 교차성적 관계의 발달이다. 아동기 관계의 아주 중요한 특징인 성에 의한 분리도 깨어지기 시작한다. 동성의 또래집단은 이성의 또래집단과 상호작용하기 시작하고 점진적으로 혼성집단이 나타나고 혼성집단에서 혼성커플이 생겨난다(Phil Erwin, 1998).

3. 사회복지실천에의 적용

청소년 인구가 한국사회 구성원의 1/3을 점하고 있다. 인적자원의 개발을 통해서 국제 경쟁력을 확보해야 할 한국사회에서 차세대의 주역, 현대사회의 삶의 조건은 과거 그 어느 때보다도 청소년기가 장기화되었기 때문에 청소년 인구의 관심, 이해, 요구가 사회의 모든 부문과 제 측면에 확대·반영되고 있으며, 한국사회가 안고 있는 문제들이 직간접적으로 청소년과 결부되고 있는 성향이 점차 두드러지고 있기 때문이다. 또한 각종 사회문제들로 인하여 청소년의 보호와 육성이 단순한 부모의 책임만으로는 감당할 수 없으며 보다 조직적이고 통합적이며 강력한 접근이 필요하였기 때문이다.

입시와 물질주의로 인한 인간의 소외감, 갈수록 증가하는 가정해체 등으로 나타나는 정서·행동장애 청소년, 학대 및 유기 청소년, 비행청소년(가출을 시작으로 범죄, 약물남용, 학교폭력, 약물남용 청소년, 성매매 청소년, 근로청소년, 미혼 청소년 부모, 청소년 가장, 장애 청소년 등)이 증가함에 따라 기존에 문제에만 초점을 주고, 치료에 중점을 두었던 사회복지실천의 전통적인 개입방향 이외에 폭넓은 개입방안과 프로그램 필요성이 중요하게 대두되고 있다. 특히 학대 및 유기 청소년 경우에는 밝게 자라야 할 청소년들에게 고통을 주고 생존과 발달을 위협할 뿐만 아니라 그들이 성장하여 학대부모가 되기 쉽다는 사실을 감안할 때 사회적 관심과 예방 대책은 매우 시급하다. 또한 최근 우리 사회의 이혼율은 증가율과 변화양상에 있어서 개인의 문제를 넘어서 사회문제로 주목받고 있다. 특히 이혼율의 증가와 함께 결혼율 및 출산율의 감소 등이 동시에 진행되면서, 가족해체와 가족제도 구조에 대한 문제까지 제기되고 있는 상황이다. 이혼으로 인한 가족해체를 보는 관점은 조정하기 어려운 부부갈등을 해결하여 행복한 삶을 찾는다는 긍정적 시각과 부모의 이혼은 자녀의 성장에 부정적 영향을 미치므로 가능한 참고 살아야 한다는 부정적 시각으로 나뉜다.

최근에는 의식의 변화로 이혼을 더 이상 개인의 이기적 판단으로 보기보다는 새로운 삶의 시작이라는 개념으로 받아들이고 있다. 즉, 적극적으로 개인의 행복을 추구하기 위한 노력으로 이해되면서 이혼을 불행한 결혼관계로부터의 해방이나 결혼에서 생기는 문제를 해결하기 위한 하나의 과정, 그리고 새로운 자기 발견의 기회라는 긍정적인 측면으로 인식하는 경향이 강하다. 이혼은 배우자 사망 다음으로 스트레스를 주는 충격적인 사건으로 경제적·정서적·사회적 어려움을 겪게 되므로 이혼가족이 건강한 삶을 살아갈 수 있도록 하기 위한 방안을 모색해야 한다.

청소년 성적 성숙은 여러 성 문제와 연관되어 나타난다. 이는 다량의 정보가 무분별하게 수용되어 인식의 오류, 사물이나 현상에 대한 올바른 이해의 부재 등으로 인하여 더욱더 심각하게 받아들여지고 있다. 또한 익명성이란 테두리 안에 사이버테러, 음성서비스, 채팅을 통한 원조교제 등의 신종 범죄가 나타나면서 사회적 정의는 물론이거니와 기본적인 윤리와 도덕도 무너지고 있다.

특히 청소년의 성에 관한 문제가 급격하게 늘어남에 따라 성비행, 청소년 낙태, 성폭행 등 사회적 문제로 부각되고 있다. 이는 청소년이 심리적·신체적으로 큰 변화의 중심에 서 있으나 이 변화에 마땅한 지식과 교육이 이루어지지 않고 있는 데서 비롯된다. 가출청소년 등의 갈 곳 없는 일부 청소년들을 대상으로 행해지던 윤락업소의 청소년 학대와 성매매 강요 등의 문제를 시작으로 하여, 현재는 일반적으로 원조교제로 알려진 청소년들과 성인 사이의 왜곡된 성문화가 점차 심각해지고 일반화되는 경향으로 이어지고 있다. 청소년의 신체적 성장과 정신적 성장은 밀접한 관련이 있다. 청소년기의 성적 성숙이 이루어지면서 청소년들이 자신의 신체 및 성적 발육이 또래집단과 다르거나 바람직하지 않다고 느낄 때 심리적 적응상의 문제들이 발달하게 된다. 즉, 신체적 성숙은 빠르지만 정서적이고 인지적인 발달은 신체의 성숙을 따라가지 못한다. 이런 미숙한 청소년들이 잘못 행하여 이루어진 성관계를 사랑으로 도식화하고, 뜻하지 않은 임신과 낙태, 성병으로 이어질 수 있다.

청소년기의 과장된 자의식으로 인하여 자신이 타인의 집중적인 관심과 주의의 대상이 되고 있다고 믿는다. 청소년들은 자신의 경험이 매우 독특한 것이라고 믿음으로써 자신을 특별하고 독특한 존재라고 생각한다. 흔히 음주, 폭주, 마약, 성문란 등 파괴적 행동을 범하는 것은 자신이 특별한 존재이기 때문에 그러한 행동이 가져다 줄 부정적인 결과는 자신의 몫이 아니라는 인식에서 기인될 수 있다. 이러한 사회환경 속에서 성장하고 있는 청소년들에게 바르고 정확한 성지식과 성에 관한 정보를 제공하는 것이 무엇보다 중요하다. 물론 한국사회에서는 청소년을 대상으로 하는 성교육이 존재하고 있다. 하지만 현재 행해지고 있는 대다수의 교육이 생물학적 현상과 그 외 피상적인 내용으로 구성되어 있고, 학교의 입시 위주 교육 정책과 성교육 정책 부재로 조숙한 아이들에게 별 영향을 주지 못하고 성교육을 받고 있는 청소년의 궁금증은 해소해 주지 못하고 있다. 이 시기의 청소년들이 집단의 동조성이나 친구들의 유혹에 이끌려 청소년 성매매를 하게 됨으로써 부정적 자아개념을 형성하게 될 수 있다. 청소년들이 성매매를 하게 되는 가장 큰 이유는 경제적 이유이다. 생계 또는 자신의 유흥비를 마련하기 위해서 성매매를 하게 된다. 이런 성매매는 일반 청소년이 근로하는 것보다 시간당 보수가 많은 것으로 인식하고 있기 때문에 청소년들이 유혹에 빠지기 쉽다. 일에 대한 가치와 보람을 느끼지 못하고, 쉽게 돈을 벌 수 있다는 근로에 대한 잘못된 인식을 가져다 줄 수 있다. 성매매 이전 혹은 이후에 범죄로 연관될 수 있다는 점에서 더 큰 문제점 가진다(김현진, 2005).

음란물, 인터넷, 여러 매스컴으로 성에 대해 눈을 뜨게 된다. 길거리에서 쉽게 접하는 각종 음란 선전물의 문구들이나 사진들은 호기심 많은 청소년들의 눈길을 끄는 것은 당연한 일이다. 아무도 가르쳐 주지 않는 사실을 아이들은 주변에 널려 있는 매체의 성 관련 이미지를 보면서 알기 시작하는 것이다. 이렇게 청소년이 비뚤어진 성문화에 쉽게 접근하다 보니 성범죄도 끊이지 않는다. 대구 초등학생 집단 성폭행과 중학교 여중생 집단 성폭행 사건은 우리 청소년들의 일그러진 성 의식을 표출해 주는 단면이었다. 이러한 사회환경 속에서 성장하고 있는 청소년들에게 바르고 정확한 성 지식과 성 정보를 제공하는 것이 무엇보다 중요하다. 청소년기의 남녀는 신체적인 것에 관심이 높아지고 성적인 사물이나 이미지에 대한 호기심이 높아진다. 이와 같은 신체적 성숙과 이에 수반되는 감정적 변화들은 청소년들의 변화에 대한 정서적 통합성에 문제를 가져와 심리적 혼란을 초래하기도 한다. 이 시기에 증대된 성적 충동과 성 생리 반응을 어떠한 상황에서 어떻게 대응할 것인가는 학습된 것으로, 어떠한 개인적 학습경험을 가지느냐에 따라 개인의 성적인 행동양상은 달라지는 것이다. 이와 관련해서 청소년들은 자신의 성행동의 역할 모델을 다양한 방법으로 찾고 있으며, 가정, 학교, 대중매체 등을 통해서도 지속적인 영향을 받고 있다(민유선, 2007).

또한 청소년들은 학교에서 대부분의 시간을 보내고 있다. 청소년들의 삶에 있어서 중요하고 많은 부분을 차지하고 있는 학교는 바람직하고 유익하며 즐거워야 한다. 그러나 교육현장인 학교에서 청소년들은 각종 폭력과 괴롭힘의 대상이 되어 건전하고 밝게 자라나는 데 커다란 걸림돌이 되고 있다. 학교폭력은 청소년기에 건전한 인격도야와 지식연마를 목표로 하는 학교생활 자체를 위협할 뿐 아니라 때로는 동료뿐 아니라 자신과 자신의 가족에게까지 지울 수 없는 상처를 주기도 한다. 더구나 이렇게 청소년기에 폭력이 길들여진 학생은 성장한 후 사회인이 되어서도 폭력을 행사할 가능성이 훨씬 높다.

현대사회의 발전으로 나타나는 또 다른 문제는 인터넷과 핸드폰 등의 과다 사용 문제를 들 수 있다. 우리나라 청소년의 25%는 사이버 중독으로 고생하고 있으며 5%는 심각한 수준이라고 한다. 최근에도 PC방에서 게임을 하다 쓰러지는 사고가 빈번할 정도로 발생하고 있으며 어른도 빠져나오기 힘든 것이 사이버 중독이다. 그런데도 호기심은 많지만 자제력이 모자라는 청소년들이 여과 없이 온라인 문화를 접하면서 게임중독, 음란물 중독 등 많은 부작용을 낳고 있다(청소년보호위원회, 2000 : 3). 사이버 범죄의 50%를 10대 청소년들이 차지할 정도로 그 폐해는 위험수위에 이르렀다. 10대 범죄에서 볼 수 있는 극단적 폭력과 학대는 아무런 죄의식 없이 행사하는 경우로 이어지기도 한다. 전문가들은 청소년 문제에서 10대들의 가출, 인터넷 채팅, 폭력, 금품 갈취, 무분별한 성 의식 문제들이 총망라되어 있다면 이를 예방하기 위한 사회적 관심과 대책이 절실하다고 지적했다(청소년보호위원회, 2000 : 3).

이러한 청소년기의 발달과업상 나타날 수 있는 여러 문제들을 예방하기 위해서는 청소년의 가장 중요한 발달과업인 '정체감 형성'을 위해 노력해야 한다. 청소년기에 건전한 정체감 형성은 위와 같은 많은 문제를 사전에 예방한다는 측면에서 매우 중요하다. 청소년은 보다 독립적이고 자기의존적인 모험을 집 밖에서 해볼 필요가 있다. 집 밖에서 맺는 관계가 증가할수록 또래의 영향력은 커진다. 독립적이고 강한 정체성을 발달시키기 위해 허용적이고 양육적 태도가 필요한 반면, 보다 책임감을 가질 수 있도록 용기를 주고 북돋아 주는 것도 필요하다. 자율성은 부모와 정서적 관계를 끊는 것이 아니라, 부모로부터 심리적으로 독립하고 자신의 삶에 관한 의사결정 시 더 이상 부모의 통제를 받지 않는 것을 의미한다.

사회계층, 교육수준, 인종, 민족성, 성 그리고 거주지 등은 가족 발달주기에 큰 영향을 미친다. 예를 들어, 빈곤가족의 청소년은 중산층 가족의 청소년과 매우 다른 경험을 한다. 빈곤층의 청소년은 일반적으로 학업을 일찍 마치며 경제적 독립을 위해 직업을 구한다. 물질적・심리적 자원이 부족한 가정생활에서 오는 압박감과 좌절감 때문에 이들은 갑자기 가족을 떠나거나 혹은 가족이 이들을 떠나게 한다. 이런 가정의 부모는 부모의 역할이 무엇인가를 아는 데 어려움을 느끼며, 자녀가 청소년기를 잘 지내도록 도움을 주는 통제나 보호를 하지 못한다. 또한 빈곤층의 청소년은 범죄, 매매춘, 성병 위험, 약물중독 그리고 알코올중독에 빠질 위험도 매우 높다. 빈곤층에 대한 다각적인 지원과 함께 가족구조의 변화는 부모와 청소년 자녀의 경계를 혼란시키며 결속을 강화시킬 수 있기 때문에 사회복지사는 가족과 함께 개입하는 사회복지실천에 더 관심을 기울여야 한다.

기사 유해매체 노출 기사

초등학교에 입학한 아이의 성화(?)에 몇 달을 버티지 못하고 드디어 키즈폰을 사주기 위해 통신사 대리점을 찾았습니다. 사실 요즘 2학년만 되어도 아빠, 엄마의 스마트폰에 연동되어 위치 추적과 제한된 전화 걸기, 문자 보내기만 되는 키즈폰에 싫증을 느끼고는 스마트폰을 사달라고 조른다기에 내심 걱정이 되었지만, 아이의 등하굣길에 혹시 발생할지 모르는 사고가 염려되는 부모의 마음으로 키즈폰을 개통하게 됐는데요.

사실 요즘 휴대폰 등 정보통신기기들이 나날이 발전하면서 사춘기 청소년뿐만 아니라 아이들도 인터넷, SNS 등 스마트폰을 통해 불법・음란정보 등 유해물들에 노출되는 위험도 높아지고 있어 부모의 입장에서 이를 어떻게 예방할 수 있을까 걱정이 됩니다.

청소년 휴대폰 유해차단 앱을 설치해야 이용할 수 있습니다.

전기통신사업법 시행령 제37조의8 제1항에 따르면 2015년 4월 16일부터 이동통신사(알뜰폰 포함)는 유해물 차단 앱 등 청소년과 휴대폰 가입 계약 시 청소년유해매체물 및 불법음란정보에 대한 차단수단을 의무적으로 제공하도록 하고 있습니다.

또한 계약의 체결 시 차단수단의 종류와 내용 등을 청소년 및 법정대리인에게 안내해야 하며 차단수단 선택 및 설치 여부를 확인해야 하고, 차단수단이 삭제되거나 15일 이상 작동하지 않을 경우 매월 법정대리인에게 그 사실을 통지하도록 하고 있습니다(전기통신사업법 시행령 제37조의8 제2항).

청소년 유해매체물 차단수단으로는 유해 웹사이트 접속 시 이동통신사(알뜰폰 포함)의 시스템에서 이를 자동으로 차단해 주는 무료 서비스인 '네트워크 차단 방식'과 유해 웹사이트 접속

시, 필터링 앱을 통해 이를 차단해 주는 서비스(유·무료 선택 가능)인 '어플리케이션(앱) 차단 방식'이 있어 이용하고 있는 통신사의 상황에 따라 선택하여 의무적으로 설치해야 합니다.

스마트폰을 통한 음란물 유포 이렇게 대처하세요.

호기심이 많은 어린이와 청소년들이 스마트폰 이용 시 가장 우려되는 점이 음란물의 유포와 접촉일 것입니다. 이와 관련하여 청소년 보호법 제2조 제2호 및 제3호는 '청소년유해매체물'을 영화, 음악, 잡지, 게임 등에 대해 윤리성 건전성을 심의할 수 있는 기관이나 청소년보호위원회가 청소년에게 유해한 것으로 결정하거나 확인한 매체물이라 명시하고 있습니다.

한편 「아동·청소년의 성보호에 관한 법률」 제2조 제5호는 "아동·청소년 이용 음란물"을 아동·청소년 또는 아동·청소년으로 명백하게 인식될 수 있는 사람이나 표현물이 등장해 성적 행위 등을 하는 내용을 표현한 것으로서 필름·비디오·게임 또는 컴퓨터나 그 밖의 화상·영상 등의 형태로 된 것을 말한다고 정의하고 있습니다.

이러한 청소년유해매체물이나 아동·청소년 이용 음란물 등을 유포·판매·소지할 경우 관련법에 따라 처벌을 받게 되는데요. 각 유형에 따라 최고 10년 이하의 징역이나 5천만 원 이하의 벌금에 처해질 수 있습니다(「성폭력범죄의 처벌 등에 관한 특례법」 제13조, 제14조 제3항, 청소년 보호법 제58조 제1호, 「정보통신망 이용촉진 및 정보보호 등에 관한 법률」 제74조 제1항 제2호, 「아동·청소년의 성보호에 관한 법률」 제11조 제2항, 제3항 및 제5항).

따라서 아동이나 청소년들이 음란물을 돈을 받고 판다거나, 다른 친구에게 메일 등을 이용해 보내거나, 아동·청소년이 나오는 음란물을 소지하고 있다거나 하는 경우 처벌을 받을 수 있고 음란물을 업로드하거나 다운로드하지 않도록 지도하는 등 해당 연령층의 자녀가 있는 부모들은 각별히 유의해야 합니다.

이와 더불어 스마트폰뿐만 아니라 집에서 사용하는 PC나 스마트TV 등에도 방송통신위원회가 운영하고 있는 방송통신이용자정보포털인 와이즈유저(http://www.wiseuser.go.kr) 또는 이용하고 있는 이동통신사의 고객센터나 방송통신이용자보호센터(02-580-0777)로 문의하여 청소년유해매체 차단수단을 다운로드받아 설치해야 합니다.

무엇보다 이러한 청소년유해매체물이나 아동·청소년 이용 음란물을 발견한 경우 ① 불법·청소년유해정보신고센터(http://www.singo.or.kr) 홈페이지를 통해 신고하거나, ② 전화(국번없이 1377)로 방송통신심의위원회에 신고하여 이러한 청소년유해매체물이 다른 아동·청소년들에게 유포되어 노출되는 것을 예방하는 것도 중요합니다.

출처 : 청소년유해매체물로부터 우리 아이들을 지켜요~!.

CHAPTER 14 성인기

일반적으로 청소년기가 끝나는 시점부터 노년기가 시작되는 65세까지의 기간을 성인기(adulthood)로 볼 수 있다. 이 시기는 인간발달의 여러 단계 중 가장 긴 기간이며 신체적 그리고 정신적으로 절정에 해당하는 단계이지만 최근까지 많은 관심을 받지 못하였으나, 근래 '중년의 위기(midlife crisis)'라는 개념의 등장과 함께 심리학 연구의 중요한 주제로 등장하였다. 성인기는 심리적으로나 육체적으로 원 가족과 독립하여 자신의 가정을 이루거나 사회구성원으로서 직업활동을 가장 활발히 하는 시기이다. 법적으로는 일정한 연령이 되면 스스로 책임질 수 있는 성인이 되었다고 보지만, 인격적인 측면까지도 모두 균형 잡힌 성숙한 성인(mature adult)이란 성숙한 이성과 친밀하고, 만족스럽고, 사랑하는 관계를 형성할 수 있고, 자신의 아이를 양육하는 책임을 질 수 있는 사람을 말하는 것이다. 또한 책임감이 있고, 자아주체성을 지닌 사람을 말한다. 개인적인 삶의 목표가 있고, 이를 독립적으로 추구하는 사람이다. 자신의 능력의 한계를 알고, 필요할 때는 타인의 충고를 기꺼이 구할 수 있어야 한다. 인내심을 가지고 자신의 부족을 보충하려고 노력하는 사람이다. 자기에게 주어진 일에서 성취감과 만족을 느끼고 사는 사람이다(이무석, 2003).

이 시기 동안에는 자녀양육에 대한 책임과 자신의 일에 대한 성취감, 자신의 꿈과 미래에 대한 도전 등 인간의 일생에서 가장 바쁘고, 중요한 책임과 의무를

지고 있는 중요한 과업을 가지고 있다. 이 시기의 과업을 잘 달성하는 데 가장 큰 영향을 미치는 것은 이전 여러 단계에서의 축적된 경험과 다양한 과업들의 달성이라고 할 수 있다. 이러한 과정에서 많은 발달적·상황적 위기를 경험하게 되며 이러한 위기를 어떻게 대처하고 해결해 나가는가에 따라 남은 일생 동안의 만족감과 발달과업의 성취감이 달라진다. 이번 장에서는 성인 초기와 성인 중기로 나누어 개념과 발달적 특징을 알아보고, 사회복지실천과의 연계성에 대해 살펴보도록 한다.

1. 성인기 초기

1) 개 념

인간의 발달주기를 연령의 구분으로 정확히 나누어 규정할 수는 없지만 주로 성인기 초기를 청소년 후기인 20대 초반부터 40대 초반까지 볼 수 있다. 레빈슨(Levinson)은 초기 성인기를 다음과 같이 세부적으로 구분하고 있다(Dancy, 1998 재인용).

- 17～24세 : 집을 떠나서 독립적으로 되어가는 시기
- 22～28세 : 성인의 세계로 들어가는 시기
- 30세경 : 자신의 나머지 인생을 어떻게 꾸려갈 것인지를 결정하는 시기
- 32～40세 : 안정되고 정착하는 시기

레빈슨(Austrian, 2008 재인용)은 청소년기에서 성인 초기로 진입하기 위해 달성해야만 하는 다섯 가지 과업으로는 첫째, 청소년들의 세계에 대해서 의문을 갖고 거기에서 빠져나오는 분리, 종결, 전환의 단계를 거치는 것, 둘째, 성인들의 세계

에서의 가능성을 탐험하고 자신이 선택할 수 있는 가능성들을 확인하며 처음 가졌던 성인으로서의 자기정체감을 절충하는 것, 셋째, 삶의 구조 속에서 자신의 자리를 확보하며 자신만의 꿈을 형성하는 것, 넷째, 평균 2~3년 정도는 지속되는 멘토관계를 형성하는 것, 다섯째, 직업을 선택하고 사랑의 관계를 통해 결혼하여 가정을 형성하는 것을 들었다.

이러한 과정을 거쳐 성인 초기로 진입하게 되면 가장 큰 사회적 역할 변화와 기대를 경험하게 된다.

2) 발달적 특성

(1) 신체적 발달

이때는 신체적으로 절정에 해당하는 시기로 특히 25세에서 30세가 제일 강건한 시기이다. 30세가 지나면 신체적 기능이 감퇴하기 시작하며, 손이나 손가락의 동작도 점차 둔감해지기 시작한다. 시력, 촉각, 후각, 미각 등은 20세경에 최고에 달했다가 40세 정도가 지나면 점점 나빠지기 시작한다. 성인 초기에 있는 사람의 90% 이상이 자신의 건강이 좋다고 인식한다(최옥채 외, 2015). 그러나 이 시기에도 만성적인 질병이나 사고로 인한 신체적 문제가 많이 나타난다. 특히 초로기 치매, 에이즈 등 많은 수가 걸리는 병은 아니지만 치명적이고 사회적인 문제로 이어질 수 있는 질환과 질병에 노출되기가 쉽다. 성인 초기에 발생하는 주된 사망원인으로는 사고, 자살, 암 등이 있는데, 음주문화가 곧 인간관계를 대표하는 우리나라에서는 알코올과 관련된 사고, 암, 질병들이 많이 발생되고 있다.

(2) 심리적 발달

성인기에는 많은 모순과 갈등에 직면하게 되는데 이 중 대부분은 생의 초기에 생긴 갈등이 반복되는 것이다. 이러한 갈등과 스트레스를 극복하려는 노력을 통해 사회에서 자기 자리를 잡아가게 된다. 이러한 스트레스와 함께 결혼과 자녀양육, 직업 그리고 삶 전체에서 만족을 경험하게 되고 자신의 삶과 사회에 기여하게 된다. 이 과정에서 사회 초년생의 단계에서보다 성숙한 성인의 위치를 확보해 나가야 한다. 그러나 부모에게 심하게 의존적인 사람은 결혼을 하면 배우자에 대해 남편이나 아내로서 가져야 할 부드러움과 친절한 마음의 준비가 되지 않아서 불행해진다. 직장생활에서는 어릴 때의 선생님이나 부모의 관계에서 연유된 태도, 즉 심하게 반항적이거나 혹은 반대로 복종적 태도가 성장 후 직장의 윗사람에게 전이된다. 그 결과 직장생활에 적응하는 데 어려움이 생기기도 한다(이무석, 2003).

레빈슨은 이 단계의 주요 과업으로 첫째, 성인 사회와 '자기가치' 사이에 연결성과 조화를 이루는 것, 둘째, 직업, 관계, 결혼과 가족, 가치 그리고 라이프스타일에 대한 선택을 하는 것, 셋째, 많은 선택과 대안 사이에서 균형을 유지하고 견고한 삶을 구조화하며 보다 책임감 있게 행동하는 것을 제시하였다. 한편 인생주기를 연구한 베일런(Vaillant)은 성인기에도 여전히 인간은 적응을 통해 성장하고 발달하며, 성인의 자아통합과 발달에 가장 중요한 세 가지 과업은 친밀감, 직업만족감, 배려라고 하였다(Austrian, 2008 재인용).

① 친밀감과 자아정체감

에릭슨은 초기 성인기의 과업을 친밀감 대 소외감이라고 하였는데 이것은 청소년기의 과업인 자아정체감을 바탕으로 하는 것이다. 진정한 친밀감은 성적 친밀감을 포함하는데, 이것은 다른 사람과의 상호관계에서 진실된 심리적인 친밀감을 발전시키는 능력을 말한다. 이러한 친밀감은 우정, 지도력, 사랑 등의 형태로 나타난다. 그러나 결혼한 두 사람의 경우에도 수년간 이러한 친밀감의 형성에 어려움을 겪는다고 한다(Newman & Newman, 1999). 또한 많은 사람들이 이 단계에서 독립성과 자아정체성을 발달시키지 못하고 물리적으로만 가족과 분리된 상태에서는 직업적인 면과 대인관계에서 모두 어려움을 겪게 된다. 또는 성급히 결혼하여 새로운 가족에 대한 책임을 짊어짐으로써 독립을 얻으려 할 수도 있다.

(3) 사회적 발달

① 직업의 선택과 유지

성인 초기에 사람들은 독립에 대한 욕구와 동시에 여러 가지 스트레스에 대처하기 위해 부모나 친척들의 조언과 상담을 구하고 싶은 일종의 양가감정을 갖는다. 독립의 욕구나 자존심이 강한 경우 부모의 지혜가 도움이 되지 못해 필요한 지원체계를 얻지 못하게 된다. 가족체계가 성인 자녀를 지원하는 것은 가족구성원들이 자녀의 성취와 그 성취에 대한 자신들의 기대와 갈등을 분리시킬 수 있는가에 달려 있다. 특히 이때 가장 스트레스를 느끼는 부분은 친밀감과 대인관계 영역이다. 원 가족과 분리되어 재정적 독립이나 개인적 안정성, 직업에서 자존감을 얻게 되면서 소외, 나눔, 개인적 만족 등의 문제가 대두되기 시작한다.

성인 초기에는 직업현장에 머무르는 시간이 많다. 그러므로 직업환경은 성인발달에 중요한 영향을 미친다. 일반적으로 사람들은 직업에의 적응수준이 그 사람의 지도력과 대인관계 적응수준에도 결정적인 영향을 미친다고 생각한다. 따라서 많은 경우에 직업에서의 수행능력이 그 사람을 판단하는 중요한 요인이 된다. 직업에 대한 선호도는 시대적 변화와 인식 그리고 산업구조에 따라서 달라지며 그 사회의 문화양태와 가치에 따라 변화한다. 그러므로 자신에게 맞는 직업을 선택하기 위해서는 자신의 흥미나 적성, 지능과 신체적 조건, 소유하고 있는 지식과 능력, 성격과 가치관 등 다양한 요소를 고려하여 결정하여야 하며, 직업을 통한 자기개발과 자아실현이 무엇보다 중요하다. 이 시기에 직업생활이 안정되면 결혼을 하고 새로운 장소에서 생활에 적응하는 능력에 긍정적인 영향을 미친다. 그러나 사람에 따라서는 다양한 직업 선택의 변화과정 속에서 수년간 시행착오를 경험하기도 한다(최옥채 외, 2006).

② 배려와 돌봄

배려와 돌봄은 남성과 여성 모두에 있어서 이 단계에서 달성해야 할 중요한 과업이다. 특히 여성들은 이러한 특성을 도덕 또는 윤리 그리고 책임감의 문제로 여기는 반면 남성들은 정의와 관련하여 공평함을 더 강조하는 경향을 보인다. 또한 여성들은 다른 사람을 다치게 하는 것을 이기적이고 부도덕한 것으로 간주한다. 길리건(Gilligan)(Austrian, 2008 재인용)은 여성의 도덕발달은 남성과는 다르게 이해되어야 한다고 주장하며 다음과 같이 배려와 돌봄의 윤리발달 3단계를 제시하였다. 그러나 현대사회에서는 이러한 배려와 돌봄의 발달단계가 남성에게도 동일하게 적용된다고 볼 수 있다.

- 1단계 : 윤리발달의 첫 단계에서 여성은 자기 자신의 생존을 확보하기 위하여 자신을 배려하고 돌보는 데에 초점을 둔다. 일반적으로 이러한 행동은 이기적인 것으로 간주되며, 자신과 타인을 불공평하게 대하는 것에 대해 숙고할 필요가 있으며, 대인관계를 다시 고려하고 자기만족과 배려와 돌봄에 대한 혼동을 확인할 필요가 있다.
- 2단계 : 타인의 안녕을 중요하게 여기는 단계이다. 자기희생을 선한 것으로 간주하며 책임감을 감당하는 것과 타인의 요구를 수용하는 것을 혼동한다. 자신과 타인의 안녕을 모두 고려하고 동시에 상황을 보다 객관적으로 볼 수 있도록 노력하여야 한다.
- 3단계 : 자신과 타인 간의 평등과 상호 연결성에 대한 이해가 증진되어 이기심과 책임감 사이의 긴장이 줄어들고 관계의 역동성에 초점을 두는 단계이다. 또한 자신의 행동에 대한 결과를 인식하며 자신의 결정에 따른 책임을 수용한다.

(4) 결혼과 성

① 결혼의 선택과 신혼

모든 사회에서 결혼을 한다는 것은 새로운 지위를 획득한다는 것을 의미하며 이 새로운 지위에는 일련의 역할기대(결혼한다는 것과 관련된 권리, 책임감 그리고 의무)가 따르게 된다. 많은 결혼이 이혼으로 끝이 나고 대안적인 삶으로서 동거와 독신이 증가하는 우리 사회에서 대다수의 사람들은 삶의 유형으로 결혼을 선택한다. 결혼을 선택하도록 유도하는 요인은 사랑과 정서적 안정, 신체적 매력과 성, 부모의 인정, 경제적 안정, 자녀를 갖고 싶은 욕구, 사회적 지위, 사랑, 도피의 수단, 혼전 임신, 교제, 공통된 관심사, 모험, 사회적 기대, 심리적 보상, 애정, 사랑 그리고 우정 등 여러 가지가 있다. 결혼을 하고 나면 달라진 생활에 적응을 해야 하는데 이러한 과정 중 많은 문제들이 나타나게 된다.

일반적으로 다음 사항이 적용될 때 결혼적응에 심각한 문제가 나타날 수 있다 (Carter et al., 1996).

- 심각한 상실을 겪은 후 급히 만나 결혼한 경우
- 원 가족과 거리를 두기 위해 결혼한 경우
- 배우자 서로의 가정배경이 매우 다른 경우(종교, 교육 정도, 사회계층, 인종, 연령 등)
- 형제순위가 배우자 서로 간에 맞지 않는 경우
- 부부와 원 가족의 주거지가 지나치게 가깝거나 먼 경우
- 한쪽 확대가족에게 경제적·신체적·정서적으로 의존할 경우
- 20세 이전에 결혼한 경우
- 만난 지 6개월 이내에 결혼하거나, 약혼 후 3년 이후에 결혼한 경우
- 가족이나 친척이 참석하지 않은 채 결혼식을 한 경우
- 결혼 전 또는 결혼 후 1년 이내에 임신한 경우
- 배우자 한쪽이 부모나 형제자매와의 관계가 원만하지 못한 경우

- 배우자 한쪽이 아동이나 청소년기에 불행했다고 생각하는 경우
- 어느 한쪽 확대가족의 결혼형태가 불안정한 경우

또한 두 사람은 처음에는 매력의 원천이라고 느꼈던 서로의 차이점을 이제는 문제라고 여기게 되고, 상대방의 행동이 무관심의 표시라고 보게 될 수 있다. 결혼 후 첫 자녀를 임신할 때까지 남편과 아내는 이전의 혼자만의 생활에서 벗어나 두 사람의 새로운 생활에 적응해야 하는데, 다음과 같은 영역에서 적응이 요구된다. 첫째, 성격적 적응이 이루어져야 한다. 이것은 결혼생활의 적응에 가장 중요한 측면으로 상대방의 성격과 행동 특성 및 생활습관을 이해하는 것이다. 부부 각자는 서로 다른 인격체로서 상대방을 존중하는 태도가 필요하며, 상대방의 자율성과 독립성을 인정해야 한다. 둘째, 성적 적응이 필요하다. 성관계는 부부간의 애정과 서로에 대한 이해에 영향을 주고 또 그것에 의해 영향을 받는다. 부부간의 성관계는 가장 친밀하고 민감한 부분이며, 상대방에 대한 애정과 신뢰가 전제되지 않고서는 만족스럽게 이루어지기가 어렵다. 셋째, 부부간의 경제적 적응이 필요하다. 서로의 욕구와 능력을 고려하여 합리적인 경제생활을 하는데 서로 협조해야 한다. 넷째, 부부는 각기 독립적이고 성숙된 개인으로서 원 가족으로부터 독립해야 한다. 다섯째, 결혼으로 맺어지는 시댁 및 처가와 원만한 관계를 형성하는 것이 중요하다(이기숙 외, 2004).

② 성인기의 성

청소년기의 성은 다소 혼돈되고, 당혹스럽고, 압도적인 면이 있는 반면에 성인기에서의 성은 신체적인 성욕만을 지나치게 강조하지 않고 정서적인 유대감이 내포된 성적인 관계를 선호한다. 자녀가 있는 가정, 특히 나이든 자녀가 있는 가정에서는 부모가 침실에서조차 사생활을 가질 수 없다. 남편과 아내가 공유하는 시간은 거의 없으면서 성적 친밀감을 가져야 한다는 것에 지나치게 신경 쓰는 것도 하나의 위협이 될 수 있다. 결혼생활에 대한 만족과 부부간의 성생활은

서로 밀접한 관계가 있다. 부부간의 성생활은 두 사람 사이에 발생하는 사생활로 여겨져 왔으나, 부부간의 성적인 불화나 갈등의 해결에 대한 관심이 대중화되는 사회적 분위기가 확산되고 있다.

부부간 성관계의 횟수와 빈도는 다음날 아침 잠자리에서 일어났을 때 피로감을 느끼지 않는 정도가 적절한 횟수이다. 성생활에서는 관계를 맺는 횟수보다는 관계의 질적인 측면이 더욱 중요하다. 성적 행동은 그 사회의 문화와 많은 관련이 있다. 30대 후반부터 성적인 전성기가 급격히 떨어지는 시기이기 때문에 자신의 존재를 확인하고 싶은 욕구를 갖기 쉽다. 자신의 존재의식을 건설적으로 확인하기보다 왜곡된 성관계를 통해 확인하고 싶어 하는 보상심리가 깔려있다. 또한 성 개방 풍조로 인한 젊은 세대들의 변화된 성문화와 물질에 중요성을 두는 사회현상이 맞물려 성인 남성들의 성적 일탈을 자극하고 있다(최옥채 외, 2015). 이러한 성적 일탈은 성인 남성뿐 아니라 여성도 많이 증가하고 있으며, 권태기나 여러 이유에서 비롯된 정신적인 일탈과 성적 일탈은 이혼 증가에 많은 영향을 미치고 있다.

(5) 부모 역할

자녀양육기의 부부는 부부관계를 계속 발달시키고, 또한 부모로서 양육에 필요한 역할과 발달과업을 수행해야 한다. 일반적으로 이 시기에는 직장에서 요구가 많아지고, 상대적으로 자녀양육 역할을 아내들이 주로 담당하게 되기 때문에 부부간의 친밀감이 낮아지며, 활동 공유와 대화가 적어지게 된다. 특히 취업여성의 경우 역할 과중의 어려움이 따르게 된다. 자녀를 가져야 하는가 하는 문제는 여성에 대한 교육과 취업기회의 변화, 작업현장에서 여성노동력에 대한 수요의 증가, 그리고 피임과 유산의 합법화에 영향을 받는다. 결혼생활의 불확실성을 보여주는 이혼율의 증가, 취업부모와 자녀에 대한 국가의 관심이 낮은 것도 자녀를 갖는 데 어려움을 부과시키고 있다. 여성이 남성보다 자녀를 원하지 않는 이유는 아동양육이 큰 부담이 될 뿐 아니라 양육분담이 불균형하기 때문이다. 과거 어느 때보다도 현시대의 여성은 어머니라는 역할이 부담을 준다는 것, 즉 이혼율의 급증과 함께 어머니라는 역할이 힘들면서도 사회적 보상을 받지 못하는 것임을 깨닫게 되었다(이기숙 외, 2004).

부모가 된다는 것은 삶에 있어서 새로운 경험과 발전을 위한 기회인 동시에 양육에 따르는 지나친 부담감 때문에 위기를 초래할 수 있다. 이러한 위기가 해결되지 않는 경우 역기능적인 가족관계가 발생한다. 이러한 이유로 첫아이가 태어나면 젊은 부부는 서로에게 적응하려는 새로운 행동유형을 배워야만 한다. 이러한 위기는 갑작스러운 위기로 인해 한쪽 부모가 양쪽 부모의 역할을 다해야 하는 경우가 발생되기도 한다(최옥채 외, 2015).

사별·이혼가정은 한부모가 가정에서 해야 할 일이 과도해지기 때문에 가족의 조직화와 적절한 지지체계가 필요하고 사회적 관계망을 유지할 필요가 있다. 한부모가 된 여성은 가부장적인 사회의 특성에 따라 평소 가정에서 남성의 사회적 관계에 의해 사회적 관계망이 형성되었기 때문에 소외될 가능성이 높고 사회적 외로움으로 인해서 부모-자녀 관계를 강하게 만드는 경향이 있어서 아동의 사회적 관계 유지 능력이 약하게 되는 경향이 있다. 하지만 어떤 상황으로 한부모가정이 되었는지, 또 경제적 능력과 아동양육, 양육자의 신념과 가치관에 따라 사회적 관계 유지 능력이나 자녀의 여러 능력이 뛰어날 수도 있다. 재혼가정의 경우 일반적인 역할과업을 수행하겠지만 그중에서도 자녀양육에 대해 더 관심을 가져야 할 필요가 있다.

'좋은 부모'란 부모의 권위를 잃지 않으면서 자녀를 독립된 인격체로 인정하고 존중함으로써 자녀와 친밀하고 상호 존중하는 관계를 지니는 부모를 말한다. 또 그러한 부모들은 자녀양육을 통해 사회적 기여를 실현하고 있다. 자녀양육 방식은 자녀양육에 대한 부모의 태도, 부모와 자녀의 성격, 자녀의 연령, 자녀 수, 사회적 규범 등 여러 가지 변인들에 의하여 형성된다. 특히 형제자매가 어쩔 수 없이 서로에게 '상처'를 입히는 경우 아동의 유전적인 경쟁의식 때문이라기보다는 양육자의 적합성 때문인 경우가 많다. 형제자매의 경쟁은 부모가 자녀와 어떻게 관계를 맺는가에 따라서 결정된다. 습관적으로 형제간의 시비를 따지는 부모는 '형제간 경쟁'을 부추기게 된다. 가족생활의 평등을 강조하는 신념도 형제간의 경쟁을 부추긴다.

2. 성인 중기

자녀를 출가시킨 후부터 은퇴단계에 있는 가족은 여러 가지 발달적 쟁점과 전환뿐만 아니라 임상적인 문제에 직면하게 된다. 이 단계에 있는 성인의 나이는 대체로 40대 중반부터 60대 중반 사이이며 일반적으로 중년기라고도 한다. 이 단계는 '빈 둥지 시기(empty nest)'로 불리어 왔으며, 특히 일차적 양육자인 여성에게는 대체적으로 부정적인 전환기로 알려져 왔다. 20세기 초 이후로 마지막 자녀의 출가와 배우자 사망 사이의 기간이 2년에서 20년으로 증가하였다. 이는 마지막 자녀를 출가시키는 어머니의 연령이 낮아지고, 평균수명은 길어졌음을 의미한다. 핵가족화, 여성 취업의 증가, 자녀 독립 이전부터 중년기까지 계속되는 성역할에 관한 정의가 변화함으로써 중년부부의 흥미와 활동이 갖는 중요성이 커지고 있다.

1) 개 념

중년기는 막내자녀를 독립시킨 후부터 부부가 은퇴할 때까지의 시기이다. 보통 40대 초반부터 60대 중반으로 보고 있다. 예전에 비해 자녀를 적게 낳고 평균수명이 늘어나므로 중년기의 기간이 길어짐으로써 이 시기의 결혼 적응이 중요하게 되었다. 그러므로 중년기를 새로운 기회와 인생의 확장기로 강조하는 사회적 변화가 일어나고 있다. 중년기는 신혼기 이후 다시 부부만이 남게 되는 시기로서 새로운 부부관계에 대한 적응이 필요하다. 자녀를 떠나보낸 후 부부간 상호작용이 다시 중요해진다. 자녀양육 역할에서 벗어나 시간적 · 경제적 여유가 생기므로 부부가 함께하는 시간이나 개인적 시간이 증가하게 된다. 따라서 부부관계가 더욱 친밀해지기도 하나, 이전에 자녀양육으로 인하여 드러나지 않았던 부부간의 문제가 발생하기도 한다. 대부분의 부부들은 자녀의 독립에 잘 적응하는 반면, 일부는 부부관계에 대한 불만족이나 자녀에 대한 지나친 애착 등으로 어려움을 겪기도 한다.

이 시기의 부부관계도 이전의 부부관계에 의해 많은 영향을 받는다. 이전에 해결되지 못한 부부간의 갈등이 재발되기도 하며, 종종 이러한 갈등과 배우자에 대한 불만과 분노 때문에 중년기 부부가 이혼하는 경우도 있다. 중년기에는 남편과 아내 모두 개인적 발달 면에서 많은 변화를 경험한다. 중년기에 자신의 목표나 이상이 지금까지 성취되어 왔는가 또는 앞으로 성취될 것인가 하는 의문에 직면한다. 점차적으로 신체적 · 심리적 노화가 진행되며 가족역할, 직업역할, 건강 면에서 전환과 위기를 겪기도 한다. 이때 일부 중년기 남편과 아내들은 자신의 존재가치를 느끼기 위하여 외도를 하기도 한다. 일부 아내들은 오랫동안 가족을 돌보는 데 몰입되어 있었기 때문에 자녀를 떠나보낸 후 심한 공허감을 느끼기도 한다(빈 둥지 증후군). 만일 배우자가 이러한 중년기 위기나 갈등을 겪고 있다면, 부부는 서로 상대방을 이해하고 배려하며 위기를 극복하도록 도와줄 필요가 있다. 또한 중년기 세대로서 노부모의 질병, 부양, 사망에 대처해야 한다. 그러나 중년기는 한편으로는 개인적 · 직업적 · 경제적 · 사회적으로 안정되고 원숙해지는 시기이기도 한다. 자녀가 독립한 후 부부간 애정이 증가하고 자녀의 만족스러운 독립으로 부모로서의 성취감을 느끼기도 하며, 경제적인 여유가 생기므로 부부 두 사람만의 새로운 생활을 즐길 수 있게 된다.

2) 발달적 특성

(1) 신체적 변화

중년 후기에 들어서면 자신의 건강에 점차 신경을 쓰게 되고 신체운동에 많은 관심을 갖게 된다. 특히 고혈압, 뇌졸중, 심장질환, 암, 알코올중독, 과로사 등 많은 질병과 질환이 사회생활과 자신의 지위와 역할과 많은 관련성을 갖게 된다. 40대에서 50대 중반까지 사망하는 주된 원인은 암과 심장질환, 사고이며, 50대 중반에서 60대 중반에 사망하는 주된 원인은 암, 심장질환, 뇌출혈로 인한 뇌졸중이 많다. 그리고 다른 신체 부분 중에서도 시력이 많이 약화된다.

구체적으로 살펴보면, 천식, 관절염, 류머티즘, 신경체계의 완만함과 골격이 경직되고, 심장의 혈액박동의 힘이 덜하고 동맥의 확장은 청소년기의 1/3 정도 약해진다. 또한 위 기능이 감퇴되고, 횡경막과 콩팥의 기능이 약화된다. 남성의 경우에는 전립선이 비대해지고, 여성은 폐경을 경험하게 된다. 여성의 경우 폐경을 하게 되면 여성호르몬의 변화로 인해 홍조현상이 나타나게 되며, 신체・심리적으로 많은 변동을 갖게 된다. 특히 여성호르몬이 변화되면서 폐경기(menopause)의 여성들은 성적 매력의 상실, 아름다움과 생산능력의 상실에 대한 갈등을 느끼고 우울해지고 불안과 위기감을 갖게 될 수 있다.

이러한 호르몬의 변화는 남성과 여성 모두에게 나타나는데 갱년기를 경험하면서 자신의 결혼과 가족생활에 대해 재평가를 하게 된다. 이 시기에는 불안정감, 성적 활동의 저하, 우울감, 기억력의 감퇴, 성적 관심의 저하, 수면장애, 자기확신의 상실 등을 경험하기도 한다. 나이가 들어감에 따라 머리카락이 가늘어지고 회색으로 변하게 된다(최옥채 외, 2006).

(2) 성적 변화

중년 후기에 나타나는 갱년기의 가장 큰 특징은 성적 기능 감퇴이며 여성에게 보이는 가장 큰 특징은 생리현상이 중단되는 것이다. 폐경기의 증상으로는 자궁이나 질의 위축, 가슴의 위축, 두통과 현기증, 메스꺼움, 의욕의 감퇴, 골반이나 유방 통증, 여러 가지 신경성 질환이 나타난다. 남성의 경우에는 테스토스테론의 생산이 점차 감소하여 성적 기능이 저하된다. 발기부전과 정력 감퇴 현상, 호르몬 분비의 감소, 성욕 감퇴 등 남성으로서 갱년기를 경험한다(Newman & Newman, 1999). 이 시기가 되면 여성들은 신체적인 변화뿐 아니라 여성으로서 심리적인 변화를 겪는다. 즉, 폐경에 따르는 심리적 어려움을 경험하지만, 그렇다고 모든 여성들이 동일한 어려움을 겪지는 않는다. 폐경이 되기 전에 정서적으로 잘 적응해 온 여성이라면 폐경에 따르는 심리적인 어려움을 별로 겪지 않는다. 그러나 부정적으로 받아들이는 경우에는 불안, 우울감, 자존감의 상실, 성취감의 결여 등의 증상이 나타난다(최옥채 외, 2015).

(3) 심리적 발달

나이가 더 많아지면서 신체적으로 약해지고 직장에서 은퇴하므로 힘과 특권의 상실 등으로 의존심이 증가한다. 즉, 사회적 지위의 상실과 위신의 하락으로 괴로워진다. 에릭슨은 이 시기의 인생과제를 생산성 대 정체라고 하였다. 생산성이란 한 세대가 다음 세대에 물려줄 문화와 사회질서를 발전시키며 살아갈 기초를 구축하는 것을 의미한다. 그러므로 사람들은 자녀를 보호하고 직업생활에 능동적으로 대처하며 가정과 사회의 발전을 위해 관심을 갖고 살아간다. 정체란 심리적인 성장이 결핍되고 자신의 에너지와 능력을 자기 만족만을 위해서 사용한다는 의미이다. 사람들은 자신의 무능력이나 열악한 환경조건으로 인해 자신의 인생 목표에 달성하는 것을 실패하고 사회를 위해 기여를 하지 못했다고 느낄 때 정체를 경험한다. 고울드(Gould, 1975, 최옥채 외, 2015 재인용)는 중년기에 있는 사람들이 벗어나야 할 다섯 가지 비합리적 가정이 있다고 하였다. 비합리적인 가정이란 다음과 같다.

① 안전이 영원히 지속될 것이다.
② 자신과 자기가 사랑하는 사람들에게 죽음이 일어나지 않을 것이다.
③ 배우자 없이 사는 것은 불가능하다.
④ 가족 밖에서는 어떠한 생활이나 변화도 존재하지 않는다.
⑤ 자신만은 순수하다. 자신 이외의 대부분의 사람들이 시기, 경쟁, 탐욕과 같은 속성을 지니고 있다고 생각해 왔으나, 중년기가 되면 자신에게도 그러한 속성이 있음을 깨닫게 되고 자신의 장점과 단점을 알게 된다.

이 시기의 사람들은 자녀양육뿐 아니라 자신의 부모를 돌보는 책임을 동시에 지며 다양한 사회적 책임을 감당해야 한다. 이러한 시기에 속한 사람들을 샌드위치 세대(sandwich generation)라 부르기도 한다. 샌드위치 세대란 자식과 부모를 동시에 부양하는 세대를 이야기한다. 자신이 노년기로부터 분리되어 있고 청소년기로부터 분리되어 있다고 느끼며 자신이 영원한 청년이 될 수 있다고 생각한다. 이들은 자라나는 자녀들과 노화되어 가는 부모들에 대하여 중요한 책임감을 수행해야 함과 동시에 새로운 대처방법을 발전시켜야 하는 부담감을 가지고 있다. 중년 후반기에 이르면 현실을 인식하고 자신이 적응해 왔던 생활스타일을 받아들이고 자신의 한계성을 수용하며, 자신을 행복하게 만드는 삶의 형태를 발전시키고 자신이 지금까지 해왔던 것에 대하여 현실적인 만족감을 느끼기 시작한다. 결혼한 부부는 자신의 배우자에 대하여 있는 그대로 수용하는 법을 배움으로써 이전의 생활에서 배우자를 변화시키려고 했던 생각들을 어느 정도 포기하기도 한다. 결국 배우자를 인간적인 한계성을 지닌 사람으로 수용한다.

이 시기에 있어 가장 중요한 도전은 외부세계에 대한 책임감을 감당해야 하는 동시에 자신의 내적인 충동을 잘 관리해야 하는 것이다. 실직의 위험과 권위 관계, 새로운 기술 습득이 요구된다. 이러한 상황에서 사회생활과 가정을 양립해야 하기 때문에 인간과 환경의 상호관계 안에서 창조성의 위기감을 느끼게 된다. 스펙트와 크래그(Spect & Craig)는 이 시기를 노인세대의 권력을 위임받고, 젊은 세대의 장래를 책임져야 하는 세대라고 하였다. 성인 초기에 인생의 목표에 근접하여 물질을 모은 사람들은 개인적 자유와 경제적인 압박이 덜하며, 여가시간이 상대적으로 여유로울 수 있다. 하지만 성인 초기에 정체성의 혼돈으로 불안정한 가정과 사회생활이 이어져 온 사람들은 이 시기에도 물질적·정신적 여유를 갖기 힘들다. 위와 같은 발달과업의 특징으로 인해 이 시기는 불안정감, 성적 활동의 저하, 우울감, 기억력의 감퇴, 성적 관심의 저하, 수면장애, 민감함, 관심과 자기 확신의 상실 등을 느끼며 임박한 위험에 대한 공포감 등을 경험하기도 한다. 이러한 심리적 불안과 함께 가정에 대한 책임을 다 하지 못하게 되면 자살을 시도하기도 한다(최옥채 외, 2015).

슈람(Schram, 1979)은 자녀가 성장한 이후의 단계에 있는 부부에 대해 다음과 같이 세 가지로 기술하였다. 첫째, 배우자 한 명 또는 두 명 모두에게 문제가 있는 '빈 둥지 시기 증후군', 둘째, 부부의 자유와 독립성이 증가하는 '곡선모델', 셋째, 결혼만족도의 변화이다. 또 한편으로는 가족의 붕괴(이혼이나 다른 문제)나 상실감의 엄습(빈 둥지 시기 증후군), 일반적인 해체(질병과 죽음) 등이 야기될 수 있다. 기능적 가족이라면 통과의식을 가족 주기의 한 부분으로 다루는 반면, 역기능적인 가족은 파괴와 갈등을 야기하는 결정적 사건으로 여긴다. 이 시기의 결혼생활은 많은 변화를 거친다. 낭만적이고, 이상적이며, 성관계를 강조하던 시기에서 아동을 양육하며, 배우자를 팀의 동료처럼 느끼는 평범한 시기로 변화한다. 이러한 변화의 결과로 다른 단계보다 훨씬 안정적이며 만족스러운 관계가 형성될 수 있다. 반면 더 많은 갈등이 생기고 미약하며 고립적인 관계가 될 수도 있다.

(4) 인지적 변화

정신적 기능은 중년기에 최고조에 달한다. 중년기에도 새로운 기술을 지속적으로 학습할 수가 있고, 이미 알고 있는 것을 기억할 수 있다. 또한 언어능력에 있어서도 어휘력을 발전시킬 수 있다. 그러나 대부분의 중년기 사람들은 자신의 지적인 능력을 충분히 활용하지 않고 과거의 다양한 경험으로부터 얻은 지혜를 가지고 대처하고 보상하려는 경향이 있다. 그리고 자신이 경험한 모든 것을 개인적이고 심리적인 의미로 해석할 뿐 아니라 자신의 학습과 경험을 통하여 정보를 여과시키는 통합된 방식으로 사고하는 경향을 가진다. 40대와 50대 중년들이 통합적으로 생각하는 것은 실천적인 문제해결능력에 있어 다른 시기와 비교되는 탁월성을 나타낸다.

인간의 지적인 기능은 18세에서 25세 사이에서 최고조에 달하며, 이후에 나이가 들어감에 따라 지적 기능이 변화한다. 일반적으로 지적 능력에는 두 가지 유형이 있다. 첫째 유형은 유동성 지능(fluid intelligence)으로서 광범위한 기능 영역을 차지하는데, 신경적인 요소와 신체생물적 요소의 속도와 효과성에서 주로 나타난다. 이러한 영역은 운동속도, 새로운 정보를 인지적으로 다루는 것, 기억 등과 같은 지적 능력을 포함하고 있다. 유동적이란 말은 지적 기능이 여러 다양한 형태의 지적 활동으로 전달할 수 있다는 것을 의미한다. 둘째 유형은 결정성 지능(crystallized intelligence)으로서 정보를 처리하고 기록하는 능력이라고 말할 수 있는데, 이 기능은 공식적이고 비공식적인 교육을 통하여 획득될 수 있다. 유동성 지능과 달리 결정성 지능은 전 생애를 통해 증가하기 때문에 중년기에도 계속 증가한다.

인생 경험을 통해서 증가하는 결정성 지능은 40대와 50대에 유동성 지능이 감소하더라도 초기의 전반적 지적 수준을 유지시켜 주는 역할을 한다. 여기서 예외적인 것은 다양한 정신운동 과정을 통해 획득한 기술은 인생 후반기에 점점 쇠퇴한다는 것이다. 한 사람의 특징적인 정보처리 과정 유형을 인지적 스타일이라고 할 수 있다. 인지적 스타일은 중년기에 있는 사람들을 위한 공식적 · 비공식적 교육과 훈련 프로그램을 위해서 매우 중요하다(최옥채 외, 2006).

3) 부부관계 유지와 가정 운영

중년기 부부는 젊은 세대와 노부모 세대의 중간 세대이므로 세대 간의 통로와 교량 역할을 해주며 일인다역의 복합적인 역할을 수행하고 가족결속력을 강화시킨다. 중년기 가족의 발달과업은 다음과 같다. 첫째, 가정 안과 밖의 사회적 역할을 수행한다. 자신의 행동과 결단에 책임을 지고 주위 사람들에게도 상담과 조언 및 지도자 역할을 담당한다. 둘째, 갱년기의 신체생리적 변화를 수용한다. 규칙적인 운동, 절제된 흡연과 음주, 정기적인 건강진단, 체중조절 및 스트레스 관리 등 건강에 대한 대책을 세운다. 갱년기 우울증을 극복하고 이제부터 새로운 시작이라는 긍정적 마음가짐을 가진다. 셋째, 부부간 상호 보완적인 역할을 발전시켜 서로 인정하고 격려하며 새로운 역할을 분담하고 수행한다. 넷째, 부부가 함께 즐기는 공동의 활동에 참여하는 동시에 부부 각자의 독립된 영역을 유지 · 발전시킨다. 다섯째, 경제적으로는 전 단계들에 비해 약간의 경제적 여유가 있으므로, 자신들의 노후생활을 보람 있게 보낼 수 있도록 생활설계를 하고, 노후를 위한 저축도 꾸준히 해야 한다. 여섯째, 계속 진보하고 원숙해지기 위해 인생관을 재정립하고 삶의 방식과 철학을 재확립한다.

뉴만과 뉴만의 건강한 결혼관계 유지를 위한 조건은 다음과 같다. 첫째, 부부는 각자 개인적인 성장과 부부로서의 성장을 위하여 헌신해야 한다. 둘째, 효과적인 대화체계를 개발해야 한다. 셋째, 갈등을 창의적으로 활용해야 한다. 중년의 위기증상이며 여성들의 폐경기를 전후해서 나타난다. 정신분석학자 융은 사람들이 40세를 전후로 이전에 가치를 두었던 삶의 목표와 과정에 의문을 제기하면서 중년기 위기가 시작된다고 주장했다. 이런 중년기 위기는 사회경제적으로 성공하기 위해 자신의 욕구를 억압하며 살아온 것에 대한 회의와 무가치감으로부터 시작된다. 여성이 직업이 없으면 하루 종일 집 안에서만 있게 되고 자신이 살아온 과거의 삶에 대한 회한과 후회를 느끼는 경우에는 소외감과 심리적 고통을 경험한다. 이러한 상태를 갱년기 우울증이라고 보기도 한다(Newman & Newman, 1999).

자녀가 청소년이 되면 가족은 어린 자녀를 양육하고 보호하던 역할에서 벗어나 성인의 주된 역할이 되는 책임감을 가질 수 있도록 가족의 구조와 조직을 변화시켜야 한다. 또한 이 시기는 세대 간의 가족관계에 전체적인 변화가 나타나는 때이기도 하다. 즉, 청소년은 신체적으로 성숙하고 부모 세대는 중년기에 접어들며, 조부모 세대는 고령화로 인해 여러 가지 문제에 직면한다. 조부모와 부모 간의 갈등은 부부관계에 부정적 영향을 미칠 수 있으며 이는 다시 부모와 청소년의 관계에 영향을 미친다. 혹은 갈등의 영향이 반대방향으로 갈 수도 있다. 부모와 청소년 간의 갈등이 부부관계에 영향을 미치고 이것이 궁극적으로 부모와 조부모 관계에 영향을 미칠 수 있다. 청소년기 가족이 겪는 변화의 근본 원인은 자녀의 급속한 신체적·성적 성숙에 기인한다. 청소년기 동안에 성적 성숙의 결과로 자아정체감이 확고해지고, 가족으로부터의 자율성 확립이 가속화된다. 성역할과 규범에 대한 상충되는 사회적 기대가 가족, 학교, 또래 그리고 방송매체를 통해 청소년들에게 전달된다. 가족의 융통성을 증가시키고, 부모 권위를 조정함으로써 청소년 자녀가 독립성과 발달적 성숙을 얻을 수 있도록 해야 한다.

자녀가 직업을 갖는 과정은 가족체계에 대한 도전으로 여겨질 수 있는데, 이는 이 시기의 성공적 해결을 위해 필요한 개입과 임시성을 가족이 얼마나 잘 견뎌내는가에 달렸다. 대학에 가지 않거나 대학 진학 또는 대학원 진학 이전에 1년 정도 쉬겠다는 등의 과도기에 나타나는 '이탈'은 일시적인 정체성 실험이거나 또는 아동기와 청소년기에 이루지 못했던 꿈을 이루기 위한 것으로 받아들여질 수도 있으나, 한편으로는 가족이 갖고 있는 목적과 의미에 대한 배반이나 도전으로 여겨질 수도 있다. 자연히 초기 성인기의 젊은이들은 장난이나 모험심에서 또는 부모와 부모의 가치에 대한 반항에서 이를 비웃으며, 적대적이고 반사회적으로 자신의 잠정적인 정체성을 형성하기도 한다. 자녀의 진로문제가 심각해질수록 부모는 모호함, 혼란 그리고 갑작스러운 변화에 대한 반응성 때문에 이 시기 자녀의 자연스러운 '여러 가지 시도'를 부당하게 제한할 수도 있다. 한편 부모는 자녀의 이성관계의 범위와 그 변화에 인내를 갖고 대해야 한다. 청소년기 동안에는 부모가 자녀의 애정을 얻기 위해 자녀의 친구들과 계속 싸워왔지만 무조건적이었던 이전의 애착과 비교해 보면, 자녀가 부모의 보호나 감독에서 완전히 벗어나 타인과의 관계나 성생활 그리고 동거인을 선택할 자유를 갖는다는 것은 자녀와의 친밀감에 심각한 위협이 될 수 있다. 마찬가지로 젊은이도 제재가 전혀 없는 상황에서 목표와 경계를 어떻게 설정해야 하는지를 배우면서 불안을 더 많이 느끼게 된다. 젊은이는 부모에 대한 염려 때문에 이성관계를 철회할 수도 있으나, 부모나 친족체계의 반대를 야기할만한 실험적인 관계나 생활양식을 시도할 수도 있다.

4) 직장에서의 적응과 실직

성인 후기에는 기술의 급속한 발전으로 인해 어떤 직종은 더 이상 필요가 없게 되고 이로 인해 사람들은 비자발적인 실직상태에 처하게 된다. 다시 일을 갖기 위해서는 다른 업종의 일에 참여하거나 새로운 기술을 배워 새로운 직업에 도전해야 한다. 중년기는 직업에 있어 안정된 시기이다. 대부분의 사람은 직업생활에서 지위를 얻고 그에 상응하는 수입을 얻는다. 성공적인 직업 선택과 에너지의 투입으로 인해 생산적인 결과를 얻는다. 그러나 어떤 사람들은 중년기에 전혀 다른 직업을 시작하는 경우도 있다. 예를 들어, 지금까지 해온 일을 유지하기에는 더 이상 신체적인 능력으로 볼 때 불가능한 경우이다. 이러한 직업에 해당하는 사람은 일을 수행하기 위해 필요한 신체적 기술 수준과 건강을 향상시켜야 하는 과제에 직면하게 된다. 예를 들어, 프로 운동선수, 교통 경찰관, 소방공무원, 군인, 육체노동자 등이 여기에 해당하며, 이들은 이전의 직업을 그만두고 감독이나 중간 경영자의 입장에서 일을 할 수 있는 직업으로 자리를 옮기기도 한다(최옥채 외, 2015).

본인이 직업을 유지하려는 동기가 있고 신체적으로 건강함에도 불구하고 본인의 의지와는 상관없이 조기퇴직이나 명예퇴직을 하는 경우에는 개인적인 문제뿐 아니라 가정과 사회 문제를 야기할 수 있다. 그러므로 50대 후반에서 65세 이전의 연령에 있는 중년기 사람들을 대상으로 한 재취업 훈련이나 프로그램 개발은 매우 중요하다. 성인기에는 세 가지 형태의 삶이 있다. 인습적이고 틀에 박힌 사고방식의 삶(conventionality), 창조적인 삶(creativity) 그리고 평범한 삶(triviality)이다.

인습적인 삶은 계속 높은 자리를 탐하는 삶이다. 중년기의 정상적인 과제의 하나가 인습적인 사회적 요구로부터 점차적으로 자유로워지는 것이다. 사회적 요구란 사회적 성공, 높은 지위, 공명심 등이다. 공명심은 다른 사람의 견해에 지나치게 의존할 때 생기는데 열등감이나 죄책감을 보상하기 위해서 동원된다. 그러므로 인습적인 삶을 사는 사람은 나이를 먹어도 계속 공명심에 빠져 사는 사람이다.

창조적인 삶은 어떤 상황에서도 삶 속에서 끊임없이 재미를 찾고 의미를 찾는 삶이다. 인습적인 삶과는 반대되는 건강한 삶이다. 이런 삶은 본인에게 만족감을 준다. 결국 한 사람의 인생이 의미 있는 것이 되느냐 아니면 평범한 것이 되느냐 하는 것은 창조성과 인습의 상호작용에 달려있다. 예를 들어, 한 교장 선생님이 정년퇴임 후에 학부형들에게 무료로 일본어를 가르친다면 창조적인 삶이다.

평범한 삶은 남의 눈에 띄지 않으려고 평범 뒤로 숨는 인생으로 자신의 성적 욕망이나 공격성을 숨기기 위해 이런 생활을 선택한다. 이는 안전하게 살려는 마음에서 나온다. "나는 이대로가 좋아. 교장이나 교육감이 되어 본들 골치만 아프지, 뭐 좋을 것 있나. 나는 평범한 게 좋아(이무석, 2003)."

3. 사회복지실천에의 적용

에릭슨(Erickson, 1964)은 개인의 성숙유형을 처음으로 설명하면서 청년기에 자아정체감이 형성되고, 성인 초기에 친밀감이 형성되며, 중년기에는 자아침체성이 형성된다고 하였다. 과거와는 달리 여성의 취업기회가 증가했고, 현재 여성의 노동인력은 거의 절반을 차지하고 있다. 대부분 중년부부는 직장 때문에 별거하는 경우가 생기더라도 맞벌이를 고수하는데, 두 사람 모두에게 융통성, 창조성, 독립적이면서도 긴밀한 유대를 맺는 능력이 요구된다. 이 단계 이전에 부부 모두가 직업을 갖는 것은 어린 자녀를 양육하는 데 불안을 야기하는 원인이 될 수 있다. 그러나 이 단계에서는 배우자 모두 자녀양육에 대한 근심 없이 직업을 가질 수 있게 된다. 한편 계속해서 많은 여성이 늘어나는 노인인구에 대한 책임을 지고 있다. 또한 이 시기의 많은 여성이 자원봉사나 시간제 직업을 통해 자율성을 표현하고 있다. 지금까지 직업에 전념하던 남성은 이제 자신, 가족 그리고 환경의 변화에 직면하면서 자신이 추구하던 것의 한계를 인식하게 된다. 변화는 필연적일 수밖에 없다. 그들은 직업을 바꾸거나 현 상태에 새로운 활동을 확장, 보충함으로써 변화를 갖는다.

이러한 과정에서 부부를 위한 상담과 프로그램을 운영할 수 있으며, 중년기에 겪을 수 있는 이혼, 가족 간의 소원함, 뜻밖의 사고 등의 위기들에 대한 사회복지실천의 개입이 필요하다. 최근 급속히 늘고 있는 한부모에 대한 여러 지원과 중년기에 나타나는 여러 질병과 암에 대한 물질적·심리적 지원에 대한 필요성이 점차 강조되고 있다. 중년기 성인은 모든 단계에서 자신의 부모와 해결하지 못한 일이 있을 수 있다. 노년세대가 겪는 문제들, 은퇴, 경제적 안정, 배우자와 함께 있는 시간 증가, 신체적 기능의 쇠퇴, 신체질환의 증상 등이 중년세대에 영향을 미친다. 중년기 여성의 직업시장은 남성에 비해 매우 취약하다. 또한 여성들은 연령과 성별 차이라는 이중고를 경험한다. 사회복지사들은 중년기에 있는 사람들이 위기 극복과 문제 해결을 위해 원조해야 할 것이다.

중년기 성인의 부모가 신체적 질환 상태에 있는 경우 재정적 부담뿐 아니라 간병으로 인해 신체적 활동이 제약을 받는다. 또 지나친 정서적 부담으로 인해 우울, 불안, 좌절과 무기력, 화병 등을 느낄 수 있다. 따라서 사회복지사들은 지역사회 내에서 신체적인 어려움을 겪고 있는 노인이나 치매노인을 위한 주간보호시설을 통해 도움을 줄 수 있고, 간병인과 가정봉사원 파견을 통해 가족들을 원조할 수 있다(최옥채 외, 2015). 중년기에는 직업에 대한 불만족과 복지서비스에 많은 관심을 갖게 된다. 이러한 부분에 알맞은 원조가 필요하며, 조기퇴직의 경우 자존감 저하와 심리적 위축감을 해결하기 위해 산업현장에 고용된 사회복지사는 조기퇴직자와 그 가족을 위해 예방교육이나 훈련을 위한 개입과 프로그램, 상담을 실시한다. 또한 50대 이후 고령자 재취업의 활성화를 위한 활동을 하고 있다.

CHAPTER 15

노년기

모든 인간의 삶은 시작과 끝이 있으며 모태에서 수정되는 순간부터 죽음에 이르기까지의 여러 발달단계를 거치며 다양한 변화를 경험한다. 노년기는 이러한 과정을 모두 거쳐야만 도달할 수 있는 추수의 시기로, 모든 사람들이 경험할 수 있는 단계는 아니다. 우리는 살아가면서 동년배의 사람들이 하나둘씩 삶을 마감하는 모습을 바라본다. 어떤 사람은 유년기도 마무리하지 못하기도 하고, 또 어떤 사람들은 가장 아름다운 젊은 나이에 삶의 열매를 맺지 못하고 사라져 가기도 한다. 다사다난한 삶의 다양한 순간들을 거쳐서 맞이하게 되는 노년기는 인생에 대한 통찰과 남은 시간을 행복하고 의미 있게 마무리하기 위한 인생의 결실이자 완성의 시기이지만, 사회가 변화함에 따라 과거에 기대되었던 노년기의 안락함과 존경심은 점점 사라지고 빈곤과 고독 그리고 질병 등에 시달리는 안타까운 노년의 모습이 더 크게 보이게 되었다.

이 책의 가장 마지막까지 달려온 여러분들은 지금부터 이 장에서 그것이 긍정적이든 부정적이든 자기가 살아온 삶의 결실을 맺게 되는 노년기에 대해서 살펴보게 될 것이다.

1. 노년기

에릭슨(Erikson, 1963)은 노년기에 대해 발달주기의 완성이라고 표현하였다. 이 시기에 있어서 초점은 자아통합 대 절망의 단계라 설명한다. 그렇지만 자아통합에 성공하는 것이 쉽지만은 않다고 설명하고 있다. 개인적인 관점에서 현실적으로 늙는다는 것은 긍정적이며 동시에 부정적인 변화를 포함한다. 사회적 관점에서 볼 때 늙는 것은 사회문제이며 동시에 커다란 성취를 의미한다. 또한 노년기는 정치적인 입장에서 강조될 수 있는 여러 이슈로 인하여 특별한 사회적 관심을 받기도 하며 고용과 같은 영역에서는 불리함으로 작용하기도 한다. 동시에 노년기에 속한 사람들과 함께 살고 있는 우리 모두가 노화와 노년기의 삶에 영향을 받고 있으므로 가족의 측면에서 다양한 장단점이 논의의 초점이 되고 있다. 이러한 노화에 대한 관심을 반영하여 1903년 일리야 메치니코프(Elie Metchnikoff)는 노년학(gerontology)이라는 용어를 처음으로 사용하였으며, 1950년대 이후부터 노년기의 사회적 측면에 초점을 둔 사회노년학(social gerontology)이 발전하였다(Kolb, 2008).

노년기에 있어서 두드러진 부분으로는 신체적 노화와 함께 심리적 불안감, 사회적 역할의 변화와 소외로 적지 않은 생활의 변화를 경험하게 된다. 의료기술의 발전은 노인의 고령화에 기여하게 되면서 건강하고 안정되면서 오래 살고자 하는 노인의 욕구를 확대시켰다. 신체적 노화와 심리적 변화는 노인이 발달과정에 놓인 대상이 아니라 쇠퇴하는 과정에 가깝다고 해야 할 것이다. 이에 사회복지 분야에서 다루어야 할 노년기의 이슈도 발달과업과 아울러 죽음(death)과 임종(dying)에 대한 전문적인 개입도 필요하다.

1) 개 념

노년기를 정확히 구분하는 것은 쉽지 않은 일이다. 특히 우리나라의 베이비부머 세대가 노년기를 맞이하게 되고, 저출산이 심화되고 있으며, 수명이 길어져 고령화 사회로 진입하면서 65세 이상의 노인이 급격히 증가하고 있다. 사회적 변화에 따라 노년기에 대한 범위를 사회적인 관점에서 구분할 수 있지만, 의학적 발전과 함께 이를 명확히 설명하는 데에는 어려움이 있다.

한편 수명의 연장과 함께 노년기가 길어지면서 65세 이상의 노인으로 간주되는 사람들을 하나의 특성을 가진 그룹으로 보는 것은 더 이상 적절하지 않게 되었다. 따라서 몇몇 학자들은 노년기를 'young old', 'middle old', 'old old' 등의 표현을 사용하여 둘 또는 세 단계로 다시 구분하고 있다. 노년기에 대한 일반적 개념을 생물학적, 심리적, 사회적인 면에서 살펴보면,

- 생리적 및 생물학적인 면에서 퇴화기에 있는 사람
- 심리적인 면에서 정신기능과 성격이 노인 특유의 보수, 온건, 의존, 경직 성향으로 변화되고 있는 사람
- 사회적인 면에서 지위와 역할이 상실된 사람으로 정의된다(Atchley, 1998; 양옥남 외, 2006).

노년기를 정의하는 어려움은 있지만, 한국보건사회연구원(2004)의 "전국 노인 생활실태 및 복지욕구조사"에서 노인들이 생각하는 연령에 대한 조사를 실시하였다. 이 조사에서 나타난 결과에서는 우리나라 노인 스스로가 생각하는 노인의 연령은 상당히 높은 편이다. 조사에 따르면 70~74세가 되어야 노인이라고 대답한 비율이 47.2%로 가장 많았으며, 그 다음이 65~69세가 30.8%를 차지하고 있다. 이렇듯이 개인이 생각하는 노인의 기준 연령과 실제 사회에서 공통적으로 생각하는 노인의 연령은 차이가 있겠지만, 이 책에서는 우리나라 사회복지법상

65세 이상의 노인을 대상으로 노인 사회복지서비스 제공을 실시하고 있는 것을 근거로 65세 이상을 노년기로 정의하고자 한다.

한편 우리나라에서는 노년기에 해당하는 사람을 '노인'이라고 부를 것인지 '어르신'이라고 부를지에 대한 논란이 있었다. 노인이라고 부르는 것은 하대의 경향이 있고 어르신은 존칭의 의미이므로 노인보다는 어르신으로 부르는 것이 좋다는 한국사회복지협의회를 중심으로 한 의견과 '노인복지관'을 '어르신복지관'으로 바꾸는 것과 같이 어르신이란 용어로 통일하는 것이 어색한 경우가 많다는 주장이 공존하고 있다. 따라서 '노인'과 '어르신'이라는 용어를 사용하되 명칭으로는 '노인'을 사용하고 호칭으로는 높이는 의미를 포함하는 '어르신'으로 하는 것이 권장된다(최옥채, 외, 2015).

2) 노년기의 특징

일반적으로 노인은 의존, 부담 그리고 융통성이 없는 개인으로 여겨왔다(Harrigan & Farmer, 2000). 에릭슨은 노년기에 지나온 일생에 대한 정리를 통해 자신이 이룩한 일에 대한 성취감을 가지고 자아통합적 자세이거나 지나간 과거로 인해 불만과 회한으로 차게 되어 다른 사람에게 투사(projection)함으로써 부적응을 경험하는 양극단의 차원을 가진다고 설명한다. 여기서는 노년기의 일반적인 특징들, 즉 신체적 특징, 심리적 특징, 사회적 특징을 살펴보기로 한다.

(1) 신체적 특징

노화(aging)는 "시간이 흐름에 따라 유기체의 세포, 조직, 기관조직 또는 유기체 전체에 일어나는 점진적 변화(Beaver, 1983; 양옥남 외, 2006)"라고 정의되며 출생에서 죽음에 이르는 전반적 변화 과정을 의미한다. 노년기의 신체적 질병의 동반은 회복이 늦고 합병증을 동반하기 쉽다는 특징을 가진다. 노년기에 있어서 신체적 변화를 대표적 질환을 통해 살펴보면 다음과 같다(권중돈, 2004).

첫째, 순환·호흡기계 질환이다. 노년기에는 혈관조직의 노화와 기능 저하, 심장 비대와 기능 저하 등으로 인하여 고혈압, 동맥경화, 협심증 및 심근경색 등의 다양한 순환기계 질환을 앓게 될 가능성이 높아진다. 그리고 호흡기의 구조 및 기능적 변화로 인하여 다양한 호흡기 질환을 앓을 가능성이 높아진다.

둘째, 소화기계·신장질환을 들 수 있다. 노년기에는 치아결손, 타액과 위액 등의 소화효소 분비량의 감소, 위 근육의 약화 등으로 인하여 소화기능이 감퇴하고 소장과 대장 기능이 저하되어 각종 소화기계 질환을 앓게 될 위험성이 높아진다. 그리고 연령이 증가함에 따라 신장의 크기, 무게, 피질의 양 등이 감소되며 신장혈관의 경화(硬化)현상이 나타남으로써 신장기능이 저하되어 다양한 신장질환을 앓게 될 가능성이 높아진다.

셋째, 근골격계·내분비계 질환이다. 노년기의 근골격계의 변화로 인해 관절염, 골다공증 등의 질환과 신체 내부의 생화학적 및 생리학적 변화로 인하여 다양한 내분비계 질환을 앓을 위험성이 있다. 이로 인해 관절염, 골다공증과 같은 근골격계 질환과 당뇨병과 같은 내분비계 질환의 위험성이 증가한다.

넷째, 안·비뇨기계 질환이다. 노년기에는 시각기능의 저하, 비뇨기계의 기능 저하 등으로 인하여 다양한 안질환과 비뇨기계 질환을 앓을 수 있다. 노년기에는 녹내장과 백내장과 같은 안질환과 전립선 비대증과 같은 비뇨기계 질환의 이환율이 증가한다.

다섯째, 신경·정신질환이다. 노년기에는 중추신경계의 변화, 성격의 변화, 지속적 상실경험 등으로 인하여 각종 신경계 질환이나 정신질환을 앓게 될 가능성이 있다. 뇌졸중과 같은 대표적 신경계 질환, 우울증과 섬망을 동반한 정신질환 그리고 노년기의 대표적 기질성 정신질환인 치매 등이 이에 속한다.

(2) 심리적 특징

노년기에 있어서 심리적 특징은 에릭슨이 주장한 생의 마지막 단계에서 일어나는 통합 대 절망으로 설명될 수 있다. 이 시기의 관점은 앞으로 살아갈 날에 대한 기대보다는 살아온 날들에 대한 회고를 통해 자신의 삶을 통찰하고 반응하는 것과 관련된다. 오늘날 산업화와 가족구조의 변화, 다양한 매체 등의 발달은 생활을 편리하게 이끌어 주었지만 다양한 사람들과의 자연스러운 상호작용을 축소시키는 현상을 초래하여 노인의 정신질환과 관련된 부적응 문제가 대두되고 있다.

노년기의 심리적 특성에서 두드러지는 것은 지적 능력의 변화와 성격 특성의 변화이다. 지적 능력은 20대부터 감소하기 시작해서 60대부터 가속화된다. 일반적으로 노년기에 있어서 변화로는 지능 저하, 기억력의 감퇴, 정보처리능력이 떨어진다든지 하나의 사고에 경직되는 경향과 추상적 사고능력의 저하를 경험한다. 그래서 노년기의 개인은 많은 정보를 빠르고 정확하게 처리하는 능력은 떨어지지만, 삶의 경험에서 오는 문제대처능력은 능숙한 특징을 가진다. 노년기에 있어서 성격 특성의 변화를 윤 진(1996)은 다음과 같이 정리하였다.

첫째, 우울증 경향이 증가한다. 노년기가 되면서 신체적 질병, 배우자의 사망, 경제적 사정의 악화, 사회와 가족들로부터의 소외 및 고립, 일상생활에 대한 자기통제의 불가능, 지나온 세월에 대한 회한 등이 원인으로 작용하여 우울증이 증가하고 있다. 특히 우울증은 자살과 유의미한 관련성을 가지기 때문에 사회복지실천에서 주의 깊게 다루어야 할 부분이다.

둘째, 내향성 및 수동성의 증가이다. 노화에 따라 모든 문제를 능동적으로 해결하는 부분은 약해지게 되고 누군가의 도움을 받아 수동적으로 문제를 해결하거나 미신적 혹은 우연히 잘 될 수 있도록 내버려 두는 반응이 증가한다.

셋째, 경직성의 증가이다. 경직성이란 어떤 태도, 의견 그리고 문제해결 장면에서 그 해결방법이나 행동이 옳지 않거나 이득이 없음에도 불구하고 옛날과 같은 방식을 고집하려는 행동경향이다. 경직성의 증가는 노인의 학습능력과 문제해결능력을 저해하는 요인으로 작용한다.

넷째, 성역할의 변화이다. 노년기에 이르러 남성은 양육적인 특성, 의존성, 관계지향성, 동정심 등 여성적 특성이 증가하는 반면, 여성은 공격성, 자아중심적 경향 그리고 권위주의적 동기 등 남성적 특성의 증가를 보인다. 이러한 변화는 일생 동안 자기 자신에게 억제되었던 성역할의 방향으로 전환되는 것으로 설명할 수 있다.

다섯째, 조심성의 증가이다. 노년기의 개인은 스스로 정확성을 중요시하고, 시청각 등의 감각능력이 감퇴함에 따라 신체·심리적 기능의 쇠퇴, 결정에 대한 자신감 감퇴로 조심성이 증가한다.

여섯째, 생에 대한 회상의 경향이다. 남은 생의 시간이 얼마 남지 않았고 죽음이 가까이 왔음을 지각할수록 지나온 생을 뒤돌아보고 회상하는 경향이 있다.

일곱째, 친근한 사물에 대한 애착심을 가진다. 노년기의 개인이 가지고 있는 친숙한 물건들은 세상과 세월이 변하였어도 자신과 자신의 주변은 변하지 않고 일정한 방향으로 유지되고 있다는 느낌을 갖게 하기 때문에 애착심이 증가된다. 젊은 자녀들이 집 안의 오래된 물건들을 버리려고 하는 반면, 노인들을 그것들을 가지고 있으려고 하는 가운데 갈등이 생길 수도 있다. 이에 대한 심리적 특성을 이해하는 것은 갈등을 줄이는 방법이 될 수 있다.

여덟째, 유산을 남기려는 경향을 가진다. 자손, 예술작품이나 문화작품, 독특한 기술, 지식, 교훈, 부동산, 돈, 아름다운 기억 등을 남기려 하는데, 이것은 에릭슨이 장년기 이후에 발달과업으로 말하고 있는 생산성의 실질적인 표현이라 할 수 있다. 노인들은 유산을 통해 자신이 세상에 다녀간 흔적을 남기려는 욕구를 표출하기도 한다. 노인들의 이러한 경향은 심리적으로 건강하고 적응적인 반응으로 해석할 수 있다.

아홉째, 의존성의 증가이다. 노년기에 이르게 되면 생산자로서의 역할 상실에서 오는 경제적 의존성과 신체적 기능의 약화로 인한 신체적 의존성, 중추신경조직의 퇴화로 인한 정신적 의존성, 배우자의 사망 등으로 인한 사회적 의존성, 심리·정서적 의존성 등이 증가하게 된다.

(3) 사회적 특징

노화의 진행은 새로운 기술을 습득하는 데 어려움을 주어 사회적으로 뒤떨어지게 된다. 아울러 현대사회가 노년기에 대한 사회적 역할과 지위가 명확하지 않기 때문에 이전의 발달단계에서 노년기에 대한 예비적 사회화 기회를 갖지 못하여 노년기의 사회화는 더욱 힘든 것이 현실이다. 특히 우리나라에서는 급격한 문화와 가치관의 변화로 인해 젊은 시절 전통적인 가치관에 따라 앞 세대를 공경하고 부양하였던 노인들은 자신들이 노인이 되었을 때 받을 것으로 기대했던 지위와 존경을 받지 못하게 되어 분노와 좌절감을 느끼고 있다. 또한 세대 간의 차이로 인한 다양한 문제들에 더하여 최근 젊은 세대가 노인 또는 노년기를 혐오하고 거부하는 노인혐오증(gerontophobia)이 증가하고 있어 그 심각성이 더해지고 있다.

한편 노년기가 되면서 소외와 고립의 증가, 수입의 감소, 이에 따른 의존성의 증가, 사기의 저하 등으로 사회적 손실이 더욱 크며 노년기에 있어서 지위와 역할의 전환이 어렵다. 노년기의 사회적 특징을(Zastrow & Kirst-Ashman, 2001; 최옥채, 2002)에 관하여 다음과 같이 정리할 수 있다.

첫째, 사회 · 경제적 힘에 의한 영향이 노인들의 문제를 심화시키고 있다. 이는 사회가 노인보다 젊은이들에게 관심을 쏟고 있다는 점에 근거하고 있다. 산업화는 에너지가 넘치고, 민첩한 노동자를 요구하는 결과를 초래하였다. 특히 급격한 기술 변화는 과거 지식의 중요성을 송두리째 빼앗아 갔다. 이 과정에서 노인들은 생존경쟁에서 밀려나게 되었고, 이들의 문제는 심각해질 수밖에 없다.

둘째, 노년기의 인구 증가 역시 중요한 문제이다. 65세 이상의 인구가 지속적으로 증가하고 있다. 이는 세계적인 추세이며 우리나라도 최근 노인의 수가 전체 인구의 7%를 넘어서면서 고령화 사회를 향해 달리고 있고, 머지않아 10%대에 진입하게 되면 고령사회를 맞이하게 될 것이다. 특히 낮은 출산율은 고령사회로 가는 길을 가속화시킬 것이다. 이렇게 노인의 인구가 늘면서 이들의 다양한 욕구와 문제가 폭발적으로 발생하기 때문에 심각한 사회문제로 등장하게 된다.

셋째, 조기퇴직이 노인들에게 다양한 문제를 불러일으키고 있다. 대체로 노동시장에서 노동력의 공급은 수요를 앞서고 있다. 이 같은 현상에서 노동시장의 안정을 위해 조기퇴직이 한 몫을 하고 있다. 물론 고용자가 취업자에게 조기퇴직을 강요할 수는 없으나 여러 형태의 미묘한 압력을 주어 조기에 퇴직하도록 유도하고 있다. 건강한 노인들은 처음 퇴직해서는 휴식을 할 수 있어 만족하다가 시간이 지나면서 무료함과 따분함을 느끼게 된다. 따라서 개인적으로 제반 여건이 좋지 못한 상황에서 퇴직한 노인들의 생활은 여러 문제에 봉착하게 된다.

넷째, 경제적 어려움을 들 수 있다. 많은 수의 노인들이 가난하게 산다. 즉, 식량, 주요 의류와 약품, 응급 시 사용할 수 있는 통신수단 등이 부족한 실정이다. 뿐만 아니라 대부분의 노인들은 빈곤선 이하의 소득으로 생활하고 있다.

다섯째, 사회보장제도가 노인들에게 적합하지 못하다. 사회보장제도가 노인 소득의 주 재원이 될 수 있도록 마련되어 있지 못하다. 노후의 생활보장은 연금 혹은 사보험에 의존할 수밖에 없는 실정이다.

여섯째, 노인학대가 사회문제로 등장하고 있다. 노인들의 여생에서 가장 충격적인 상황은 학대이다. 노인학대의 전형적인 유형은 신체학대, 심리적 학대, 재정적 학대, 부양 태만을 들 수 있다. 대부분의 가해자는 노인을 부양하는 자녀라고 할 수 있다.

일곱째, 범죄피해 역시 노인들의 중요한 문제로 대두되고 있다. 힘, 민첩성 등이 떨어지면서 노인들은 범죄피해자로 노출된 상태이다. 노인들이 피해를 입는 주된 범죄유형으로 강도, 폭행, 주거침입, 절도, 무례한 행위, 사기 등을 들 수 있다. 많은 노인들이 범죄에 대한 지속되는 공포 속에 생활하고 있다. 특히 노인들은 경찰이나 사법기관과 관계하는 것을 꺼리기 때문에 범죄피해를 보고하지 않는다. 뿐만 아니라 노인들은 도둑 때문에 집을 비우는 것을 두려워한다.

한편 노년기에는 가족 내에서 조부모라는 새로운 역할을 부여받는다. 이러한 새로운 역할은 어린 시절의 즐거운 경험을 회상하게 하며 기저귀 갈기, 이야기해 주기, 동물원 데리고 가기, 요리하기 등과 같은 일을 감당하기 위한 새로운 적응과 기술을 필요로 한다(Newman & Newman, 1999). 이러한 역할은 그들이 부모였을 때보다 더 많은 기술과 인내와 지식을 필요로 할 수 있다. 뉴가튼과 웨인스테인(Newgarten & Weinstein)은 다음과 같이 다섯 가지 조부모 유형을 설명하였다(Newman & Newman, 1999 재인용). 이러한 조부모의 역할은 맞벌이부부의 증가와 함께 그 중요성이 더해지고 있다.

① 형식적 조부모형 : 이들은 손자녀에게 많은 관심을 갖지만 가끔씩 돌봐주는 것 이외에 양육을 돕는 것에 관여하지는 않는다.

② 유희추구형 : 이러한 조부모는 손자녀들과 함께 즐거운 시간을 보내는 것을 좋아하고 아이들과 놀이를 함께하며 비공식적인 상호작용을 지속한다.

③ 대리부모형 : 손자녀의 어머니가 직장을 갖고 있는 경우 손자녀의 주 양육 책임을 감당하는 조부모를 말한다.

④ 가족의 지혜의 샘 유형 : 가족구성원들에게 자원과 기술을 나누어 주는 권위 있는 관계를 맺는 조부모를 말하며 부모와 손자녀들은 그들에게 순종적인 유형을 말한다.

⑤ 원거리형 : 생일이나 명절 외에는 손자녀와 거의 접촉이 없는 유형을 말한다.

3) 성공적 노년기

어떻게 노년기의 삶의 질을 향상하고 '건강한 노년기'를 만들어 갈 수 있는가에 대한 사회복지의 관심은 지속적으로 증가되고 있다. '성공적 노년기'는 질병의 부재, 삶에의 참여, 높은 인지와 신체 기능의 유지라는 세 가지 요소로 정의

될 수 있을 것이다(Rowe & Kahn, 1998, Newman & Newman, 1999 재인용). 그런데 이에 반해 건강한 노년기를 영위하는 데에 장애가 되는 여섯 가지 오해를 살펴보면(Kolb, 2008) 다음과 같다.

첫째, 노인이 되면 반드시 질병에 시달린다.
둘째, 노인이 되면 새로운 것을 배울 수 없다.
셋째, 노인이 되면 건강이나 기능이 더 나아지지 않는다.
넷째, 노년기의 건강은 전적으로 유전에 좌우된다.
다섯째, 노인이 되면 성적 활동이 감퇴된다.
여섯째, 노인은 일할 수 없다.

최근 학자들의 노년기에 대한 연구를 통하여 지속적으로 반박되고 있는 이러한 오해들은 노인과 노년기에 대한 사회적 편견이 되어 건강한 노년기의 삶에 지장이 된다. 이뿐만 아니라 노인 스스로 보다 건강하고 생산적인 삶을 위한 시도를 포기하게 하므로 이러한 오해를 해소하고 지속적인 발달과 성숙을 지향하는 노년기를 위한 우리 모두의 보다 많은 노력이 필요할 것이다. 특히 아칠리(Atchley)는 노화현상에 따른 상당한 정도의 신체적 변화는 일차적으로 문화적 기대에 따른 것(Kolb, 2008 재인용)으로, 개인의 노화과정에서 많은 노인들의 경우에는 이전의 건강, 기능, 사고방식, 삶의 환경, 사회적 관계 등이 계속 유지되는 지속적인 특성을 갖는다(신유리 · 김정석 · 김경미, 2016 재인용)고 주장하며 노화에 대한 새로운 입장을 제시하였다.

한편 많은 학자들의 연구를 통하여 레저활동, 이차집단 활동, 활달한 대인관계 등의 다양한 형태의 활동을 통한 전반적인 사회적 활동의 질을 높이는 것이 노년기의 건강한 삶을 영위하는 데에 도움이 된다는 사실이 나타났다. 또한 남성의 경우 직업만족도가 높고 집단활동에 활발히 참여하는 경우 장수의 가능성이 높아지며, 여성의 경우 자녀나 친구가 가까이 살고 있는 경우 삶의 만족도가 높은 것으로 드러났다. 마지막으로 친구가 많은 노인이 더 건강한 경향을 나타내지만 이것이 장수에는 영향을 미치지 않는 것으로 나타났다. 결론적으로 성공적 노년기를 위한 네 가지 원칙은 다음과 같이 제시될 수 있다(Rowe & Kahn, 1998, Newman & Newman, 1999 재인용).

① 후회하거나 자책하지 말라.
② 독립적인 삶을 위해 노력하라.
③ 가만히 앉아만 있지 말고 뭔가 꾸준히 하라.
④ 무엇보다 사람들과 어울리라.

2. 임종과 죽음

인간은 누구나 죽음을 맞이하지만, 노년기만큼 죽음의 문제가 직접적으로 느껴지는 시기는 없을 것이다. 노년기에서는 인생에 대한 재평가와 함께 죽음에 대한 태도와 대처방안은 심리적 불안에 대처하며 노년기의 삶 전체를 좌우할 수 있는 중요한 요인이다. 우리나라 문화에서는 죽음에 대해 논의하는 것 자체가 불경(不敬)으로 간주되어 왔으며, 죽음에 대한 연구와 사회복지 개입활동은 아직 미미한 수준이다.

미리부터 '좋은 죽음'에 대한 의미를 이해하고, 좋은 죽음이 될 수 있도록 준비하는 것은 노인에게 좋은 죽음을 위한 준비 차원을 넘어 노인의 남은 삶을 성공적 노후를 영위하게 하는 기반이 될 것이다(김미혜 · 권금주 · 임연옥, 2004). 또한 최근 들어 죽음 및 임종에 대한 관심이 증가하고 있으나 이에 대한 대책은 미흡한 현실이다. 여기서는 임종에 있어서 호스피스에 대한 이해와 죽음에 대해 살펴보고자 한다.

1) 개 념

임종과 죽음을 명확히 구분하는 것은 어렵다. 어차피 발달단계의 최종 순간은 죽음이라는 과정에 다다르는 것이고, 이는 누구도 회피할 수 없는 단계라 할 수 있다. 임종과정이 종결되어 죽은 상태로 전환하는 것을 죽음이라 하며, 즉 죽음은 유기체가 생존능력을 상실해 가는 임종과정이 종결되어 죽은 상태로 전환되는 전이과정의 결과물로서, 소생할 수 없는 삶의 영원한 종말이라 할 수 있다(Kass, 1971; 이영균, 1992). 임종과 죽음의 개념을 살펴봄으로써 삶의 과정을 통합적으로 이해할 수 있다.

(1) 임종

임종은 생명이 끝나가는 것 혹은 생명이 점차 소멸되는 것(현외성 외, 2001)으로 죽음에 이르는 마지막 과정을 의미한다. 죽는다는 것의 의미가 문화와 연령, 건강, 인지능력, 개인의 발달 특성과 생활상황 등에 따라 달라질 수 있기 때문에 죽음(death)은 살아있는 상태의 종결을 의미하는 것으로 죽어가는 과정(dying)이 끝나는 것을 의미하며(Kastenbaum, 1996), 이를 임종이라 설명할 수 있다. 임종은 광의로는 출생의 순간부터 시작되는 것으로서 삶의 과정 전체와 동일한 과정이라 할 수 있으며, 협의로는 다시 삶을 회복할 수 있는 가능성이 희박한 상황에 놓인 상태를 의미하지만 주로 협의의 개념을 사용한다(권중돈, 2004).

(2) 죽음

대한의학협회(1993)에서는 사망을 심폐기능의 정지인 심폐사 또는 전뇌기능의 소실인 뇌사로 판단하여 뇌사를 죽음으로 인정하고 있다. 생물학적 죽음은 뇌, 심장 등 인간의 생명과 관계되는 장기의 기능이 멈추는 것이다. 그러므로 이 세상에서 존재하는 것의 끝이거나 경계선을 의미한다(양옥남 외, 2006). 노년기는 죽음에 직면해 있는 시기로서 죽음을 직시하게 된다. 죽음에 대한 반응은 개인에 따라 다르겠지만 의식·무의식적으로 자신의 죽음만은 회피 또는 부정하려는 방법을 사용해서 이를 초월해 보려는 상반된 태도를 보인다(Weisman, 1972).

2) 임종과 죽음에 대한 이해와 수용에 이르는 단계

노년기에는 죽음에 대한 두렵고 심각한 생각들로 마음이 무거워진다. 대부분의 사람들은 중년기에 그들의 부모의 죽음을 경험하게 되고 노년기가 되면 배우자나 친구들의 죽음에 직면하여 심리적 스트레스를 경험한다. 또한 이러한 과정에서 죽음을 이해하고 수용해야 하는 인지적 요구에 직면할 뿐 아니라 감정적 애도의 과정[1)]을 겪게 된다.

뉴만과 뉴만(Newman & Newman, 1999)에 의하면, 발달적 관점에서 볼 때 죽음에 대한 이해는 아동기에 시작되는 점진적인 과정이며 노년기에 이르기 전까지는 완전히 해결되지 않는 문제이다. 죽음에 대해 가장 초기의 이해는 주로 유아기에 시작되는데, 이때 유아는 어머니 또는 다른 사람이 눈에 보일 때는 살아있는 것으로, 보이지 않을 때는 죽은 것으로 생각할 수 있다. 따라서 까꿍놀이를 할 때 유아는 죽었던 대상이 '까꿍' 소리와 함께 다시 살아난 것으로 간주할 것이다. 학년기 중반쯤이면 대부분의 아동들이 죽음에 대한 실제적인 개념을 갖게 되고 주로 청소년 초기에서 후기 사이의 기간에 죽음에 대한 정확한 개념 형성이 이루어진다. 그들은 자아정체감을 형성하는 과정에서 인간의 죽음과 삶의 의미, 그리고 사후세상의 가능성에 대한 질문을 하게 된다.

그러다 중년이 되면 자신이 인생의 반 이상을 살아온 것을 자각하고 지금까지 살아온 날보다 앞으로 살아갈 날이 더 적다는 것을 인식하게 된다. 따라서 죽음이라는 문제는 지인들의 죽음과 더불어 그들에게 점점 더 구체적으로 다가오고 동시에 가족과 공동체에 그들의 영향력 또한 커져간다. 이 과정에서 발생하는 죽음에 대한 두려움은 자신의 효용감과 활력으로 감소될 수 있다. 미래 세대에

---

1) 이 책의 1장 프로이트와 정신분석이론의 마지막 부분 '프로이트의 애도이론' 참고.

기여하는 자신의 능력에 대한 만족감의 정도가 이 단계의 죽음에 대한 불안의 정도에 영향을 미친다. 생산성이라는 발달과업의 성취를 통하여 자신의 사후에도 그것이 지속될 것이라는 신념을 갖게 된다.

이상적으로 노년기에는 죽음에 대한 자아의 관심이 감소하고, 자신이 살아온 삶을 수용하고, 죽음 또한 삶의 주기의 한 부분으로 바라보기 시작한다. 이 단계에서는 더 이상 죽음이 개인적 가치나 자기성취의 잠재성, 그리고 타인의 삶에 영향을 미치고자 하는 욕구에 위협적인 것이 아니다. 자신의 삶을 수용하게 되면 삶의 마지막도 역시 수용할 수 있게 된다. 이 말은 죽고 싶어 한다는 의미가 아니라 죽는다는 사실을 받아들인다는 것이다. 자신의 죽음을 직면하는 것은 엄청난 용기가 필요한 일이며 동시에 하루하루의 삶을 긍정적이며 열정적으로 살아왔다는 것을 의미하는 것이다. 이렇게 자신의 삶의 가치를 높이 평가하고 죽음을 수용하는 단계에 다다른 노인들은 자신의 육체적 삶에 지나치게 연연해하지 않는다.

한편 죽음에 직면한 사람들은 매우 복잡한 심리적 반응을 보이므로, 임종과 죽음의 단계에 클라이언트가 어떻게 반응하고 어떤 과정을 거쳐 적응하는가를 이해할 필요가 있다. 패티슨(Pattison, 1977)은 임종의 과정을 급성위기 단계, 만성적 삶과 임종의 단계, 임종말기 단계로 구분하고 있다. 퀴블러 로스(Kübler-Ross, 1969)는 중년의 말기암 환자를 대상으로 한 연구에서 죽음에 대한 적응단계를 부정단계, 분노단계, 협상단계, 우울단계, 수용단계의 다섯 단계로 구분하여 각 단계별로 환자의 반응이 다른 것을 정리하였다.

참고

퀴블러 로스의 애도의 다섯 단계

1단계 : 부정 - 관련 상황에 대한 사실이나 정보 또는 현실 등을 받아들이는 것에 대한 의식적 또는 무의식적 거부를 말하는 것이다. 이것은 하나의 방어기제이며 아주 자연스러운 것이다. 몇몇 사람들은 충격적인 사건에 대응할 때 이 단계에 정체되어 변화를 받아들이지 않기도 한다.

2단계 : 분노 - 분노는 여러 가지 방식으로 표현될 수 있다. 자신과 타인, 특히 가까운 사람들에게 분노가 표출될 수 있으며 이럴 때 적절한 경계와 비심판적 태도가 도움이 될 수 있다.

3단계 : 협상 - 일반적으로 죽음에 직면하는 경우 사람들은 자신이 믿는 신과 협상을 시도한다.

4단계 : 우울 - 애도를 표현하는 것으로 감정적인 애착을 인정하고 다가올 일을 준비하는 방식으로 볼 수 있다. 이때 슬픔, 후회, 두려움, 불확실함 등의 감정을 느끼는 것은 자연스러운 것이다. 이 단계에서는 최소한 자신이 직면한 현실을 받아들이는 것으로 볼 수 있다.

5단계 : 수용 - 이 단계에서 사람들은 어느 정도 감정적으로 분리되고 객관성을 갖게 되지만 이전의 단계와 마찬가지로 각자의 처한 상황에 따라 다양하게 표현될 수 있다.

죽음에 직면한 사람들은 개인적인 애도의 각 단계들을 거치게 된다.

출처 : http://sde.ok.gov/sde/sites/ok.gov.sde/files/Five%20Stages%20of%20Grief.pdf

어떠한 상황에서 죽음이 일어난다는 사고는 많은 비판을 받고 있으며, 사람에 따라 부정의 단계를 초월해서 이동할 수도 있고, 또 어떤 사람들은 단계를 경험하지만 죽음의 불가피성을 수용하지 못할 수도 있다. 김신미 등의 연구(2003)에서 좋은 죽음의 중요한 요소로 노환으로 사망하는 것, 70세 이후에 사망하는 것, 집에서 임종을 맞는 것, 1개월 미만의 임종기간, 임종기 동안 가족과 함께하는 것, 임종기 동안의 독립성, 죽음에 대한 인지, 유언 남기기, 임종기 동안의 자율성, 임종기 동안의 의료비, 통증 없는 것, 종교, 호스피스, 무의미한 생명연장 수술을 받지 않는 것으로 인식한다.

근래에 죽음에 관한 연구가 활발하게 진행되고 있으며, 죽음의 권리문제가 대두되고 있다. 이는 의료기술이 발달되면서 장수시대를 두고 본인과 가족이 죽음과 관련된 문제로 고통스러운 일을 경험하게 되기 때문이다. 김경희(2001)는 안락사(euthanasia)란 선량하고 자비로운 동기에서 사람을 죽게 하는 것을 의미한다고 정의하였다. 안락사에 있어서도 수동적 안락사와 능동적 안락사로 분류해서 살펴보면, 수동적 안락사는 병원, 요양원 그리고 다른 건강과 관련된 현장에서 볼 수 있다. 능동적 안락사는 사회적 고립감, 자신이 소용없다는 생각, 재정적인 곤란, 사랑하는 사람에 대한 소실, 만성적 질병을 수반한다고 할 수 있다.

3. 사회복지실천에의 적용

지금까지 살펴본 바와 같이 노년기의 다양한 도전과 과업들에 대응하고 성공적인 노년기를 만들어 가기 위해서 필요한 요소들 중 가장 중요한 것으로는 사회적 지지를 들 수 있을 것이다. 따라서 노년기에 대한 사회복지실천의 개입을 위한 다양한 이슈에 대해서 살펴보면 다음과 같다.

1) 퇴직 · 여가 · 자원봉사 · 노인교육

의료기술의 발달과 수명이 증가하면서 노년기에 대한 구분과 이에 대한 사회적 대응은 미비한 수준이다. 40대가 되면서 조기퇴직을 걱정해야 하고, 미리부터 노년기를 준비하지 않는다면 발달단계에 있어서 노년기는 새로운 위기의 과정이 될 수밖에 없을 것이다. 1997년 IMF 이후 구조조정 분위기가 상시화되면서 명예퇴직 및 조기퇴직이 일반화되어 기업은 물론 40대 후반이 되면서 명예퇴직과 조기퇴직을 당연한 현상으로 받아들이게 되었다. 그러나 이에 대한 사회적 준비는 부족한 상황이라 할 수 있다. 따라서 개인·사회적 차원의 퇴직준비가 필요하다.

노년기의 여가활동은 시간적 여유에 대한 취미·오락활동 또는 건강과 능력의 한계 내에서 사회를 위해 기여하는 활동이라 할 수 있다. 여가에 대한 욕구는 각 개인의 특성이나 가치관 또는 경제적 상황, 교육수준 등의 제반환경에 따라 다르겠지만 이에 대한 교육이 필요하다.

퇴직 후 여가시간의 활용에 있어서 다양한 정보를 갖는 것은 노년기의 생활수준을 향상시킬 수 있다. 이와 관련하여 노인의 여가시간 일부를 자원봉사활동에 참여하도록 하는 것은 퇴직생활에 대한 적응력을 높이고 상실되었던 사회적 지위와 역할을 보충해 주는 대체역할이 가능하게 한다. 아울러 노인 개인뿐만 아니라 지역사회복지에도 기여할 수 있다. 노인이 주체가 되는 자원봉사활동의 중요성이 대두된 것은 노인의 여가시간 증가, 경제적으로 안정된 노인층의 증가, 노인의 건강수준 향상 등으로 사회적으로 유익한 활동을 통하여 삶의 보람을 찾으려는 노인이 늘고 있는 것과 관련 있다.

마지막으로 노인교육은 노인들에게 현대사회에 적응할 수 있는 능력을 키우기 위한 지식을 습득하게 하고 고독과 소외감을 없애주며 삶의 보람을 찾아 노후를 보람 있게 한다. 노인교육을 통해 노년기 삶의 질을 적극 향상시키고 노인들로 하여금 급속한 사회변화에 성공적으로 적응하는 데 중점을 두고 세대 간의 차이를 좁힐 수 있도록 지원하는 역할이 필요하다.

2) 가족부양과 노후 부부문제

현대 산업사회에서는 가족의 구조와 기능이 변화하면서 노인의 가족 내적 지위와 역할이 변화하였으며, 인생의 후반부에 가족을 통하여 공급될 것으로 기대되었던 기본적 보호를 비롯한 심리사회적 지지 기반이 안정적이지 못한 실정이다. 실제적으로 고령사회가 되면서 부양이 필요한 노인인구는 증가하고 이들의 부양욕구는 다양하고 장기화되는 현실에 반해 부양 공급자로서의 가족부양 가용성은 감소하여 불균형을 이룬다는 점이다. 이를 위한 사회정책의 제시가 시급한 상황이라 할 것이다.

저출산 고령사회에 있어서 직면한 변화는 평균수명의 연장으로 개인의 삶이 연장되었을 뿐 아니라 자녀양육 기간이 줄어듦으로써 가족 생활주기상에 자녀양육 기간이 줄어들고 노부부 기간이 장기화되고 있다는 점이다. 이에 대해 장기화된 노년기를 더욱 보람 있고 즐겁게 보내기 위해 부부중심의 문화에 대한 인식을 새롭게 하고 각 부부의 특성에 맞는 적응유형을 개발해야 할 것이다.

노년기에 있어서 성적 능력이 저하되긴 하지만 성적 쾌감은 증가한다는 연구결과가 있으며, 노년기의 성생활은 결혼만족도뿐만 아니라 노년기 삶의 질과 노후생활 적응에도 중요한 영향을 미친다. 그러나 노년기의 이성교제나 성에 대한 사회적 행동규범이 모호하고 배우자 선택이라는 분명한 도구적 역할이 약화되었기 때문에 쌍방 간의 만족한 이성교제를 하기 위한 역할과 목적을 분명하게 규정하는 것이 중요하다. 특히 성별에 따라 이성교제를 통한 이성친구에 대한 친밀감 및 정서적 관계에 대한 기대 정도가 다르기 때문에 노년기의 이성교제 시에는 상대방의 기대수준에 대하여 잘 이해하고 상호작용의 양보다는 마음을 터놓고 지낼 수 있는 우애적 관계에 더 많은 시간을 투자하고 발전하도록 이해시키는 것이 필요하다.

3) 노인자살 문제[2]

우리나라 65세 이상 74세 이하 노인 자살률은 인구 10만 명당 81.8명으로 OECD 국가들 중 압도적인 1위를 기록하고 있으며 그 수는 해마다 꾸준히 증가

2) 하정미 · 송영지 · 남희은(2012). '인식된 짐스러움'과 '좌절된 소속감'이 자살생각에 미치는 영향. 노인복지연구 55, 65-84 발췌.

하고 있어서 적극적인 대책이 요구되고 있다.[3] 게다가 노인들은 훨씬 더 치명적인 자살수단을 선택하며 이것이 실체적인 죽음에 이르는 가능성이 훨씬 더 높은 것으로 나타나 노인의 자살문제에 접근하기 위해서는 초기에 해당하는 자살생각의 단계에서부터 보다 적극적인 관심과 개입이 필요하다. 특히 혼자 사는 노인의 경우에는 보다 더 치명적인 결과가 초래될 수 있으며(Szanto et al., 2002), 노인들은 젊은 사람들에 비하여 보다 굳게 결심하고 단일한 목적을 마음에 품고 자살한다(Miller, Segal, & Coolidge, 2001). 게다가 젊은 사람들에 비하여 노인들은 심리적 도움을 받는 것에 대한 편견과 거부감을 갖고 있어서 자살예방센터, 위기 핫라인 또는 다른 형태의 정신건강서비스의 도움을 구하려 하지 않는 경향이 있어 사회복지사의 개입에 장애가 되고 있다.

이러한 노인들의 자살에는 '인식된 짐스러움'과 '좌절된 소속감'과 같은 대인관계적 심리요인이 크게 영향을 미치는 것으로 나타났다. 따라서 노후생활의 안정화라는 기본적인 목적 달성을 바탕으로 하여 공적 · 사적인 영역에서의 지원, 노인 일자리 창출과 노인 자원봉사의 활성화, 지역사회네트워크의 개발을 통한 노인의 사회적 지지망 구축이 이루어져야 한다. 또한 가족관계의 개선 및 가족응집력의 강화, 가족친화적인 문화 형성을 위한 프로그램 개발 및 적용, 노년기 가족지원을 위한 방안마련이 필요하다.

4) 노인학대

노인학대의 개념은 학대가 발생하는 사회적 · 문화적 여건의 차이와 연구자의 관심범위에 따라 다르게 규정되고 있어서, 실제로 노인학대에 대하여 명확하고 통일된 정의를 내리는 것은 어려운 일이다. 그렇지만 일반적으로 신체적 · 언어적 · 정서적 혹은 심리적 상해, 노인의 신체적 · 정서적 복지를 무시하는 행위, 노인의 재산이나 자본을 오용하는 것 등을 공통적으로 노인학대로 포함하고 있

---

3) 노컷뉴스(2011. 12. 1). http://www.nocutnews.co.kr/Show.asp?IDX=1989480

다. 대부분의 연구에서 노인학대는 어떤 형태로든지 노인의 안녕을 저해하고 신체적 · 심리적 · 사회적 · 정신적 상해를 입히는 것으로서 그 행위는 거듭될수록 더욱 심각한 형태로 변화되어 간다는 데 공감하고 있다. 우리 문화에서는 자녀 또는 가족 내에서 일어나는 학대나 방임에 대해 부모가 감싸거나 이를 드러내는 것을 꺼려하는 문화적 특성을 가진다.

우리나라는 노인학대에 대한 인식이 부족하고 노인들의 인권에 대한 이해 정도가 낮아 노인학대를 노인의 생존권의 문제로 보고 즉각적 위기개입을 할 필요가 있다는 의식이 낮으므로 이에 대한 대책이 미비하다. 이를 위해 노인학대에 대한 우리 실정에 맞는 개념규정과 함께 노인학대에 대한 예방교육 및 통합 사례관리서비스 체계 구축이 필요하다.

5) 죽음과 호스피스

죽음은 누구에게나 적용되는 보편적이며 필연적인 경험이지만, 사후세계에 대한 확신이 일지 않아 죽음은 또한 공포의 대상이다. 죽음에 대한 두려움은 힘든 고통의 과정을 수반하기 때문에 당사자와 가족들은 죽음에 대해 어떻게 위로하고 심리적 충격을 풀어야 할지 난감해한다. 그러므로 죽어가는 사람을 신체적 · 심리적으로 원조하고 그 가족들의 안정을 돕는 호스피스가 발달되어야 할 것이다. 그렇지만 궁극적으로 죽음의 문제에서 벗어나는 방법은 종교에 의지하는 길일 것이다(양옥남 외, 2006).

한편 미리부터 '좋은 죽음'에 대한 의미를 이해하며, 좋은 죽음이 될 수 있도록 준비하는 것은 노인에게 좋은 죽음을 위한 준비 차원을 넘어, 노인의 남은 삶을 성공적 노후(successful aging)로 영위하게 하는 기반이 될 것이다(김미혜 · 권금주 · 임연옥, 2004). 사회복지사는 노년기 죽음의 의미와 태도에 대해 이해하고 있을 뿐만 아니라 장묘문화에 대한 이해, 호스피스에 대한 이해를 통해 클라이언트의 안녕(well-being)을 도모해야 할 것이다.

6) 노인복지정책

노인의 질환을 사전 예방 또는 조기 발견하고 질환상태에 따른 적절한 치료, 요양으로 심신의 건강을 유지하고, 노후의 생활 안정을 위하여 필요한 조치를 강구함으로써 노인의 보건복지 증진에 기여함을 목적으로 1981년에 노인복지법의 제정을 시작으로 몇몇 노인복지정책이 제안 및 실시되고 있으나 아직은 미비한 형편이다. 사회복지사는 이러한 노인복지제도의 내용과 현황을 파악하고 이를 지원할 수 있는 전문적 역할이 필요하다. 아울러 노인복지정책에 있어서 개선사항들을 개진할 수 있는 역량과 함께 노년기의 욕구를 수집하고 실제로 변화시킬 수 있는 사회운동(social action)으로 발전하도록 노년기의 클라이언트를 임파워먼트(empowerment)시킬 수 있도록 지원해야 할 것이다.

참고문헌

권순종 · 김 병 · 노희선 · 류종훈 · 오정옥 · 이상주 · 이은경 · 이은혜 · 정정란(2011). 인간행동과 사회환경. 경기 : 양서원.

권중돈 · 김동배(1998). 인간행동이론과 사회복지실천. 서울 : 학지사.

____________(2005). 인간행동과 사회환경. 서울 : 학지사.

김기태(2006). 위기개입론. 서울 : 대왕사.

김봉환 · 김병석 · 정철영(2000). 학교진로상담. 서울 : 학지사.

김양희(1992). 가족관계학. 서울 : 수학사.

김영화 외(2005). 인간과 사회 그리고 복지. 서울 : 학현사.

김은희(2007). 청소년 성행동에 대한 개인적 변인, 가족환경 및 친구변인의 영향. 부산대학교 대학원 석사학위논문.

김현진(2005). 청소년 성매매의 실태와 그 대책에 대한연구. 영남대학교 교육대학원 석사학위논문.

김혜경 외(2006). 가족복지론. 경기 : 공동체.

문선화 · 구차순 · 박미정 · 김현옥(2005). 한국사회와 아동복지. 경기 : 양서원.

문화도시네트워크(2010). 우리가 만드는 문화 도시. 경남 : 산지니.

민유선(2007). 청소년들의 성의식 실태와 성교육의 필요성에 관한 연구 : 부산지역 남녀고등학생들을 중심으로. 호서대학교 벤처대학원 석사학위논문.

박성연 외(2011). 인간발달. 경기 : 파워북.

박영주 · 이주은(2013). 청소년의 다문화 수용성에 영향을 미치는 요인. 학교사회복지, 24, 285-310.

박희정(2015). 애도하는 이여. '정치'에서 자유로워지자. 한겨레21, 1053. http://h21.hani.co.kr/arti/society/society_general/39166.html

부산여성사회교육원(1997). 성 바로 알기. 서울 : 의암출판.

서울시립청소년성문화센터(2005). 청소년 성경험 및 성태도 연구 조사 세미나.

서종남(2010). 중등학교 다문화교육을 위한 학생과 교사의 인식 조사 연구. 중등교육연구, 58(1), 93-116.

송성자(1995). 가족과 가족치료. 서울 : 법무사.

_____(1995). 한국문화가 한국 가족관계에 미치는 영향. 서울 : 한국가족치료학회.

_____(1997). 집단주의와 개인주의 문화 비교와 한국 가족치료 접근전략. 한국가족치료학회지, 5(11).

_____(1997). 한국문화와 가족치료 : 해결중심 가족치료 적응. 한국사회복지학, 32(10).

신유리 · 김정석 · 김경미(2016). 장애인에서 노인으로 : 장애와 노령의 접점에서 살펴본 장애인의 나이 들어감에 관한 연구. 한국사회복지학, 68(4), 143-167.

왕 철(2012). 프로이트와 데리다의 애도이론 : 나는 애도한다 따라서 나는 존재한다. 영어영문학, 58(4), 783-807.

유영주(1990). 신 가족관계학. 서울 : 교문사.

윤가현(1998). 성문화와 심리. 서울 : 학지사.

윤영효(1993). 이혼 또 하나의 선택. 서울 : 여성사.

이광규(1981). 한국가족의 구조분석. 서울 : 일지사.

이기숙 외(2004). 결혼의 기술. 서울 : 신정.

이무석(2003). 정신분석에로의 초대. 서울 : 이유.

이부영(1998). 분석심리학 : C. G. Jung의 인간심성론. 서울 : 일조각.

_____(1999). 그림자. 서울 : 한길사.

_____(2001). 아니마와 아니무스. 서울 : 한길사.

_____(2002). 자기와 자기실현. 서울 : 한길사.

이윤수(2007). 유방완전절제술을 받은 여성의 심리사회적 경험 : 자조집단 참여자 중심으로. 한국사회복지학, 59, 99-144.

_____(2008). 순직군인 배우자의 여성 한부모로서 사회재적응 경험. 부산대학교 대학원 박사학위논문, 133-135.

이인숙 · 하정미(2008). 정신보건사회복지사의 상담경험에 관한 연구. 정신보건과 사회사업, 28, 96-125.

이인정 · 최해경(2002). 인간행동과 사회환경. 서울 : 나남출판.

이장호 · 정남운 · 조성호(2005). 상담심리학의 기초. 서울 : 학지사.

이종원(2004). 청소년 인터넷 중독의 실태와 문제. 한국사회학회 사회학대회 논문집.

이택호 · 이석영 · 한윤선(2016). 교우관계와 교사관계가 청소년의 다문화수용성에 미치는 영향에 대한 분석 : 다변량 잠재성장모형의 적용. 한국심리학회지, 22(1), 65-85.

이현숙(2007). 성교육 프로그램이 여고생의 성지식과 성태도에 미치는 효과. 인제대학교 대학원 석사학위논문.

장인협 · 오정수(1993). 아동, 청소년 복지론. 서울 : 서울대학교출판부.

장향숙(2007). 여성 가출 청소년, 14%가 성매매 경험. 국정감사정책보고서.

정원옥(2014). 세월호 참사의 충격과 애도의 정치. 문화/ 과학, 79, 48-66.

정혜욱(2011). 데리다의 삶과 철학의 재조명. 인문과학, 23, 109-130.

최순영(2005). 인간의 사회, 성격 발달 심리. 서울 : 학지사.

최옥채(2005). 사회복지사를 위한 조직화 기술. 경기 : 학현사.

최옥채 · 박미은 · 서미경 · 전석균(2015). 인간행동과 사회환경. 경기 : 양서원.

최재석(1982). 한국가족연구. 서울 : 일지사.

최재율(1983). 현대 가족의 가족문제와 가족윤리에 관한 연구. 전남대학교 논문집, 28. 전남대학교출판부.

하정미(2016). 30년 늦은 애도. 정신보건과 사회사업, 44(3). 한국정신보건사회복지학회.

하정미 · 이윤수 · 설연욱 · 김미경(2009). 인간행동과 사회환경. 경기 : 공동체.

한국가족학연구회(1992). 도시 저소득층의 가족문제. 서울 : 하우.

한국청소년개발원(2005). 청소년 유해매체 개선 대책 연구 : 인터넷 유해요인과 개인, 환경적 보호요소를 중심으로. 한국청소년개발원.

한규석(1991). 심리사회학 이론의 문화 특수성 : 한국인의 사회심리학 연구를 위한 고찰. 한국심리학회지 : 사회, 6(10).

한성열 · 한 민 · 이누미야 요시유키 · 심경섭(2015). 문화심리학. 서울 : 학지사.

Abramson, Z.(2016). Freud and Adler : Differences. *The Journal of Individual Psychology*, *72*(2), 140-147.

Anderson, R. E., & Carter, I.(1999). *Human Behavior in the Social Environment : A Social Systems Approach*(5th edition). New York : Aldine Publishing Company.

Austrian, S. G.(2008). *Developmental Theories Through the Life Cycle*(2nd edition). New York : Columbia University Press.

Bandura, A.(1995). *Self-Efficacy in Changing Societies*. Cambridge : Cambridge University Press.

Bandura, A., & Walters, R. H.(1963). *Social Learning Theory*. Englewook Cliffs, NJ : Prentice Hall.

Barker, R. L.(1999). *Social Work Dictionary*(4th ed.). Washington, DC : NASW Press.

Bell, J. L.(1995). Traumatic Event Debriefing : Service Delivery Designs and the Role of Social Work. *Social Work*, *40*, 36-43.

Bellak, Leopold(1959). The Unconscious. *Annals of the New York Academy of Sciences, 76*. Conceptual and Methodological Problems in Psychoanalysis, 1066-1097.

Berk, Laura E.(2007). *Development Through the Lifespan*. Boston : Allyn & Bacon.

Blos(1962). *The Adolescent Passage : Developmental Issues*. New York : International Universities Press.

Boeree, George C.(2006). Personality Theories. http://www.ship.edu/%7Ecgboeree/perscontents.html

Borden, W.(1992). Narrative Perspectives in Psychosocial Intervention Following Adverse Life Event. *Social Work, 37*, 125-141.

Boyle, Scott W., Grafton H. Hull, Jr., Jannah Hurn Mather, Larry Lorenzo Smith, & O. William Farley(2009). *Direct Practice in Social Work*. Boston : Pearson Education, Inc.

Brown, Leonard N.(1991). *Groups for Growth and Change*. New York : Longman.

Burgess, E. W., Locke, H. J., & Thones M. M.(1971). *The Family*. New York : Nostrand Reinhold.

Carter, B., & Mcgoldrick, M.([1989]1996). *The Changing Family Life Cycle-A Framework for Family Therapy*. Boston : Allyn and Bacon. 가족생활주기와 가족치료. 정문자 역. 서울 : 중앙적성출판사.

Chodorow(1974). Family Structure and Feminine Personality. In M. Z Rosaldo and Lamphere (eds.), *Woman, Culture and Society*. Stanford, Calif. : Stanford University Press.

Compton, B. R., & Galaway, B.(1989). *Social Work Processes*. Belmont : Wadsworth Publishing Company.

Cooley, C.(1909). *Social Organization*. New York : Charles Scribner's Sons.

Corey, G.(1998). 심리상담과 치료의 이론과 실제. 조현춘・조현재 공역. 서울 : 시그마프레스.

Crain, W. C.(1983). 발달의 심리. 서봉연 역. 서울 : 중앙출판사.

__________(1985). *Theories of Development*. NJ : Prentice-Hall.

Dancy kittrell(1998). A comparison of the Evolution of Men's and Women's Dreams in Daniel Levinson's Theory of Adult Development. *Journal of Adult Development*, 5(2), 105.

David J. Wallin(2010). 애착과 심리치료. 김진숙・이진연・윤숙경 공역. 서울 : 학지사.

David R, Shaffer(2012). 발달심리학. 송길연・장유경・이지연・정윤경 공역. Cengage Learning.

Derrida, J.(2001). *The Work of Mourning*. edited by Pascale-Anne Brault and Michael Naas. The University of Chicago Press : Chicago.

Dinito, D. M., & McNeece, C. A.(1997). *Social Work : Issues and Opportunities in a Challenging Profession*. Boston : Allyn and Bacon.

Dinkmeyer, D. Jr., & Sperry L.(1999). Adler 상담 및 심리치료 : 개인심리학의 통합적 접근. 김춘경 역(2005). 서울 : 시그마프레스.

Doll, B., & Lyon. M.(1998). Risk and resilience : Implications for the delivery of education and mental health services in schools. *School Psychology Review, 27*, 348-363.

Erickson E. H.(1964). *Childhood and Society*. New York : Norton.

_____________(1959). *Identity and the Life Cycle*. Selected Papers. New York : International University Press.

_____________(1963). *Childhood and Society*. New York : W. W. Norton.

_____________(1968). *Identity : Youth and Crisis*. New York : W. W. Norton.

_____________(1980). *Identity and the Life Cycle*. New York : Norton.

_____________(1982). *The Life Cycle Completed : A Review*. New York : Norton.

Fischer, C. S.(1982). *To Dwell among Friends : Personal Networks in Town and City*. Chicago : University of Chicago Press.

Forisha, Barbara L.(1978). *Sex Roles and Personal Awareness*. Dearborn : General Learning Press.

Freeman, A., & Reinecke, M.(1995). *Essential Psychotherapies-Theory and Practice*. New York : Guilford Press.

Freud, S.(1895/1962). *A Reply to Criticisms of My Paper in Anxiety Neurosis*. London : The Hogarth Press.

________(1900/1953). *The Interpretation of Dreams*. London : The Hogarth Press.

________(1903/1978). Selected Papers on Hysteria. A. A. Brill(trans.), *In The Major Works of Sigmund Freud*. Chicago : Encyclopedia Britanica, Inc

________(1905/1938). *Three Contributions to the Theory of Sex, The Basic Writings of Sigmund Freud*. NY : The Modern Library.

________(1909/1978). The Origin and Development of Psycho-Analysis. H. W. Chase(trans.), *In The Major Works of Sigmund Freud*. Chicago : Encyclopedia Britanica, Inc.

________(1911/1950). *Formulations Regarding the Principles of Mental Functioning*. Collected Papers, Vol. Ⅳ. New York : Basic books.

________(1915/1959). *The Unconscious*. Collected Papers, Vol. Ⅳ. New York : Basic Books.

________(1917). *Mourning and Melancholia*. The Standard Edition of the Complete Psychological Works of Sigmund Freud, Volume XIV(1914-1916) : On the History the Psycho-Analytic Movement, Papers on Metapsychology and Other Works, 237-258.

________(1920). *A General Introduction to Psychoanalysis*. New York : Boni and Liveright Publishers.

________(1923/1961). *The Ego and the Id*. London : The Hogarth Press.

________(1925). *Psychoanalytic Notes on an Autobiographical Account of a Case of Paranoia* (Dementia Paranoides). London : The Hogarth Press.

________(1926/1969). *Inhibitions, Symptoms and Anxiety*. London : The Hogarth Press.

________(1933/1965). *New Introductory Lectures on Psychoanalysis*. New York : W. W. Norton

& Co., Inc.

________(1936/1966). *The Ego and the Mechanisms of Defense*. C. Baines(trans.). New York : International University Press.

________(1938/1969). *An Outline of Psycho-Analysis*. New York : W. W. Norton.

________(1965). *Normality and pathology in Childhood*. New York : International University Press.

________(1969). Adolescence as a Developmental Disturbance. In Caplan, G. & Lebovici, S.(eds.), *Adolescence : Psychological Perspective*. New York : Basic Books.

________(2006). 새로운 정신분석 강의. 김숙진 역. 서울 : 문예출판사.

Froggatt, W.(2005). A Brief Introduction to Rational Emotive Behaviour Therapy. *Journal of Rational-Emotive and Cognitive Behaviour Therapy*.

Garmezy, N.(1993). Children in Poverty : Resilience Despite Risk. *Psychiatry*, 56, 127-136.

Gatchel R. H., & Mears, F. G.(1982). *Personality : Theory, Assessment and Research*. New York : St. Martin's Press Inc.

Glick(1984). Marriage, Divorce, and Living Arrangements. *Journal of Social Issues*, 5(1), 7-26.

Goldenberg, I., & Goldenberg, H.(2000). *Family Therapy : An Overview*(5th ed.). California : Books & Cole.

Gorge, T. P., & Hartmann, D. P.(1996). Friendship Networks of Unpopular, Average, and Popular Children. *Child Development*, 67, 2301-2316.

Greene, R. R.(2002). *Resiliency : an Integrated Approach to Practice, Policy, and Research*. National Association of Social Workers, INC.

___________(2007). *Social Work Practice : A Risk and Resilience Perspective*. Belmont : Thomson.

Greene, R. R., & Ephross, P. H.(1991). *Human Behavior Theory and Social Work Practice*. New York : Aldine de Gruyter.

Greer, S.(1962). *The Emerging City*. New York : Free Press.

Grohol, J. M.(2016. 10. 10). 15 Common Defese Mechanisms. http://104.236.164.122/wp-content/uploads/2016/02/15_common_defense_mechanisms.pdf

Hall, C. S., & Vernon J. Nordby(1973). 융 심리학 입문. 김형섭 역(2004). 서울 : 문예출판사.

Hasenfeld, Y.(1983). *Human Service Organizations*. Englewood Cliffs, NJ : Prentice Hall.

Hillery, G. A.(1955). Definitions of Community : Areas of Agreement. *Rural Sociology, 55*(2), 111-123.

Hopkins(1983). *Adolescence : The Transitional Years*. New York : Academic Press.

Hunter, A.(1978). Persisitence of local sentiments in mass society. In D. Street et al.(eds.), *Handbook of Contemporary Urban Life*. San Francisco : Jossey-Bass.

Iruato, Guiseppe(2015). A Brief Comparison of the Unconscious as Seen by Jung and Levi-Strauss. *Anthropology of Consciousness*, *26*(1), 60-107.

James Neill(2006. 4. 16). http://www.wilderdom.com/psychology/resilience/PsychologicalResilience.html

James, R. K., & Burl E. Gilliland(2001). *Crisis Intervention Strategies*. Belmont : Thomson.

Jarymowicz, Maris, & Danial Bar-Tal(2006). The Dominance of Fear over Hope in the Life of Individuals and Collectives. *European Journal of Social Psychology, 36,* 367-392.

Johnson, D. W., & Johnson, F. R.(1997). *Joining Together*(6th ed.). Englewood Cliffs, NJ : Prentice-Hall.

Jung, C. G. 무의식의 분석. 권오석 역(1995). 서울 : 홍신문화사.

__________(1907/1960). *The Psychology of Dementia Praecox*. Collected Works, Vol. Ⅲ. Princeton, NJ : Princeton University Press.

__________(1928). *Contributions to Analytical Psychology*. New York : Harcourt, Brace and Company.

__________(1928). *Modern Man in Search of a Soul*. New York : Harcourt, Brace and Company.

__________(1934/1954). *The Concept of the Collective Unconscious*. Collected Work, Vol. Ⅸ. Princeton, NJ : Princeton University Press.

__________(1934/1954). *The Practical Use of Dream Analysis*. Collected Works, Vol. ⅩⅥ. Princeton, NJ : Princeton University Press.

__________(1959). *Psychological Types or The Psychology of Individuation*. New York : Pantheon Books.

__________(1961). *Memories, Dreams, Reflections*. A. Jaffe(ed.). New York : Vintage Books.

Kim, B. L.(1996). Korean families. In M. McGoldrick, J. Giordano, J. Pearce(eds.), *Ethnicity and Family Therapy*. New York : The Guilford Press.

Ko Ping Liu(1988). The Issue of Child Abuse. Child Protection : Policy and Practice. *Chinese Children's Fund. Taiwan,* 20-23.

Koh, Eugen, & Twemlow, S.(2014). Toward a Psychoanalytic Concept of Community II : Relevant Psychoanalytic Principles. *International Journal of Applied Psychoanalytic Studies* (wileyonlinelibrary.com).

Kohlberg. L.(1966). A Cognitive-Development Analysis of Children's Sex Role Concepts and Attitudes. In Maccoby(ed.), *The Development of Sex Difference*.

Kolb, Patricia J.(2008). Developmental Theories of Aging. In(ed.), *Austrian, S. G. Developmental Theories Through the Life Cycle*(2nd edition). New York : Columbia University Press.

Kreitner, R., & Kinicki, A.(1995). *Organizational Behavior*. Chicago, IL : Irwin.

Lantz, J.(1996). Cognitive Theory and Social Work Treatment In Turner, F.(ed.), *Social Work Treatment*(4th edition). New York : Free Press.

Lee, E.(1996). Asian American Families : An overview. In M. McGoldrick, J. Giordano & J. Pearce(eds.), *Ethnicity and Family Therapy*. New York : The Guilford Press.

Linn, L.(1954). The Discriminating Function of the Ego. *Psychoanal Quar*, *23*, 38-47.

Lundin, R. W. 애들러 상담이론 : 기본 개념 및 시사점. 노안영 · 강만철 · 오익수 · 김광운 · 송현종 공역(2001). 서울 : 학지사.

Lynd, R. S., & Lynd, H. M.(1937). *Middletown in Transition*. New York : Harcourt, Brace, Jovanovich.

Maccoby E. E., & Jacklin C. N.(1987). Gender Segregation in Childhood. In Reese E, H.(ed.), *Advances in Child Development and Behavior, 20*, 239-287. New york : Academic Press.

Marcia(1980). Identity of adolescence. In J. Adelson(ed.), *Handbook of adolescent psychological*. New York : Wiley.

Messinger, L.(1984). *Remarriage : A Family Affair*. New York : Plenum Press.

Middlemist, R. D., & Hitt, M. A.(1981). *Organizational Behavior : Applied Concepts*. USA : Science Research Associates Inc.

Miley, K. K., & Michael O'Melia, Brenda Dubois(2007). *Generalist Social work Practice-An empowering Approach*. New Jersey : Pearson Education. Inc.

Murdock, G. P.(1949). *Social Structure*. New York : The Free Press.

Newman, B. M., & Newman, P. R.(1999). *Development Through Life-A Psychological Approach* (7th ed.). Belmont : Wadsworth Thomson Learning Brooks/ Cole.

Noack, A.(2010). Social Dreaming : Competition or Complementation to Individual Dreaming?. *Journal of Analytical Psychology, 55*, 672-690.

Norlin, J. M., & Chess, W. A.(1997). *Human Behavior and the Social Environment*. Boston : Allyn & Bacon.

Palmer, & Nancie(1997). Resilience in adult children of Alcoholics : A nonpathological approach to social work practice. *Heath & Social Work*, *22*(3), 201-209.

Phil Erwin(1998). *Friendship in Childhood and Adolescence*. Routledge, CA : Stanford University Press, 82-166.

Piaget, J.(1985). *The Equilibration of Cognitive Structures*. Chicago : University of Chicago Press.

Piaget, J., & Inhelder, B.(1969). *The Psychology of the Child*. New York : Basic Books.

Queralt, M.(1996). *The Social Environment and Human Behavior : A Diversity Perspective*. New York : Allyn & Bacon.

Richard K. James, & Burl, E.(2002). *Crisis Intervention Strategies*(4th ed.). Belmont : Thomson.

Ridgway, J. R.(2005). *Cognitive Therapy*. Aaron T. Beck. Lecture note.

Robbins, S. P.(1989). *Organizational Behavior : Concept, Controversies, and Applications*(4th ed.). Englewood Cliffs, NJ : Prentice Hall.

Rogers, C.(1951). *Client-centered Therapy : Its Current Practice, Implications and Theory*. London : Constable.

________(1959). A Theory of Therapy, Personality and Interpersonal Relationships as Developed in the Client-centered Framework, In(ed.), S. Koch : *Psychology : A Study of a Science, Vol. 3* : Formulations of the person and the social context. New York : McGraw Hill.

________(1961). *On Becoming a Person : A Therapist's View of Psychotherapy*. London : Constable.

Rowe, W.(1996). Client-centered Theory : A Person-centered Approach In Turner, F.(ed.), *Social Work Treatment*(4th ed.). New York : Free Press.

Rutter, M.(1985). Resilience in the face of adversity : protective factors and resistance to psychiatric disorder. *British Journal of psychiatry*, *147*, 589-611. New Jersey : Pearson Education, INC.

Saleebey, D.(1996). The Strengths Perspective in Social Work Practice : Extension and Cautions. *Social Work*, *41*.

__________(2006). *The Strengths Perspective in Social Work Practice*. New Jersey : Pearson Education. Inc.

Sarah E. K., & Arthur E. J.(2002). *The school counseling and school social work Treatment planner*. New York : John Wiley and Sons, Inc.

Schram, R.(1979). Marital Satisfaction over the Family Life Cycle : A Critique and Proposal. *Journal of Marriage and the Family*, *41*(1), 7-12.

Segal, Z. V.(1988). Appraisal of the Self-schema Construct in Cognitive Models of Depression. *Psychological Bulletin, 103*, 147-162.

Shaffer, D. R.(2005). *Social and Personality Devrlopment*. Wadsworth, CA : Belmont

___________(2007). *Developmental psychology : Childhood and Adolescence*(8th ed.). Belmont, CA : Wadsworth.

Simmel, G.(1950). The Metropolis and Mental Life. In K. H. Wolff(ed.), *The sociology of George Simmel*(pp. 409-424). New York : Free Press.

Simon(2007). Sense and Sensibility : The story of social work in the united states of America. *Theory and Practice of Social Welfare*. Korean academy of social welfare.

Skinner, B. F.(1938). *The Behavior of Organisms : An Experimental Analysis*. New York :

Appleton-Century Crofts.

Skolnick, A. S.(1983). *The Intimate Environment*. Boston : Little, Brown & Co.

Starling, R.(2002). Addressing the Dead of Friendship, Community, and the Work of Mourning. *Journal of the Theoretical Humanities,* 7(2), 107- 124.

Sue, D., Sue, D. W., & Sue, S.(2005). *Understanding Abnormal Behavior*. Boston : Houghton Mifflin.

Susan Lukas([1993]2004). *Where to Start and What to Ask*. Norton & Company Inc. 사회복지 상담의 첫걸음. 하정미 역. 서울 : 학지사.

Thomlison, B., & Thomlision, R.(1996). Behavior Theory and Social Work Treatment in Turner, F.(ed.), *Social Work Treatment*. New York : Free Press.

Timberlake, E. M., Michaela L. Zajicek-Farber, & Christire Anlauf Sabatino(2008). Generalist Social Work Practice-A Strengths-Based Problem-Solving Approach.

Tonnies, F.(1887). *Community and Society*. New York : Harper & Row.

Toseland, R. W., & Rivas, R. F.(1984). *An Introduction to Group Work Practice*. New York : Macmillan Co.

Turner F. J.(1996). *Social Work Treatment-interlocking Theoretical Approaches*. New York : Free Press.

Tylor, E. B.(1958). *The Origin of Culture*. NY : Harper & Row Pub.

Walsh, Froma(2002). A Family resilience framework : Innovative practice Applications. *Family Relations, 51*(2), 130-137.

____________(2006). *Strengthening family Resilience*. New York : The Guilford Press.

Warren, R. B., & Warren, D. I.(1977). *The Neighborhood Organizer's Handbook*. Notre Dame, IN : University of Notre Dame Press.

Warren, R. L.(1978). *The Community in America*(3rd ed.). Chicago : Rand McNally.

Wellman, B.(1988). The Community Question Reevaluated. In M. P. Smith(ed.), *Power, Community and the City*(Vol. 1, pp. 81-107). New Brunswick : Transaction Books.

Werner, H.(1986). Cognitive Therapy in Turner, F.(ed.), *Social Work Treatment*. New York : Free Press.

Wolin, S., & Wolin, S.(1995). Resilience among Youth Growing up in Substance Abusing Families. *Pediatric Clinics of North America*, *42*, 415-429.

Zastrow, C.(1995). *The Practice of Social Work*. Pacific Grove : Brooks/ Cole Publishing Company.

웹사이트

내일신문(2007. 8. 23).

브리태니커 백과사전.

인터넷 중독 예방 상담센터 상담사례. http://www.mogef.go.kr/cs/yprmain.do

http://en.wikipedia.org/

http://psychology.about.com/od/behavioralpsychology/f/behaviorism.htm

http://www.rebt.ws

http://www.wilderdom.com/psychology/resilience/PsychologicalResilience.html

찾아보기

인 명

내 용

저자약력

▌하정미

샌디에이고주립대학교(SDSU) 석사
부산대학교 사회복지학과(사회복지학 박사)
미국 샌디에이고 New Alternatives Home Based Service,
Adult Protective Service Inc. 정신건강 치료사
인간행동과 사회환경, 최신사회복지실천론 등 저술
현 부산장신대학교, 동서대학교 등에서 강의
  생명의 친구들 상담위원

▌이윤수

부산대학교 사회복지학과(행정학 석사)
부산대학교 사회복지학과(사회복지학 박사)
군과 소방 조직의 사회복지실천 연계 및 다문화, 여성, 장애인 임파워먼트 관련
연구 학회 발표 및 논문 등재
NCS 기반 사례관리, 군사회복지론, 인간행동과 사회환경, 군사회복지가족실천
매뉴얼 등 저술
현 부산디지털대학교 사회복지상담학부 복지상담전공 책임교수
  남광 아동복지회 운영위원
  양산시 지역사회보장협의체 위원장

인간행동과 사회환경

|공저자| 하정미 · 이윤수

|1판 1쇄| 발행 2017년 2월 28일

|발행인| 김 동 훈
|발행처| 공 동 체

|주소| 경기도 고양시 일산동구 호수로 358-39, 동문타워 1차 905호(백석동)
|전화| 031) 920-8305(대표)
|팩스| 031) 920-8308
|e-mail| compub@naver.com
|출판등록| 2005년 10월 6일
|등록번호| 제396-2005-36호

|ISBN| 979-11-6105-013-3
정가 19,000원